Käthe von Roeder-Gnadeberg

Iluküll – ein Gut in Estland

Käthe von Roeder-Gnadeberg

Ilukull – ein Gut in Estland

Roman

Eugen Salzer-Verlag Heilbronn

Umschlaggestaltung: Klaus Pohl
Das Umschlagfoto zeigt das Gutshaus Palms in Estland
Gesamtherstellung: Wilhelm Röck, Weinsberg
Printed in Germany · ISBN 3 7936 0313 X

Jeder Mensch lebt zwei Schicksale.
Einmal sein eigenes, zum anderen
das des Volkes, dem er angehört.

Ilukúll heißt Ort der Schönheit

Da ist es!
Langsam geht sie darauf zu, bleibt stehen. Vorsichtig berührt ihre Hand das Eisen, es ist rauh und kalt.
Sie betrachtet das rostige Tor, über und über bedeckt von wildem Wein, und beginnt nach den Buchstaben im verschnörkelten Barock zu suchen. Oben entdeckt sie deutlich ein *L*; dann muß der kaum sichtbare Strich davor ein *I* sein – auf dem rechten Flügel findet sie das *K* und unter Weinranken zwei weitere *L*.
Die Buchstaben stimmen zusammen: *ILUKÜLL*
Das ist Estnisch und heißt ›Ort der Schönheit‹.
Arina ist am Ziel, von dem sie ihr Leben lang geträumt hat. Zu beiden Seiten des Tores wuchert eine undurchdringliche Hecke. Die Mutter hatte ihr erzählt, daß ein italienischer Künstler vor dreihundert Jahren lange an diesem Schmiedeeisentor gearbeitet habe. Warum lassen sie es verkommen? Oder wohnt hier etwa niemand mehr? Sind sie gestorben und das ganze Anwesen tot?
Sie versucht das Tor zu öffnen. Vergebens. Es rührt sich nicht. Als sie mit der ganzen Kraft ihres Körpers dagegen stößt, schreien die verrosteten Angeln auf. Ein Spalt tut sich auf, gerade weit genug, die schmale Mädchengestalt hindurchzulassen. Vorsichtig watet Arina durch kniehohes Gras, über wilde Pflanzen, in den Park.
Roter Ahorn breitet seine Blätter über den Rasen. Dicke Teppiche gold-rot-braunen Laubes bedecken den Weg, zwischen gelben Kastanienblättern aufgeplatzte Stachelschalen. Arina hebt zwei braune Kugeln aus ihrem samtweißen Bett. Sie reibt sie am Ärmel, freut sich an ihrem Glanz, steckt sie in die Tasche ihres Sportmantels. Der Geruch von Erde und Rinde, von vermodernden Blättern und letzten Blüten erfüllt die Luft. Ein Eichhörnchen läuft über das raschelnde Laub. Die Herbstsonne

steht tief und wirft ihre Strahlen auf die roten Dolden des Pielbeerbaumes*, auf die zartlila Herbstchrysanthemen und die goldene Birke neben dem vermoosten Brunnen. Es ist, als seien alle Farben der Welt auf dieses Stückchen Erde gefallen.
Der vermooste Brunnen! Hier auf der untersten Brunnenschale haben vor langer, langer Zeit ihre Eltern gesessen, als sie sich verlobten. Der Brunnen ist versiegt, trocken, voller Erde, voll von Blättern, Ästen, Moosen. Einen Augenblick steht Arina nachdenklich da. Dann wirft sie den Kopf in den Nacken. Nein, nicht alles ist vorbei. Sie lebt, sie ist jung, für sie ist alles Anfang. Sie wird ihre Wurzeln, ihre Heimat finden. Fast zärtlich streicht ihre Hand über den verwitternden Stein.
Was der Großvater sagen wird, wenn seine Enkelin, die er nie gesehen hat, plötzlich vor ihm steht? Was sie sagen soll? Vieles hat sie sich auf ihrer Reise aus Deutschland hierher nach Estland überlegt. Schöne Reden hat sie sich ausgedacht, doch alles wieder verworfen. Es klang zu geschwollen. ›Großvater‹, wird sie sagen, ganz einfach: ›Großvater, ich bin deine Enkelin Arina.‹ Dann wird er...
Arina wendet sich dem Haus zu, das dort durch die Bäume schimmert, und geht um den See herum, von dem die Mutter das Märchen erzählt hat, das kein Märchen, sondern Wirklichkeit gewesen sein soll.
Auch auf dieser Seite des Sees Birken, Sträucher, eine uralte Trauerweide. Auf dem Wasser Enten. Enten, keine Schwäne, wie Mutter erzählt hat. Aber auch keine Menschen.
Weit und breit keine Menschenseele.
Und eine Stille, als sei das Land verzaubert. Ergriffen von diesem Zauber geht Arina zur Weide und setzt sich auf die einfache Bank aus jungen Birkenstämmen. Kreuzweise zusammengenagelte, frische, weiße, duftende Birkenstämme; noch nie sah sie

* Eberesche

solch eine Bank. Dies ist keine aus uralter Zeit, sondern eine neue. Also doch?

Von hier aus ist das Herrenhaus hinter dem Rasen frei zu sehen: Kein weißes Schloß, sondern ein behäbig daliegendes Haus, zweistöckig, mit niedrigem, breitem Turm über dem Vorbau. Eine flache Freitreppe, darüber die Glasveranda. Auch hier Wilder Wein.

Ja, so, genau so sah das Elternhaus auf den Fotografien der Mutter aus. Doch jetzt überkommt Arina etwas wie Furcht vor dem, was sie unternommen hat: Die Reise weg aus Deutschland, die einer Flucht aus dem Schulheim glich, hierher zu ihrem Großvater aufs Gut Iluküll, das über dreihundert Jahre im Besitz ihrer Familie, der Familie Bowén, gewesen war.

Dreihundert Jahre – jetzt schreibt man 1936! Natürlich heißt sie nicht Bowén. Ihre Mutter hatte 1918, während der deutschen Besetzung Estlands, den Leutnant Linden kennengelernt und geheiratet. Als im Ersten Weltkrieg dann die russischen Truppen wieder einrückten und die deutschen abziehen mußten, hatte auch die Mutter beschlossen, in die Heimat ihres Mannes zu fliehen. Viele Angehörige des deutschbaltischen Adels, die hier ihre Ritter- und Landgüter besaßen, hatten resigniert die Heimat aufgegeben. Sie erinnerten sich der russischen Revolution von 1905, als unzählige ihrer Gutsnachbarn und viele Pastoren von revoltierenden Banden erschlagen oder verschleppt worden waren. In den Ereignissen von 1918/1919 sahen sie das Ende des siebenhundertjährigen Deutschtums in ihrer baltischen Heimat. Bereits 1917 und 1918, während der großen russischen Revolution, bevor die Deutschen in Estland einmarschiert waren, hatte es zahllose Morde und Verschleppungen gegeben. Vor den Brandschatzungen und der Zerstörungswut des Pöbels waren damals viele Landfamilien in die Städte ausgewichen, Mutters Bruder Konstantin aber war mit anderen Gutsbesitzern, Adeligen und Pastoren nach Sibirien verschleppt worden. Wie durch

ein Wunder blieb Großvater Clemens mit seinen Töchtern Agatha und Carla-Viktoria und der alten Kinderfrau Liisu verschont. Im Januar 1918 konnte er die einrückenden Deutschen in Reval und später als Einquartierung auf Ilukülll begrüßen. Diese Zeit unter deutscher Besetzung war für die Deutschbalten eine gute gewesen, aber sie dauerte nicht lange. An allen Fronten brach die deutsche Widerstandskraft zusammen.
Im folgenden Jahr mußten die deutschen Truppen Estland, Lettland und Litauen räumen. Mit ihnen auch Leutnant Linden. Wie sehr hatten er und seine junge Frau Viktoria Vater Clemens gedrängt, mitzukommen. Es hatte nichts genutzt.
»Ratten verlassen das sinkende Schiff – aber kein Bowén!« hatte er gebrüllt. Und später ruhiger gesagt: »Ich gehöre nach Ilukülll und werde mein Land verteidigen und wenn es sein müßte...«
Leutnant Linden, der Schwiegersohn, hatte ihm eindringlich die hoffnungslose Lage beschrieben, doch nur grimmiges Lachen geerntet. »Vater«, Viktoria war verzweifelt, »Vater, ich *muß* fort, bitte, ich bin es meinem Mann« und leiser »auch dem Kind, das ich in mir trage, deinem Enkel, schuldig...« Da hatte, kaum sichtbar, ein Funken Verstehen aufgeleuchtet:
»Geh mein Kind, man erwartet nichts anderes von dir. Du bist eine Frau. Ich aber werde Ilukülll für meine Enkel erhalten.« Alle Rührung verbergend hatte er, zum Schwiegersohn gewandt, hinzugefügt: »Und Sie – ich erwarte von Ihnen, daß Sie meine Tochter und das Kind schützen, wie es jetzt Ihre heiligste Pflicht und verdammte Schuldigkeit ist! Verstanden?«
Und der Schwiegersohn hatte salutiert und »verstanden« gemeldet, als stünde er vor seinem König.
Agatha war im Zwiespalt. Sollte sie beim Vater in der Heimat bleiben oder die Schwester begleiten, um ihr auf der Flucht und in der neuen Heimat behilflich zu sein? Schließlich entschied sie sich für Viktoria.
So war denn die Kutsche mit ihnen abgefahren. Der junge Leut-

nant mußte zur Truppe, und keiner ahnte, daß er die Heimat nicht mehr erreichen würde. Das Schiff mit seinem Truppenteil lief auf eine Mine. Viktoria aber und Agatha machten die Flucht mit all ihren Mühseligkeiten, Nöten, Befürchtungen und Beschwerlichkeiten mit, bis sie endlich nach langen Tagen und noch längeren Nächten im Chaos des Nachkriegs-Berlin eintrafen. Später, als sich die Lage beruhigt hatte, als Viktoria das Kind, ein Mädchen, geboren und auf den Namen ihrer Lieblingstante Katharina – Arina – getauft hatte, kehrte Agatha nach Estland zurück. Viktoria mit der kleinen Arina blieb bei den Schwiegereltern, obwohl sie sie wie eine Ausländerin, eine ins Land verschlagene Russin behandelten. Ungeliebte Fremde.
Natürlich erzählte Viktoria der Tochter von der Heimat und weckte durch ihr Heimweh die Sehnsucht des Kindes nach dem geliebten Ilukäll, nach dem Großvater Clemens und nach Liisu der Kinderfrau. Und nun steht diese Tochter Arina auf von der Birkenbank unter der Weide und geht langsam aufs Haus zu, das ihr vertraut ist, als hätte sie ihr Leben hier und nicht in der engen Mietwohnung eines Berliner Vorortes verbracht.
Plötzlich wagt sie nicht weiterzugehen. Auf einmal erscheint es ihr unmöglich, was sie da begonnen hat...
Zwei Jagdhunde reißen sie mit wütendem Gekläff aus ihrem Zagen in Angst. Bellend sind die langhaarigen Vorsteher aus dem Haus gestürzt, knurrend und zähnebleckend drängen sie das fremde Wesen, das hier auf unerklärliche und unrechtmäßige Weise eingebrochen ist, weit zurück bis an die Birken am See. Vielleicht wäre Arina zu den Enten ins Wasser gefallen, wenn nicht von irgendwoher eine Frau erschienen wäre, die in mächtiger Fülle, mit nicht minder mächtigem Stimmeinsatz die tobenden Hunde zur Räson ruft:
»Hektor! Inka! – pfui – zurück! Hektor! Inka!«, und die tobenden Hunde halten still, setzen sich, noch zähnebleckend, doch

nicht mehr bedrängend vor die zitternde Arina, die totenblaß an einer Birke lehnt.
Da hat die Alte sie erreicht. Ganz außer Atem hakt sie zwei Ketten an die Halsbänder. »Pfui Hektor, pfui Inka!« Sie hält sie kurz. Dann blickt sie auf das fremde Mächen, das wie vom Himmel gefallen dasteht, wo doch kein Fremder in diesen Teil des Parkes kommt. Arina sieht ein von unzähligen Falten zerfurchtes, rotes Gesicht unter dünnem grauem Haar, von dem sich ein weißes Kopftuch gelöst hat und über eine Schulter herunterhängt. Eindringlich sieht die Frau das junge Mädchen an. Ihre estnischen Worte versteht Arina nicht. Doch da hört sie kurz und knapp mit eigenartigem Akzent:
»Von wo kommt Fräuleinchen? Was will Fräulein?«
Arina atmet tief. Noch ist sie sehr erschrocken, doch flößt ihr die dicke Gestalt mit der großen, weißen Schürze und dem Schlüsselbund am Gürtel so viel Vertrauen ein, daß sie wieder lächeln kann, und »bitte, ich möchte den Gutsherrn sprechen« sagt. Sollte das etwa Liisu sein, von der die Mutter so viel erzählt hat? Kann es möglich sein, daß die noch lebt?
»Gutsherrn?« fragend sieht die Alte das junge Mädchen im gelben Mantel mit den Goldknöpfen an, findet sie fremdartig elegant, weil sie solch einen Mantel noch nie gesehen hat, und wiederholt: »So, Gutsherrn...« Plötzlich aber hält sie inne im Sprechen, im Bewegen, im Beklopfen der Hunde – es ist, als sei sie auf seltsame Art erstarrt. Unverwandt schaut sie auf Arina, und es malt sich ein ungläubiges Staunen im alten Gesicht. Hatte sie dieses Kind nicht schon einmal gesehen, ja mehr noch – gekannt, gut gekannt? Dunkel und zart wie ein junges Fohlen steht sie vor ihr, mit dem glatten, schwarzen Haar, mit den ängstlich blickenden Augen, die aber auch lustig und schelmisch, ja feurig blitzen konnten. Dies wußte Liisu wohl. Sie kannte diese Augen: treuherzig und sanft wie die junger Rehe, aber doch auch herrisch im Zorn. Wie gut kannte sie dieses Ge-

sicht: die schmale Nase, keck, ein wenig spitz, der volle, kindliche Mund, aus dem Zähne schimmerten weiß wie Schneebeeren im Herbst. Und wenn sie lächelte: das Grübchen in der linken Wange! Sie war schön, unwiderstehlich wie... Nein, Liisu irrte sich nicht. Oder? Einmal – wie lange war das her – da hatte sie solch ein Mädchen geliebt, gepflegt, gehegt, gehütet – und dann...

Liisu deckt die Hand über ihre Augen.

Gleich darauf aber hat sie sich gefangen. Dumme Liisu, kannst du nicht vergessen, schilt sie sich selbst. Laut aber sagt sie ruhig: »So, Gutsherrn sprechen? Herr ist in Piiploteek. Fräulein kommt mit!«

»Danke«, entgegnet Arina und geht voll neuer Zuversicht neben der seltsamen Alten und den Hunden dem Haus zu.

Großväterchen

Die Farbe an den Wänden des Hauses und das Weiß an Fensterrahmen und Simsen blätterte ab. Die sieben Stufen der Freitreppe waren ausgetreten. Auf der ausladenden Glasveranda standen hellgrüne Korbstühle um einen runden Holztisch. Ringsum auf der Fensterbank verblühende Geranien. Oben, über der doppelten Eingangstür, in einen hellen Holzbalken eingebrannt, der Spruch, von dem Mutter auch erzählt hatte: HOSPES DONUM EST! Arina sah ihn sofort und wußte: DER GAST IST EIN GESCHENK. Liisu hielt die Hunde kurz. Als sie die große, fensterlose Eingangshalle betraten, öffnete sie rechts eine Tür und sperrte sie in den dahinter liegenden Raum.

Dann führte sie Arina nach links durch zwei ineinander übergehende Säle mit sieben hohen Fenstern, von denen der eine mit einem Flügel und Polstergarnituren wohl der Salon war, der andere mit vielen Holzstühlen um einen langen Eichentisch, zwei Buffets und Samowar-Tischchen das Speisezimmer. In beiden Räumen gähnten offene Kamine in braunglasierten Kachelöfen. In beiden Räumen waren die Wände weiß getüncht.

Liisu klopfte an die Tür links vom Kamin und öffnete sie gleichzeitig. Sie steckte den Kopf hinein.

»Herr, Besuch ist da: Fremdes Fräuleinchen«, rief sie mit tiefer Stimme und schob das Mädchen in den dämmrigen Raum.

Der Gutsherr saß am Schreibtisch. Er hatte den Kopf in die Hand gestützt, blickte nicht auf und antwortete nicht. An den Wänden Bücherregale und Schränke. Ein breiter Streifen Abendsonne fiel durchs hohe Doppelfenster und legte sich über ein Bärenfell auf dem Bretterboden. An der Wand über dem Schreibtisch hingen zwei Elchgeweihe, daneben, hinter Glas, Gewehre. Weiter rechts ein Gruppenbild, geziert mit einem Korporations-Farbenband, daneben, unter einem Farbendekkel, zwei gekreuzte Rapiere.

Arinas Blick glitt nur flüchtig darüber hin, dann nahm sie die Gestalt des Großvaters am Schreibtisch wahr.

Liisu hatte sich zurückgezogen, konnte es aber nicht übers Herz bringen, die Tür völlig zu schließen. So horchte sie aufgeregt, was das Kind wohl vom Herrn wollte, um ihm eventuell zu Hilfe zu eilen. Kann man denn wissen, was geschieht – der Herr war heftig, aufbrausend und oft unbedacht in seinem Zorn, wenn jemand Dinge sagte oder wollte, die ihm nicht paßten.

Viel zu lange für Liisus Ungeduld lag Schweigen im Raum. Dann hörte sie die zarte Stimme des Mädchens:

»Großvater«, sagte sie zaghaft, »Großvater, ich bin deine Enkelin Arina.«

Arina! Liisu erschrak. Arina! Jetzt wußte sie genau, daß ihr Gefühl kein Hirngespinst war. Arina! Gottchen, wenn das nur gutgeht! Längst vergessene Dinge konnten ans Tageslicht kommen, wenn sie, Liisu, jetzt nicht zu schweigen vermochte! Also hatte Viktoria ihre Tochter Arina genannt! Arina, nach der gnädigen Baronesse, der Schwester des gestrengen Barons Clemens von Bowén. Liisu faltete die Hände:

»Gottchen, laß alte Geschichten schlafen, laß alte Geschichten nicht wach werden! Für was sollte das gut sein? Gottchen, laß junges Fräuleinchen nicht Männerköpfe heiß machen wie schöne gnädige Baronesse damals ... O Kind, warum bist du gekommen! Und überhaupt – Großvater!« Sie schüttelte den Kopf. Ihre Überlegungen wurden durch tiefes Lachen unterbrochen.

Verwundert hatte der Herr am Schreibtisch das fremde Mädchen, das er im abendlichen Dämmerlicht nur undeutlich sehen konnte, betrachtet, staunend hatte er ihre Begrüßungsworte vernommen und sich dann nicht mehr beherrschen können. Er kannte keine Arina, wußte nicht einmal, daß es diesen Namen gab. Seine Kinder waren zwanzig, fünfzehn, zwölf und sieben Jahre alt. Und nun – eine fast erwachsene Enkelin?

Noch immer lachend erhob er sich aus dem Sessel und kam auf sie zu. Ein Mann von Mitte vierzig, etwas untersetzt, breitschultrig, sonnengebräunt mit dunklem, sich lichtendem Haar, einem eckigen, eigensinnigen Gesicht, über dessen linke Wange sich ein Schmiß zog. Schmunzelnd streckte er Arina die Hände entgegen.

»Herzlich willkommen in meinem Haus, kleine Enkelin! Wenn ich mir auch nicht ganz klar darüber bin, wie ich zu diesem glücklichen Ereignis komme!« Damit nahm er das völlig verdutzte und ratlos dastehende Geschöpf in die Arme und küßte es zuerst auf die linke, dann auf die rechte Wange. »Nochmals willkommen auf Ilukül!«

»Aber – aber –«, stotterte Arina verwirrt und versuchte sich aus den starken Armen zu befreien, »aber – wieso sind Sie nicht – mein Großvater?«

»Ja – wieso – vielleicht weil ich zu jung bin?« Lachend ließ er sie los. »Kommen Sie, mein Kind, und setzen Sie sich!« Damit wies er auf einen Sessel am kleinen Tisch vor der Doppeltür aus Messing im dunkelgrünen Kachelofen. Er zog einen zweiten Sessel an die andere Seite des Tisches, in dessen Oberfläche ein fein gearbeitetes Schachbrett aus edlen Hölzern eingelassen war. »So werden wir dieses Rätsel vielleicht lösen können.« Es schien ihm ungemeinen Spaß zu bereiten. Er verneigte sich höflich, wenn auch mit einem Anflug leichter Ironie, vor dem noch immer verlegenen Mädchen. »Wenn Sie gestatten: Felix Helbrich, Doktor der Jurisprudenz und derzeitiger Besitzer dieses leider noch immer etwas ramponierten Anwesens.«
»Doktor Helbrich?« fragte Arina verständnislos. Alles war so ganz anders, als sie es sich vorgestellt hatte. Sie setzte sich. »Wieso Dr. Helbrich? Ich denke Ilukült gehört der Familie Bowén? Baron Clemens von Bowén ist mein Großvater – ich wollte zu ihm –«, und nach einer Weile noch leiser: »Wo ist er – mein richtiger Großvater? Ich wollte nach Hause kommen ...«
Herr Helbrich lachte nicht mehr. Jetzt tat ihm das Mädchen leid. Und während Liisu sich hinter der Tür schneuzte und mit der großen, weißen Schürze die Tränen vom Gesicht wischte, ging Herr Helbrich an den Schrank und holte zwei Gläser und eine Flasche selbstgemachten Brombeerlikör heraus.
»Stärken Sie sich, kleine Baroneß, und dann erzählen Sie mir der Reihe nach, warum wir so plötzlich die Ehre haben, Sie hier begrüßen zu dürfen.«
Artig nahm Arina das Glas und führte es an die Lippen.
»Auf Ihr Wohl«, sagte Herr Helbrich, »und auf die glückliche Lösung unseres Problems!« Auch er hob sein Glas.
Der Schluck war stark und süß und rann brennend durch ihre Kehle. Herr Helbrich füllte nach.
Es tat ihr gut, nahm ihr die Scheu und löste jede Spannung. Jetzt lächelte sie wieder. Noch etwas scheu, aber flüssig, berichtete

sie dann von sich, von ihrer Mutter, dem Wunsch, nach Ilukülll zu kommen, ihren Großvater zu finden, und schloß dann mit der Frage, warum alles so anders sei.
Herr Helbrich hatte aufmerksam zugehört, er hatte sie beobachtet und war gefangen von ihrem Charme.
»Ja, Fräulein Linden«, begann er nun ernst, »warum alles so anders ist, fragen Sie. Haben Sie in den letzten Jahren denn keine Post aus Estland erhalten?«
Bedauernd schüttelte Arina den Kopf.
»Mutter war oft sehr traurig, daß Großvater nicht schrieb. Die letzte Nachricht kam von Tante Agatha, sie sei nach Reval gezogen, ich glaube, sie hatte geheiratet? Dann starb Mutter, und ich fand Tante Agathas Adresse nicht mehr. Mein Brief an Großvater kam zurück. Lebt er noch, mein Großvater?«
Herr Helbrich stand auf und ging, die Hände auf dem Rücken verschränkt, im Zimmer auf und ab. Dann blieb er stehen.
»Es tut mir wirklich leid, Fräulein Linden: Ihr Großvater lebt nicht mehr. Nachdem Ihre Eltern und die Baronesse Agatha von Bowén Ilukülll verlassen hatten, wurde das Gut von Banden geplündert. Ihr Großvater hat sich ihnen entgegengestellt und trug eine schwere Kopfverletzung davon. Er wurde nach Reval-Seewald in stationäre Behandlung gebracht, dort starb er. Ihr Onkel, Baron Konstantin von Bowén, der Bruder Ihrer Mutter, wurde nach den Verhandlungen zwischen Rußland und Deutschland, Sie wissen, dem Abkommen von Brest-Litowsk, mit anderen, nach Sibirien Verschickten freigelassen und durfte nach Estland zurück. Es hat lange gedauert, bis er heimkam. Er fand ein verwüstetes Ilukülll vor. Trotzdem lebte er eine Weile hier. Dann schloß er sich dem Baltenregiment an, das gemeinsam mit den Esten und den hiesigen Schweden erneut den Kampf gegen die Bolschewiken aufnahm. Ich stand an der Seite Ihres Onkels im Baltenregiment. Wir hatten viele Verluste. Ihr Onkel wurde verwundet: Hüftdurchschuß und Rückenverlet-

zung.« Herr Helbrich kreuzte die Arme vor der Brust. Einen Augenblick ließ er die Hände auf seinen Schultern liegen, als fröre ihn. Dann setzte er sich wieder Arina gegenüber in den Sessel. »Damals im Lazarett bat er mich, falls er sterben sollte, Ilukülll zu erwerben. Er kannte meinen Wunsch, Land zu kaufen, um mit meiner Frau und meinen Kindern auf eigener Scholle zu leben. Aber Konstantin starb nicht. Er wurde aus dem Lazarett entlassen, konnte aber nur mit Krücken gehen. Ich brachte ihn ins verwüstete Ilukülll, doch er ertrug den Anblick seiner kaputten Heimat kaum, besonders, da ihm als Invalide die Kraft und Gesundheit, sie wieder aufzubauen, fehlten. Er war völlig gebrochen. Es war Freundschaftspflicht, daß ich Ilukülll übernahm.

1920, als Deutschland wie auch Rußland ausgeblutet waren, wurden die Baltischen Staaten zu eigenständigen Republiken erklärt. Estland war nun kein Vasallenstaat Deutschlands, Schwedens, Dänemarks oder Rußlands mehr, sondern selbständiger *Freistaat Estland!*. Können Sie mir folgen?« Herr Helbrich unterbrach seinen Bericht.

»Ja, bitte weiter!« drängte Arina.

»Nun, sehen Sie, mein Kind: Die neue Regierung des Estnischen Freistaates ergriff eine überaus kluge Maßnahme, um die Macht des deutschen Adels in ihrem Land zu brechen: die Agrarreform. Die Rittergüter wurden enteignet. Mit der Enteignung ihrer Ländereien, ihres Viehbestandes, ihrer Wälder, wurden dem baltischen Adel die Wurzeln beschnitten. Die Familien, die Hunderte von Jahren auf ihren Gütern ein herrschaftliches Leben geführt hatten, überall angesehen und geachtet waren, diese Familien waren nun plötzlich verarmt.«

»Also wurde Großvater und Onkel Konstantin Ilukülll einfach fortgenommen?« fragte Arina entsetzt.

»Ja – und nein. Die Güter wurden enteignet und unter die estnischen Freiheitskämpfer aufgeteilt, die nun als sogenannte

Asunikud, das heißt Siedler, Teile der Güter als Eigentum erhielten und selbst bewirtschaften mußten. Der Staat zahlte den ehemaligen Gutsbesitzern eine ›Entschädigung‹, die jedoch so gering war, daß sie einer Beleidigung glich. Aber sie durften, wenn sie wollten, das *Möisasüde,* wörtlich übersetzt Gutsherz, behalten und weiterhin darauf leben.«

»Was heißt Gutsherz?« fragte Arina interessiert.

»Das Gutsherz ist das Zentrum des Gutes, das Herrenhaus mit den Stallungen, dem Garten, eventuell dem Park oder einem Teil davon und einem kleinen Teil der Ländereien. Es wirft so wenig ab, daß ein herrschaftliches Leben nicht mehr möglich war.«

»Was geschah mit Onkel Konstantin? Wie war es, als Tante Agatha heimkam? Warum hat uns keiner etwas davon geschrieben?« wollte Arina wissen. Alles, was sie erträumt und erhofft hatte, schien zusammengebrochen.

»Ihr Onkel Konstantin war verzweifelt. Auf seinen ausdrücklichen Wunsch kaufte ich ihm das Gutsherz von Ilukülll ab. Er erbat sich zwei Zimmer im rechten Flügel, die wir herrichten ließen. Liisu, die frühere Kinderfrau, die Alte, die Sie zu mir führte, betreut ihn. Er ist mein Kriegskamerad, mein bester Freund, wir betrachten ihn zur Familie gehörig.«

»Und Tante Agatha?«

»Als die Baronesse Agatha von Bowén heimkam, war sie über alles, was sich mittlerweile hier ereignet hatte, so erschüttert, daß sie nicht in Ilukülll bleiben wollte. Sie nahm sich in Reval eine Wohnung, dann hat sie geheiratet.«

»Warum hat sie uns nichts davon geschrieben?« Arinas Stimme klang unwillig.

Herr Helbrich zuckte die Achseln.

»Ich weiß es nicht. Wahrscheinlich wollte sie ihre Schwester, die es ja auch nicht leicht hatte, nicht damit belasten. Sie wenigstens sollte in ungetrübter Erinnerung leben können. Wahrscheinlich schrieb Ihre Tante Agatha ihr, daß Bruder Konstantin aus Sibirien entlassen und mit dem siegreichen Baltenregiment zurückgekommen war. Die politischen Ereignisse waren ja schließlich auch im Ausland bekannt.« Er machte eine Pause. »Vielleicht wußte Ihre Frau Mutter von alledem und wollte nur Sie nicht damit belasten. Immerhin möglich. Doch wer von uns kann das wissen.« Wieder hob er die Schultern.

Arina schwieg lange. Erst als Herr Helbrich aufstand und nach Liisu rief, sagte sie:

»Mutter starb, als ich elf Jahre alt war. Das war 1930, vor sechs Jahren. Seither hat keiner mehr mit mir über Estland und meine Familie mütterlicherseits gesprochen. Alle in Deutschland waren beschäftigt mit dem, was dort geschah. Hitlers Aufstieg und so. Außerdem galt Mutter bei Lindens immer als Russin.«

Herr Helbrich legte ihr den Arm um die Schulter.

»Nun bleiben Sie erstmal bei uns, mein Kind, dann werden wir weitersehen. Wo haben Sie Ihr Gepäck?«

»Gepäck? Ich habe kein Gepäck«, Arina stand auf und wies zur Tür. »Die Reisetasche dort und den großen Brotbeutel, den ich um die Schulter trug. Mehr habe ich nicht mitgenommen. Aber«, fügte sie schnell hinzu, »es ist alles drin, was ich brauche.«

Zauberhaftes Kind, dachte Helbrich und wandte sich, den Arm noch um die Schultern des Mädchens, Liisu zu, die mittlerweile das Zimmer betreten hatte.

»Wo ist meine Frau?«

»Noch im Garten, bei Apfelpflückern aus der Stadt. Kinder auch dort.«

»Gut«, fuhr Herr Helbrich fort, »hören Sie Liisu, das ist Arina Linden, die Nichte von Baron Konstantin. Sie ist aus Deutschland gekommen und bleibt jetzt bei uns. Fräulein Linden, dies ist unsere Liisu, die einst auch Kinderfrau Ihrer Mutter war.«

Liisu sah das Mädchen an und nickte, als wolle sie sagen, Herr braucht nichts zu erklären, alte Liisu weiß mehr als alle hier im Hause.
Helbrich fragte, ob sie wohl rasch ein Zimmer herrichten könne?
»Ja ...« Liisu zögerte und sah das Mädchen unsicher an.
»Das Blaue Zimmer steht doch noch immer leer?« fragend sah er die seltsam unentschlossene Frau an.
Doch da kam Leben in die Alte.
»Das Blaue? Gottchen bewahre! Das Blaue ... geht nicht. Liisu wird, wenn Frau da nichts anderes mit will, Gelbes Zimmer freimachen. Eben sind Äpfel da, aber die kann man auf die Stellagen im Grünen Zimmer legen.«
»Macht das, wie ihr wollt. Ich gehe in den Garten, meiner Frau Bescheid sagen.« Schon an der Tür, wandte er sich noch einmal Arina zu. »Liisu wird für alles weitere sorgen. Helfen Sie ihr. Zum Abendessen sehen wir uns wieder. Und –« nun kam er doch noch einmal auf sie zu, nahm ihre Hände und sagte herzlich: »und fühlen Sie sich hier ganz zu Hause, kleine Enkelin, wenn auch etwas anders, als Sie es sich wahrscheinlich vorgestellt haben!«

Ich heiße Arina

Als sie ihren Mann unter den Obstbäumen daherkommen sah, klopfte sich Frau Helbrich Laub und Moos von der blauen Schürze, griff nach dem Korb ausgesucht schöner Äpfel und wandte sich an die Jugend im Geäst, auf der Leiter und unter dem Baum.

»Macht Feierabend«, rief sie, »tragt die Äpfel hinauf ins Grüne Zimmer, legt sie auf die Regale links im Erker, aber vorsichtig, es ist kein Fallobst! Thomas und Björk, ihr wißt ja, wo dieser Baum hinkommt!« Und zur Jüngeren gewandt: »Nita, paß auf Ro – –« das Wort erstarb im Krachen des Astes, im Aufheulen von Diana, dem Gekläff von Puk und dem allgemeinen Aufschrei »Robik!« Doch schon hatte der Vater ihn aufgefangen.
»Bin ich aber stark!« jauchzte der Junge, wies auf den abgebrochenen Ast und ließ sich begeistert vom Vater auf die Schulter heben.
»So ein Bengel«, schalt Frau Helbrich, hatte sich aber gleich wieder gefangen: »In einer Viertelstunde gibt's Abendessen, seid pünktlich.«
Frau Helbrich war nicht kleiner als ihr Mann. Das dunkelblonde Haar trug sie gescheitelt und im Nacken zu einem lockeren Knoten gebunden. Das Gesicht war ruhig und klar. Sie war die Kraft dieses Hauses, und nicht nur ihr Mann wußte das. Aber jetzt schien sie müde. War es zu viel, was auf ihr lastete – der Haushalt, der Garten, die Kinder – und nicht zuletzt die Sorgen, die sie gemeinsam mit ihrem Mann trug: Würden sie Ilukúll halten können?
»Arina«, wiederholte sie überlegend, als ihr Mann von dem seltsamen Besuch erzählte, während sie beide dem Haus zugingen. »Arina, der Name verbindet sich für mich mit – irgendetwas, aber ich weiß nicht, wo ich ihm begegnet bin.«
Erstaunt sah Felix Helbrich seine Frau an. Sie ging wie immer aufrecht neben ihm. Aber *so* kannte er sie nicht. Sie wirkte nachdenklich, fast besorgt, als spüre sie einen kommenden Schatten. Robik aber war nicht mehr zu bremsen:
»Besuch? Noch ein Besuch?« und glitt von der Schulter des Vaters, rannte aufs Haus zu und die Stufen zur Veranda hinauf. Oben prallte er auf Tante Minchen. Eine unauffällige Dame mit Anstand und Feingefühl, die ein strenges Urteil in punkto Be-

nehmen hatte und, trotz ihres warmen Herzens, das allen Hausbewohnern weit geöffnet war, fast eisern auf gute Manieren achtete. Wer außer ihr hätte es auch tun sollen in diesem Haus voller Arbeit! Tante Minchen schüttelte den weißhaarigen Kopf und rückte das Spitzenhäubchen zurecht.

»Aber Robik, nicht so wild!« rief sie, »langsam! langsam!« und hob beschwichtigend die Hand. Trotz dieser ›festen Zucht‹ wirkte sie fröhlich. Schmal und fein, trug sie nur graue Kleider mit blütenweißem Streifen am Stehkrägelchen, ebenso weiß die Bündchen an den Ärmeln. Woher kam es nur, daß Tante Minchens graue Kleider so frisch und fröhlich wirkten, als sei sie in Blütenblätter gehüllt? Die Kinder, ja alle, liebten sie in ihrer stillen Güte fast noch mehr als die rechtschaffene, tüchtige Mutter. Die Mutter war wie ein sicherer Baum, Tante Minchen aber wie eine rosa Ackerwinde.

»Wo ist der Besuch?« fragte Robik atemlos und blieb plötzlich verlegen stehen, als er Arina im Gespräch mit Liisu entdeckte. Liisu hielt einen großen Sack in Händen und sagte gerade:

»Komm, Arina, du kannst mir helfen, Sack mit frischem Heu füllen. Gut wirst du schlafen auf duftendem Heu von Iluküll.«

Als ihr bestätigt wurde, was sie vom ersten Augenblick an vermutete, war es eine Selbstverständlichkeit für sie, dieses Mädchen als eines *ihrer* Kinder willkommen zu heißen und natürlich zu duzen. Viktorias Tochter, was das für sie bedeutete! Also hatte Viktoria ihre Tochter Arina genannt – nach ihrer Lieblingstante Katharina! Liisu fand, daß kein Name besser zu dieser zarten Schönheit paßte ...

Herr und Frau Helbrich erreichten die Veranda. Als Frau Helbrich das Mädchen begrüßte, fiel ihr ein, wo sie dieses Gesicht schon gesehen hatte – kein alltägliches Gesicht, keines, das man mit anderen verwechseln konnte. Es ähnelte bis in Details Katharina von Bowén, von der ein Porträt aus der Ahnengalerie jetzt im Blauen Salon hing.

»Das Gelbe Zimmer?« antwortete sie auf Liisus Meinung, dies sei wohl das richtige. »Ja, du hast recht.«
»Und die jungen Herren?« wollte Liisu wissen.
»Die wollen auf den Heuboden. Wir haben nichts dagegen. Decken und Kissen können sie sich selbst mitnehmen, leg sie bitte zurecht.«
»Wohl«, entgegnete die Alte, als sie jetzt zum Zählen ihre Finger zu Hilfe nahm, um ja alles richtig zu erledigen.
Robik hatte sich langsam an Arina herangepirscht.
»Guten Tag, Besuch«, sagte er ernst und verneigte sich wohlerzogen, »bleibst du jetzt immer bei uns?«
Arina lachte und reichte ihm die Hand.
»Das weiß ich noch nicht. Wer bist du denn?«
»Robert Helbrich und noch eine Woche, dann sieben Jahre alt.« Stolz sah er zu Arina auf. Dann lachte er: »Aber Liisu sagt Robike, und die Mädchen sagen Robik und Tante Minchen und Mami sagen Robsik. Und du?«
»Ich heiße Arina.« Sie mochte den lebhaften Jungen mit den klugen, braunen Augen unter dem wuscheligen Lockenhaar sofort. »Und ich werde auch Robik zu dir sagen.«
»Fein, sag Robik!« rief er zustimmend, »Robik klingt wie Erik, und das war ein großer Ritter!«
»Robert auch«, Arinas Stimme klang vielsagend, »Robert ist auch der Name eines großen Mannes ...«
»Kommt Baron Konstantin zum Abendessen auf die Veranda?« hörte sie da Frau Helbrich fragen. Onkel Konstantin! Die ganze Zeit schon mußte sie an ihn denken. Wie sehr wünschte sie sich, ihn recht bald zu sehen!
»Nein«, antwortete Liisu, »er bat schon zu Mittag, Liisu soll Abendessen auf sein Zimmer bringen.«
»Hast du ihm gesagt, daß Arina gekommen ist?« wollte Frau Helbrich wissen.
»Nein, noch nicht«, Liisu zögerte, »er war unruhig wegen viele

fremde Menschen. Besser ist, wir sagen das, wenn Fremde fort sind.«

»Du magst recht haben. Mein Mann spricht morgen mit ihm. Fährt er morgen früh mit zur Kirche?«

Liisu zuckte die Schultern.

»Werden sehen ...« sagte sie dann, als wolle sie dem Gespräch ausweichen, und fügte mit einem Blick auf Arina hinzu: »Liisu muß jetzt schnell in Kleete wegen Heu.«

»Ja, nimm Arina mit, aber sorg dafür, daß es nicht lange dauert, der Tisch wird gedeckt, und die anderen kommen eben aus dem Garten.«

Ja, da kamen sie, wichtig begleitet von Rauhaardackel Puk, den breiten, unkrautbewachsenen Weg entlang.

Die Jungen trugen Wäschekörbe voller Äpfel, Björk und Nita folgten ihnen. Björk hatte einen ganzen Schwung Körbe und Asthaken zusammengebunden über der linken Schulter hängen, mit der Rechten trug sie gemeinsam mit Nita den Korb voll Fallobst.

Von weitem schon hatten die beiden Arina erblickt, die neben Liisu durch den Garten ging, und wunderten sich, wer wohl das fremde Mädchen sei. Robik hüpfte neben ihnen und wich nicht von Arinas Seite. Björk blieb stehen.

»Weißt du, wer das ist?«

Nita schüttelte den Kopf.

»Keine Ahnung!«

»Sie muß unverhofft gekommen sein, sonst hätte Liisu bestimmt etwas gesagt oder Mami ...«

»Komm, wir laufen hin. Sie scheinen zur Kleete zu gehen. Liisu hat Schlafsäcke über dem Arm.«

Björk und Nita ließen die leeren Körbe unter dem alten Kirschbaum liegen, stellten den gefüllten daneben und rannten los. Kurz vor der Kleete und den langgestreckten Stallgebäuden erreichten sie atemlos die beiden.

»Liisu«, rief Björk, »wir sind fertig!«
Liisu blieb stehen. Sie sah die Mädchen an und wußte genau, daß sie nicht wegen dieser Mitteilung hierher gelaufen waren.
»Kinder wollen wissen, wer Gast ist«, begann sie ruhig, »kommt mit, Säcke füllen. Essen ist gleich auf dem Tisch.« Und ging weiter.
»Guten Tag«, rief Björk der Unbekannten zu, »ich bin Björk Maria Helbrich, und das ist meine Schwester Benita.«
Arina blieb stehen und wollte ihr die Hand geben:
»Ich bin...«
Doch weiter kam sie nicht, denn Björk sah sie mit sichtlichem Erschrecken an und rief:
»Ich weiß!« Beinahe hätte sie ›du bist die Frau aus dem Blauen Salon‹ hinzugefügt, aber sie verschluckte es, und die Fremde beendete ihre Vorstellung mit einem erstaunten:
»Du kennst mich? Ich bin Arina Linden aus Berlin, die Tochter von Viktoria von Bowén.« Sie fügte noch: »Den eigentlichen Besitzern von Ilukül« hinzu und wußte selbst nicht, weshalb sie das tat.
Björk errötete. Was hieß hier ›eigentlichen Besitzern von Ilukül‹! Ihr Vater war, seit sie denken konnte, der rechtmäßige Besitzer und sie hier geboren, hier zu Hause! Bowén – das war einmal, vor ewigen Zeiten! Aber sie wiederholte nur: »Ich weiß« und starrte die Fremde feindlich wie einen unerwünschten Eindringling an. »Ich weiß, du bist Arina von Bowén.«
Björk Maria mit ihren fünfzehn Jahren war ebenso groß wie die siebzehnjährige Arina, schlank und sonnengebräunt wie ihre Schwester. Beider Körper waren durch die Landarbeit, durch Laufen und Schwimmen gestählt. Beide waren barfuß, trugen geblümte Sommerkleider und weiße Schürzen darüber. Björks Haar hing in zwei dicken blonden Zöpfen bis zur Hüfte herunter, ihr Gesicht war ebenmäßig und klar, ihre grauen Augen hell, wach, aber ernst.

Arina gefiel das Mädchen, das vor ihr stand.
»Woher kennst du mich?« wiederholte sie ihre Frage.
»Och«, wehrte Björk ab, »nur so. Ich kenne dich natürlich nicht, aber du siehst einer Verwandten von dir, einer Baroneß von Bowén, deren Bild ich sah, sehr ähnlich. Darum.«
»Wirklich?« Arina freute sich. »Das Bild würde ich gern mal sehen!«
»Wenn du da hinein darfst, kannst du es sehen«, sagte jetzt Nita, erstaunt darüber, daß sie es wagte, hier einfach so mitzureden, denn sie und Björk waren Fremden gegenüber meist scheu. Als wolle sie sich selbst Mut machen, fuhr sie deutlicher fort: »Im Blauen Salon hängt das Bild. Da sind auch noch andere Sachen von eurer Familie. Aber wir dürfen da leider nicht hinein!«
Nitas Gesicht war rund und zart. Die Augen gold-grün, fröhlich, ja fast schelmisch. Die Stupsnase über dem großen, lachenden Mund sah lustig aus. Lustig kräuselten sich auch die kupfern schimmernden Haare um die hohe Stirn; über den Ohren zu Zöpfen geflochten, waren sie mit grünen Haarschleifen hochgebunden. »Affenschaukeln« nannte Bruder Thomas respektlos diese Frisur und lachte nur, wenn sie wütend auf ihn losging. Hoffentlich erlaubten die Eltern es bald, daß sie das Haar abschneiden ließ.
»Wo bleibt ihr denn?« Liisu stand am Fuß der Leiter, die zum Heuboden hinaufführte.
Die Mädchen beeilten sich. Sie kletterten die Leiter hoch und nahmen den Sack entgegen. Oben füllten sie ihn mit Heu.
»Nicht so voll, damit man weich darauf liegt!« Liisu zog es vor, unten zu warten.
»Vorsicht!« schrie Björk plötzlich und packte Arina am Arm.
»Die Luke ist offen!« schimpfte Nita. Und Arina blieb fast das Herz stehen, als sie den Boden unter den Füßen verlor und unter sich den Kuhstall erblickte. Mit Hilfe der Mädchen konnte sie sich hochziehen.

»Kühe!« stotterte Arina zitternd und sah in den Stall hinunter. »Furchtbar, da hättet ihr mich doch beinahe diesen Bestien zum Fraß vorgeworfen!« Tatsächlich, sie war den Tränen nahe. Björk und Nita lachten.
»Bestien nennst du diese friedlichsten Tiere der Welt!« empörte sich Nita.
»Kühe fressen kein Fleisch. Du wärst nur sanft die Leiter hinuntergerutscht«, tröstete Björk. Und Nita, die Arinas Schock als Beleidigung ihrer Kühe empfand, betonte:
»Ganz harmlos! Wenn du sie erst kennenlernst, wirst du sehen, *wie* sanft sie sind! Guck ihnen doch mal in ihre Traumaugen!«
Aber Arina fand sie weder harmlos noch hatte sie Lust, ihnen in die ›Traumaugen‹ zu sehen.
Als sie schwatzend und lachend heimgingen, war alles wieder gut. Arina war erfüllt von einem Glück, das sie nicht erklären konnte und verspürte eine neue, ungewohnte Kraft. Ilukүll, dachte sie, hier werde ich gut schlafen, und sie begann leise das Schlaflied zu summen, das die Mutter ihr immer vorgesungen hatte, als sie noch klein war.

Schlafe, schlafe, holdes kleines Mädchen,
leise wiegt dich deiner Mutter Hand ...

Zum Abendessen gab es Bratkartoffeln mit Sülze, Quark, Brot mit Butter und saure Milch aus einem großen Tongefäß, das vor der Hausfrau auf dem Tisch stand. Die Keramikbecher wurden gefüllt. Alle aßen mit gutem Appetit.
Arina war müde. Trotzdem versuchte sie, die Menschen um den Tisch kennenzulernen, sie eingehend zu betrachten. Aber es gelang ihr nicht recht.
Die Apfelpflücker saßen neben Thomas und Björk und waren eine Gruppe lustiger Jungen. Die Kinder des Hauses hatte sie schon kennengelernt. Thomas, der älteste, ein hochaufgeschos-

sener junger Mann, ähnelte seiner Mutter. Seine schiefergrauen Augen musterten sie aufmerksam, doch wenn ihre Blicke einander begegneten, sah er fort. War Thomas schüchtern? Er hatte vor zwei Jahren das Abitur bestanden und war nun Eleve auf dem Nachbargut. Björk und Nita waren prima und Robik bereits ihr Freund. Tante Minchen kannte sie auch schon.

Aber der steife alte Herr neben ihr, der sich benahm, als trage er nicht nur ein Körper-, sondern auch ein Seelenkorsett, kam ihr seltsam vor, sie sah ihn zum ersten Mal. Außer den Worten »Danke vollauf«, und dies stets mit angedeuteter Verneigung, hörte sie ihn nichts sagen. Daß es ein russischer Aristokrat war, der Vater von Marussja, wußte sie natürlich nicht. Marussja, die ›Stütze der Hausfrau‹, die mit ihrem Vater und ihrer Mutter während der russischen Revolution nach Estland und hierher nach Iluküll geflohen war, ging im Winter bei Narva im Internats-Gymnasium für russische Emigranten zur Schule, verbrachte aber alle Ferien in Iluküll. Ihre Mutter war vor nicht allzu langer Zeit in Iluküll gestorben.

Zu den Mahlzeiten saß sie neben Frau Helbrich.

Frau Helbrich, am Kopf der Tafel, wirkte hoheitsvoll. Arina fühlte eine Überlegenheit, die sie einschüchterte. Ihr Mann dagegen, am anderen Ende der langen Tafel, war ihr, trotz seines ernsten, fast finsteren und durch die große Narbe entstellten Gesichtes, schon vertraut. Großväterchen, dachte sie liebevoll.

Während des Essens wurde nicht viel gesprochen. Herr Helbrich fragte die Jugend kurz nach Schule und Studium, auch nach dem Ernteeinsatz.

So erfuhr Arina, daß die deutsche Kulturverwaltung in Reval einen Erntedienst eingerichtet hatte. Freiwillige Helfer fuhren übers Wochenende zur Erntearbeit auf die Güter.

»Unser guter Wille ist wahrscheinlich größer als unser Können«, sagte einer der Jungen »trotzdem werden die Gruppen auf den meisten Gütern dankbar willkommen geheißen.« Ein anderer ergänzte: »Die Kulturverwaltung hat diese Aktion ja nur gestartet, weil es vielen der Restgutbesitzer heute finanziell so miserabel geht, daß sie selbst Tagelöhner kaum bezahlen können.« Felix Helbrichs Stirn umwölkte sich. Aber er sagte nichts. Da rief ein dritter:

»Und es macht so viel Freude!«

Björk sah ihn dankbar an.

Alle halfen, den Tisch abzuräumen, danach hieß es, ab ins Bett! Mit Kissen und Decken beladen machten sich die Jungen auf den Weg zur Kleete. Mit Erlaubnis der Eltern nahmen sie auch die Mädchen zum Reden und abendlichen Singen mit.

Hier saßen und hockten sie nun – Arina, Björk und Nita, umringt von den vier Jungen – in der großen Luke und auf den oberen Stufen der Leiter im duftenden Heu.

Hektor und Inka hatten sich, nach übermütigem Tollen mit den von ihnen akzeptierten jungen Leuten, müde am Fuß der Leiter hingelegt. Ab und zu hörte man das Klirren einer Kette aus dem Kuhstall. Natürlich war Arina der Mittelpunkt.

»Warum sind Sie gerade jetzt aus Deutschland hierher gekommen?«

»Dort gibt es doch ganz andere Möglichkeiten?«

»Deutschland!« rief ein anderer, »wir haben einen Bildband von den Olympischen Spielen – diese vielen Goldmedaillen!«

»Wir sind sehr stolz auf Deutschland!«

»Treiben Sie auch Sport?« Thomas sah Arina aufmerksam an. Doch rief schon ein anderer etwas zu laut, wie Arina fand:

»Deutschland – ein Volk erwacht! Es muß unbeschreiblich sein.«

Die Fragen bestürmten Arina so, daß sie kaum antworten konnte. Nur einer hatte keine Frage gestellt. Er sah abwechselnd von Arina zu Björk und dann sinnend in die Baumwipfel. Er war groß, hager und dunkel. Er hatte schmale, sehr dunkle Augen, ausgeprägte Backenknochen und einen vorstehenden Adamsapfel über dem offenen Hemd.

Arina mochte ihn nicht, wandte sich ab von ihm, und doch zog es ihre Blicke immer wieder mit unerklärlicher Macht auf ihn. Warum?

Ganz bewußt wandte sie sich jetzt Thomas zu:

»Sie fragten, ob ich Sport treibe. Nur Schulsport. Aber ich würde schrecklich gern reiten! Reiten Sie auf Ilukүll?«

Thomas war in seinem Element. Glücklich erzählte er ihr von seiner Sagitta, auch von Mirka und Mikku.

»Morgen zeige ich Ihnen die Ställe.«

Der Duft des Heus stand in der Luft. Die Stille des Abends und die immer dunkler werdende Dämmerung gaben allem etwas Weiches, Träumerisches.

Jetzt sprachen sie über Tiere, über die Freundschaft zwischen Mensch und Tier, über Freundschaften zwischen Menschen.

Wieder brachte einer das Gespräch auf Deutschland und das Geschehen, das die Welt bewegte.

»Die Menschen dort sind wohl sehr stolz und glücklich über ihren Führer? Wenn man bedenkt: nach dem Friedensdiktat von Versailles ganz unten, gedemütigt, beraubt – und nun? Von allen Staatsmännern geachtet, anerkannt, ja bewundert!«

»Überwältigend, wie ihm alle, und nicht nur die Deutschen, während der Olympiade zugejubelt haben! Wir sahen es in der Wochenschau!« rief ein anderer.

»Dabei ist er gar kein Deutscher!« meinte der erste. »Er soll doch Österreicher sein. Verrückt – ein Österreicher rettet Deutschland!«

Es war, als würde das Träumerische verschwinden.

»Ja, alles schaut auf Deutschland – und Sie verlassen es, um nach Estland zu kommen!« Das war Thomas.

Björk spielte mit ihren Haaren. Das neue Deutschland interessierte sie überhaupt nicht.

Arina aber fühlte sich als Mittelpunkt in diesem Kreis junger Menschen so wohl wie schon lange nicht.

»Ich bin hierher gekommen, weil ich hierher gehöre«, sagte sie, »meine Mutter war eine Bowén und hat mir mein Leben lang von Ilukūll vorgeschwärmt. Ich wollte zu meinem Großvater.« Sie hob die Schultern und sah etwas ratlos in die Ferne, wo der Mond jetzt glutrot, groß und rund hinter den Bäumen hing.
»Seht doch den Mond: So riesig und glühend – wie ein Feuerball!« rief Björk.
Keiner antwortete. Alle sahen zum Mond hinüber und gaben sich der Lautlosigkeit des Abendfriedens hin.
Nach einer Weile begann Arina mit leiser Stimme zu sprechen: »Ja, daß hier alles so anders geworden ist, konnte ich nicht ahnen. Und was in Zukunft wird, weiß ich auch nicht.« Sie lächelte so unwiderstehlich hilflos, daß alle Jungen sie schützend in den Arm zu nehmen wünschten.
»Du bleibst natürlich bei uns. Zu Hause in Ilukūll. Das ist doch klar.« Thomas sagte es sehr laut und deutlich. Es sollte sachlich und beschützend klingen, aber seine Stimme flatterte. Jetzt merkte er, daß er sie ganz selbstverständlich geduzt hatte, und sein Herz schlug schneller.
Arina sah ihn dankbar an. Ihr war das Du vertraut, Thomas aber errötete. Ein Glück, daß es schon fast dunkel war.
»Machen Sie sich keine Sorgen, Fräulein Linden, wer weiß, wozu es gut ist, daß Sie Deutschland so impulsiv verlassen haben. Es gibt auch kritische Stimmen im Hinblick aufs neue Deutschland und seinen Führer«, meinte ein anderer ruhig. Doch als Arina darüber erschrak, fügte er schnell »*So* habe ich das ja nicht gemeint«, hinzu und: »Sorgen brauchen Sie sich – zumindest im Augenblick – nicht zu machen.«
»Alter Miesmacher!« rief da stürmisch ein Blonder. »Sag mir ja nichts gegen Deutschland und seinen Führer, auch wenn dein Vater Schwede ist! Ich jedenfalls möchte, sobald ich das Abitur habe, in Deutschland studieren.«
»Und du?« fragend sah Arina auf Thomas, »du auch?«

›Du‹ hat sie gesagt, Thomas freute sich, ›sie fühlt sich schon zu uns gehörig‹.
»Ich?« Er schüttelte den Kopf. »Ich bleibe hier. Vielleicht werde ich zusätzlich in Dorpat ›Landwirtschaft‹ studieren. Vielleicht – eben lerne ich noch als Eleve in Pölk bei Herrn Grebe. Mein Ziel ist jedenfalls, Iluküll wieder hochzubringen.«
»Meins auch!« rief Björk. Es waren die ersten Worte, mit denen sie sich interessiert am Gespräch beteiligte. »Ich helfe dir ganz bestimmt.« Spielerisch hatte sie ihre Zöpfe gelockert.
Arina hob die Hand, mit leiser, doch fester Stimme wandte sie sich an Thomas:
»Und ich helfe euch auch – für Iluküll!«
Thomas sah sie an: Ich werde sie heiraten, dachte er und erschrak gleichzeitig über diesen vermessenen Gedanken.
Dann sangen sie Volkslieder und Schlager.
Zum Schluß das Abendlied vom aufgegangenen Mond. Arinas weicher Alt übertönte alle und trug die Melodie weit über die Bäume.

»... so sind wohl manche Sachen, die wir getrost belachen,
weil unsere Augen sie nicht sehen ...«

Antike Grazien im anbrechenden Morgen

Arina erwachte durch Hundegebell. Nach kurzer Zeit krähte ein Hahn – einmal, zweimal...

Gleich darauf wurde die Tür aufgestoßen, und herein sprangen Hektor und Inka. Sie kamen an ihr Bett, schnupperten. Hektor setzte sich und legte eine Riesenpfote auf Arinas Bauch. Inka blieb abwartend in einiger Entfernung stehen.

»Hektor, Inka«, rief Arina zaghaft. Obgleich sie merkte, daß die Hunde sie erkannten und Freundschaft mit ihr schließen wollten, war ihr die Sache nicht ganz geheuer. Sie wagte nicht, sich aufzurichten.

Erneut tupfte Hektors Pfote auf ihren Bauch. Nachdrücklicher, ungeduldig. Arina hob die Rechte und strich über die Pfote. Hektor war glücklich. Er sprang auf. Beide Vorderpfoten tapsten aufs Bett, Hektor stand und leckte mit zärtlicher Zunge über Arinas Gesicht.

»Pfui Hektor!« Die helle Stimme kam von der Tür.

Da stand Björk in ein Laken gehüllt. »Es ist nach sechs! Die Jungen sind schon ins Meer gelaufen. Ich wollte dich zum Waschen holen!«

»Zum Waschen?« fragte Arina verwundert.

»Ja«, rief Björk, »wir Jungen waschen uns im See: tauchen, einseifen, bürsten und schwimmen – das macht frisch!«

Arina war hellwach und versuchte sich aufzurichten.

»Ich habe keinen Badeanzug«, bedauerte sie.

»Brauchst auch keinen!« Björk war zu ihr gekommen, schob Hektor vom Bett und jagte beide Hunde aus dem Zimmer. »Wir waschen uns doch nackt«, rief sie und schloß die Tür, »in unsere Bucht kommt keiner, um diese Zeit sowieso nicht.« Sie öffnete das Laken mit einer Hand, in der anderen hielt sie Arina Seifenschale und Bürste entgegen. »Mehr brauchst du nicht!« Sie hatte nichts an außer ihrer Sonnenbräune am ganzen Körper.

Ein Jauchzer:

»Ja, ich komme!« Arina sprang aus dem Bett, streifte ihren Pyjama ab, nahm das Badelaken vom Haken und legte es um. Seife und Schwamm in der freien Hand folgte sie Björk. Die Hunde warteten vor der Tür. Als sie die Treppe hinuntergingen, sprangen sie lustig jelpend voraus. Björk raffte ihr Laken zusammen und hob es so über die Füße, daß sie die sieben Stufen der Treppe frei hinunterspringen konnte. Arina folgte langsamer, um das Laken nicht zu verlieren oder darüber zu stolpern. Es war kalt. Sie fühlte ihre nackten Füße klamm werden, sagte aber nichts.

Frühnebel lagen auf dem Rasen. Eine grünlich-weiß schimmernde Wolkenschicht bedeckte das Land. Wieder blieb Arina stehen. An den Zweigen der Sträucher glitzerten Tautropfen. War das noch Wirklichkeit? Björk lief mitten in diese bodenlos scheinende Unwirklichkeit hinein.

»Herrlich ist das – herrlich!« Sie sah sich nach Arina um »komm!«

Arina folgte, vorsichtig den Boden abtastend, als betrete sie einen Sumpf. Björk lachte.

»Du brauchst keine Angst zu haben, es ist nur Rasen!«

»Wo ist Nita?« fragte Arina und watete schon mutiger in die Nebeldecke.

»Vorausgegangen«, rief Björk und wartete einen Augenblick, »ist das nicht wundervoll, so barfuß im taufeuchten Gras? Komm schon!« Sie hob den Arm mit der Seifenschale und drehte sich im Walzerschritt tanzend auf die Birkenbank zu.

Wie schön sie ist, dachte Arina, als Björk nun das Laken auf die weiße Bank unter der alten Weide warf und weiter zu den Sträuchern lief, die eine kleine Bucht verbargen. »Herr – lich« klang es zu ihr herüber. Arina jedoch fand es gar nicht herrlich. Sie fand es kalt und naß. Sie fand, daß es an den Sohlen piekte und konnte nur vorsichtig auftreten. Langsam ging sie auf die Bank zu, ließ ihre Hand über die feuchte, glatte Rinde gleiten und blickte über den See, der heute in der Morgenfrühe ganz anders aussah als gestern nachmittag.

Weiße Nebelfetzen hingen über dem grünen Wasser. Kam man näher, war es am flachen Ufer so klar, daß man jeden Stein, jedes Sandkorn, jedes Pflänzchen durchs Wasser sehen konnte. Arina atmete tief.

»Wo bleibst du?« erklang es von links.

Sie ging zwischen den bläulich schimmernden Blättern der roten Sträucher hindurch und sah Nita, zierlich wie eine Nixe im Wasser stehen. Björk bürstete ihr den Rücken. Beide waren braun und schön wie junge Bäume.

Arina warf das Laken ab und ging ans Wasser. Sie tauchte eine Fußspitze hinein, zog sie aber gleich wieder zurück.

»Wahnsinn – eeeeiiskalt!« schrie sie. Trotz der Überwindung, die es sie kostete, nahm sie den Schwamm und begann sich zu waschen. Als sie sich von oben bis unten eingeseift hatte, war es erträglicher.

Björk und Nita, die Haare hochgesteckt, liefen in den See hinein, spritzten, lachten, warfen sich in die Morgennebel und schwammen. Zögernd ging auch Arina tiefer ins Wasser. Sie tauchte, spülte sich die Seife vom Körper und lief fröstelnd zurück an Land. Hier nahm sie das Frotteelaken und begann sich tüchtig zu rubbeln.

Bald darauf waren auch die andern wieder da. Sie rannten das Ufer entlang, schwangen die Arme, hüpften, liefen, sprangen und machten allerhand Übungen.

Arina hatte sich warmgetrocknet, setzte sich auf ein Stück Baumstamm, das am Ufer lag und sah den beiden zu.

»Komm, mach mit!« rief Björk. Aber Arina schüttelte den Kopf. Da bat Björk sie, ihr zu helfen. Der Turban war ihr vom

Kopf gerutscht. Die Zöpfe hatten sich gelöst. Und Arina bürstete Björks langes Haar.
Am schräg gegenüberliegenden Ufer war der alte, hagere Mann in der abgetragenen Lodenjoppe, auf zwei Krücken gestützt, stehengeblieben. Interessiert blickt er hinüber, als er von dort zwitscherndes Lachen, mitunter fröhliche Schreie und jubelndes Singen hörte. Undeutlich sah er aus der Nebeldecke über dem Wasser Köpfe auftauchen, hörte Prusten und wieder Lachen. Es wirkte so ansteckend fröhlich, daß auch Konstantin von Bowén schmunzelte; gelacht hatte er schon lange nicht mehr. Er wußte, daß die Helbrich-Mädchen beim Morgenbad waren. Erkennen konnte er sie nicht, die Entfernung war zu groß. Doch schien ihm, daß nicht zwei, sondern drei Stimmen herüberklangen, Wer war die dritte?
Plötzlich begann eine Stimme zu singen. Jubelnd. *»Horch, horch, die Lerch' im Ätherblau ...«* Das war kein Helbrichkind, bestimmt nicht. Konstantin lauschte überrascht – *»und Phöbus neu – erwacht«* jubelte es weiter – *»und Phöbus neu – erwaacht ...«* – Schubert! Das hatten seine Schwestern damals mit Tante Katharina gesungen. Damals! In ihm lächelte es, und mit heiserer Stimme fiel er ein *»holt seine Rosse aus dem ...«* und hustete. Die Mädchenstimme sang weiter. Und er versuchte es erneut *»Wach auf – wach auf«* es ging nicht. Aber über den See klang es glockenklar: *»Wach auf – wach auf – du schö – ö – ne Maid wach auf –«* Konstantin von Bowén war entzückt. Wer mochte das sein? Wieder lauschte er. Jetzt sangen die drei zusammen. Eine Apfelpflückerin? Gestern waren doch die Helfer zur Apfelernte angekommen, ob auch ein Mädchen dabei war? *»Wem Gott will rechte Gunst erweisen«* klang es dreistimmig über den See – *»den schickt er in die weite Welt –«* Konstantin reckte sich und ging langsam den Weg um den See zum Rollstuhl zurück.

Die Mädchen in ihren kunstvoll drapierten Laken kamen wie altgriechische Jungfrauen aus ihrer Bucht und gingen den Seeweg entlang. Jetzt sah er sie deutlicher.
»Antike Grazien im anbrechenden Morgen«, betitelte er sie und blieb neben seinem Rollstuhl unter der Birkengruppe stehen. Björk und Nita kannte er, doch die Dunkelhaarige, die, den Kopf in den Nacken geworfen, aufrecht, ja stolz, neben den anderen schritt – die war kein Kind mehr. Obgleich er sie nur von weitem sah, gefiel sie ihm, er wollte Näheres über sie erfahren.
Die Mädchen waren schon verschwunden, als Liisu kam, um den Herrn Baron ins Haus zu fahren.
»Sag, Liisu«, fragte Konstantin von Bowén, »ist unter den Apfelpflückern auch ein Mädchen?«
Liisu sah ihn erschrocken an.
»Eine Zarte, kein Kind mehr, aufrecht, ging mit den Helbrich-Kindern zum Morgenbad.«
– »Ja, Herr.« Was sollte sie anderes sagen? Liisu schob den Rollstuhl zum Hintereingang, der stufenlos direkt in den rechten Trakt führte. »Wird Herr Frühstück mit anderen essen? Essen schon jetzt um sieben. Dann fahren sie in die Kirche.«
»Nein«, entschied der Mann, »bring mir das Frühstück aufs Zimmer.« Obgleich er dieses Mädchen, das er noch nie gesehen hatte, gern kennengelernt hätte, wollte er eine sofortige Begegnung vermeiden. Zu Mittag gäbe es erneut Gelegenheit dazu. Und ruhiger. Ganz plötzlich hatte er wieder Lust zu leben. Er würde sich umziehen. Auch wenn er an Krücken ging, sah er besser aus als alle männlichen Wesen in diesem Hause. Mal ausprobieren, ob er heute noch Eindruck machen konnte auf solch ein junges Reh!
Als Liisu ihn zum Händewaschen vor den Waschtisch schob, fiel sein Blick in den Spiegel. – Mein Gott, was hatte er sich eingebildet! Er griff sich an den Kopf. Nun war sie wieder da, diese Dunkelheit! Kaum zu ertragen und nur der, der selbst

tiefste Depressionen erlebt hatte, könnte es verstehen! Seit seiner Verbannung nach Sibirien und der Verwundung im Freiheitskampf des Baltenregiments gegen die Bolschewiken kam es immer wieder vor, daß er in diese ausweglose Tiefe sank, nicht mehr wollte, nicht konnte... Vergessen war das junge Reh.

»Laß das Frühstück, Liisu«, kam hart sein Befehl, »bring mich ins Bett!«

Gottesmann wie ein Fels

Mit »Hallo« und »Wie habt ihr geschlafen?« – »Ist das Meer sehr kalt?« – hatte die Jugend sich begrüßt, hatte das Frühstücksei, die Butter-, Honig- und Marmeladenbrote gegessen, die Milch getrunken und war dann guter Dinge zu den Pferdewagen gegangen, die Tönu und Thomas schon angespannt und vorgefahren hatten.

Mit der Liniejka, die über die ganze Länge des Wagens nur ein ledergepolstertes Brett hatte, auf dem die Fahrgäste wie auf einem Sattel saßen, sollte die Jugend fahren. Thomas saß als Kutscher vorn, ihm folgte Arina. Hinter Arina saßen der so asiatisch aussehende Junge, Björk und der Schwede.

Der Liniejka folgte die Kutsche mit den Eltern, Tante Minchen, Nita und Robert, während der kleine Leiterwagen, auch Kirchenwagen genannt, mit Tönu, dem Stallmeister, Madli, der Viehmagd, und einem Siedler-Ehepaar, das in einem der früheren Gesindehäuser lebte und einen Teil von Ilukül besaß, das Schlußlicht bildete.

Unterwegs gesellten sich noch mehr Kirchenwagen, zum Teil

geschmückt, mit Bauern- und Siedlerfamilien aus dem ganzen Umland dazu. Es gab ein fröhliches Winken und Grüßen.
Für Arina war alles neu. Daß es hier keine geschlossenen Dörfer gab wie in Deutschland, sondern die einzelnen Höfe in der Landschaft lagen, war ebenso ungewohnt für sie wie das weite Wiesenland mit seinen Birken und Ellernbüschen. Auch die Felder, die nicht wie in Deutschland jedes Stückchen Freiland nutzten, sondern dalagen, als gäbe es Land in Hülle und Fülle.
»Wie unberührt hier alles aussieht!« sagte sie staunend.
Keiner schien sie zu hören. Der Wagen war hart und laut, die Räder nicht mit Gummireifen, sondern mit Eisen beschlagen.
Da legte der dunkle Junge seinen Arm um sie. Hastig wandte Arina sich um:
»Was fällt Ihnen ein!« Er sah sie aus seinen schwarzen Augen über den vorstehenden Backenknochen so eigenartig an, daß ihr angst wurde.
»Weißt du eigentlich wer ich bin?« fragte er, sich vorneigend. Und als sie nicht antwortete, sondern ihn durch eine hastig abwehrende Bewegung loszuwerden versuchte: »Nun, ich könnte dir so einiges erzählen...«

Die Kirche stand auf einem Hügel vor dem Friedhof. Sie war klein, weißgetüncht, hatte einen spitzen Turm mit Wetterhahn und eine schwere Holztür mit schmiedeeisernem Kreuz darauf. Unten, rund um den Kirchplatz waren Querbalken auf meterhohen Pfählen angebracht, wo die Männer ihre Pferdefuhrwerke anbanden, Heusäcke vom Wagen nahmen und den Tieren an die Deichseln oder an die Querbalken hängten. Auch Thomas und Tönu befestigten die Zügel an den Balken.
»Kommen hier immer so viele Menschen zur Kirche?« wandte Arina sich an Thomas und stellte sich neben ihn, während er die Pferde versorgte. Sie fürchtete sich vor dem Fremden. Thomas aber gab ihr Sicherheit. Sie wollte in seiner Nähe bleiben.

»Ja, sie kommen von weit her zur Kirche, und das nicht nur zum Erntedank«, entgegnete Thomas, »ich mag diese Menschen.«
Arina betrachtete die Kirchgänger.
Die Männer trugen größtenteils weiße Hemden und schwarze Sonntagsanzüge, die Frauen Schulterumhänge und weiße Kopftücher. Die jungen Mädchen aber hatten buntgestreifte Wollröcke an und weiße, buntgestickte Blusen. Andere auch helle Sommerkleider. Sie waren hübsch, fast alle blond und blauäugig. Viele hatten Getreidesträuße oder Körbe mit Obst in Händen, die sie segnen lassen wollten. Feierlich-fröhliche Stimmung ringsum.
»Die Esten sind fromm«, ergänzte der Schwede, der zu Thomas und Arina gekommen war, »fromm, ohne diese Frömmigkeit auf dem Tablett vor sich herzutragen. Sie waren es schon, bevor die deutschen Ordensritter sie vor siebenhundert Jahren christianisierten. Man weiß wenig von ihrer Altväter-Religion, aber es gibt in einigen Gegenden, besonders auf den Inseln, noch sogenannte ›Ringijooks‹, das sind Kreise aus einzelnen Steinen, vielleicht vergleichbar den ›Irrgärten‹ auf Gotland und in Schweden, die auf kaum noch festzustellende Sonnen-Mysterien-Stätten zurückzuführen sein könnten.«
»Wie interessant. Erzähl weiter!« bat ihn Arina. »Ja. Ebenso ist es auch mit den Teufelskanzeln auf dem Glint, unserer Steilküste am Meer, und den darunterliegenden ›Teufelsküchen‹, die aus riesigen Granitblöcken bestehen. Offenbar hat man diese Sonnen- und Naturheiligtümer verteufelt, um das Volk ganz allmählich von ihnen und dem sogenannten Aberglauben abzubringen. Ich spreche oft mit einem estnischen Freund in Dorpat darüber, der dort Theologie studiert.«
Arina hatte ihm zuletzt nur mit halbem Ohr zugehört, denn Herr und Frau Helbrich wurden vom Pfarrer begrüßt, der im Talar aus dem Pastorat über den Platz gekommen war. Zu dritt

kamen sie auf sie zu. Pastor Petronius überragte alle. Er war groß und breit wie ein Felsblock. Sein faltenreiches Gesicht unter dem dichten weißen Haar war auf Arina gerichtet. Warm leuchteten ihr seine Augen entgegen, als er ihr beide Arme entgegenstreckte und sie bei den Händen nahm.

»Arina«, sagte er mit seltsam bewegter Stimme, »Arina von Bowén! Wie du ihr gleichst, mein Kind!«

Und er hielt ihre Hände so fest in seinen kräftigen, als wolle er sie gar nicht mehr loslassen. Dann wandte er sich an Herrn und Frau Helbrich: »Bitte, kommen Sie nach dem Gottesdienst mit ihr auf einen Sprung ins Pastorat ...« Weiter kam er nicht, er sah sich umringt von all den Kirchgängern, die noch draußen standen, hob die Hände zum Gruß und ging aufrecht ins Gotteshaus.

»Sieht er nicht aus wie der liebe Gott persönlich?« flüsterte Björk Arina zu. »Er ist schon über siebzig Jahre alt, aber seine Gemeinde übergibt er keinem andern.« Sie schob ihre Hand unter Arinas Arm und zog sie in die Kirche. »Du wirst wohl nicht viel verstehen, der Gottesdienst wird in estnischer Sprache gehalten. Aber wir erklären es dir später.«

Im Gotteshaus saßen die Frauen auf der linken, die Männer auf der rechten Seite. Es war still. Kein Sprechen, kein Flüstern, kein Husten. Dann stand der alte Pastor mächtig wie ein erratischer Block vor der Gemeinde und sprach mit tiefer, tragender Stimme in einer vokalreichen Sprache. Arina hörte sie zum ersten Mal, und sie klang ihr wie Musik.

Pastor Petronius begann mit Mitteilungen an die Gemeinde. Geburten? Taufen? Todesfälle? Arina erahnte es nur, vielleicht irrte sie sich auch. Dann aber sagte er einige Worte in erzählendem Ton. Sie vernahm den Namen Bowén – alle sahen sich nach ihr um – »Er sagt, daß du heimgekommen bist...« flüsterte Björk aufgeregt, und da richtete der riesige Kirchenmann schon seine Polterstimme an sie und sprach auf deutsch:

»Tochter der Bowéns, sei willkommen in der Heimat deiner Ahnen. Werde im Namen Jesu Christi das, wozu Gott dich bestimmt hat. Gesegnet seist du, und werde zum Segen für uns. Im Namen der ganzen Gemeinde, von der viele deine Mutter und Großeltern, einige noch deine Urgroßeltern kannten, sei herzlich willkommen!«

Arina hatte mit Staunen zugehört, sie war errötet und hatte verlegen die Augen niedergeschlagen. Aber sie fühlte die Blicke der Kirchgänger auf sich gerichtet: wohlwollende und weniger wohlwollende, alle neugierig. Wie anders ist es hier, dachte sie, als in unserer Kirche in Berlin.

Sie sangen. Das Gebet. Halleluja.

Pastor Petronius betrat die Kanzel und hielt seine Predigt. Obgleich Arina kein Wort verstand, sah sie, wie stark der alte Mann seine Bauern mitriß.

Ich möchte Estnisch lernen, dachte Arina, die Sprache ist schön, und wenn ich jetzt ganz hier bleibe, muß ich sie können.

Später, auf der Heimfahrt, erzählte ihr Thomas von Pastor Petronius.

»Weißt du, er sieht die Menschen als Seele. Oft kennt er das Äußere kaum, aber die Seele, den eigentlichen Menschen, hüllt er ein in seine Güte. Die kennt und liebt er. Das weiß jeder.« Und dann berichtete er ihr von der Predigt, die sie ja nicht verstanden hatte: »... und zum Schluß, nachdem er über das Säen und Ernten gesprochen und mit erhobenen Händen GOTT den Dank für den Reichtum SEINER NATUR hinaufgerufen hatte, du hast es ja gesehen, da wandte er sich an die Gemeinde, an jeden einzelnen von uns allen und sprach: ›Jeder von euch blühe dort, wo GOTT ihn ausgesät hat, und trage dort seine Früchte, und helfe und liebe genau an jenem Platz, wo er hingestellt ist, damit man einst sagen kann: reiche Ernte, reicher Segen ging aus von dir – und dir – und dir, damit du reichen Segen empfangest‹«

Thomas' Begeisterung für diesen alten Mann übertrug sich auf Arina und sie wußte, daß sie die anschließende Stunde im Pastorat nie vergessen würde.

Die Stunde im Pastorat: Nach dem Gottesdienst, als die Kirchgänger noch vor der Kirche standen oder auf der kleinen Friedhofsmauer saßen und erzählten, einige der Männer in den Krug schlenderten, um ein Bier oder einen Schnaps zu trinken, gingen Herr und Frau Helbrich mit ihren Kindern und Arina, die kranke Frau Pastorin begrüßen. Die Schwiegertochter tischte Wodka und kleine Sakußki* auf, für die Damen Limonade oder Milch und ofenfrische, warme Piroggen. Man setzte sich um die Chaiselongue der alten Dame. Pastor Petronius hatte den Talar gegen eine blaue Hausjoppe eingetauscht und fühlte sich sichtlich wohl. Liebevoll deckte er seine Frau mit einem handgewebten Tuch zu.

Natürlich drehte sich das Gespräch um die Predigt, die Ernte, die Gesundheit und um Arinas Heimkehr.

»Was wird sie machen?«

»Wo wird sie bleiben?«

»Auf Ilukүll«, Herr Helbrich legte den Arm um ihre Schulter und gab als ›Großväterchen‹ ihre erste Begegnung zum besten. Alle lachten.

Frau Helbrich erinnerte daran, daß man den Großeltern in Berlin Arinas Ankunft telegrafieren wollte. Im übrigen sei zu überlegen, daß sie die Schule noch nicht beendet habe und für die Schulzeit, bis zum Abitur, nach Reval müsse.

»Ist nicht Agatha von Bowén in Reval?« fragte Pastor Petronius, »wenn ich mich nicht irre, war sie damals mit Viktoria nach Deutschland gegangen?«

* Sakußki (russ.) wörtlich: »Zubiß«, diverse kleine Delikatessen zum Wodka.

»Ganz recht. Agatha begleitete Viktoria, kam aber gleich nach Arinas Geburt nach Estland zurück. Sie heiratete Hugo Joberg und zog zu ihm nach Reval.«
»Nun, dann ist es wohl kein Problem«, schaltete sich die Pastorin ein, »Tante Agatha wird Arina sicher aufnehmen.«
Die Kinder schwiegen und aßen vom Kuchen, den die Schwiegertochter des Pastors gebacken hatte.
Plötzlich ging der alte Pastor auf Arina zu, zog sie vom Stuhl und hielt sie an den Händen. Aufmerksam betrachtete er sie. »Wie sehr du ihr gleichst!« wiederholte er, und seine Stimme klang wehmütig. »Weißt du, mein Vater war hier Pastor, wie ich jetzt, und ich lebte fast mehr in Ilukүll als daheim. Arina war acht Jahre jünger als ich. Ihre drei Brüder, alle in meinem Alter, waren herrliche Spielkameraden und gute Freunde. Arina aber fühlte ich mich besonders nah. Sie hatte es nicht leicht mit uns wilden Jungen, wickelte mit ihrem Charme aber alle um den Finger. Außer Clemens, den Ältesten. Der war hart und streng mit ihr. Unerbittlich wie sein Vater, der alte Karl von Bowén, dein Urgroßvater, liebes Kind. Oft floh Arina in ihrer Bedrängnis zu mir. Doch dann...« Er schien in jene ferne Welt versunken, plötzlich umwölkte sich seine Stirn. Er hob die Hand, als wolle er etwas wegwischen, fuhr sich übers Haar und sah Arina an. »Sie hat viel gelitten, deine Großtante Arina, das Schicksal gab ihr mehr zu tragen, als sie tragen konnte.« Wieder versank er in seine Gedanken. Dann blickte er in die Runde. »Wann war das, als das große Unglück passierte? Das Schreckliche?« Keiner antwortete ihm. »Ach«, fuhr er da fort: »Es geschah, bevor die marodierenden Banden auf Ilukүll eindrangen – bevor die schreckliche Revolution ausbrach – es war ja schon...« er stand auf und ging die Hände auf dem Rücken zum Buffett, goß sich Wasser aus der Karaffe in ein Glas und trank es leer.
Besorgt hatte Herr Helbrich ihn angesehen. Als der alte Mann zum Sofa zurückkam und Arina leise zu drängen begann:

»Erzählen Sie weiter, Herr Pastor, bitte, was war geschehen? Was für ein Unglück?«, rettete Herr Helbrich, der am Fenster stand und hinaussah, die Situation.
»Sie bauen?« fragte er mit Blick auf den Hof, wo Bretter, Steine, ein Mörtelbottich und allerhand Gerät herumlagen. Und dann, weil er keine Antwort erhielt, laut zum Pastor gewandt: »Wollen Sie Ihren Viehbestand vergrößern?«
Der alte Herr schreckte auf.
»Viehbestand? Bauen?« Er schüttelte den Kopf, stand auf und ging ans Fenster. »Einen kleinen Anbau an den Stall mache ich – niedrig und warm«, er reckte sich, als wolle er völlig erwachen, »eine Kuh, ein Pferd, ein Schwein und das Hühnerzeug ist schon zu viel für uns. Eher will ich diesen ›Viehbestand‹ verkleinern.«
»Und?« fragte Felix Helbrich erneut. Etwas verlegen sah der alte Gottesmann auf seine Gäste.
»Nun«, begann er, »Sie kennen doch den *Einsamen* von der Steilküste oder haben zumindest von ihm gehört?«
»Gewiß«, bestätigte Johanna Helbrich lebhaft. »Wer weiß hier nicht von ihm. Unsere Liisu hat ihn gesehen. Sie tut aber sehr geheimnisvoll. Ab und zu bringt sie ihm auch etwas zu essen an den Strand.«
»*Den* meine ich.«
»Er soll stumm sein?« fragte Frau Helbrich interessiert, »ein Este? Ein Heiliger? Aus Liisu ist nichts über ihn herauszubringen.«
»Einsame werden sie hier genannt.« »Wir würden wahrscheinlich Einsiedler sagen, die Russen Starze. Im Sommer lebt er in einer Höhle im Glint über dem Meer, nicht sehr weit von Ilukүll. Im Winter mit dem Frost kommt er zaghaft ins Pastorat und bittet mit Augen und Gesten um Unterkunft im Stall. Er schläft dort auf Stroh. Niemals läßt er sich überreden, ins Haus zu kommen.«
»Haben Sie ihn je gesprochen?« erkundigte sich Herr Helbrich.

»Ich habe ihn angesprochen, doch nur Verbeugungen als Dank erhalten. Einmal, es war im Vorfrühling, da war der Tisch im Garten gedeckt. Ich war allein und holte ihn selbst zum Essen. Er blickte sich scheu um. Wohl weil kein anderer zu sehen war, setzte er sich. Er aß nur Kartoffeln und Gemüse, obgleich auch Braten auf der Platte lag. Gegen Alkohol wehrte er sich konsequent, trank nur Wasser. Doch *wie* er aß, ließ darauf schließen, daß er aus gutem Hause stammt. Er weiß wohl umzugehen mit Messer und Gabel.«

»Und Sie wissen nicht, wer er ist?«

»Nein, das weiß ich nicht. Doch ist er kein Este, nehme ich an, und dies wegen des Kreuzes.«

»Wegen des Kreuzes?« fragte Herr Helbrich aufmerksam.

Der Pfarrer nickte.

»Ja, die Esten sind evangelische Lutheraner wie wir. Sie schlagen kein Kreuz. Er aber macht das Kreuz, nicht wie die Katholiken von links nach rechts, sondern wie die Prawoßlawnyje, die Rechtsgläubigen von rechts nach links.«

»Demnach ein Russe?«

»Unmißverständlich ein Russe. Ein gebildeter Russe aus höchster Gesellschaftsschicht.«

»Unsere Liisu meint: ein Verrückter«, ergänzte Frau Helbrich den Gedankengang der Männer.

»Was ist schon ein *Verrückter*«, sprach der Geistliche sinnend, »wo sind die Grenzen zwischen normal und verrückt? Waren unsere Heiligen alle Verrückte? – Ein *Frommer*, würde ich sagen, vielleicht einer von den Wander-Starzen, die das *Unablässige Gebet* üben.« Und nach einer Weile des Schweigens: »Nun, eben ein Heiliger, der unablässig für seine Seele, wahrscheinlich auch für sein Volk, für uns und die ganze Welt betet.«

»Also doch ein Heiliger«, sprach Frau Helbrich zögernd.

Keiner antwortete ihr. Arina aber war erfüllt vom Wunsch, diesem Mann einmal zu begegnen.

Onkel Konstantin

Die Ställe lagen in und neben dem Gebäude der Kleete. Nicht auf der Seite des Sees, sondern hinter dem Haus, hinter den Obstgärten. Thomas schirrte die Pferde aus.
»Das ist Mirka, auf der darfst du deine ersten Reitversuche machen«, erklärte er Arina, »sie ist nicht so groß wie Mikku und nicht so sensibel wie Sagitta.«
Arina wollte mehr sehen, mehr hören, sie wollte die Pferde genauer kennenlernen, einen Blick zu den Kühen werfen, die sie gestern so erschreckt hatten, wollte auch die Schweine, die Hühner, ja alles sehen. Aber Thomas vertröstete sie: »Nach dem Essen. Sie warten bestimmt schon auf uns.«
So beeilten sie sich und gingen zum Haus. Sie betraten die kleine Veranda durch den Vordereingang, der Arina heute nicht mehr gar so großartig erschien wie gestern, und wollten in die Halle. Ungeduldig rief sie:
»Und *wann* darf ich endlich reiten?« Da hielt Thomas sie zurück:
»Onkel Konstantin«, flüsterte er.

Konstantin von Bowén hatte die Absicht gehabt, mit der Familie zu speisen. Als er jedoch die ›Dunkelhaarige vom See‹ nicht finden konnte und alle so unerträglich laut durcheinander redeten, bat er Liisu ihm das Essen aufs Zimmer zu bringen.
»Dann kommen Herr«, sagte Liisu und begleitete ihn durch den großen Saal und öffnete die Tür zur Eingangshalle. Von draußen ertönte Lachen, – und dann die Stimme, die Konstantin sofort erkannte:
»Wann darf ich endlich reiten?« klang es aus der kleinen Veranda. Gleichzeitig betraten sie die Halle.
Konstantin von Bowén blieb stehen und starrte auf das Mäd-

chen. *Das* war sie, kein Zweifel, das war das Mädchen vom See! Obgleich es in der Halle dämmerig war, und nur ein breiter Lichtstreifen durch die offene Verandatür fiel, erkannte er sie sofort. Liisu wurde unruhig.
»Kommen, Herr Baron?« drängte sie.
Aber schon hatte Thomas ihn erreicht.
»Onkel Konstantin«, rief er überrascht, »du bist hier – und so sonntäglich! Ißt du mit uns zu Mittag?«
Der aber beachtete ihn nicht, blickte nur auf das Mädchen, das im gelben Kleid, selbst wie ein Sonnenfleck, in der Lichtbahn stand. Mit einer Kopfbewegung in Richtung Arina wandte er sich an Thomas:
»Willst du mich der jungen Dame nicht vorstellen?«
»Ach ja, entschuldige bitte!« Thomas sah die sorgenvollen Blikke von Liisu, sah das freudig-erwartungsvolle Gesicht von Arina und sagte:
»Dies ist Arina Linden aus Berlin – und das, Arina, ist Onkel Konstantin von Bowén.«
Natürlich hatte Arina vom ersten Augenblick an, da sie ihn sah, gewußt, daß dies der Bruder ihrer Mutter war. Vor Aufregung reckte sie den Hals und hob das Kinn. Lichtes Rot bedeckte ihr Gesicht. Langsam kam sie durch die Sonnenbahn auf ihn zu.
»Guten Tag, Onkel Konstantin!«
Der aber schien nicht zu begreifen.
»Arina Linden?« entgegnete er, als treibe man einen dummen Scherz mit ihm.
»Was soll das, Liisu?« wandte er sich ärgerlich an die Alte, hob die Krücke, wies auf das Mädchen: »Ich denke, sie ist eine Apfelpflückerin aus Reval?« Sein Gesicht verdüsterte sich, als narre ihn ein Spuk. »Nun sagt mir endlich, wer sie wirklich ist!« Ungehalten stieß er die Stockspitze auf den Boden, blickte von Liisu zu Arina, von Arina zu Thomas und wieder zurück zu dem Mädchen. Und als Liisu und Thomas fast gleichzeitig etwas

sagen wollten, herrschte er sie mit lautem »Schweigt!« an, stützte sich schwer auf die Stöcke und betrachtete Arina eingehend. Wirklich, das war eine Bowén, unverkennbar, sie hatten recht. Arina von Bowén. Aber noch konnte oder wollte er nicht glauben, was er allmählich begriff.
»Wieso nennen Sie mich Onkel, mein gnädiges Fräulein?«
»Weil – weil –« stotterte Arina, der sein Ausbruch in die Glieder gefahren war und dessen plötzliche Galanterie ihr danach wie Spott erschien. Aber sie fing sich schnell, blinzelte keck zu ihm auf und vollendete den begonnenen Satz mit »... weil Sie der Bruder meiner Mutter Viktoria sind.«
»So, Viktoria! Liisu, wann ist sie gekommen?«
»Gestern.«
»Gestern!« empörte er sich, »und mir wird nichts davon gesagt! Ich wäre wohl der erste, dem man das Mädchen hätte bringen müssen! Warum in Gottes Namen habe ich nichts davon erfahren?«
»Frau – Frau meinte ...« stotterte Liisu schuldbewußt, »Herr wollte heute selbst ...«
»Dummheit!« schrie der Baron. Doch fast gleichzeitig lächelte er Arina zu: »Würdest du mir die Freude machen, das Mittagessen mit mir auf meinem Zimmer einzunehmen?«
»Danke gern«, entgegnete Arina wohlerzogen, dachte aber: wie wird das wohl werden ...
Schon wies Konstantin von Bowén Liisu an, zwei Gedecke auf sein Zimmer zu bringen und fügte augenzwinkernd: »Bitte reichlich ›Süße Speise‹!« hinzu.
Ich bin doch kein Kind mehr, dachte Arina und sah ihn mit jenem Charme an, um den sie wohl wußte und dem keiner widerstehen konnte.
Bezaubernd ist sie, dachte Thomas, rein zum Verlieben! und wußte nicht, daß er es schon bis über beide Ohren war.
»Leider kann ich dir den Arm nicht reichen«, entschuldigte sich

der Onkel mit leichter Verbeugung, »wenn du bitte vorausgehen willst –« und zu Thomas gewandt »Sei so gut und entschuldige Arina bei Helbrichs, sie ißt bei mir.«
»Ja.« Bedauern klang durch dieses Ja, als Thomas stehenblieb und ihnen nachsah.
Arina ging erwartungsvoll vor ihrem Onkel durch den langen Korridor, an dessen Ende, im rechten Flügel des Hauses, Konstantin von Bowén den Kleinen Salon und ein geräumiges Schlafzimmer bewohnte.
Noch nie war Arina so als Dame behandelt worden. In Deutschland war sie für Großeltern, Lehrer und andere Erwachsene ein Kind gewesen, für Mitschülerinnen und Hitler-Jungen Kameradin. In Deutschland war es nicht mehr üblich, sich als ›Kavalier‹ und ›Dame‹ zu benehmen. Mutter hatte wohl viel von ›Kinderstube‹, ›gutem Benehmen‹, ›Etikette‹, und ähnlichem erzählt, von Bällen, Jagden, Ausflügen, und sie, die Tochter, hatte das wundervoll empfunden, aber weit weg in irgendeiner Vergangenheit gesehen. Doch nun? Arina schien es, als wüchse sie und würde schöner. Vielleicht sogar begehrenswert? Onkel Konstantin war der erste Kavalier, dem sie begegnete. Ach nein, war nicht auch Herr Helbrich zuvorkommend und galant gewesen? Vielleicht etwas väterlicher? Großväterchen dachte sie zärtlich.
Der Tisch stand am offenen Fenster.
Sonnendurchwärmte Luft voll vom Duft der letzten Rosen, vermodernder Blätter und alter Chrysanthemen wehte ins Zimmer.
Arina schwieg, weil sie verwirrt war und nichts zu sagen wußte. Seine weltmännische Überlegenheit machte sie unsicher. Sie saß sehr aufrecht vor ihrem Teller, bemühte sich, mit vollendeten Tischmanieren zu essen, und blickte nur ab und zu, wenn sie meinte, er merke es nicht, zu ihm hin. Ob er ihr gefiel, ob sie ihn mochte, wußte sie noch nicht. Sein Gesicht war schmal und

blaß, und es lag, selbst wenn er lächelte, ein bitterer Zug um Nase und Mund.
Sie aßen schweigend, bis Liisu die Schüssel mit Rosa-Manna* auf den Tisch stellte und gleich darauf eine Kanne voll Milch hereintrug.
Onkel Konstantin reichte ihr Zucker, aber sie lehnte dankend ab.
Eine Weile betrachtete er sie schweigend.
»Du ähnelst deiner Mutter überhaupt nicht.« Nachdenklich sah er sie an und stellte die Zuckerdose an ihren Platz. »Sie war ganz anders. Russisch war sie, keine Bowén.«
»Russisch?« Befremdet runzelte Arina die Stirn. »Warum sagst *du* sowas? Das sagten die Großeltern in Berlin, und die anderen, die Mutter und mich nicht mochten. Aber *du?* Ihr Gesicht lächelte nicht mehr. Die vollen Lippen waren aufgeworfen und sahen trotzig aus. »Ja, Russen sagten sie. Mutter war traurig darüber, und erzählte mir, *wie* deutsch die Balten sind!«
»Ja, ja«, beschwichtigte sie der Onkel, »zu deutsch manchmal! In erster Linie sind wir wohl *Menschen!* Aber du hast mich mißverstanden. Ich wollte deine Mutter nicht herabsetzen, weder sie noch die Russen. Du mußt wissen, mein Kind, daß wir hier das Russische genauso als Erbe in uns tragen wie das Deutsche. Unsere Lage und unsere Geschichte brachten es mit sich, daß ein Puschkin, ein Dostojewski, ein Lermotow, Lesskow, Gogol und Turgenijew ebenso ein Tschaikowski, Kallinikow, Glinka und wie sie alle heißen, in unsere Seele drangen wie ein Schiller, Goethe, Heine, wie ein Mozart, Beethoven und Bach. Unsere Seele ist ebenso voll russischer Weite und russischem Gefühl wie von deutscher Disziplin, Tüchtigkeit und Treue. Wir könnten wohl mit Faust bekennen: zwei Seelen wohnen,

* Rosa-Manna – eine aus Grieß, Fruchtsaft und Zucker zu Schaum geschlagene Speise.

ach, in meiner Brust! Dazu kommt das heiter-fröhliche, stark naturverbundene Temperament der Esten. Wir Balten sind wie ein Stamm, der wohl aus einer Wurzel wächst, doch von drei Lebensströmen genährt wird. Verstehst du, was ich damit sagen will?«
Arina sah einen mächtigen Baum vor sich mit herrlichen Blüten und Früchten, die so geworden waren, weil drei verschiedenartige Lebenssäfte ihn durchströmten. Es war ein schöner Baum. Und sie sagte:
»Ich glaube, ich verstehe dich!«
»Gut«, fuhr Onkel Konstantin fort, »deine Mutter hatte ein slawisches Gesicht. Es war voller Wärme und starkem Gefühl. Du aber gleichst deiner Großtante Arina.«
»Ja? Das sagten schon Björk und Nita. Sie sprachen von einem Bild, Blaues Zimmer, sagten sie, glaube ich ...«
»Sie haben recht: Dort sind die Ahnenbilder und noch andere Sachen der Familie. Aber es ist schon lange keiner mehr oben gewesen. Ich kann nicht hinauf. Liisu lüftet ab und zu. Die Schlüssel liegen bei mir.«
Arina sprang auf:
»Darf ich die Bilder sehen?«
»Warum nicht?« Onkel Konstantin schmunzelte. »Doch Ruhe! Wir haben Zeit! Vorher möchte ich noch einiges von dir hören. Spielst du Schach?«
»Ja, ich habe mit Mutti gespielt. Sie erzählte, daß du und Großvater Clemens tolle Schachspieler seid.«
»Dann komm!« Er schien sich über den neuen Schachpartner zu freuen. »Hier hat ja kaum einer Zeit für dieses königliche Spiel. Wenn du den Bowénschen Verstand hast, machen wir jetzt täglich eine Partie! Reich mir bitte die Stöcke.«
Sie setzten sich in den kleinen Salon. Im Alkoven standen grüngepolsterte Sessel am Schachtisch voll kostbarer Intarsien. Er erinnerte Arina an jenen Tisch, an dem Herr Helbrich das erste

Gespräch mit ihr geführt hatte. Bewundernd glitten ihre Hände über die kostbare Arbeit.

»Ein altes Stück aus Persien«, sagte Onkel Konstantin, beiläufig, »das Schachspiel kommt ja aus Persien – Schach – schah – König. Es ist eines der ältesten Brettspiele der Welt und kam um das Jahr tausend über Spanien zu uns. Es ist ein Geschenk, das Tante Arina von ihren Reisen mitgebracht hat. Was weißt du übrigens von ihr?«

»Nicht viel«, sie brannte vor Neugier, mehr über diese mysteriöse Tante zu erfahren, der sie so ähnlich sein sollte, »nur, daß sie schön gewesen ist, sehr elegant und gebildet. Sie war doch Hofdame der Zarin in Petersburg?« Ihre Stimme klang, wie die von Kindern, wenn sie um ein Märchen bitten. Aber dieser Onkel war kein Märchenerzähler.

»So«, sagte er nur und dann »öffne den rechten Wandschrank neben der Glastür und nimm die Schachtel mit den Schachfiguren heraus.«

Arina öffnete das Schränkchen und hob eine aus russischer Jade geschnitzte Kassette heraus.

»Wie schön sie ist!« rief sie entzückt und stellte sie vor den Onkel auf den Tisch.

»Ja«, bestätigte Onkel Konstantin und legte seine Hände darauf. »Aber zu allererst möchte ich jetzt von dir einen klaren Bericht, wieso du plötzlich hier bist, wer dir diese Reise erlaubte, woher du das Geld hattest – und noch anderes. Also erzähl!« Seine Stimme klang so befehlend, wie er vorhin mit Liisu gesprochen hatte.

»Wie alt bist du eigentlich?«

»Siebzehn.« Und sie fühlte sich nicht mehr Dame, nicht mehr erwachsen, groß und schön, sondern wie in der Schule beim Verhör, wenn sie etwas ausgefressen hatte.

Sie ging zum hohen Fenster, öffnete es und setzte sich aufs Sims, das sich in Kniehöhe über dem Boden befand.

»Was soll ich erzählen?«
»Alles.«
Was war alles? Alles konnte man gar nicht erzählen – alles nicht – aber... Arina erzählte.
»Als Mutter starb, blieb ich bei den Großeltern in Berlin. Ich war elf Jahre alt. Ich schrieb an Großvater nach Ilukülll. Die Adresse kannte ich ja von Mutti. Keine Antwort. Später kam ein Brief von Tante Agatha, daß sie jetzt in Reval wohne. Ich träumte immer davon, eines Tages zu Großvater nach Ilukülll zu fahren, Mutter hat so viel vom Gut erzählt. Immer von Ilukülll. Sie hatte Heimweh. Und ich fragte nach mehr. Bei den Großeltern in Berlin konnte ich nicht von Ilukülll sprechen. Als Mutter starb steckten mich die Großeltern in das Internat, fort von Berlin.« Arina stand auf und sah hinaus. »So habe ich mir Ilukülll vorgestellt«, fuhr sie fort, »alles ist mir bekannt.«
»Und wann hast du mit dem Planen begonnen? Wie hast du alles organisiert?« wollte Onkel Konstantin wissen.
»Ich«, begann sie zögernd und wandte sich dem Onkel zu, »ich habe gar nichts geplant.« Nein, das hatte sie wirklich nicht getan, es war vielmehr ein Traum gewesen als ein systematisches Wollen. »Nach Ilukülll wollte ich – zu Großvater, aber es ist alles so ganz anders.«
Auch Onkel Konstantin sah jetzt bekümmert aus.
»Ja, alles ist anders.« Und dann, als gäbe er sich einen Ruck: »Hör mal, mein Kind, ausgerechnet jetzt, 1936, nach dieser triumphalen Olympiade verläßt du Deutschland! Übrigens sollen doch Auslandsreisen erschwert sein? *Wie* konntest du überhaupt aus dem Internat heraus?«
»Herbstferien«, antwortete Arina kurz.
»Und – anstatt zu deinen Großeltern nach Berlin zu fahren, läufst du weg und kommst nach Ilukülll?« Fassungslos schüttelte er den Kopf. »Weißt du überhaupt, was du deinen Großeltern angetan hast?« Er bemühte sich streng auszusehen, doch ge-

wahrte Arina eine versteckte Amüsiertheit in seinen Augen. Das beruhigte sie ein wenig, vertrieb ihre Unsicherheit.
»Ja, genauso war es«, rief sie.
»Woher hattest du das Geld?«
»Ich habe mein Taschengeld und auch Geldgeschenke von den Großeltern immer gespart.«
»Komm, setz dich wieder hier auf den Stuhl, ich möchte dich besser sehen können«, befahl der Onkel. »Du bist noch nicht mündig. Mit welchem Paß bist du über die Grenze gekommen?«
»Mit dem Kinderpaß. Vor einem Jahr waren die Großeltern mit mir in Dänemark. Waisen bekommen dafür einen Kinderpaß.«
»Kinderpaß? Also doch genauestens geplant!«
Wenn ich jetzt Ja sagen könnte, dachte Arina, würde es ihm sicher imponieren.
»Nein. Es kam ganz plötzlich über mich. Ich wollte nach Berlin und als ich merkte, wie viel schon im Sparschwein war, beschloß ich: Ilukülll! Ich fuhr nach Stettin zu einer Frau vom VDA, du weißt: Verein des Deutschtums im Ausland, einer Freundin von Mutti. Die half mir, die Visa zu bekommen, die Schiffahrt zu buchen, wechselte Geld für mich – da darf man ja nur ganz wenig mitnehmen und gab mir noch ein Schreiben mit, falls ich Schwierigkeiten an der Grenze hätte. Nett, nicht wahr? Mit Stempel sogar.«
»Und die Großeltern Linden in Berlin?«
»Sie versprach, die Großeltern zu benachrichtigen. Außerdem haben Helbrichs heute ein Telegramm nach Berlin geschickt, daß ich gut angekommen bin.«
»Das gefällt mir gar nicht. Findest du dieses Verhalten anständig? Schämst du dich nicht, wenn du an die Großeltern und ihre Sorgen denkst? Es ist deiner unwürdig!«
Arina wurde über und über rot. Von dieser Seite hatte sie ihr Unternehmen noch nicht betrachtet. Ja, sie schämte sich.

»Ich werde den Großeltern heute noch einen ausführlichen Brief schreiben« versprach sie.
»So. Und was hast du jetzt vor?« drang Onkel Konstantin in sie.
Wieder hob Arina die Schultern.
»Das wollten Herr und Frau Helbrich heute mit dir besprechen. Sie meinten, ich müsse noch zur Schule in Reval – und könnte dort vielleicht bei Tante Agatha wohnen. Aber *muß* ich denn wirklich noch zur Schule? Ich bliebe viel lieber in Ilukull!«
»Hm«, machte Onkel Konstantin. Am liebsten behielte er sie bei sich. Seit sie bei ihm war, schien das Leben für ihn wieder einen Sinn zu bekommen, aber er sagte:
»Natürlich mußt du in die Schule. Oder willst du vielleicht als kleiner Dummkopf in die Ehe gehen? Nein, mein Kind, nichts zu lernen – das hättest du dir vielleicht noch im vorigen Jahrhundert wünschen können, nicht heute! Sag mal, wie hast du dich denn zurechtgefunden, als du im Revaler Hafen ankamst, ohne estnisch zu sprechen?«
Arina wurde wieder übermütig.
»Zeichensprache.« Sie lachte. »Taxi zum Bahnhof. Dort sprach eine Frau Deutsch und nannte mir den nächsten Zug nach Baltischport. In Klooga sollte ich aussteigen. Ich hatte bis zur Abfahrt des Zuges aus Reval noch zwei Stunden Zeit, bummelte durch die Anlage – Pattkull hieß sie – und sah den Langen Herrmann. In Klooga verstand mich der Stationsvorsteher und führte mich zu einem Leiterwagen, auf dem ein Mann saß, der hier in der Nähe Siedler ist. Der brachte mich nach Iluküll. Aber ich kam ans Schmiedeeisentor, nicht zur offiziellen Einfahrt, du weißt, das alte verrostete! Ich dachte schon, hier wohnt keiner mehr, aber dann ...« Arina berichtete weiter, lustig, spritzig, voll Humor. Onkel Konstantin betrachtete sie fasziniert und dachte: Wenn ich sie nur hierbehalten könnte! Aber er sagte nichts. Und Arina ahnte nicht, was er dachte.

Die Schachfiguren wurden aufgestellt. Doch keiner von ihnen konnte sich konzentrieren. Schweigend saßen sie einander gegenüber, bis es in Arinas Augen wieder aufblitzte.
»Bitte, darf ich jetzt wohl ins Blaue Zimmer?«
»Du darfst. Aber bring nichts durcheinander. Tante Arinas Bild hängt über der Chaiselongue.«
Arina sprang auf. Ihre Hände zitterten, als sie die Schachfiguren wieder in den Seitenschrank stellte und vom obersten Fach einen Schlüsselbund nahm.
»Der große Schlüssel gehört zur Tür«, hörte sie Onkel Konstantin sagen, »geh die Treppe hinauf, dann in den rechten Flügel, den Korridor entlang. Die letzte Doppeltür. Gerade über meinem kleinen Salon liegt das Blaue Zimmer.«
»Danke!« Strahlend sah sie den Onkel an.
Dann hatte sie das Zimmer auch schon verlassen.

Drei Stunden später suchten Thomas und Björk sie und fragten Liisu. Liisu klopfte beim Herrn Baron an.
»Im Blauen Zimmer«, sagte dieser, plötzlich beunruhigt, »aber das ist schon Stunden her...«
»Im Blauen?« rief Liisu erschrocken. »Und da lassen der Herr Baron Fräulein Arina allein hineingehen?« Ihr sonst so rotes Faltengesicht war grau, als sie mit Thomas und Björk hinaufhastete.
Das Zimmer war leer.

Serafim, der Einsame

Hinter dem alten Schmiedeeisentor, auf der anderen Seite des von Gras, Moosen und jungem Gestrüpp überwucherten Gartenweges, begann der lichte Kiefernwald.
Auf sandigem Boden lagen dicke Teppiche von Kiefernnadeln, wuchs dürftiges Gras, fand man vereinzelt noch ganze Gruppen von Butterpilzen und Pfifferlingen. Darüber aber ragten hoch die Kiefern. Die Abendsonne ließ ihre Stämme erglühen. Fast schwarz hoben sich die Kronen vom Gelb des Himmels ab.
In den Duft von Kiefernnadeln und Harz, von sonnenwarmen Pilzen, Unterholz und Sand mischte sich der salzig herbe Geruch des Meeres, wenn ein leichter Seewind von Nordwesten herübergeweht kam.
Hohe, alte Kiefern. Kein dichter Wald, nein, frei standen sie da im Sandboden, ohne einander zu behindern, ohne einander des Lichtes zu berauben, frei in herrlicher Ruhe über eine Strecke von anderthalb oder zwei Werst* bis hin zum Glint, wo der Wald noch lichter wurde und dann jäh in die dunkle Tiefe des Meeres stürzte.
Steile schroffe Kalksteinküste. Klatschend und schäumend schlugen die Wellen unten an die Steine. Sie rollten an, bäumten sich auf, als wollten sie den Glint hinaufspringen – und erreichten doch höchstens ein Zehntel seiner Höhe.
Nicht einmal das Ellerngestrüpp, das auf halber Höhe, die Öffnung einer Höhle verdeckend, fast waagerecht aus dem Steilhang herauswuchs, erhielt Spritzer. Nur unten tobten die Wasser – rollten an, schlugen hoch, fielen zurück, rollten an – immer wiederkehrender Rhythmus des Meeres.
Oben, hinter dem runden Stein am Fuße einer Kiefer, schräg

* Werst = russ. Längenmaß; länger als ein Kilometer

über dem Ellerngestrüpp an der Höhlenöffnung, hockte reglos zusammengekauert eine seltsame Gestalt. In verblichenes Sackleinen gehüllt, das lange graue Haar zottig um Kopf und Schultern, glich sie eher einem wilden Tier denn einem Menschen. Serafim, der Einsame, hauste wohl schon an die achtzehn Jahre in der Höhle hinter dem Ellerngestrüpp. Doch wußte er das? Die Jahre kamen, sie gingen, er zählte sie nicht. Nur die Begegnungen mit Engeln zählte er anfangs – doch wurden sie ihm im Laufe der Zeit so dazugehörig, daß er auch sie nicht mehr zählte, nur erlebte und ihre Nähe dankbar empfand.
Sein früheres Leben lag für ihn in unvorstellbaren Fernen. Schon lange hatte er begonnen, es zu vergessen – ohne daß er es wußte, oder gar beabsichtigte. Nein, es verdämmerte. Wie in dichten Nebel gehüllt tauchten manchmal, doch immer seltener, Bilder auf von militärischen Geschehnissen, von Empfängen am Zarenhof. Ineinanderfließende, unklare Bilder von rauschenden Festen, goldbetreßten Uniformen, Orden. Er war groß, dunkel, bewundert und unbändig im Genießen. Schöne Frauen, Musik, Champagner und Lust – Lust – ja Gier –

»Herr Jesus erbarme Dich!«

Und dann die eine – die ganz junge bezaubernde – ein Mädchenkind – die ihn seiner Sinne beraubte, an der er schuldig geworden war. Damals lachte er im Übermut des Sieges. Viel später kam er zu sich – und begriff. Er quittierte seinen Dienst und ging ins Kloster, Demut zu lernen. Demut!

»Ich bin nicht würdig!«

Wie viele schlaflose Nächte im Gebet. Wie viele Gedanken über Gott, über das Gebet. Wie viele Stunden über der Bibel, über Büchern ...
Dann die Revolution. Das Kloster brannte. Wo waren die Brüder geblieben?

»Herr Jesus erbarme Dich!«

Er begann seine Pilgerreise. Die Bibel steckte er in die Kutte, seine Ikone unter den Arm, und den Willen nahm er mit *das unablässige, innere Gebet* zu erlernen, das ununterbrochene Streben des menschlichen Geistes zu Gott. So wie es geschrieben steht in der Epistel an die Tessalonicher im 5. Kapitel, 13. Vers: *Betet ohn' Unterlaß!*

»Kyrie eleison!«

Und so wie er es im Büchlein des unbekannten Mönches aus Kazan gelesen hatte, empfand er immer stärker, daß Beten wichtig sei, daß die Welt Gebete brauche, daß unablässiges Beten ihn vielleicht retten könne. Ihn und sie. Er wollte es lernen, wie es geschrieben steht: so erfüllt werden vom Gebet, daß jeder Atemzug, jedes Ein-, jedes Ausatmen, jeder Herzschlag weiterbetet – immer – unablässig.

»Herr Jesus erbarme Dich!«

Auch wenn die anderen täglichen Verrichtungen geleistet werden müssen, *in* ihm würde es weiterbeten ohn' Unterlaß – mit jedem Atemzug, mit jedem Herzschlag.

»Kyrie eleison!«

Er mußte es lernen. Er würde es lernen. Er hatte es gelernt – mit den Engeln. Damals hatte es ihn auf seine Pilgerschaft nach Westen gezogen. Er überschritt die Grenze Rußlands. Wann war das gewesen? Er erinnerte sich nicht mehr. Den Strand entlang war er bis zu dieser Höhle gepilgert.
Anfangs war er ums Gutshaus gestrichen. Nachts. Bis Liisu ihn entdeckte. Sie hatte ihm zu essen gegeben. Wasser und Brot – sonst wollte er nichts. Mit ihr sprach er damals. Nur einmal. Sie verstand. Schwor ihm, sein Geheimnis zu bewahren.

Sie hat das Versprechen gehalten.
Heimlich brachte sie ihm Brot – ab und zu. Auch Knoblauch und Zwiebeln, manchmal Obst – ab und zu. Das dünne Gerinnsel, von oben kommend, als Bächlein die Schneise hinunterspringend, mündete in seiner Bucht als kleiner Fluß ins Meer und gab ihm das Wasser zum Trinken.

»HERR JESUS ERBARME DICH!«

Auch heute lag er auf den Knien, den Kopf der sinkenden Sinne zugewandt. *»Kyrie eleison!«* und sein Herz war fröhlich. Plötzlich aber erschrak er.
Wäre ihm ein Engel erschienen, er hätte gelächelt und mit ihm gebetet. Wäre ihm das Licht des Herrn erschienen, er hätte die Augen verdeckt, weil er es nicht hätte ertragen können, und hätte inniger, ja leidenschaftlicher weitergebetet. Aber was er da sah, ließ ihm den Atem stocken, den Herzschlag – und das Gebet...
Es kam doch nie ein Mensch in diese Bucht. Nur schmal war hier der kurze Uferstreifen zwischen den steil abfallenden Felsen. Die Badebucht der Gutskinder war auf der anderen Seite, hinter dem rechten Felsenhang. Dort, wo zwei kleinere Höhlen, niedrig im Glint gelegen, zu Spielhöhlen der Kinder geworden waren, der Strand weit und sandig war und am flachen Waldrand die wilden, dunkelroten Rosen blühten. Er hatte sie beobachtet, diese Kinder, ohne daß sie ihn sahen: zwei Mädchen, zwei Jungen – und hatte für sie gebetet.
Aber hier?
Keiner kam hierher, wo das Wasser nur wenige Meter weit flach war, der Boden dann aber jäh in die Tiefe fiel – jäh unter dem Wasser die steile Felswand fortsetzend, die hier oben in die Luft ragte.
Er kannte sein Meer...
Und jetzt saß unten am schmalen Uferrand ein Mädchen auf

dem Stein. Ein Mädchen aus einer Zeit, die längst in Nebeln versunken war: Das lange, rosa Kleid mit Spitzenkragen umschloß eng die schmale Taille. Kaum ließ es die Füße sichtbar werden. Zarte Füße in feinen, weißen Sandalen. Der Kopf mit dem glatten, dunklen Haar war über eine Schatulle geneigt, die auf ihren Knien lag. Sie entnahm ihr Blätter. Lose, beschriebene Blätter. Briefe? Forschend betrachtete er das Mädchen.
Sie war es. Kein Zweifel.
Doch werden Tote lebendig?
War es eine leib-geistige Erscheinung wie Tschechows Schwarzer Mönch?
War es – Doch mit welchem Auftrag? Wieso? Warum?

»Herr Jesus erbarme Dich!«

Serafim kniete nicht mehr. Er hatte sich aufgerichtet und kletterte den gewohnten Abstieg im Fels hinunter.
Lautlos.
Die Erscheinung schien ihn nicht zu bemerken. Ob sie ihn nicht sah? Doch weshalb war sie dann gekommen?
Jetzt an der Höhle vorüber. Leise. Tritt um Tritt im glatten Fels.

»Herr Jesus erbarme Dich!«

Er blickte sich um. Sie legte die Schachtel beiseite, löste die Riemen ihrer Sandalen, streifte sie ab und lief ans Wasser. Bezaubernd war sie – bezaubernd – wie damals – Nein, rief er sich zur Ordnung, es kann nicht sein! Und doch war sie es.

»Kyrie eleison!«

Sie stand am Ufer, hob das Kleid bis über die Knöchel und ließ die Füße von einer Welle überrollen.
Nun machte sie zwei Schritte ins Wasser. Drei Schritte. Vier...
Mein Gott – noch zwei – und sie muß unweigerlich in der Tiefe versinken. Serafim erstarrte. Doch wenn sie kein Mensch mehr

ist, wie damals... Nur noch ein Schritt... Da ließ er sich vom Felsen fallen – und stand schon hinter ihr. Heiser, fast röchelnd, des Sprechens entwöhnt schrie er «Stoij!« Halt! und umfing den Körper mit beiden Armen. Er war zart und fest und jung. Kein Schemen, wie er angenommen hatte.

»Herr Jesus erbarme Dich!«

Arina war wie gelähmt vor Schreck.
Dann schrie sie auf, gellend. Entsetzt blickte sie in das Gesicht dieses schrecklichen Wesens, das sie umklammert hielt, aufhob und ans Ufer trug.
Kaum aber fühlte sie seinen Griff sich lockern, als sie sich vollends losriß, den unbequemen Rock zusammenraffte und die schmale Flußschneise, dieses Gerinnsel zwischen den Steinen, hinaufhastete, das sie vor kaum einer Stunde heruntergesprungen war.
Sie blickte sich nicht um. Sah nicht, wie der Fremde ratlos die Arme hob, dann sinken ließ, sondern rannte, dem vormenschlichen Ungeheuer zu entkommen. Oben atmete sie tief, hörte von ferne ihren Namen rufen, rannte den Suchenden entgegen, fiel Thomas in die Arme und brach in hemmungsloses Schluchzen aus.
Thomas hielt sie umfangen und fühlte ihren Kopf an seiner Schulter wie etwas Kostbares. Er fühlte ihren Körper und wunderte sich darüber, daß er sie nicht losließ. So was hatte es auf dieser Welt noch nicht gegeben, hatte noch keiner gefühlt. Er war der erste, der...
Liisu erreichte sie blaß, aber energisch.
»Was macht Arina für Sachen!« Sie packte das Mädchen unsanft am Arm. »Komm nach Hause und zieh dieses Kleid aus!« Fest hielt sie sie an der Hand, als sie, das noch immer verstörte Mädchen zwischen sich und Thomas, auf die ihnen langsam entgegenkommende Björk zuging.

»Da war...« schluchzte Arina auf und sah sich angstvoll um, »da war ein...«
»Nichts war da!« unterbrach Liisu sie heftig. »Gar nichts! Hat Arina Liisu verstanden?« Und nach schnaufendem Atemholen: »Arina hat geträumt! Fertig!«
Verwirrt blickte Arina auf die eigenartig erregte Alte. Aber erleichtert stellte sie dabei fest, daß alles wieder wie früher war: fest und klar, diesseitig und bar jeder Unheimlichkeit. Thomas und Björk sahen sie einen Augenblick wohl an, als sei sie nicht ganz richtig im Kopf. Dann aber lachten sie. Es war befreiend.
»Warum hast du dich so verkleidet?« fragte Björk nüchtern. Arina fand nun völlig in die Wirklichkeit zurück.
»Weil ich Tante Arina auf dem Bilde im Blauen Zimmer sah und meinte, sie sei ich – wirklich sooo ähnlich.« Sie blieb stehen und wischte sich über die Augen. »Und dann sah ich mir die anderen Sachen dort an und fand dieses Kleid im Schrank. Sie trägt es auf dem Bild. Ich konnte einfach nicht widerstehen, zog es an. Paßt genau – ihr seht ja, als wäre es für mich geschneidert.« Arina hob die Arme und drehte sich vor ihnen. »Ich sah mich im Spiegel – es war so seltsam.«
»Genug!« befahl Liisu streng. Aber Thomas und Björk baten: »Weiter, erzähl weiter!«
Und Arina berichtete, daß sie eine Schachtel mit Briefen gefunden habe und sie lesen wollte, ganz ungestört. Da sei sie durch die Eisenpforte – wie gut, daß Thomas ihr heute mittag gesagt hatte, in welcher Richtung man ans Meer kommt – da sei sie denn... »Ach, Gott, die Schatulle mit den Briefen liegt ja noch in der Bucht!« unterbrach sie sich plötzlich, »und meine Sandalen!« Erschrocken blieb sie stehen und preßte beide Hände an den Mund. Entsetzen kam in ihr Gesicht.
Thomas wollte sie holen. Aber Liisu hielt ihn fest und verbot es so streng, daß selbst er sich diesem Ton nicht zu widersetzen wagte.

»Ihr wißt genau: Herr und Frau haben diese Bucht *allen* streng verboten! Zu gefährlich! Auch Arina wird *niemals* mehr dort nach unten gehen! Versteht Arina? Niemals!«
»Nie!« wiederholte das Mädchen die Worte wie im Bann – und doch irgendwie erleichtert.
»Und Arinas Sandalen – und die Briefe?« fragte Thomas ärgerlich.
»Die holt Liisu selbst.«
»Ich verstehe dich nicht, Liisu«, fiel Björk hier ein, »wir laufen doch viel leichter als du den Bach hinunter. Was hast du nur?«
»Liisu weiß, was sie sagt – und fertig!« entgegnete die Alte entschieden und schnitt damit jedes weitere Wort darüber ab.
Am nächsten Morgen standen die Sandalen vor Arinas Bett. Die Schatulle mit den Briefen blieb verschwunden.

Die Elisenschule

Diese Nacht schlief Arina kaum.
Immer wieder tauchte der Unheimliche vor ihr auf. Sie wollte schreien, doch ihre Kehle war wie zugeschnürt. Sie hatte Angst. In dieser Angst sah sie seine Augen. Sie standen hell über seinen vorstehenden, breiten Backenknochen im braun-verwitterten Faltengesicht und sahen sie eigenartig an. Gestern abend hatte sie gar nicht darauf achten können – aber jetzt, in der Nacht, als sie sich alles wieder vergegenwärtigte, sah sie diese Augen unter dem Gestrüpp weißer Brauen fast liebevoll-besorgt auf sich gerichtet. Arina legte beide Hände aufs Gesicht. Hatte nicht ihre Muter sie so angesehen? Immer dachte sie an Mutter!
Mit beiden Beinen zugleich sprang sie aus dem Bett.

Herr Helbrich und Onkel Konstantin unterhielten sich auf der Veranda. Frau Helbrich und Marussja waren schon im Garten. Robik aber begrüßte sie stürmisch.

Ihr Frühstück stand noch auf dem Tisch.

Arina wünschte einen guten Morgen, bat um Entschuldigung, daß sie sich verspätet hatte, und goß sich Milch in den Becher.

»Nun, mein Kind«, begann Onkel Konstantin, und Arina wußte nicht, ob sein Lächeln freundlich, vorwurfsvoll oder erstaunt war, »welche Macht hat dich denn gestern ausgerechnet in die verbotene dunkle Bucht geführt! Gott sei Dank, ist ja *diesmal* alles gut gegangen!« Er war sehr blaß. Woran dachte er?

Eigenartig berührt blickte Arina in die ernsten Mienen von Onkel Konstantin und Herrn Helbrich. Ihr wurde kalt, trotz des herrlichen Herbstwetters.

Herr Helbrich sagte:

»Liisu hat uns davon erzählt. Du bist dem Einsamen begegnet, von dem Pastor Petronius gestern vormittag sprach.«

»Dem Einsamen?« Arina zögerte. An den hatte sie gar nicht mehr gedacht. »Ein schrecklich verwildertes Wesen packte mich ganz plötzlich, als ich nur so ein bißchen ins Wasser ging, und trug mich ans Ufer. Ich erschrak, schrie und rannte fort.«

»Du bist *ins* Wasser gegangen?« Die Herren riefen es fast gleichzeitig und sahen gleichermaßen erschrocken aus.

»Ja, warum nicht?« Trotzig-fragend sah das Mädchen zum Onkel auf. »Nur so mit den Füßen, ich wollte ja nicht schwimmen gehen, war ja angezogen ...«

Onkel Konstantin unterbrach sie heftig.

»Nur so, einige Schritte, dann hat der Einsame dir das Leben gerettet!«

Auch Felix Helbrich war wütend.

»Weißt du eigentlich, *wie* nah du dem Ertrinken warst? Der Glint fällt in jener Bucht unter Wasser -zig Meter weiter in die

Tiefe, bildet andere Höhlen. Wer in ihren Sog gerät, ist nicht mehr zu retten!«

Arinas Arme überzogen sich mit einer Gänsehaut. Robert rückte dicht an sie heran und sah sie interessiert an.

»Warst du ganz tot?« Arina zog ihn an sich. »Nein, Robik, alles ging gut, und in die dunkle Bucht gehen wir niemals mehr.«

»Ich schon«, erklärte der Junge bestimmt, »ich gehe hin und werde alle retten!«

»Schluß jetzt!« gebot Onkel Konstantin streng, »und daß du mir in Zukunft solche Eskapaden unterläßt!«

Arina saß da wie gelähmt: Das fröhliche Ins-Wasser-gehen hätte ihr Tod sein können, – das grauenhafte Erlebnis mit dem Verwilderten war Lebensrettung! Innerlich schüttelte es sie: man erlebt etwas *so*, dabei ist es das völlige *Gegenteil* davon?

Verwirrt legte sie ihr Geschirr zusammen.

Alle schwiegen.

Erst nach einer Weile kam Onkel Konstantin auf das Gespräch von gestern zurück und sagte Arina, sie solle sich bereithalten, Herr Helbrich würde – da er selbst es ja nicht könne – in einer Stunde mit ihr nach Reval fahren, sie in der Elisenschule anzumelden.

Arina hörte es und hörte es doch nicht. Wie fern war ihr im Augenblick die Schule! Eben noch in Lebensgefahr, eben noch auf seltsam unheimliche Weise gerettet – und nun Schule?

Doch dann verstand sie »Elisen« und dachte Muttis Schule. Sie sagte:

»Ja, ich mache mich zurecht«, nahm das Geschirr und trug es in die Küche.

»Der Domberg ist der Kopf und das Herz dieser Stadt«, sagte Felix Helbrich, »der älteste Teil. Ein Stück abendländische Geschichte.« Sie waren am Baltischen Bahnhof in Reval angekom-

men. »Wir nehmen einen Fuhrmann.« Herr Helbrich hob die Hand, und schon stiegen sie in eine der zweisitzigen Droschken, die auf dem Bahnhofsplatz warteten. Das Verdeck war zurückgeschlagen. Auf dem Bock saß ein Kutscher mit Schirmmütze über einem dicken, roten Gesicht, das sie freundlich anlachte. Der sich bauschende Mantel wurde von einem perlenbestickten Gürtel zusammengehalten.
Sie fuhren die Pattkull-Anlage entlang in Richtung Karlskirche.
»Sieh die hohe Stadtmauer um den Domberg, die sich dort aus der Anlage über dem Gewässer erhebt – und rechts den Langen Herrmann, den höchsten der Wehrtürme, mit der estnischen Flagge – schwarz-blau-weiß.«
Bald darauf hielt der Fuhrmann gegenüber der zweitürmigen Karlskirche vor einem alten, grauen Steingebäude.
»Eliisi-kool« rief er über die Schulter.
Herr Helbrich sprang aus dem Wagen, half Arina beim Aussteigen und entlohnte den Kutscher. Miteinander betraten sie das alte Haus und stiegen die ausgetretene Steintreppe hinauf. Arina schnupperte. Wie es hier riecht, dachte sie, in allen Schulen riecht es wohl gleich: etwas nach Staub, nach Kreide? Nach Schweiß und altem Gemäuer? Nach Lernen? Nach Angst? Der Bretterboden war uneben, dunkel geölt? Unzählige Füße waren in Jahrzehnten darüber gegangen. Durch das tief in der Mauer liegende Fenster fiel ein Sonnenstrahl. Das war tröstlich. Ganz allmählich überwand sie den Schrecken von gestern und heute morgen.
Der Direktor empfing sie.
Natürlich kannte er die Familie von Bowén, obgleich er selbst weder Viktoria noch Agatha in der Schule erlebt hatte. Er war erst vor dreizehn Jahren aus Wesenberg hierher berufen worden. Aber teilnehmend, als kenne er sie alle, erkundigte er sich nach Arinas Schicksal, der bisherigen Schulzeit und ihrem Wissensstand. Ohne daß sie es merkte, examinierte er das junge Mädchen und schien erfreut über ihre Kenntnisse. Arina legte

ihr Herbstzeugnis vor. Schon bei der ersten Begegnung mit diesem klugen Pädagogen spürte sie, daß die Atmosphäre der Schule und das Verhältnis zu den Lehrern hier anders waren als in Deutschland.
»Wir werden die junge Dame wohl in die Klasse übernehmen können, in die sie schon gehört« meinte der Direktor, nachdem er das Herbstzeugnis angesehen hatte. »Sie hat die zehnte Klasse beendet, in Deutschland die Obersekunda. Wir haben hier nicht wie in Deutschland zwölf Klassen, sondern nur elf. Unsere Versetzungen sind im Frühjahr. Also könnte sie gleich am Unterricht unserer Prima teilnehmen, um sich mit dem Pensum vertraut zu machen und Mitschülerinnen und Lehrer ihrer Klasse kennenzulernen. Im Frühjahr 1937 werden Sie mit Ihrer Klasse in die Oberprima versetzt«, wandte er sich an Arina, »ich nehme an, daß sie dann im Frühling 1939 das Abitur mit Leichtigkeit bestehen können.«
»Da hätte ich ja ein halbes Jahr gewonnen?« Arina strahlte.
»So ist es.« Der Direktor schmunzelte. Er streckte ihr die Rechte hin. Arina ergriff sie glücklich.
»Danke, Herr Direktor!«
»Halt, noch etwas: Wie steht es mit Sprachen?«
»Englisch, Französisch, Latein«, antwortete sie schnell.
»Gut«, er nickte zufrieden.
Doch da fiel Herr Helbrich mit der Frage »Und Estnisch?« ein, »Estnisch ist doch, soviel ich weiß, obligatorisch? Ob sie das aufholen kann?« zweifelnd sah er von Arina zum Direktor.
Dieser schmunzelte.
»Ja, wollen Sie denn?« fragte er das Mädchen.
»O ja!« rief Arina impulsiv, »schon gestern kam mir dieser Wunsch, als ich Estnisch in der Kirche hörte. Ich finde die Sprache schön!«
»Sie haben recht. Es ist eine melodische, schöne, doch bei vielen Schülern leider ungeliebte Sprache.«

»Warum ungeliebt?« wunderte sich Arina.
»Tja, warum? Wahrscheinlich empfinden die meisten unserer Schülerinnen sie als unnütz im Stundenplan – vielleicht ist es auch eine gewisse Arroganz derjenigen, die sich noch immer als herrschende Klasse verstehen. Leider! Hoffentlich erreicht unsere Estnisch-Lehrerin, daß sich das allmählich ändert. Es wäre höchste Zeit. Fräulein Martti ist eine außergewöhnlich tüchtige und liebenswerte junge Frau.«
»Ich möchte wirklich gut Estnisch können«, betonte Arina. »Vielleicht könnte ich zusätzlich Privatstunden nehmen, wenn ich nicht gleich mitkomme?«
»Mitkommen werden Sie vorerst bestimmt nicht«, der Direktor und Herr Helbrich lachten beide. »Doch das besprechen wir am besten mit Fräulein Martti. Fürs Abitur brauchen Sie die Sprache nicht. Sie haben doch die deutsche Staatsangehörigkeit?« Und als Arina nickte, »Ausländer sind von der Estnisch-Prüfung beim Abitur dispensiert. Wann können Sie beginnen?«
»In den nächsten Tagen«, entschied Felix Helbrich, »wir müssen nur die Wohnangelegenheit klären und einige Formalitäten regeln. Aber anmelden dürfen wir sie schon jetzt?«
»Selbstverständlich.« Der Direktor zögerte kurz. »Ich fühle mich verpflichtet, Sie an etwas zu erinnern, was Sie wahrscheinlich schon wissen werden: Unsere Schule ist eine Privatschule, getragen von der Deutschen Kulturautonomie und unseren Schülern. Wir sind seit einigen Jahren in derartigen Schwierigkeiten, daß wir sie in absehbarer Zeit werden schließen müssen. Bewerberinnen für die unteren Klassen nehmen wir nicht mehr an. Die kommen gleich in das Städtische Deutsche Mädchengymnasium.« Er zuckte müde die Achseln. »Die Zeiten haben sich geändert. »Vielleicht ist Arina von Bowén, pardon, Linden, die letzte Schülerin, die noch in die Elisenschule aufgenommen wird.« Und er notierte Namen, Daten, bisherige Schulen, legte den Bleistift auf den Schreibtisch und stand auf. »Das Wichtig-

ste ist, daß Sie dem Unterricht folgen können. Und damit: Willkommen in der Schule Ihrer Mutter, Ihrer Großmütter und Urgroßmütter!« Wieder reichte er ihr die Hand und sah sie fest an. »Bitte melden Sie sich bei mir, Fräulein Linden, wenn Sie in den nächsten Tagen zum Unterricht kommen.«
»Ja, Herr Direktor«, sagte Arina innerlich bewegt, »ich danke Ihnen!«
Auch Herr Helbrich verabschiedete sich mit Dank.
Nachdem der Direktor sie zur Treppe begleitet hatte, schwirrte Arina der Kopf. Hier ist Mutti durch die Räume gelaufen, dachte sie, hier hat Mutti in den Fensternischen gesessen – was verboten war –, hier ist sie die Treppe hinuntergesprungen! Ein eigenartiges Gefühl überkam das Mädchen. Sie blieb stehen, sah sich um und dachte: Elisenschule!

Die vielumkämpfte Ostseekönigin

Sie gingen an der zweitürmigen Karlskirche vorüber und stiegen den Kommandantensteg hinauf zum Domberg. Den wollte Felix Helbrich ihr noch zeigen, bevor er zur Bahn mußte.
»Wie ich dir schon sagte, ist der Domberg der älteste Teil dieser Stadt, ein Stück abendländische Geschichte.«
Arina lachte hell.
»So abendländisch sieht mir dieser Tempel aber nicht aus!« Übermütig hob sie den Arm.
Herr Helbrich, dessen Blick auf dem weißen Ordensschloß geruht hatte, sah sie auf die Kathedrale weisen und lachte auch. »Nein – und doch ja. Dies ist die russische Alexander-Newsky-Kathedrale, die von den Russen erbaut wurde und ihren Namen

nach dem russischen Helden erhielt, der seinerzeit die deutschen Ordensritter auf dem Peipussee besiegte. Übrigens wollten die Russen während ihrer zweihundertjährigen Herrschaft über Estland nicht nur die russische Sprache für alle Bewohner des Landes einführen, sondern sie auch von unserem evangelisch-lutherischen Glauben zum russisch-orthodoxen bekehren. Also völlige Russifizierung.«

»Dann ist Estland eigentlich ein russisches Land? Zweihundert Jahre Rußland und nur – wart mal – siebzehn Jahre Estnischer Freistaat?«

Wieder antwortete Herr Helbrich:

»Ja und nein. Aber sag mal, du bist Unterprimanerin, habt ihr in der Schule nichts über die Geschichte der Baltischen Staaten gelernt?«

Arina schüttelte den Kopf.

»Nein. Rußland haben wir wohl in Geographie gehabt, auch in Geschichte, also Erster Weltkrieg, Revolution und so. Aber über Estland weiß ich nur, was Mutti erzählte.«

»Das hätte ich mir denken können!« Herr Helbrich faßte Arina am Arm und führte sie über den Platz. »Da hast du einiges nachzuholen. Die Geschichte des Landes gehört wie die Landessprache ins Schulprogramm.«

»Klar«, Arina fand es aufregend schön, daß Herr Helbrich sie so ritterlich über die Straße geleitete. Ihr Herz klopfte schneller, sie fühlte sich ganz in seinem Bann. Er war wies aufs große weiße Gebäude:

»Das Ordensschloß! Hier wurde Geschichte gemacht.« Dann wandte er sich nach rechts. »Sieh, Arina, dieses sehr alte Gebäude an der Ecke zur winzigen Gasse, war unsere Domschule.«

Arina war viel zu jung, viel zu sehr Mädchen, als daß dieser alte Kasten sie hätte interessieren können. Auch wenn Herr Helbrich nun von vielen Generationen edler Ritter, Gelehrter und anderer bedeutender Männer berichtete, die seit 1882 hier zu geistigen Menschen erzogen worden waren, Arina empfand keinerlei Ehrfurcht vor dem alten Bau. Viel interessanter fand sie sein Gesicht, das jetzt geradezu jungenhaft wirkte. Großväterchen, dachte sie liebevoll und lachte. Herr Helbrich sah sie befremdet an.

»Was erregt deine Heiterkeit?«

Arina lachte weiter.

»Warum muß ich eigentlich Herr Helbrich zu Ihnen sagen, wenn doch alle andern Du, Paps oder Felix sagen?«

»Natürlich darfst du auch Du sagen und – Onkel Felix vielleicht?« Jetzt lachte er mit ihr.

»Nein«, erwiderte Arina, »dann schon lieber Großväterchen!« Sie schob die Hand unter seinen Arm. »Du bist nämlich jung und schrecklich nett, Großväterchen!«

»So, so«, Felix Helbrich runzelte die Stirn. Wahrhaftig, dieses Kind brachte es fertig, ihn zu verwirren!

Sie kamen zum Eckstein in der Nähe der Domkirche, der heute noch, wie damals, gleich einem Hocker zum Sitzen einlud. Hier hatte er, aus der Schule kommend, manches Rendezvous gehabt – hier war er auch zum ersten Mal geküßt worden...

Arina lief über das holprige Kopfsteinpflaster und legte die Hand auf den Stein. Sie sah auf zu den alten Bäumen und hinüber zum Eingang der Domkirche.

»Spitzwegidylle – eigentlich wie aus uralten Zeiten!«

»Du hast recht«, bestätigte Felix Helbrich, »wie aus uralten Zeiten!«

Sie betraten die Kirche, und es war Arina, als überschreite sie die Schwelle in eine längst vergangene Zeit. Sie stand unter hohem Gewölbe, zwischen Mauern aus Felsblöcken und steinernen Säulen. Dämmerung erfüllte den Raum, doch war es weder dunkel noch kalt.

Weißhaarig und gebeugt, als käme er aus einer anderen Welt, ging der Kirchendiener lautlos durch die Stille. Er blieb stehen, sah sich um nach ihnen, doch schienen seine Augen sie nicht wahrzunehmen. Dann war er verschwunden. War er durch die schmale Tür in der Seitenmauer gegangen – oder in eine andere Dimension?
Arina schien es, als würde auch sie durchlässig. Nichts regte sich. Und doch spürte sie unsichtbare Wirklichkeiten. Rings um sie stiegen Ritter in voller Rüstung verschiedenster Jahrhunderte und Nationen aus ihren Grabmalen, griffen nach den reich bemalten, goldverzierten Familienwappen, hoben sie von den Wänden und hielten sie als Schilde vor die Brust. Die Ahnherren. Sie versammelten sich im Kirchenraum. Schweigend. Deutsche, schwedische und dänische Ritter in großer Zahl. Kämpfer und Herrscher. Sie glitten an ihr vorbei, fast schwebten sie. Sie grüßten Arina höflich, als gehöre sie wie selbstverständlich dazu. Es war nicht nur Vergangenheit. Die Zeiten schoben sich ineinander. In die unendliche Reihe der Ahnherren reihten sich ihre Kinder, Kindeskinder und deren Nachkommen bis hin zur Gegenwart. Immerwährendes Leben. Und es war Arina, als würden diese Menschen weiterziehen – den Dom verlassen – weiter... In der Ferne begannen sie schemenhaft zu verschwinden.
Felix Helbrichs Stimme weckte sie aus ihrem Wachtraum. Sie schrak zusammen.
Sonne fiel durch die schmalen hohen Fenster und stellte Lichtfahnen in das Kirchenschiff. Wo waren die Ritter geblieben? Wo deren Nachkommen? Sie selbst? Arina fuhr sich mit der Hand über die Augen, als wolle sie auch den Rest dieses Spuks verscheuchen.
Felix Helbrich erschrak über ihre Blässe und nahm sie bei der Hand. Er berichtete vom Auftrag, den die deutschen Kreuzritter vor siebenhundert Jahren erhalten hatten, dieses Land zu christianisieren.

»Der Papst hat das Unternehmen unter den Schutz der Gottesmutter gestellt. Madonnenland. Marienland. Der Lieben Frau zu Ehren wurde ein erbitterter Eroberungskampf geführt, heldenhaft, oft grausam.«
Hellwach hörte Arina zu. Heldenhaft, oft grausam gegen die kaum bewaffneten estnischen Bauern, Fischer und Hirten, das Urvolk dieses Landes? Wie vertrug sich das mit dem Wunsch der Lieben Frau?
Langsam gingen sie von Wappen zu Wappen, von Sarkophag zu Sarkophag. Und sie hörte und las die Namen: Krusenstjern, von Lieven, von Rosen, von Buxhoevden und viele andere. Aufmerksam betrachtete sie die kunstvoll gearbeiteten Wappen an den Mauerwänden. Sie suchte ihr Wappen, ihren Namen und empfand Stolz.
Felix Helbrich stand schweigend vor einem Sarkophag, der besonders kunstvoll gearbeitet war. Eine schöne Frau neben einem Ritter in voller Rüstung. Darüber ein Epitaph DE LA GARDIE, und Felix Helbrich erzählte seine Geschichte – er war in Estland zur Legende geworden.
Arina betrachtete die trauernden Genien mit den Wappen des Feldherrn und seiner Gemahlin. Dann fiel ihr Blick auf einen Sarkophag aus weißem Marmor, in der Form eines antiken Tempels. SAMUEL GREIGH las sie die Inschrift.
»Das ist kein Deutsch – Lateinisch?«
»Ja«, bestätigte Felix Helbrich, lateinisch. »Dieses Denkmal setzte Katharina II. ihrem Oberbefehlshaber der russischen Flotte. Komm«, er legte den Arm um ihre Schulter, »du siehst, der deutschbaltische Adel hat seine Wurzeln in der ganzen Welt. Alles atmet Geschichte. Ich könnte jetzt vom Ausbruch des Dreißigjährigen Krieges erzählen. Den Namen des Grafen Heinrich Matthias von Thurn nennen, du weißt, *Prager Fenstersturz* – er starb hier bei seinem Sohn in Pernau. Ich könnte dir weiter von Karl XII., von Gustav Wasa und ... Sieh dich um,

die Namen von Fersen, Freiherr von Cronendahl, von Tiesenhausen, Graf Keyserling...«

»Ach Großväterchen«, Arina wollte ablenken. Sie hatte genug gesehen. Aber Felix Helbrich beachtete sie kaum. Er blickte sich um.

»Heldengedenkstätte. Verstehst du, was das bedeutet? Es ist ein Ehrenmal unserer Ahnen.« Jetzt sah er Arina an. Ihre Blicke trafen sich. Und Arina dachte nicht an »Heldengedenkstätte oder Ehrenmal unserer Ahnen«. Sie dachte: *Er* ist lebendig, seine Lippen sehen fest und warm aus, und er sieht mich an mit seinen aufregenden Augen. Dabei ist er nicht minder ritterlich, aufrecht, wahrhaftig, mutig, gut und stolz als alle die längst verstorbenen Ahnen. Ach, was gehen mich diese alten an! *Er* geht mich was an – *er* hier vor mir ist gegenwärtig, schützend... Sie trat dicht an ihn heran:

»Wollen wir nicht wieder in die Sonne gehen, Großväterchen?« und lehnte ihren Kopf an seine Brust.

Behutsam strich er über ihr glänzendes Haar.

»Ja«, sagte er und führte sie zum Altar, wo er stehenblieb, die Hände faltete und den Kopf senkte. Arina war verwirrt. Auch sie faltete die Hände, senkte den Kopf, aber es fiel ihr kein Gebet ein. Nur, daß sie Felix Helbrich jetzt noch lieber hatte, viel lieber als vorher. Dann nahm er ihren Arm und ging mit ihr durch den Mittelgang des Kirchenschiffes dem halbgeöffneten Portal zu.

Als sie ins Freie traten, fühlte sie sich seltsam schwach in der plötzlichen Wärme.

»Ist dir nicht wohl?« besorgt sah Felix Helbrich in ihr blasses Gesicht.

Sie schob das Haar aus der Stirn und atmete tief.

»Mir war grad', als seien wir wirklich in der Vergangenheit gewesen. Als seien wir selbst aus diesen schrecklichen Grüften gestiegen.« Und sie blickte zu Boden, denn sie fühlte ihr Herz

schneller schlagen. Felix Helbrich, dachte sie, ich glaube – das ist Liebe. Aber du darfst es nie erfahren.
Wenn sie mir nur nicht umkippt! Felix Helbrich rührte es, daß sie wie Halt suchend ihre Hand unter seinen Arm schob.
Er führte sie nun durch winklige Höfe, düstere Flure, winzige Gäßchen bis hin zu einer Öffnung in der dicken Stadtmauer. Unversehens und überraschend öffnete sich ihnen hinter dem Tor der Blick über die Altstadt hinweg zum Meer.
Sie standen oben, mit dem Rücken zur Mauer, und sahen in die Weite. Diese Welt war neu für die Berlinerin: Ziegeldächer auf mittelalterlichen Giebelhäusern, die sich innerhalb der dicken Stadtmauer um den Domberg drängten. Vierundzwanzig Wehrtürme erhoben ihre spitzen Dächer aus der mächtigen Mauer. Die wuchtige Strandpforte öffnete den Weg zum Meer. Kirchtürme ragten in die Luft. In der Mitte des Häusermeeres der barocke Rathausturm. Unmittelbar zu ihren Füßen aber, am Ende der Stiege, die Pattkull-Anlage, dieser gepflegte Park mit dem breiten Wallgraben, den Arina schon kannte.
Eine Weile schwiegen sie. Dann führte Felix Helbrich sie die Stiege bis zum ersten Absatz hinunter. Hier setzten sie sich auf die Bank.
»Unsere Heimat«, sagte er und wies in die Ferne, wo Himmel und Meer ineinander übergingen, und die Sonne ihr warmes Gold gleichermaßen über Wolken und Wasser goß. »Das ist unser Reval, die vielumkämpfte Ostseekönigin.«
»Vielumkämpft?«
»Ja. Unzählige Legenden ranken sich um die wechselvolle Geschichte dieser Stadt, seit Waldemar II. der Dänenkönig sie 1219 als Dänenfestung erbaute. Die Esten waren ein Landvolk, Bauern, Fischer. Hier stand ihre Holzburg Lindanissa. Nach der Eroberung erbaute Waldemar auf ihr seine Dänenburg und befestigte sie in den folgenden Jahrzehnten mit diesen Schutzwällen der Stadtmauer und ihren Wehrtürmen.«

»Versteh' ich nicht. Eben sagtest du, deutsche Ordensritter seien die Eroberer Estlands gewesen?«
»Ja. Die Ritter des Schwertbrüderordens hatten während der Kreuzzüge vom Papst den Auftrag, die baltischen Länder zu christianisieren. Bischof Albert beherrschte das Land im Süden. Als innere Unruhen durch Aufstände der Novgoroder ihnen Schwierigkeiten bereiteten, baten sie die Dänen um Hilfe. Und Waldemar kam, eroberte und baute. Übrigens nannten die Esten die Burg Taani linn, das heißt Dänische Stadt. Daraus wurde das heutige Tallinn.«
»Dann war Estland damals dänisch?«
»Ja. Kurz. Die Herrschaft wechselte. Der Schwertbrüderorden. Die Dänen. Später erwarb der Deutschritterorden Reval käuflich von den Dänen. Wir Deutschen nennen es Reval, die Russen Revelj, weil das Gebiet in der Antike Revala hieß. Durch Jahrhunderte hindurch gab es Kämpfe. Ich erzählte schon von Karl XII., dem Dreißigjährigen Krieg. Gemeinsam wollten die Deutschen, Dänen und Schweden die baltischen Lande, europäisches Kultur-Bollwerk, gegen den Osten schützen.«
»Und die Esten?«
»Die Esten waren ein kleines, friedliebendes Naturvolk. Unbelastet von jeglicher Zivilisation. Sie pflegten ihre Naturreligion mit dem Hauptgott Taara. Man findet heute noch Opfersteine, auch verfallende Ringsteine auf Inseln, im Meer oder oben auf dem Glint, die von jener frühesten Zeit erzählen.«
Arina strich über das Holz der Bank.
»Das erwähnte gestern schon Georg Martinson, erzähl weiter!«
»Es gibt ein Lied, das ich sehr mag und ausgesprochen klangvoll finde:

... kui kungla rahwas kuldsel ajal
kord istus maha sööma,
siis Vanemuine muru maal
läks kuldse kandla lööma ...«

»Klingt das nicht gut?« Felix Helbrich hatte den Vers sehr eindrucksvoll gesprochen.
»Ja. Was bedeutet das?«
»Es erzählt von der Goldenen Zeit, als das Kungla Volk sich einst zum Mahle niederließ und Vanemuine in sein goldenes Kannel griff... Vanemuine ist der Gott des Gesanges, der Musik, erinnert mich etwas an die alten Barden. Nur, daß er ein Gott war – eine wunderbare Gestalt.«
»Was ist ein Kannel?«
»Eine Art Leier, kleine Harfe, das National-Instrument der Esten. Es ist durch Vanemuine göttlichen Ursprungs, und wer es reinen Herzens spielt, ist vor dunklen Geistern und allem Bösen, Bedrohenden geschützt.«
»Du liebst die Esten, ja?«
»Sehr. Meine Mutter ist Estin. Sie lebt auf der Insel Dagö.«
Arina sah ihn an.
»Estin?« jetzt fand sie Felix Helbrich noch interessanter.
»Ja, sie ist Estin. Mein Vater war Deutscher. Er ist gestorben.« Eine Weile schwieg er. Dann fuhr er im Erzählen fort: »Die Esten sind ein fröhliches, singendes, tanzendes Volk. Aber auch fleißig, aufstrebend und freiheitsliebend.«
»Und konnte ihr Vanemuine mit dem göttlichen Kannel sie nicht vor den eindringenden Rittern bewahren?«
»Ach Kind, was konnte dieses kleine Landvolk mit seinen Holzwaffen, die eigentlich Ackergeräte waren, schon gegen die eisernen Schwerter der eindringenden Ritter von Deutschland, Dänemark, Schweden und Rußland ausrichten. Natürlich wurden sie besiegt und versklavt.«
»Versklavt! Schrecklich finde ich das!«
»Ich auch. Aber die damalige Zeit sah es anders. Die Leibeigenschaft war gang und gäbe – in Deutschland ebenso wie in Rußland. Außerdem gehörte der deutsche Adel in Estland zu den ersten, die die Leibeigenschaft aufhoben. Von jeher spielte ein

gewisses Verantwortungsgefühl mit eine Rolle, das übrigens, so seltsam es heute auch klingen mag, auf Gegenseitigkeit beruhte. Jedenfalls in den meisten Fällen.«
»Aber die Eroberung des Landes, die Kämpfe ...«
»Du vergißt das Ziel dieser Eroberung. Im Auftrag des Papstes sollten die Ordensritter christianisieren. Welcher Kreuzritter hätte sich dem verweigert? Es waren großartige Menschen; du hast ja eben im Dom einen Eindruck von ihnen bekommen. Die Eroberer blieben hier, siedelten und kultivierten das Land. Sie bauten Landhäuser und Schlösser, in den Städten errichteten sie ihre Winterresidenzen. Sie wurden als ungekrönte Könige des Landes die Herren, und sie brachten die mittelalterliche Kultur Nordeuropas ins Land. Aber nicht allein der deutsche *Adel* ließ sich hier nieder. *Kaufleute* aus Lübeck und Hamburg machten Riga und Reval zu blühenden Hanse-Städten, gründeten Gilden und wurden zu angesehenen, reichen Patriziern in der neuen Heimat. Bald holten sie *Handwerker* aus Deutschland, die Zünfte bildeten, reich und angesehen wurden. Die Burg Reval bekam ihre *Bürger*, ehrenhafte, kultivierte Bürger. Alles, was Rang und Namen hatte, war deutscher Nationalität.«
»Das erzählte Mutti auch. Klingt ungeheuer. Aber du sagtest doch, daß Estland nicht immer zu Deutschland gehörte, sondern auch zu Schweden und Rußland.«
»Richtig. Aber die Deutschen blieben unter jeder Herrschaft ihrer Nationalität treu. Sie waren Deutsche mit schwedischer oder russischer Staatsangehörigkeit und ihren jeweiligen Herren als Staatsangehörige genau so treu wie ihrer deutschen Nationalität. Das ist wohl eine Einmaligkeit in der Welt und kann nur aus der geschichtlichen Lage erklärt werden. Viele Deutsch-Balten bekleideten hohe Posten im zaristischen Rußland und waren im Kriegsfall russische Soldaten. Seit Estland ein eigener Freistaat ist, sind wir Bürger deutscher Nationalität, aber estnischer Staatsangehörigkeit.«

»Aber jetzt, da die Esten eine estnische Regierung, eine estnische Oberschicht haben, du sagtest auch, sie seien ein Kulturvolk geworden, ich meine – da brauchen die Esten uns Deutsche doch gar nicht mehr?«
»Wir alle brauchen einander. Wir haben und lieben die gleiche Heimat. Das estnische Volk ist zu bewundern. Und ich wünsche, daß du das anerkennst und danach handelst!«
»Ach, ich möchte noch viel mehr von den Esten wissen!«
»Von Estland und den Esten kann ich dir noch viel erzählen!«
Herr Helbrich sah auf die Uhr und sprang auf. »Die Obstaufkäufer aus Helsinki!« Er reichte ihr die Hand. »Es ist viel später, als ich annahm. Ich muß zum Zug. Es tut mir leid, daß ich dich nicht zu Tante Agatha begleiten kann. Aber du findest das Haus auch so.«
Schnell stiegen sie die letzten Stufen hinunter.

Ist Klaus wirklich Tante Agathas Sohn?

Arina sah Herrn Helbrich nach, als er mit langen Schritten in Richtung Bahnhof eilte. Einige Minuten stand sie regungslos da, fühlte undeutlich, daß Menschen an ihr vorübergingen, sie ansahen, dann wandte sie sich in die Richtung, die Großväterchen ihr bezeichnet hatte.
KLOOSTRI TÄNAV stand auf dem blauen Schild, Klosterstraße hatte Felix Helbrich gesagt. Ihre ersten estnischen Worte! Und sie wiederholte *Kloostri tänav – Kloostri tänav* ... Ich werde Estnisch lernen, ich möchte die Sprache hier verstehen, *Kloostri tänav* ...
Die Straße war kurz, sie mündete in die Breite Straße – LAI TÄ-

NAV las sie – und bog nach links ein. Arina lächelte fröhlich. Verglichen mit dem Kurfürstendamm und anderen Berliner Straßen war dies nur eine mittelalterliche Gasse, wohl eine breite Gasse, aber fast dörflich. Und dieses Pflaster! Kopfstein! Und der Bürgersteig, Trottoir, wie sie hier sagten, schrecklich!
Rechts drei spitze Giebel alter Kaufmannshäuser, gegenüber hinter den alten Bäumen uralte Steinhäuser. Ihnen gegenüber, etwas weiter weg, die Olai-Kirche: sechshundert Jahre alt und nach dem Ulmer Münster die höchste Kirche Europas! Arina blickte auf zum stolzen, glatten Turm, der nadelscharf in den Himmel stach, blieb einen Augenblick stehen und ging dann weiter. Tante Agatha würde warten.
Wie Herr Helbrich erklärt hatte, fand sie das Haus Nr. 49 hinter einem kleinen Platz. Links davor hockte, gleich einer geduckten Riesenhenne, ein besonders dicker Wehrturm an der Stadtmauer. Hinter dem Haus erstreckte sich auf einem Hügel die Stranpfortenanlage mit herrlichem Blick aufs Meer. Nr. 49 war ein dreistöckiges Patrizierhaus mit rostroter Bemalung um die tiefliegenden Fensternischen. Hier also würde sie wohnen. Arinas Herz klopfte schneller, als sie die Eingangstür aus dunklem Holz mit Schmiedeeisenornamenten aufstieß.
Arina betrat einen dämmrigen Flur, der einzig durch ein kreisrundes Fenster im Dach erhellt wurde. Wie abgezirkelt fiel das Licht der Abendsonne durch drei Etagen bis hinunter in den Keller und erweckte so den Anschein einer Lichtsäule. Um diese Säule schwang sich in weitem Bogen eine breite, weiße Steintreppe empor, mit rotem Velourläufer und schmiedeeisernem Geländer. Arina berührte das abgegriffene Holz, das auf dem Eisengeländer ruhte, und stieg langsam hinauf.
»Erster Stock, Bel'Etage«, hatte Herr Helbrich gesagt.
Zwei gegenüberliegende Türen. Die linke sah groß und herrschaftlich aus, es war die Paradentür, rechts wahrscheinlich der Dienstboteneingang. Sie läutete zaghaft.

Leichte Schritte. Ein Mädchen mit weißem Schürzchen öffnete, grüßte mit leichter Verneigung und bat sie, hereinzukommen. Arina betrat das dunkelgetäfelte Entrée. Das Mädchen schien sie erwartet zu haben – fragte nichts. Als sie ihr den Mantel abnehmen wollte, stand ein Mann im Türrahmen. Auch er sagte kein Wort. Arina aber erkannte ihn sofort: Es war der dunkelhaarige Apfelpflücker von gestern, der mit den kleinen, schwarzen Augen über den vorstehenden Backenknochen; der, vor dem ihr so gegraut hatte. Erschrocken wich sie einen Schritt zurück.

Der jedoch lachte seltsam gurrend, kam auf sie zu, nahm dem Mädchen den Mantel aus den Händen und machte eine Kopfbewegung:

»Du kannst gehen, Tiiu.« Dann reichte er Arina die Hand: »Herzlich willkommen, Fräulein Linden!«

»Das muß ein Irrtum sein, ich wollte zu Frau Joberg!«

»Es stimmt schon«, sagte er, »Ihre Tante Agatha muß jeden Augenblick nach Hause kommen. Bitten treten Sie ein.« Damit hängte er ihren Mantel an die Kleiderablage und öffnete die Tür zum Saal. Er wartete, bis Arina eingetreten war und bat sie, Platz zu nehmen.

»Aber –« stotterte Arina und sah ihn verständnislos an.

»Ach so«, erwiderte er, »natürlich sind Sie erstaunt, mich hier zu sehen. Gestern nannten mich alle Klaus. Und als ich Ihnen etwas erläutern wollte, wichen Sie mir aus. Erlauben Sie, daß ich mich vorstelle: Nikolai Joberg, sie nennen mich Klaus«, er verneigte sich, »Sohn des Hauses und somit Ihr Vetter.«

»Nein!« rief Arina ungläubig.

Klaus fand, daß ihr die Ratlosigkeit viel besser stand als die reichsdeutsche Sicherheit von Sonnabend und Sonntag. Er beschloß, sie recht lange in dieser Verwirrung zu belassen.

»Darf ich Ihnen Tee anbieten?« fragte er. »Der Samowar ist aufgestellt.«

Arina schüttelte den Kopf.
»Oder einen Likör?«
»Nein, danke!«
Sie hatten sich in die pastellfarbenen, englischen Sessel gesetzt. Klaus holte ein Kristallschälchen mit Pralinen aus der schmalen Vitrine und stellte sie auf die Samtdecke des Tisches. Wieder lehnte Arina dankend ab.
»Weiß Tante Agatha, daß ich komme?«
»Sie weiß es und hat das Gästezimmer schon für Sie richten lassen.«
»Ich habe Tante Agatha noch nie gesehen. Sie ist Mutters Zwillingsschwester.«
»Ja«, sagte Klaus, zog das Rauchtischchen heran, nahm sich eine Zigarette und reichte ihr die silberne Schachtel. Nur einmal hatte sie bisher mit den Mitschülerinnen im Internat geraucht – hier wollte sie es bestimmt nicht wieder versuchen.
»Im Augenblick nein, danke.« Sie hob den Kopf, versuchte betont sicher und damenhaft zu wirken und es gelang ihr nicht schlecht. Klaus deutete wieder eine leichte Verneigung an:
»Aber Sie erlauben, daß ich?«
»Natürlich.« Sie fand die Situation albern.
Arina beobachtete ihn aufmerksam. Er sah nicht schlecht aus in seinem grauen Anzug, die helle Krawatte auf dem dunklen Sporthemd. Hager wirkte er, die Arme und Beine überlang. Seine Haut war fast olivfarben, seine schmalen Augen blickten hart wie Pfefferkörner, die Backenknochen standen scharf im hageren Gesicht. War das wirklich Tante Agathas Sohn? Aber sie kannte ja weder die Tante noch deren Mann, den Onkel Hugo. Ob Onkel Hugo Asiate war? In diesem Land war ja wohl nichts unmöglich!
Klaus schien ihre Gedanken zu erraten.
»Sie wußten nicht, daß Ihre Tante einen Sohn hat?«
»Nein«, rief Arina und verbesserte sich gleich darauf: »Ich

wußte wohl, daß sie einen hatte. Mutter erzählte von Tante Agathas Dieterchen, der schon als Kleinkind an Diphterie gestorben sei. Tante Agatha soll sehr unglücklich gewesen sein, besonders da der Arzt ihr gesagt habe, sie könne keine Kinder mehr haben. Daher ...«

Klaus blies Ringe in die Luft.

»Das ist alles richtig. Aber da ist ...«

Es läutete, Tiiu hatte geöffnet, und Tante Agatha, noch im Hut, trat ein.

»Da bist du ja, Arina!« rief sie herzlich, warf Umhang und Handschuhe auf den Sessel und umarmte das Mädchen, das ihr entgegengekommen war. »Tochter meiner lieben Viktoria, komm, laß dich anschauen!« Sie hielt Arina auf Armeslänge von sich und sah ihr ins Gesicht. »Keinerlei Ähnlichkeit mit Viktoria, auch nicht mit den anderen. Doch, laß mal sehen, ja, du erinnerst mich an unsere schöne, rätselhafte Tante Katharina, Gott hab sie selig!« Die große, schlanke Dame sagte es, als sei es mutig, dies zu erwähnen. »Sie war eine interessante Frau.«

»Du hast sie gekannt, Tante Agatha?« fragte Arina neugierig.

»Natürlich habe ich sie gekannt und – bewundert! Alle bewunderten sie. Deine Mutter und ich wurden geboren, nachdem Tante Arina aus St. Petersburg vom Zarenhof nach Ilukϋll gekommen war. Sie lebte dort bis zu ihrem Tod im Blauen Salon, war aber viel auf Reisen. Für uns Kinder war sie etwas sehr Besonderes.«

»Ach, ich möchte zu gern alles über sie wissen«, rief Arina lebhaft, »aber auf Ilukϋll spricht man, glaube ich, nicht gern über sie.«

»Ich weiß«, Tante Agatha sah etwas spöttisch aus, »sie fürchten sich.«

»Fürchten? Wovor? Warum?« Tante Agatha winkte ab.

»Wir haben noch viel Zeit, darüber zu sprechen. Vorerst bist du wichtiger.« Sie reichte Tiiu Hut, Handschuhe und Schal und legte den Arm um Arinas Schulter. »Komm, setz dich zu mir aufs Sofa und erzähl, wie es gekommen ist, daß wir dich plötzlich hier haben!«

Klaus, der unschlüssig stehengeblieben war, wurde von Tante Agatha aufgefordert, das Licht einzuschalten und sich dazuzusetzen, denn schließlich seien es ja keine Geheimnisse, sondern Familienangelegenheiten, die hier besprochen würden.

Arina berichtete erneut, was sie vorgestern Herrn Helbrich und gestern Onkel Konstantin erzählt hatte, und fügte dann hinzu, daß beide Herren herzlich grüßen und fragen ließen, ob es wohl möglich sei, daß sie während der anderthalbjährigen Schulzeit hier wohnen dürfe.

Tante Agatha schloß sie erneut in die Arme.

»Natürlich, mein Kind! Tiiu hat das Gästezimmer schon gerichtet, du kannst gleich einziehen. Fühl dich nur ganz wie zu Hause.«

Arina wurde in ein kleines Zimmer geführt, dessen zwei Fenster auf die Olai-Kirche führten. Das Bett war frisch bezogen, die Schranktüren standen offen, auf dem Tisch blühte ein Strauß bunter Astern. Rechts in der Ecke, hinter dem Bett stand ein kleiner Waschtisch.

»Hier darf ich wohnen?« Selig küßte sie die Tante, »ich bin sehr froh und will euch bestimmt keinen Ärger machen!«

»Hoffentlich!« Tante Agatha lachte und sah jetzt aus wie Onkel Konstantin. Ihre Nase war genau so lang und dünn, das Gesicht sehr schmal, kühl, aber gütig, wenn sie lachte. Vergebens suchte Arina eine Ähnlichkeit mit der Mutter. Waren sie nicht Zwillingsschwestern? Und doch so verschieden!

»Jetzt pack mal deine Sachen aus und räum ein. Wo hast du denn dein Gepäck?« Suchend sah Tante Agatha sich um.

Wieder diese Frage! Wieder die Antwort, daß sie kein großes Gepäck habe und sehr wenig brauche.

Tante Agatha schüttelte den Kopf.

»Aber Arina! Eine junge Dame ohne Gepäck?« Und ohne eine Antwort abzuwarten: »Ab wann mußt du denn in die Schule?«
»Sobald meine Wohngelegenheit geregelt ist. Ich komme in die Prima. Also morgen – oder –« Sie zuckte die Schultern.
»Ach Kind«, Tante Agatha überlegte, »zum Abendessen kommt Onkel Hugo, dann besprechen wir alles genauer. Was hast du denn mitgebracht?« Sie zog das Nachthemd aus der Tasche, sah sich die anderen Sachen an und schüttelte den Kopf. »Ist das alles? Für die Schule brauchst du noch einiges: vor allem ein Schulkleid und eine schwarze Schulschürze, dann eure Festtags-Kleidung: dunkelblauer Rock und weiße Matrosenbluse. Für daheim ein Hauskleid. Vielleicht können wir dir von mir einige Sachen ändern lassen. Schuhe brauchst du, eine Strickjacke und bald einen wattierten Wintermantel. Eine Schulmütze brauchst du –«
Arina wurde immer stiller.
»Eine Schulmütze? Was ist das?« Im übrigen wurde ihr bei dem, was Tante Agatha da alles aufzählte, so richtig bewußt, was sie angerichtet hatte. Natürlich, Tante Agatha hatte recht, diese Dinge bräuchte sie wirklich nötig. Dazu kämen noch Bücher und Hefte. Was das kosten würde! Das Abenteuer der Heimatsuche nahm Formen an, die sie erschreckten.
»Eine Schulmütze?« griff Tante Agatha ihre Frage auf, »nun, hier hat jede Schule ihre Farben. Du kennst ja die Farben der Korporationen an den Universitäten. Solche Farben tragen hier auch die Schüler und Schülerinnen der Gymnasien. Ihr Elisenschülerinnen tragt eine dunkelblaue Baskenmütze mit einem goldgelben Streifen in Form eines Dreiecks auf der rechten Seite. Sehr kleidsam. Die kaufen wir dir gleich morgen vormittag.«
Arina nickte schweigend. Tante Agatha deutete das Schweigen falsch.
»Du wirst dich schon einleben, schneller als du denkst. Am Anfang ist alles fremd und schwer. Mach dich zum Essen fertig.

Onkel Hugo muß jeden Augenblick da sein. Um halb acht komm ins Speisezimmer. Ach, Klaus kann dich ja holen.« Damit winkte sie Arina lächelnd zu und schloß die Tür hinter sich.
Onkel Hugo wirkte seltsam starr. Es war, als trüge er ein Korsett, nicht nur am Körper, sondern auch an seiner Seele. Er hatte ein Pferdegesicht mit großen, gelben Zähnen und einem harten Kinn. Seine Augen blickten forschend, doch nicht teilnehmend. Seine Stirn war hoch, das Haar schütter. Er war viel älter als Tante Agatha. Aber eine Ähnlichkeit mit Klaus konnte Arina auch bei ihm nicht entdecken. Er begrüßte sie höflich und bat sie, sich wohlzufühlen.
Arina wollte sich wohlfühlen. Doch saß sie noch lange, nachdem alle schon zur Ruhe gegangen waren, im Dunkeln auf ihrem Fensterbrett und blickte auf die wie ausgestorben daliegende Breite Straße hinunter, auf den dicken jetzt schwarzen Wehrturm zu ihren Füßen, und die majestätische Olai-Kirche. Später im Traum aber fiel alles Schwere und Dunkle von ihr ab. Sie tanzte in einer Lichtsäule und fühlte sich leicht wie ein Sonnenstäubchen.

Der Lustkreis

Die neue Schulmütze stand ihr gut. Das fanden auch die Realschüler, die ihr auf ihrem ersten Schulweg begegneten. Ein neues Gesicht? Die Jungen meinten alle Elisenschülerinnen zu kennen, lag doch das deutsche Realgymnasium kaum zweihundert Meter von der Elisenschule entfernt. Und so manches Jungen- und Mädchenherz klopfte schneller, wenn es *ihm* oder *ihr* begegnete, sei es nun morgens vor oder mittags nach der Schule.

Aber dieses Gesicht? Noch nie gesehen, denn übersehen konnte man Arina Linden nicht.
»Diese Schule, in der Generationen hindurch die Töchter des Landes zu klugen, warmherzigen Frauen erzogen wurden, atmet den Geist humanistischer Tradition, auch wenn die Geschicke der Weltgeschichte und die der Baltischen Staaten die Familien verarmen ließen – sie ist weiterhin getragen von alter Kultur, edler Gesinnung und aufrechter Haltung...« sagte der Direktor leise, aber eindringlich, als er Arina langsam durch die Flure in die Prima führte, um sie der zuständigen Lehrerin zu übergeben und der Klasse vorzustellen.
Etwas unsicher sah Arina die jungen Damen auf den Schulbänken des so geschichtsträchtigen Instituts an, und sie fand – erleichtert –, daß sie sich keineswegs von gleichaltrigen Schülerinnen anderer Schulen unterschieden.
»Arina Linden aus Berlin«, hörte sie den Direktor sprechen, »ist die Tochter einer Bowén. Ihre Mutter und Großmutter haben unsere Schule besucht, so wie viele eurer Mütter. Ich hoffe, ihr werdet Arina die hier übliche Kameradschaft entgegenbringen und ihr helfen, heimisch zu werden.«
Prüfende Blicke. Zustimmendes Gemurmel.
Eine zierliche Blondine mit schwerer Flechtenkrone auf dem feinen Kopf meldete sich:
»Bitte, darf Arina Linden neben mir sitzen? Der Platz ist frei.«
Etwas langweilig, dachte Arina im ersten Augenblick, doch entdeckte sie allmählich überraschend liebenswürdige Züge an Christine Martinson.
Lehrer und Lehrerinnen prüften Arinas Kenntnisse. Christine, die zu den Klassenbesten gehörte, half ihr mit Büchern und Nachschriften, so daß ihr das Pensum der Prima bald keine Schwierigkeiten mehr bereitete.
Und dann erlebte Arina überrascht, daß diese alte, so kulturträchtige Schule, die sie am ersten Besuchstag grau und staubig

empfunden hatte, erstaunlich hell und fröhlich war. Sie roch nicht nach Schweiß, Staub und Angst, wie sie damals angenommen hatte, sondern nach Fröhlichkeit, Jugend und Sonne, obgleich die Mauern dick waren, und die Fenster in tiefen Nischen lagen. Die Atmosphäre von Menschlichkeit und Wärme, einfacher Heiterkeit und klugen Ernstes war ein guter Nährboden für die Entwicklung der jungen Menschen, die, ohne die Macht des Stärkeren zu spüren, weniger erzogen als beobachtet, gelenkt, zum Staunen und Fragen angeregt und, ohne daß sie es merkten, geliebt wurden. *Wie es auch sei, das Leben, es ist gut – Goethe* – stand als ungeschriebenes Gesetz über dieser Schule. Bald fühlte Arina sich hier heimisch. Sie mochte die Lehrer, die Lehrerinnen. Besonders aber Mariechen, die uralte Schuldienerin, die – obgleich pensioniert und ihre Nachfolgerin schon längst in Amt und Würden – nach wie vor täglich zum Dienst erschien und jeden Morgen um acht Uhr hinauseilte, um zu sehen, ob nicht eines der Mädchen verspätet angerannt kam – dann sorgte Mariechen dafür, daß die Glocke später geläutet wurde. Mariechen meinte, ohne sie müsse der Schulbetrieb zusammenbrechen, deshalb konnte sie nicht fortbleiben, und der Lehrkörper ließ sie gewähren, ebenso ihre Nachfolgerin die gute Juule. Für die Schülerinnen war Mariechen ja auch unentbehrlich – wußte sie doch Trost in jedem Kummer: sei es ein mißlungenes Extemporal, eine schwierige Prüfung oder gar Liebesschmerz: Mariechen konnte weissagen – und heilte manch geknicktes Mädchenherz.
Acht Uhr fünf gingen die Schülerinnen paarweise in den großen Saal zur Andacht. Wenn Arina später an die Schulzeit zurückdachte, war es immer die Morgenandacht, die ihr zuerst einfiel.
Gegenüber dem Eingangstor war die Tür zum Hof. Hier konnte man eingehakt umhergehen, schwatzen, Völkerball spielen. Man durfte auch in den Garten der Ober-Realschule der Jungen spazieren, und es geschah nicht selten, daß man unter einem

Stein oder im Baumstamm ein Briefchen fand, daß dann diskret der Adressatin weitergeleitet wurde.
»Einige Mädchen sprechen von ›Bewegung‹ – was ist denn das?« fragte Arina eines Tages.
Und Christine erklärte:
»In unserer Klasse hat sich eine Gruppe gebildet, die sich dem BDM in Deutschland verwandt fühlt. Trifft sich in geheimen Kreisen. Ich gehöre nicht dazu, mein Vater ist Schwede.«
Auch Arina interessierte sich nicht dafür, das hatte sie ja schon in Deutschland erlebt.
Aber Christine lud sie in ihr ›Kränzchen‹ ein, zu dem auch Björk und einige Mädchen aus Björks Schule gehörten.
»Kränzchen?« Arina lachte.
»Ja, so nannten unsere Mütter und Großmütter ihre Freundinnen-Gruppen: die Mädchen wurden als Blumen gesehen, gemeinsam ein Kranz.« Auch Christine lachte. »Wie die Zeiten sich geändert haben!« fuhr sie fort. »Wir als moderne Freundschaftsgruppe sind eine Clique und nennen uns ›Lustkreis‹.«
Arina lachte noch mehr.
»Lustkreis? Was macht ihr denn da?«
»Das ist kein ›Blümchentreffen‹«, erwiderte Christine, »wir sprechen über alles, was uns interessiert. Probleme mit der Schule und was gerade aktuell ist: Filme, Literatur, Tanz ...«
»Prima«, das gefiel Arina, aber »Lustkreis, so ein verrückter Name?«
»Der Name stammt von Björk. Wir sind wohl eine feste Gruppe, aber zu unseren Zusammenkünften soll nur kommen, wer Lust hat. Griesgrämige Gesichter, Unlust also, sind unerwünscht. Daher!«
»Und kommen viele?«
»Alle, immer.«
Arina war sehr interessiert.
»Also zu euch würde ich gerne gehören!«

Christine freute sich.
»Die Aufnahmebedingungen sind streng, doch du wirst sie sicher erfüllen.«
In Katharinenthal*, auf den Steinen am Strand, wurde Arina dem Lustkreis vorgestellt. Kritisch aber wohlwollend wurde sie gemustert. »Wärst du lieber der Überfahrende oder der Überfahrene?« war eine der wichtigsten Fragen, die Arina zu aller Zufriedenheit beantwortete. Christine und Björk bürgten für sie – und feierlich wurde sie als festes Mitglied in den Lustkreis aufgenommen. – Jeden zweiten Donnerstag trank man Tee an sorgfältig gedecktem Tisch, las selbst verfaßte Texte vor, machte Handarbeiten, durchdachte Probleme der Mädchen, besprach Bücher und Gedichte, neue Tänze, begutachtete eigene Malereien, redete über Sport und neue Filme, Schauspieler und Sportidole. Natürlich wurde auch über Jungen gesprochen – und wie man sich ihnen gegenüber verhalten sollte. Und sie fanden es »himmlisch«, sich von einem Dom- oder Realschüler – vielleicht gar von einem Studenten – den Hof machen zu lassen. Man traf sich auf der Schlittschuhbahn, zum Rennwolf**-Fahren auf dem Eis in Katharinenthal oder im Kino, Arina genoß Reval in vollen Zügen.

* Katharinenthal – großer Park am Strande von Reval mit dem Schloß Katharina der Großen.
** Rennwolf-Schlitten: ein Stuhl mit sehr langen Eisenkufen – 1 Fuß steht auf einer Kufe, mit dem anderen (an den spitze Eisenstollen angeschnallt sind), stößt man ab. So fliegt man über das Eis.

Zwei Welten

Robik steht vor dem dreibeinigen, hölzernen Brottrog.
Er legt die Arme auf den Rand, den Kopf darauf und bittet: »Erzähl eine Geschichte!« Aber Liisu schüttelt den Kopf: »Liisus Gedanken sind beim Brot.«
Robik sieht Liisus Hände den Teig kneten, sieht sie tief im Teig versinken, sich herausziehen, wieder versinken, er sieht, wie sie kneten und kneten, sieht, wie die Finger sich vom Teig befreien, ihn abstreifen, abzupfen, nach einem Krug Wasser greifen, den Teig glatt streichen und ein Kreuz hineindrücken.
»Warum machst du das Kreuz?« fragt Robik.
Liisu sagt: »Wegen UNSER TÄGLICH BROT GIB UNS HEUTE.«
Und Robik nickt und weiß, daß Brot etwas mit dem lieben Gott zu tun hat, und fragt nicht weiter. Er faltet die Hände. Und Liisu breitet ein Tuch über den Trog.
Am anderen Ende der Gesindeküche ist Madli aus dem Stall gekommen und mit ihr ein Schwall frischer Schneeluft, gemischt mit dem Geruch von Kühen und Milch. Sie hat die Eimer hingestellt, das große Tuch von der Schulter genommen und die Zentrifuge zusammengesetzt. Jetzt zündet sie die Lampe an. Das Licht fällt bis zu ihnen und Robik wird ganz warm zumute. Er geht an den Tisch, legt sich quer über das Taburett, mitten in den Lichtkegel der Wandleuchte. Er sieht, wie die Milch als weißer glatter Strom aus dem Eimer in die Aluminium-Schale fließt und sieht Madlis Hand am Hebel drehen. Und dann das Wunder, das ihn immer aufs neue entzückt: auf einer Seite fließt unten der Schmand heraus, auf der anderen die Magermilch für die Schweine.
Liisu hat seinen Becher vom Regal genommen und in den Eimer getaucht. Nun hält sie ihn Robik entgegen, und er trinkt die warme, weiße Flüssigkeit, die so herrlich nach Stall und Kühen

riecht und die es nur hier in diesem Raum gibt, der angefüllt ist mit so viel Gutem: mit Liisus beruhigender Fülle und Madlis freundlicher, hagerer Schweigsamkeit, mit dem Lichtkegel der Petroleumlampe an der Wand, dem Duft von Stall und warmer Milch, von Brot und Petroleum, mit dem Ledergeruch von Tõnus Schaftstiefeln, mit dem Schweißgeruch, der aus seiner Joppe kommt und dem Tabakrauch, den er in hastigen, kleinen Wolken aus der Pfeife hüpfen läßt.

Robik gleitet vom Taburett und setzt sich Tõnu gegenüber an den Tisch. Er stützt die Ellbogen auf und legt den Kopf in die Hände. Hier darf man das: Ellbogen aufstützen. Auf der anderen Seite des Hauses, bei den Eltern und Tante Minchen darf man das nicht. Überhaupt sind es zwei sehr verschiedene Welten. Die Welt von Papi und Mami, und die von Madli und Tõnu. Liisu steht in der Mitte – und versteht. Liisu versteht, daß man in der Welt der Eltern und Tante Minchens wohlgesittet und »Jungherr« sein muß, aber sie versteht auch, daß kleine Jungen sich nicht immer »benehmen« wollen, nicht immer sauber sein können, und auch mal ein Schimpfwort sagen wollen wie Tõnu, der für Robik Inbegriff eines richtigen Mannes ist. Und sie versteht, daß kuhwarme Milch aus dem emaillierten Eimer manchmal besser schmeckt als der Kakao aus der Porzellantasse mit den kleinen Bärchen darauf.

»Teufel auch«, Tõnu haut mit der flachen Hand auf den Tisch, und Robik flüstert »Teufel auch« und sieht ihn verklärt an. »Vorhin war ein Fremder im Krug«, spricht Tõnu weiter, »wißt ihr, was der wollte? Elektrische Melkapparate verkaufen!« Er lacht dröhnend, und Robik lacht mit.

Die Frauen sehen ihn verständnislos an.

»Melkapparate, was ist das?« fragt Madli.

Und Tõnu, stolz auf sein Wissen, erklärt, daß das vier solche Rohre sind, er deutet mit den Händen ihre Länge an, »die werden der Kuh an die Zitzen geschraubt, das Ganze dann mit Ka-

bel an die elektrische Schaltung – und ob man es glaubt oder nicht, die Milch fließt von selbst in den Eimer«.
»Schrecklich«, sagt Liisu schaudernd.
»Kann ich nicht glauben«, Madli starrt ihn an, »Tõnu narrt uns!«
»Nein, narrt nicht«, beteuert Tõnu, »ich habe das Ding *gesehen!*«
»Wie es melkt?« fragt Madli mit einem Ausdruck des Entsetzens.
»Nein, nur so. Wir haben ja keine Elektrik. Das dumme Gesicht, das der Fremde gemacht hat, als Mihkli-Wirt sagte: ›Auf dem Lande keine Elektrik, in der Stadt keine Kühe!‹« und er lacht wieder schallend.
»Und?« fragt Madli, und Liisu fährt fort: »Du glaubst wirklich, daß Melken mit Elektrik geht?«
»Glaub schon«, bejaht Tõnu, »er war in Deutschland. Ein Agronoom ...« vielsagend sieht er die Frauen an.
»Este oder Deutscher?« will Liisu wissen.
»Este. Muß irgendwo aus der Gegend am Fluß stammen. Weiß nicht. Aber hat in Tartu (Dorpat) studiert, war danach in Deutschland. Sagte: will Fortschritt aufs Land bringen, für die Esten! Sprach was vom Ministerium ...«
»Och!« und »Ach!« staunen die Frauen.
»Ja, ja, studierter Mann! Wußte viel – aber nicht, daß wir keine Elektrik haben!«
»Ha, ha«, Liisu lacht mit Tõnu und Robik.
Nur Madli nickt schweigend zu ihnen hinüber.
»Arme Kühe«, sagt sie, und ihr mageres Gesicht sieht bekümmert aus. Robik reckt sich.
»In Deutschland machen sie alles mit Maschinen«, sagt er stolz. Tõnu nickt.
»Das sagte der Fremde auch: Kühe melken, Pferde striegeln, Schweine füttern und vieles mehr – alles mit Maschinen.«

»Arme Tiere«, sagt nun auch Liisu und: »Gut, daß wir keine Elektrik haben«, fügt Madli hinzu und scheint noch hagerer und blasser, wie sie jetzt so erleichtert aufseufzt.
Als Liisu Tönu eine Tasse heißen Kaffee hinschiebt, fragt Robik:
»Tönu, sag, darf ich mit, wenn du zur Bahn fährst, die Mädchen abholen?«
»Weiß nicht«, Tönu zögert, »wenn Herr und Frau erlauben?« Er zuckt die Achseln.
»Ich frage!« Und schon gleitet Robik vom Hocker, rast zur Tür, durch den Flur und gelangt atemlos in die andere Welt, wo es nach Eau de Cologne und Zigarren duftet, und Papi, Mami, Tante Minchen und Onkel Konstantin am hübsch gedeckten Tisch gemütlich beim Samowar sitzen.
»Nicht so wild!« rügt Tante Minchen. Und Robik bremst. Gesittet geht er auf die Mutter zu:
»Bitte, Mami«, beginnt er »darf ich mit Tönu zur Bahn fahren die Mädchen abholen?«
Hier spricht er anders als mit Liisu und Tönu, nicht nur eine andere Sprache, sondern überhaupt...
»Aber Robik«, Mami streicht ihm das Haar aus der heißen Stirn, »wie siehst du denn aus – und verschwitzt bist du, was hast du gemacht?«
»Nichts – mit Liisu Brot geknetet – und – darf ich, Mamichen, erlaubst du, daß ich mitfahre?« Und als die Mutter schweigt: »Bitte, Mamileinchen, *biiitte!*«
»Nein, Robik, es ist schon dunkel.« Die Mutter holt ihr Taschentuch heraus und wischt ihm das Gesicht ab. »Im Dunkeln gehören Kinder ins Haus.«
»Ach bitte, laß mich doch!«
Aber als die Mutter nur den Kopf schüttelt und Robik seine Arme um ihren Hals gelegt eindringlich *»bitte!«* fleht, umwölkt sich Felix Helbrichs Stirn.

»Robert!« ruft er streng, »hast du nicht verstanden, was deine Mutter sagte? Nein heißt *nein,* und dabei bleibt es!«
Robert wird rot bis hinauf zu den Haaren.
»Aber – wenn – doch –« beginnt er noch einmal leise.
»Keinerlei Aber und keinerlei Quengeleien!« schneidet der Vater jede weitere Bitte ab. Du darfst die Mädchen zu Hause erwarten, darfst länger aufbleiben und mit uns zu Abend essen.«
Aber was bedeutet schon länger aufbleiben, wenn man daran denkt, daß man jetzt im warmen Fußsack neben Tõnu auf dem Schlitten sitzen könnte, vor sich die dampfenden Pferdekuppen, ringsum Dunkelheit, nur der Himmel voller Sterne und Tõnu ruft: »Lauft ihr Teufel, lauft!« Dann auf dem Bahnsteig warten und es nicht erwarten können, bis in der Ferne zwei glühende Augen immer näher kommen, schließlich der ganze Zug mit Pfeifton; die Türen gehen auf, und die Mädchen springen heraus, sind lustig und froh und küssen einen und lachen und fragen so vieles, und alle zusammen fahren sie heim, und Tõnu sagt nicht »Teufel auch«, weil man sowas in Gegenwart von Damen nicht tut. Das alles wird Tõnu jetzt allein erleben; Robik ist innerlich wütend und denkt: wenn ich einmal Kinder haben werde, die dürfen aber! und meint, er sei der bedauernswerteste Junge auf der Welt und kein anderer hätte einen so bösen Vater, ach, und eine Mutter, die so gar nicht versteht. Tränen in den Augen sagt er:
»Ich geh' und sag es Tõnu« und rennt nicht, sondern schleicht voller Traurigkeit und Unverstandenseins zur Tür.
Die Welt von Tõnu und Madli ist ihm lieber. Er bleibt dort und läßt sich von Liisu trösten. Sie gibt ihm eine Schale voller Korinthen, die soll er verlesen, während sie selbst ein Messer nimmt und Räucherspeck und Zwiebeln für die Speckpiroggen schneidet, die morgen gebacken werden sollen.
Und Tõnu fährt allein zum Bahnhof – Teufel auch!
Die Zwiebeln beißen in den Augen, die Augen füllen sich mit

Tränen. So arbeiten Liisu und Robik schweigend. Ab und zu schneuzen sie sich, sehen sich an, wischen die Tränen von den Wangen und können es doch nicht verhindern, daß eine in die Speckpiroggenfüllung fällt.

Plötzlich hört man Stimmen. Hektor und Inka, Puk und Diana rennen und bellen wie verrückt – »nicht anspringen! Pfui!« und doch jubelnde Begrüßung, als wären die Mädchen nicht zwei Monate, sondern eine Ewigkeit fortgewesen.

Robik vergißt sein Unglück und seine Wut und rennt und springt wie Hektor und Inka und wird geherzt und geküßt und weiß nicht, wen er lieber hat, Björk, Nita oder die fremde, zärtliche Arina.

Er begleitet die Mädchen in ihr Zimmer, das Mami und Liisu unten neben der Herrschaftsküche eingerichtet haben. Er hockt bei ihnen, hört zu und sieht, was sie auspacken, und bekommt eine richtige Apfelsine als Mitbringsel.

Zum Abendessen gibt es Brot, Butter und Killo*, Bratkartoffeln und Sülze, denn vor zwei Wochen ist geschlachtet worden. Und es gibt so viel zu erzählen und zu fragen und zu antworten!

Arina findet es herrlich, zu einer so großen, fröhlichen Familie zu gehören. Sie hat Tante Minchen einen Kuß gegeben, hat Onkel Konstantin umarmt und gesagt, sie sei selig. Sie blickt Frau Helbrich etwas scheu an und wagt Großväterchen nicht zu umarmen, weil sie ihn so lieb hat.

»...im Schuppen steht schon der Weihnachtsbaum, Papi und Tönu haben ihn heute morgen geholt, aber sehen dürfen wir ihn erst am Heiligen Abend«, flüstert Robik Arina zu, »er muß erst abtauen, morgen kommt er in den Saal. Dann wird der abgeschlossen, weil wir erst zur Bescherung hineindürfen.« Robik meint Arina alles erklären zu müssen. »Aber er ist riiiieeeesig,

* Killo = kleine Fischchen, eingelegt in Salz, engl. Gewürz, Pfefferkörner, Lorbeerblatt, Zucker, Wasser u. starken Wein (in Estland alltägliches Essen)

sag' ich dir! Und morgen backt Liisu Brot. Und Mami backt Speckpiroggen. Und Pfeffernüsse und Pfefferkuchen haben wir auch schon gebacken, alle großen Dosen sind voll.«

»Robert, wie wär's wenn du jetzt endlich still bist?« aber Papis Stimme klingt nicht so streng wie am Nachmittag.

»Ja«, sagt Robik, flüstert aber doch noch: »Und morgen backt Mami noch Kümmelkuckel.«

»Wenn wir aus der Kirche kommen«, Nitas Stimme klingt geheimnisvoll, »dann müssen wir ins dunkle Zimmer, bis Papi ›Kinder, ihr könnt kommen!‹ ruft und das Glöckchen läutet.«

»Und dann«, schreit Robik, »gehen die Flügeltüren zum Saal auf, und der Baum ist voller Licht...«

»Er strahlt – das kannst du dir gar nicht vorstellen – vom Fußboden bis zur Decke«, sagt Björk. »Unsere Geschenke unter dem Baum sind mit weißen Laken zugedeckt, damit wir nicht abgelenkt werden, sagt Mami.«

»Zuerst muß ein Lied gesungen werden«, fällt Robik wieder ein. *»Vom Himmel hoch da komm ich her,* und Papi oder Onkel Konstantin liest die Weihnachtsgeschichte. Dabei sollen wir nämlich nicht auf die Geschenke schielen, – das ist nicht gut« Robik seufzt, »verstehst du Arina?«

Natürlich versteht Arina.

»Zuerst geben wir unsere Geschenke und sagen die Gedichte auf und so. Dann werden Madli und Tönu gerufen und beschenkt.«

»Und jetzt«, Robik hält es nicht mehr aus auf seinem Stuhl, er läuft zu Arina, legt die Hände auf ihre Knie und sieht sie an, »und jetzt nehmen Papi und Mami die Laken fort – und da – sind unsere Geschenke! Freust du dich?« Ja, Arina freut sich mehr, als der kleine Mann ahnen kann.

Das Märchen vom See

Der Tisch ist abgeräumt. Das Geschirr gespült. Im Eckzimmer flackert das Feuer im Kamin. Sie sitzen auf Fußschemeln, hocken auf dem Wolfsfellteppich und haben noch immer zu berichten.
»Nein«, sagt Arina, »ich habe kein richtiges Zeugnis bekommen. Nur dieses Papier, daß sie mit meinen Leistungen zufrieden sind.« Herr und Frau Helbrich lesen es ebenso wie die Zeugnisse ihrer Töchter. Onkel Konstantin freut sich, daß Arina voll in die Schule eingegliedert ist.
Tante Minchen ist in ihrem Sessel eingenickt, nachdem sie noch lebhaft versicherte, gar nicht müde zu sein.
»Wann kommt Thomas?« fragt Björk, und sie erfahren, daß er in Pölk bleibt, weil dort Scharlach ausgebrochen sei und die Quarantäne eingehalten werden müsse.
»Eine Geschichte!« bettelt Robik.
»Morgen ist viel zu tun«, sagt Mami, »wir wollen nicht zu spät ins Bett gehen.«
»Nur eine«, bettelt Robik weiter, und Nita schließt sich seinen Bitten an.
»Wie wär's mit einer Partie?« wendet sich Onkel Konstantin an Felix Helbrich, und dieser nickt vergnügt, steht auf und holt das Schachbrett.
»Wer erzählt jetzt?« quengelt Robik. Und Arina sagt:
»Eine Geschichte am Kamin wäre umwerfend!« Noch nie hat sie sowas erlebt.
»Eine recht gruselige«, bittet Nita.
»Nein, die vom See«, schlägt Björk vor.
»Etwa nicht gruselig?« ruft Nita wieder, zieht die Knie an und schlingt die Arme darum. »Wenn schon, dann erzählt doch etwas Weihnachtliches«, rät Frau Helbrich und geht an den Schachtisch der Männer.

»Wer erzählt?« will Arina wissen. Björk zuckt die Achseln.
»Mami, du?«
»Nein, Kinder, erzählt selbst. Ich bin zu müde. Gute Nacht«, sie beugt sich über ihren Mann und streicht ihm übers Haar, »ich gehe schlafen.« Onkel Konstantin küßt ihr die Hand. Felix begleitet sie zur Tür.
Auch die Kinder sind aufgesprungen und wünschen ihr »gute Nacht«.
»Robik«, ruft sie noch, »du gehörst aber auch schon ins Bett!«
»Nur *eine* Geschichte«, bettelt der Junge. Und Liisu die gerade einen Birkenscheit aufs Feuer gelegt hat, kommt ihm zu Hilfe: »Frau kann ganz ruhig sein, Liisu bringt Jungchen schnell ins Bett, wenn Geschichte fertig ist.« Frau Helbrich nickt und Robik hält Liisu fest am Ärmel.
»Erzählst *du?*«
»Weiß«, sagt Felix Helbrich und öffnet die Hand, »du beginnst.«
»Aber nur eine«, antwortet Liisu und wehrt mit »nein, nein« ab, als Arina ihr Frau Helbrichs Sessel hinschiebt. »Liisus Platz ist unten bei Kindern«, und schon bauscht sich der Rock über ihrer mächtigen Fülle, und sie halten den Atem an, als sich diese Fülle langsam auf den niedrigen Hocker senkt.
»Vom See?« fragt Björk.
»Was Kinder wollen«, Liisu sitzt da vor dem Feuer und wischt sich mit der weißen Schürze über das heiße Gesicht.
»Ja«, sagt Nita. »Arina kennt sie noch nicht.« Robik setzt sich rittlings auf den Kopf des Wolfsfelles und lehnt sich an Liisus Beine.
»Nu gut«, sagt diese und legt den Arm um den Jungen.
Sie schweigen erwartungsvoll. Leicht klicken die Schachfiguren aneinander, wenn die geschlagenen beiseite gelegt werden. Durch die angelehnte Tür schleichen sich Hektor und Inka ins Zimmer und machen es sich auf dem Fell bei den Mädchen ge-

mütlich. Nofretete, die Tigerkatze, schnurrt schon lange zwischen Robiks Beinen. Puk liegt vor dem Feuer.
»Es war einmal«, beginnt Liisu, denn sie weiß, daß Märchen so beginnen müssen. »Es war einmal ein See...«
Wohl hundertmal hat Liisu die Geschichte schon erzählt, diesen Kindern, den Bowénschen Kindern und deren Eltern. Und wenn sie auch kein einwandfreies Deutsch spricht, kann sie besser erzählen als alle anderen. Es ist eine jener Geschichten, die in uralten Zeiten wirklich geschehen sein sollen und in die Annalen der Familie Bowén eingegangen sind.
Liisu schweigt ein Weilchen, als wolle sie sich sammeln und genießt die erwartungsvolle Stille. Dann spricht sie geheimnisvoll:

»Der See ist klar wie Glas und vom Blau der Himmel. Wie ein Edelstein liegt er zwischen Wiesenhängen voll hoher Gräser und bunter Blumen, zwischen Birken, weiß und rein wie junge Mädchen. Auf dem Stein sitzt Alvi. Die Beine hängen ins Wasser. Das lange Haar trocknet im Wind. Man weiß nicht, sind es Haare – oder Sonnenstrahlen? So gleichen sie einander. Alvi singt. Sie singt wie ein Vogel, hell und leicht. Alvi schwimmt wie ein Fisch, so wendig und flink. Alvi läuft wie ein Reh, so ohne alle Schwere, als könne sie sich von der Erde lösen und schweben. Der Vater und die Brüder sind Bauern. Die Hütte steht am Hang. Alvis Rock ist rot, die Bluse weiß, die Füße sind nackt und hängen ins Wasser.
Eines Tages reitet ein Jäger durch den Wald. Er sieht Alvi. Gebannt blickt er auf das Wesen, vor dessen Schönheit sich Gräser, Blumen und Birken neigen. Er zügelt seinen Schimmel. Leise. Dieses Wild darf ihm nicht entgehen, er will es fangen. Er steigt vom Pferd, hängt die Zügel an einen Ast, geht zum See hinunter und setzt sich neben das Mädchen. Als es aufblickt, sagt er: ›Sing weiter. Ich will nur zuhören.‹ Und Alvi singt.
Es vergehen sieben Tage. Da kommt er wieder. Alvi breitet Lei-

nen aus zum Bleichen. Und er sagt: ›Laß dich nicht stören. Ich will dir nur zuschauen.‹

Wieder vergehen sieben Tage. Alvi schiebt die Brotschaufel in den runden Backofen aus Lehm und holt duftende Laibe heraus. Er bittet um ein Stück, und sie bricht es vom Laib und reicht es ihm. Das Brot ist schwarz, und ihre Hand ist weiß. Und er nimmt nicht das Brot, sondern die Hand und küßt sie.

Das Mädchen läuft den Hang hinauf ins Haus. Finster sehen Vater und Brüder zum See hinunter, wo der Fremde im dargebotenen Brot nicht die Gastfreundschaft ehrte, sondern nach der Gastgeberin griff.

Abermals vergehen sieben Tage. Da kommt er wieder und bringt dem Vater Geschenke. Trinkt mit ihm und den Brüdern und ißt ihr Brot mit ihnen. Alvi bedient die Männer. Es gefällt ihnen, daß der feine deutsche Herr so viel Wohlgefallen an der Tochter, der Schwester, zeigt, und – es gefällt ihnen auch wieder nicht.

Am fünften Donnerstag wäscht Alvi Hemden im See.

Da sagt er Dinge, die jedes Mädchen gern hört: Daß ihre Augen ihn besser und froher machen, daß sich ihre Stimme in sein Herz gesungen hat, daß ihr Haar seinen Sinn verwirrt und ihre Schönheit ihn verzaubert.

Und sie vergißt ihre Wäsche. Sie hört ihm zu, blickt auf ihre nackten Füße und lächelt.

Am sechsten Donnerstag sagt er, daß er sie liebt.

Da schüttelt sie den Kopf und bedeutet ihm, still zu sein.

›Ein vornehmer deutscher Herr‹, sagt sie, ›und ein estnisches Bauernmädchen, wie soll das gut sein?‹ – ›Warum nicht?‹ fragt er, ›wenn doch die Liebe so groß ist.‹ – Alvi aber lacht. ›Die Lust des Herrn, mit einem unerfahrenen Mädchen zu spielen ist es.‹ – Er sagt: ›Wie du so lachen kannst! Ich nehme dich auf mein Schloß als meine Frau!‹ – Sie sieht ihn an, und Seewasser glänzt in ihren Augen: ›Schwüre großer Herren sind nicht von langer Dauer, hat meine Mutter gesagt.‹ – Er will sie küssen. Sie aber versteht ihm auszuweichen. Und lacht wieder. Er sagt: ›Ich werde kommen, um dich zu holen – und werde dich heiraten.‹ – Da sieht sie ihn so an, daß er vor Liebe erzittert. ›Wenn du kommst, um mich zu holen, werde ich mich schmücken für dich. Aus feinen Nebeln und Mondstrahlen werde ich mir das Brautkleid weben, mit Seerosen werde ich mich schmücken und Tautropfen als Diamanten in mein Haar streuen. Und Schätze werde ich dir bringen, von denen du nichts ahnst.‹

Jetzt lacht *er.* ›Viel versprichst du, geliebte Schöne, aber ich will nur dich – und werde dich lieben bis an mein Lebensende.‹ – ›Darf ich dir glauben?‹ – ›Eher wird dieser See seinen Platz verlassen‹, schwört er, ›als daß ich dir untreu würde.‹

Alvi ist fast durchsichtig. Einen Augenblick scheint ihm, als sei sie kein Wesen aus Fleisch und Blut. – ›Eher wird dieser See seinen Platz verlassen‹, wiederholt er seinen Schwur, ›als daß ich dir untreu werde!‹ – ›Schwöre nicht‹, ruft Alvi, ihre Stimme klingt warnend – oder klagend? – und wieder ist ihm, als sei sie nicht von dieser Welt.

›Sollte der See hier seinen Platz verlassen, wirst auch du mit deinen Kindern, Kindes- und Kindes-Kindern einst – und sei es in hundert oder zweihundert Jahren *deinen* See verlassen müssen.‹ – Alvis Blick geht in die Ferne, überspringt Zeiten. – ›Weiße Schiffe werden kommen, euch fortzubringen – und niemals kehrt ihr zurück.‹ – Sie bedeckt das Gesicht mit beiden Händen. ›Die Heimat habt ihr dann für immer verloren.‹ Nach einer Weile sieht sie ihn an: ›Aber weil ich dich liebe, werde ich vorher wiederkommen, damit ihr wißt, daß es so weit ist.‹

Sie sieht ihn sich entsetzen. ›Wer bist du Mädchen? Ich habe keinen See!‹ – Da lacht sie das ihr eigene Lachen und ist wieder Fleisch und Blut. Er aber greift sich an die Stirn: ›Ich *werde* wiederkommen!‹

Er reitet fort. Als er sich umsieht, ist Alvis Rock rot, die Bluse

weiß, die nackten Füße hängen ins Wasser. Ihr Lied klingt zu ihm herüber, hell und leicht. Sie leuchtet so, daß er geblendet die Augen schließen muß und reitet schneller.
Am siebten Donnerstag verschwindet der See.«

Liisu schweigt. Alle schweigen. Ein Schauder hat sich über sie gelegt, wie immer, wenn die Geschichte vom See erzählt wird. Robik aber flüstert:
»Und wenn sie nicht gestorben sind, dann leben sie noch heute.« Er krabbelt hoch und läuft ans Fenster. Er weist hinaus: »Da ist er, der See! Da liegt er! Vor unserem Haus! Und der Herr von Iluküll, der damals vor langer, langer Zeit hier lebte, wachte auf am Morgen und sah ihn – und er holte sein Pferd und ritt schnell durch die Wälder. Aber dort, wo er gelegen hatte, war kein See mehr. Keine Hütte am Hang. Und keine Alvi. – Nicht wahr Liisu?«
»So soll es gewesen sein.« Ganz plötzlich war Liisus Stimme heiser.
Und Arina sah sich ängstlich um.
Die Scheite im Kamin glommen rot. Aus den dunklen Rissen züngelten blaue Flämmchen.

Nächtliches Gespenst

Diese Nacht, eine der zwölf dunkelsten, blieb unwirklich. Arina wunderte sich, daß Björk und Nita schlafen konnten. Sie dachte an das Märchen vom See, an ihre Mutter, die hier Kind gewesen war, an ihren Vater, den Mama hier zum erstenmal gesehen und später geheiratet hatte. Wie groß und kurz war dieses Glück ge-

wesen! Sie dachte an dieses Haus, durch das so viele ihrer Ahnen gegangen waren und deren Geist immer noch spürbar war. Sie hörte es im Gebälk knacken, hörte die Wände seufzen.
Arina richtete sich auf. Sie hatte Durst. Leise zündete sie das Licht im Messingleuchter an und ging barfuß aus dem Zimmer. Sie wollte durch den Flur in die Küche, wo die Wassertonne gestern frisch gefüllt worden war.
Es war dunkel, nur der Lichtkreis ihrer Kerze, die sie vor sich hertrug, war erleuchtet. Unhörbar glitten ihre nackten Füße über die Holzdielen.
Da – ein Knarren, ein Klappen – wurde eine Tür geöffnet und zugeschlagen? Arina blieb stehen. Nichts rührte sich. Sie hob die Kerze höher und ging weiter.
Vom Ende des Flures ein Klopfen auf den Boden. Es war, als käme ihr ein Stock entgegen.
Wieder blieb sie stehen. Lauschte.
Und dann schnürte der Schreck ihr den Hals zusammen.
Mit schlurfenden Schritten, auf einen Stück gestützt, näherte sich ihr eine weiße Gestalt.
Arina rührte sich nicht. Stand da, die Kerze hoch erhoben – und sah das Gespenst. Es trug ein langes Gewand und kam gebeugt, sehr langsam, aber stetig auf sie zu. Das weiße Haar stand wirr um seinen Kopf. Während die Rechte sich schwer auf den Stock stützte, hob die Linke ein Lorgnon, musterte sie und schrie: »Katharina von Bowén!« Gespenst mit Lorgnon? Jetzt wich es zurück, schrie aber noch einmal entsetzt: »Katharina! Arinuschka!«
Arina ließ die Kerze fallen. Sie erlosch. Finsternis. Vor ihr ein dumpfer Fall.
»Hilfe!« schrie die tiefe Stimme von vorhin. »Liisu!« und etwas leiser »Kostja! Kostinka!« Es klang keinesfalls geisterhaft. Es klang menschlich, herrisch-befehlend. »Hilfe!« Dann lautlose Stille.

Arina wagte nicht, sich zu rühren.
Hektor und Inka schlugen an. Onkel Konstantins Glocke schrillte durch den Korridor. Türen wurden geöffnet. Liisu, ein Licht in der Hand, erschien in seltsamem Aufzug. Björk und Nita stellten mit dem Ausruf »Königin Tamara!« die Lampe auf die Fensterbank und sahen erschrocken auf die am Boden Liegende. Und während Madli und Tõnu die Flurlampen entzündeten, hockte Liisus ganze Breite schon vor der stöhnend-schimpfenden Gestalt am Boden.
»Aber Königin«, hallte Liisus vorwurfsvolle Stimme bis zu der noch immer zutiefst erschrockenen Arina herüber, »warum nicht geklingelt?« – und »Ruhig, ruhig – alle helfen!«
Aufgeschreckt vom Bellen der Hunde, erschienen auch Felix und Johanna. Mit gemeinsamen Kräften hoben sie Urgroßtantchen auf und trugen die noch immer Empörte in ihr Zimmer. Die alte Dame war außer sich.
»Arina von Bowén«, stöhnte sie, »ich habe sie gesehen! Bei Gott, ich habe sie gesehen!«
Es bedurfte eines starken Tees von Liisu, vieler guter Worte von Johanna und eines großen Löffels voll Zucker mit Baldrian von Felix Helbrich, bis die Dame Tamara sich einigermaßen beruhigte. Aber, halb auf russisch, halb in deutsch wurden noch Schreckensseufzer ausgestoßen wie »Sie geht wirklich um, die Arinuschka!« – »Ich habe sie gesehen!« – »Auch wenn ihr es mir nicht glaubt!« – und befehlend: »Geht nicht fort! – Bleibt hier! – Ich werrrde sterrben!«
Johanna und Liisu blieben bei ihr.
Björk und Nita aber nahmen sich der verstörten Arina an.
»Stirbt sie?«
Nita lachte laut.
»Ne! Mindestens dreimal am Tag hört man Tante Tamaras vorwurfsvolles ›Ich werrde sterrben!‹«
»Wer ist das?« fragte Arina kreidebleich.

Nita starrte sie an.
»Waaas? Du kennst sie noch nicht? Deine Groß-, nein Urgroßtante Tamara – das wird sie uns nie verzeihen!«
Sie gingen miteinander in ihr Zimmer zurück. Arina fröstelte und kletterte sofort in ihr Bett.
»Tamara? Mutti hat nie etwas von ihr erzählt.«
»Tamara von Bowén!« Nita hockte am Fußende des Bettes, beide Arme um die angezogenen Beine gelegt. »Sie kam erst während der Revolution aus Petersburg hierher. Ihr wart damals schon in Deutschland.«
Auch Björk hatte sich auf Arinas Bett gesetzt. Arina zog die Decke höher. Sie verstand nicht.
»Und warum ›Königin‹?«
Wieder lachte Nita fröhlich.
»Da mußt du am besten Liisu fragen!«
Björk aber fing an zu erklären:
»Dein Urgroßvater muß einen Bruder Konstantin gehabt haben. Ganz hohes Tier beim Zaren. ›Onkel Kostja‹, sagt Liisu. Der heiratete eine Georgierin, angeblich eine Nachkommin der legendären georgischen Königin Tamara. Daher und weil sie sehr schön war, nannte Liisu sie seit ihrem ersten Besuch auf Iluküll nur noch Königin Tamara. Der Name blieb. Und sie hört ihn nicht ungern.«
»Ja«, erinnerte sich Arina, »von einem Uronkel Konstantin hat Mutti wohl erzählt.«
»Dieser Großonkel kam in den Unruhen der Revolution schrecklich ums Leben«, fuhr Björk fort, »seine Frau floh mit einem Diener über die Grenze nach Iluküll. Der Diener ist wieder zurückgegangen, Urgroßtantchen blieb bei uns.«
»Warum habt ihr mir nichts von ihr erzählt?« Arinas Stimme klang vorwurfsvoll.
»Ach du liebes Bißchen! Wann denn?« Nita sprang vom Bett und hüpfte zum Fenster. Sie öffnete es, stieß die Läden zurück

und ließ die klare, kalte Winterluft ins Zimmer strömen. Natürlich, sah Arina ein, es waren ja erst zwei Monate seit ihrer Ankunft vergangen. Und diese zwei Monate war sie bei Tante Agatha gewesen. In Reval hatte sie so viel mit der Schule und allem Neuen zu tun gehabt, daß sie nicht oft mit Björk und Nita zusammengekommen war.
»Sind noch mehr solche Gestalten in Ilukülll?«
»Ja, der alte Baron von Salza, Marussjas Vater. Auch Emigranten aus Rußland.«
Arina erinnerte sich des kleinen weißhaarigen Herrn, der an jenem ersten Samstag mit am Abendbrottisch gesessen hatte, still, steif und auffallend zurückhaltend.
Und Nita rief vom Fenster:
»Du mußt wissen, daß Paps, Mami und Onkel Konstantin jeden aufnehmen, der Schutz sucht oder keine Bleibe hat. Das ist nun mal so. Vor einem Jahr lebte eine junge estnische Lehrerin mit ihrem elfjährigen Sohn hier, die ein uneheliches Kind bekam.«
Nun lachte auch Björk.
»Du hättest Tante Minchens Entsetzen sehen sollen! ›Keine Moral!‹ Aber Paps und Mami sind nun mal so.«
Arina fuhr sich mit der Hand durchs Haar.
»Onkel Konstantin und eine estnische Lehrerin mit unehelichem Kind – war *er* auch damit einverstanden?« Und weil die Mädchen darauf keine Antwort wußten, fuhr sie fort: »Mutti hat viel von der baltischen Gastfreundschaft erzählt – Hospes Donum Est – Ich finde Gäste auch wunderschön!«
»Mach endlich das Fenster zu!« rief Björk zu Nita gewandt.
Aber Nita hing mit dem Oberkörper hinaus:
»Guckt doch, wie dunkel es draußen ist. Überall ganz schwarz. Ohne Schnee, kein Stern – ist das Weihnachten?« Gleich darauf sprang sie vom Sims, streckte die Hand hinaus und rief: »Ich wünsche mir Schnee!«
Björk war ärgerlich.

»Mach endlich das Fenster zu! Arina ist schon ganz blaß!« Und zu Arina gewandt: »Paps sagt, daß jeder Gast fröhlicher fortgehen müsse, als er kam. Wenn er belastet weggeht oder traurig, kann man es Gastfeindschaft nennen.«
Nita, die diese Gastgespräche überaus langweilig fand, schlug die Läden so laut zu, daß das Dunkel der Nacht erzitterte. Björk hob die Hände an die Ohren.
»*Das* ist Menschen- *und* Sachfeindschaft! Die arme Arina hat wirklich schon genug Schrecken ausgestanden!«
»Bitte schön!« rief Nita, öffnete das Fenster und schloß es betont sanft. Dann sprang sie auf Arinas Bett, daß es krachte. »Weißt du«, sagte sie, wieder die Arme um ihre Beine geschlungen, »Gäste haben! Feste feiern! Das finde ich herrlich! Darüber sprechen aber langweilig.« Und zu Björk gewandt: »Eigentlich müßten wir für Arina einen Begrüßungsball geben! Wie fändet ihr das?« Und schon war sie hinuntergesprungen und steppte flott hinüber zu ihrem Bett.
Arina lachte fröstelnd und klopfte sich ihr Kissen zurecht.
»Du zitterst ja!« rief Björk, »ich hole dir eine Tasse Tee.«
Doch da stand schon Liisu in der Tür. Sie hielt eine dampfende Tasse in Händen. Arina nahm das heiße Getränk, es tat ihr gut. Liisu deckte sie zu, jagte Nita ins Bett und strich Björk über den Kopf.
»Schreck war groß für Arina. Königin Tamara wieder gut. Jetzt schnell schlafen! Morgen ist Weihnachten!«
Als Johanna und Felix Helbrich einen Blick in das Zimmer der Mädchen warfen, war alles still.

Der Himmel offen – die Erde durchsichtig

Am nächsten Morgen lag das Land in klirrendem Frost. Geschneit hatte es nicht, trotzdem funkelte es bereift in der strahlenden Sonne. Wie ein grün schimmernder Edelstein lag der See da, spiegelglatt und durchscheinend wie Glas. Die Luft war klar. Es duftete neu. Doch keiner hatte Zeit, darauf zu achten. Familienweihnacht.

Die hohe Tanne im Saal voll roter Äpfel, Netzchen mit Nüssen, Pfefferkuchen in verschiedensten Symbolen und Kerzen, Kerzen. Lichterbaum im wahrsten Sinne des Wortes.

Bevor die Kinder an ihre Plätze durften, wurden Liisu, Tönu und Madli gerufen. Sie sollten ihre Gaben in Empfang nehmen und dann in der Gesindeküche weiterfeiern.

Tönus Gesicht glänzt vor Sauberkeit, unsicher starrt er zur Tür, neben der Liisu im Sonntagskleid nach Madli Ausschau hält.

»Nun?« fragt Felix Helbrich, »weiß Madli nicht, daß wir warten?«

»Weiß wohl...« zögert Tönu.

»Kommt gleich...« beruhigt Liisu, selbst unruhig.

Madli, die sonst pünktlichste, läßt auf sich warten.

Dann ist sie da. Doch ist das Madli? Sie trägt kein Sonntagskleid, wie es sich gehört hätte, nein, mit hochrotem Kopf, das Haar unter dem sauberen Tuch, steht sie in der Tür, ungeordnet, kommt zwei Schritt auf den Baum zu und schaut verklärt in sein Licht.

»Madli kommt aus Stall«, beginnt sie leise, als käme sie aus einer anderen Welt, und faltet die Hände über der Arbeitsschürze. »...kommt aus Stalltür – guckt in Himmel – Weihnachtsstern – groß und hell – hell«, sie hebt die Stimme, hebt die Arme »ganzer Himmel hell – und offen.«

Was ist nur mit Madli los, dieser kleinen, schüchternen Frau, die sonst kaum spricht?
Madlis Stimme wird dunkler, leiser, voll Geheimnis: »– und die Erde durchsichtig – *durchsichtig*!«
Felix Helbrich ist ungeduldig geworden. Findet dieser Erguß gar kein Ende? Die Kinder aber sind voller Staunen.
»Durchsichtig«, wiederholt die Magd, »und Madli wird heilig und geht auf Knie, und alle Kühe knien...«
Das ist zuviel für Herrn Helbrich. Die Hände auf dem Rücken beginnt er auf und ab zu gehen. Vielleicht ist es auch der Duft vom Gänsebraten, der kaum merklich ins Zimmer weht und ihm diese Verzögerung unerträglich werden läßt. Jedenfalls bleibt er ganz plötzlich stehen.
»Nun ist es gut«, ruft er heftig. »Wir haben gehört, was Madli zu berichten hatte«, vielleicht klingt seine Stimme ungeduldiger und härter, als beabsichtigt... »Jetzt singen wir alle *O Tannenbaum,* dann geht an eure Tische.«
Erschrocken ist Madli verstummt. Herausgerissen aus ihrem schönsten Traum blickt sie verwirrt auf den Hausherrn, dessen Reaktion sie keinesfalls erwartet hat.
Die Kinder sind nicht minder erschrocken. Björk intoniert *O Tannenbaum* am Klavier und schämt sich für den Vater. Robik schleicht zu Madli, streichelt ihre Hand und flüstert:
»Glaubst du, daß die Kühe immer noch knien?« Am liebsten wäre er gleich in den Stall gerannt. Er sieht sie an. Trotz der schrecklichen Worte des Vaters scheint das Leuchten des Himmels noch immer auf ihrem Antlitz zu liegen. »Ein Wunder«, hatte Madli gesagt und: »die Welt wurde durchsichtig« – wie das wohl aussieht?
Während Felix Helbrich laut und sachlich mitsingt, kreisen eigentümliche Gedanken durch seinen Kopf. Wer ist diese Madli eigentlich? Sie wissen so gut wie nichts von ihr. Stern – offener Himmel – kniende Kühe – welch ein Unsinn! Er ist ja wahrlich

kein Heide, Tisch- und Abendgebet, Kirchenfahrten, das ist Brauch in seinem Haus, und er achtet darauf, daß es so bleibt. Aber in Maßen, immer mit den Beinen schön auf dem Boden! Nie hätte es sein Personal früher gewagt, solche Geschichten in den Saal zu bringen! Was war nur mit Madli los? »Das Christkind« – »der Himmel offen« – »die Erde wurde durchsichtig«. Wo käme man wohl hin, wenn man solche Hirngespinste zuließe oder gar ernst nähme! »Die Erde durchsichtig!« Felix Helbrich schüttelt ärgerlich den Kopf.
Es wurde fröhlich, doch unsichtbar lag ein leichter Schatten über dem festlich gedeckten Tisch. Irgendetwas hatte vom Haus Besitz ergriffen.

Am nächsten Morgen schneit es leicht. Schlittschuhe unter dem Arm, Besen in der Hand, so gehen die Kinder mit dem Vater zum See.
Robik und Björk beginnen als erste zu fegen. Da schreit Robik: »Das Wunder! Das Wunder!« Und schon liegt er flach da. Die Hände in den roten Fäustlingen fest aufs Eis gepreßt, guckt er atemlos in die Unterwasserwelt, die da wirklich wie ein Wunder von der durchsichtigen Eisschicht getrennt bis ins Kleinste sichtbar darunterliegt.
Nun beugen sich alle über das Eis. Es ist klar wie Glas. Ohne jede Trübung läßt es Algen, andere Wasserpflanzen, Steine und Schlamm sehen. Und dort, ist das nicht ein Fisch?
›Schneefrei, ohne jegliche Luft und somit Wasserbewegung eingefroren‹, will Felix Helbrich seinen Kindern die Entstehung dieses »Wunders« gerade erklären, will sie aus ihrer Verzückung in die Realität herausholen, als er die staunenden Gesichter sieht. Da schweigt er.
Staunen, Ursprung jeglichen Glaubens, kommt ihm in den Sinn. Ist dieses Staunen nicht kostbarer als alle wissenschaftliche Erkenntnis?

»Madlis Wunder, wirklich!« sagt da Björk gerade. Und der Vater, verwundert über sich selbst, antwortet tatsächlich:
»Ja, mir scheint es auch so, Weihnachtswunder.« Er lächelt, wendet sich ab und läuft in lang ausholenden Schritten, die Hände auf dem Rücken, über den See.
Ganz plötzlich hatte er das Empfinden, daß Eisschichten, wenn sie durchscheinend wurden, manches sichtbar werden lassen, was vermeintlich vorher gar nicht da war. Auch in einem selbst.
»Die Welt wird durchsichtig« – »das Licht leuchtet«, hört er die kleine Magd wieder sprechen und merkt, daß seine Augen sich verändert, daß sie zu sehen begonnen haben, seine Ohren zu hören. Und es durchströmt ihn ein seltsames Glück. Die Worte dieser Alten und das Staunen seiner Kinder haben ihm eine neue Dimension erschlossen.
Von der entgegengesetzten Seite um den See fliegt Arina ihm entgegen. Schon von weitem ruft sie »Großväterchen«, streckt ihm die Arme entgegen, »wollen wir einen Eiswalzer tanzen?« Er umfängt sie. Und zu ihrem *»Donau so blau – so blau – so blau –«* tanzen sie in großen Vorwärts- und Rückwärtsbögen.
Björk hilft Robik bei seinen ersten Schritten auf dem Eis.
Und Nita, die seit einem Jahr Kunstlaufunterricht im estnischen Sportverein Kalev hat, übt auf dem vorderen Teil des Sees ihre Drehungen und Sprünge.
Es ist ein fröhliches Bild, das sich Frau Helbrich bietet, die am Fenster ihres Alkovens näht und ab und zu von der Arbeit aufsieht. Wohlig hingestreckt liegt Diana, die edle Setter-Dame, zu ihren Füßen.

Alle in Haus und Hof merkten, daß der Hausherr eine besondere Zuneigung für Arina hegte, und diese ihn anhimmelte.
Auch Johanna machte sich ihre Gedanken darüber.
Sie beobachtete die beiden genau und lächelte über ihre Besorgnis. Die schillernde Arina verkörperte keine Gefahr. Der

natürliche Charme, die verzaubernde Leichtigkeit gehörten zu ihr – und wieder sagte sie sich, daß dieses Mädchen ja keinen Vater gekannt, auch ihre Mutter so früh verloren hatte und nun voller Bewunderung für die starke Vaterfigur war. Diese Schwärmerei würde sich legen, sobald sie reifer und vernünftiger war. Und Johanna beschloß, das Mädchen enger an sich zu binden.

Weihnachtsferien: Gemütlichkeit im Haus, Fröhlichkeit und Ruhe. Alles atmete Harmonie und Wärme. Die Mädchen lagen mit Sofakissen unter dem Baum und lasen. Robik bastelte an seiner Papierburg. Die Herren spielten Schach, lasen und rauchten oder führten lange, engagierte Gespräche. Aufmerksam lauschte ihnen Königin Tamara, obgleich sie über ihrer Patience saß und einen teilnahmslosen Eindruck machte. Tante Minchen probierte die neue Wolle aus, zartlila in verschiedenen Schattierungen, aus der sie sich ein Schultertuch stricken wollte. Johanna nahm gern teil an den Gesprächen der Männer, doch meistens hatte sie in der Küche zu tun, wo sie gemeinsam mit Liisu allerlei Herrlichkeiten zauberte.
Es wurde Ski oder Schlittschuh gelaufen und mit dem Pferdeschlitten durch die verschneiten Wälder gefahren. Denn endlich hatte der Schneewinter Einzug gehalten. Für Arina war alles neu, auch die flachen Schlitten mit den Fellsäcken, in die man die Füße steckte, das gebogene Krummholz über dem Pferdehals, an das Tõnu ihr zur Freude russische Glöckchen befestigt hatte.
Abends wurde musiziert. Björk, die schon seit neun Jahren Klavierstunden bekam, saß am Flügel. Johanna und Arina sangen. Felix und Nita spielten Flöte, und auch Robik hatte zu Weihnachten die erste Blockflöte bekommen. Nur Thomas mit seiner Geige fehlte.
Der Samowar summte. Und Liisu brühte Tee auf, der neben den

Speckpiroggen, den Pfefferkuchen, Nüssen und dem Chalva* nicht fehlen durfte.
Silvester ins neue Jahr 1937: Vor allem das Bleigießen durfte nicht fehlen – und das Orakel! Schiffchen aus Walnußschalen, in denen Kerzenstummel brannten, schwammen in der großen Wasserschüssel, an deren Rand die Mädchen verheißungsvolle Zettel geklebt hatten: Liebe, Verlobung, Reise, neue Bekanntschaft, gute Ernte, Verlust, Erfolg, gute Examen, Glück und anderes mehr. Wo würde das eigene Schiffchen landen?
Gegen Mitternacht sprach Konstantin ein paar Worte. Felix schloß sich ihm an – und das, was er sagte, vielmehr *wie* er es sagte, klang anders als in den Jahren zuvor. Als die Standuhr zwölf zu schlagen begann, setzte sich Björk, wie jedes Jahr, ans Klavier und spielte, wie jedes Jahr, den Großen Lobgesang. Alle standen auf und sangen.

Großer Gott wir loben dich...
und dann

wie du warst vor aller Zeit
so bleibst du in Ewigkeit

Ja, so war es immer gewesen, und so würde es immer bleiben. Bei ihnen, bei ihren Kindern und Kindeskindern...

Wer ist die Alte vom dicken Wehrturm?

Reval ist tiefverschneit. Auf den Wehrtürmen, den Dächern der Häuser, auf der Mauer, den Straßen, den Anlagen liegen dicke,

* Chalva = südruss.-orientalische Süßigkeit aus Sesamöl, Zitronensäure, Zukker, Vanille, Honig, Sonnenblumensamen und Kwaß oder starkem Wein

weiße Pelze. Die Fuhrmänner auf dem Bock ihrer kleinen fellgepolsterten Schlitten, tragen Tuisumützen* und dick wattierte, sich bauschende Mäntel. Die Pferdekuppen dampfen, wenn sie ihre Fahrgäste befördern, und lustig bimmeln die Glocken an Krummholz oder Kummet. Begeisternd aber findet Arina es immer wieder, mit Björk und dem alten Rennwolf über das gefrorene Meer in Katharinenthal zu fliegen und auf der Schlittschuhbahn mit dem ganzen Lustkreis und ihren Freunden zur Musik der kleinen Kapelle Runden zu drehen, Walzer zu tanzen oder in der hinteren Ecke gar Bogen, Achter, Dreier und Sprünge zu üben. Auch in die Schule geht sie gern. Der Winter in Reval ist schön!

Nur Klaus blieb ihr fremd.

Nun lebte sie schon über ein halbes Jahr bei Tante Agatha und sah ihn täglich, aber sie mochte ihn nicht. Warum – das hätte sie nicht sagen können. Es schien ihr, als mache ihre Anwesenheit ihn ärgerlich. Er ging ihr aus dem Weg. Manchmal lächelte er wohl, aber das Lächeln gefror zur Maske. Meistens schwieg er. Sein glattes, schwarzes Haar stand in Wirbeln um seine hohe Stirn und wirkte struppig. Seine dunklen, kleinen Augen sahen Arina unsicher an. Einmal, als sie sagte, daß sie die russische Kathedrale auf dem Domberg gern von innen sehen würde, hatte sein Gesicht aufgeleuchtet.

»Ja, zur Osterfeier!« hatte er lebhafter als sonst gerufen.

»Ach, zu Ostern bin ich in Ilukül1«, bedauerte sie.

»Russische Ostern werden doch sieben Tage später gefeiert als die evangelischen und katholischen«, wußte er einen Ausweg.

So beschlossen sie, gemeinsam zur Osterfeier in die russische Kathedrale auf dem Domberg zu gehen.

* Tuisumüts (estn.) = Sturmmütze, bei der die Fellohren und Stirnklappen hochgebunden sind, aber bei Sturm und Kälte auch heruntergeklappt werden können.

Eines Morgens, als Arina wie immer die Treppe hinuntersprang und aus dem Haus stürmte, war die alte Frau wieder da. Unwillkürlich mäßigte Arina ihren Schritt. Schon öfter hatte sie diese merkwürdige Alte versteckt hinter dem Wehrturm gesehen. Eine gebeugte, hagere Frau in abgetragenem Mantel und braungemustertem Kopftuch. Ihr flaches, runzliges Gesicht wirkte forschend, fast neugierig, als würde sie etwas suchen. Aber auch seltsam verhärmt, eingefallen – fast als sei sie schon lange gestorben. Heute aber war sie bei Arinas Anblick nicht wie sonst verschwunden, sondern kam, sich ängstlich umschauend, leicht hinkend auf sie zu.

»Stoij, stoij«, hatte sie zuerst durch das Schneetreiben gerufen und als sie vor ihr stand mit harter fremder Aussprache hastig, ruckweise gefragt:

»Du lebbst Familie von Koljka? Du Schwester von Koljka? Koljka glücklich?«

Arina war einen Schritt zurückgetreten. Sie verstand die Alte nicht. Stockend antwortete sie:

»Koljka? Ich kenne keine Koljka! Wer soll das sein?« Sie hatte es eilig: Physikarbeit! Die Alte war zurückgewichen. Kopfschüttelnd.

»Kennt nicht Koljka!« empört rief sie es mit ihrer tiefen Stimme und dann laut anklagend: »Lüüge, alle lügen« – und »Loosch, Looosch!« klang es noch in Arinas Ohren, als sie schon längst davongerannt war.

Vorfrühling auf Ilukull

Die Zeit vergeht, Ostern naht.
Unmerklich legt sich der Vorfrühling über den Winter. Frühlingswinter.
Noch liegt der Schnee hoch, aber es ist, als würde er sich in Licht verwandeln und in den wolkenlosen Himmel steigen. Ein neues Licht.
Frühlingswinterlicht. Schimmernd. Schwebend. Man muß die Augen schließen und will sie doch weit, weit öffnen.
Für viele ist es die schönste Zeit. Und jedem, der sie im Norden erlebt, bleibt sie unvergeßlich im Herzen.
Arina wundert sich, daß sie zu Ostern noch im Schlitten von der Bahn abgeholt werden.
»In Deutschland ist jetzt Frühling«, sagt sie, »da geht man durchs Blühen Osterwasser holen. In Kleidern...«
Aber hier tragen sie noch Wintermäntel. Es riecht wohl schon nach Frühling – und ist doch noch Winter. Oder riecht es nach Winter – und ist doch schon Frühling?
Björk zieht die Luft ein, diese ganz eigene Frühlingsluft. Und Arina macht es ihr nach. Sie sind berauscht vom erwachenden Leben.
Der Schnee hat zu schmelzen begonnen. Die Erde taut auf. Von Dächern und Ästen tropft es. Unzählige Rinnsale eilen über den erwachenden Boden.

Am Karfreitag ziehen Björk und Arina ihre Walinki, die hohen Filzstiefel, an, nehmen die Gartenscheren mit und machen sich auf, Weidenkätzchen für die Vasen zu holen.
Im Garten lugen schon Schneeglöckchen aus dem vermoderten Laub hervor. Vom Meer hört man es krachen, wenn sich die Eisschollen übereinanderschieben.

Arina bleibt stehen und lauscht. Aber Björk ruft:
»Komm schon! Auch auf dem Fluß ist das Eis jetzt in Bewegung. Manchmal muß es gesprengt werden, um Überschwemmungen zu vermeiden.«
In der Koppel, an geschützten Sonnenstellen, besonders am kleinen Sonnenhang, der sich zu den Feldern senkt, finden sie schon Leberblümchen zwischen tauendem Schnee im wintergelben Moos, und Knospen vom Scharbockskraut und Buschwindröschen unter erwachenden Ellern und Birken. Schon von weitem sehen sie die Weidenbüsche wie Inselgruppen weit draußen auf den Feldern stehen.
Zum Teil sind die Felder schon frei von Schnee. Dunkler, schwerer, dampfender Boden. Dort, wo sie über den Schnee müssen, sinken sie harschend ein, stehen mitunter bis zu den Knien im Wasser. Unvermutet. Ja, die Erde dampft. Lehmiger Boden setzt sich fest an ihren Stiefeln, bildet Klumpen, die immer größer, immer schwerer werden. Sie kommen nur langsam voran.
Dann stehen sie vor den Weiden. Übersät von weißgrauen Kätzchen strecken sich die roten Äste aufrecht in den Himmel. Die Luft scheint blau. Sie ist frisch und mild, durchjubelt von den ersten Frühlingsliedern der Spatzen und Stare, der Amseln und Lerchen.
»Weißt du«, Arina ist tief beeindruckt, »es ist wirklich so, als würde alles neu werden. In Deutschland hab' ich solch ein langsames Erwachen der Natur nie erlebt.«
Björk nickt und stapft in das Buschwerk hinein.
»Schneid die Zweige lang. Kürzen kann man sie immer noch«, sagt sie und schneidet einen nach dem anderen ab.
Arina müht sich mit dem Klettern ins Gebüsch und mehr noch mit dem Schneiden. Die Schere will nicht so wie sie. Da hält sie inne und hat das Gefühl, als wären die Jubelstimmen der Vögel, das eigenartige Licht, das alles umfließt, und die klare Früh-

lingsluft, die einen völlig durchdringt, wie ein reinigendes Bad. Alles, was es an winterlichem Hader oder Mißstimmung in ihr gegeben hat, verflüchtigt sich, macht sie leicht und rein. Sie ist beschwingt wie Björk und fängt an zu singen.
»Komm, lieber Mai, und mache die Bäume wieder grün ...«
Ihre Stimme läßt den jungen Mann stehenbleiben, der auf der anderen Seite des Feldes geht. Er sieht zu den Mädchen hinüber und ist gleichermaßen von jener Freude erfüllt, die jedem etwas Liebes antun will.
Als Björk und Arina, die Arme voll gebündelter Weidenzweige, zurück übers Feld stapfen, Arina wieder singend, Björk dazu summend, kommt er ihnen entgegen. Blond, mit rötlich-hellen, buschigen Brauen über den lachenden Augen – kennen sie ihn nicht? Ja. Der Fremde aus der Kirche ruft:
»Guten Tag« und »Kraft zur Arbeit!« Und Arina erfährt, daß in Estland jeder Arbeitende mit »Kraft zur Arbeit« begrüßt wird. Der Fremde verneigt sich leicht und fragt: »Darf ich mich bekannt machen? Orvo Maa - Ihr Nachbar von der Alten Mühle am Fluß.«
»Alte Mühle am Fluß?« fragt Björk überrascht, »Orvo Maa – dann sind Sie der Enkel vom alten Müller, der in Deutschland war?«
»So ist es.« Er nimmt Arina die Kätzchenzweige ab, die sie ihm gern überläßt.

Sie sprachen über den Frühling und die beginnende Feldarbeit. Björk wußte gut Bescheid. Er erzählte von seiner Arbeit, von Deutschland – er sei Agronom. Nach einer Weile, als sie schon am See entlanggingen, sahen sie den Vater die Freitreppe des Hauses herunterkommen. Hektor und Inka sprangen ihm voraus. Orvo Maa blieb stehen.
»Ich muß mich beeilen«, sagte er, »werde erwartet« und legt

Arina die Zweige wieder in den Arm. »Frohe Ostern den Fräuleins.«
»Moment«, rief Arina schnell, »bitte sagen Sie mir noch, Sie sahen mich in der Kirche so an, als würden Sie mich kennen?«
»Ist das ein Wunder? Sie gleichen einem Bild, das in unserer Dorfschule hängt.«
»Katharina von Bowén?«
»Ja.«
»Meine Großtante.«
»Das Bild Ihrer Frau Großtante hängt in der Dorfschule – und ich bewunderte und liebte sie schon, bevor ich lesen und schreiben konnte. Sie war...«
Weiter kam er nicht. Felix Helbrich hatte sie erreicht. Er begrüßte Orvo Maa kurz, dankte für seine Hilfe den Mädchen gegenüber und ging mit Björk und Arina ins Haus.

Was sie nun auch taten, Ostereier färben, Pas'cha* rühren, Kulitsch** backen oder Mutters erblühende Hyazinthen aus der Scheune holen und die Zimmer schmücken, Arina wurde verfolgt von den letzten Worten Orvo Maa's: »In der Dorfschule – ich liebte sie, bevor ich lesen und schreiben lernte.
Sie war...«

* Pas'cha = russische Quarkspeise mit Eigelb, Zucker, Korinthen, Orangeade – die aus der Form gestürzt eine Pyramide ergibt.
** Kulitsch = russisch ein hoher Hefeteig-Rosinenkuchen – beide Speisen werden mit einer Marzipan- oder Papierrose verziert.

Russische Ostern

Übermütig steigt Arina an Klaus' Seite den Langen Domberg hinauf. Die Sonne flimmert auf Schneeresten, und sie hat Lust hinaufzutanzen. Und lacht. Klaus bleibt ernst. Wenn er doch nicht so schwerfällig wäre!

»Ach Klaus, sei doch ein bißchen nett!« ruft sie und breitet die Arme aus. »Lach doch wenigstens einmal!«

Da bleibt er stehen und sieht sie unwillig an.

»Weißt du eigentlich, wohin wir gehen? Weißt du nicht, daß heute Gründonnerstag ist?«

Arina vergeht das Lachen. Verwundert sieht sie ihn an. Ist Klaus etwa fromm? Er, der Technik studiert und so oft unfreundlich ist – und…

»Woher kommt es eigentlich, daß wir hier erst jetzt Ostern feiern und auf Ilukäll schon vor mehr als einer Woche?« fragt sie.

»Im Jahre 46 v. Chr. wurde der Kalender von Julius Cäsar eingeführt und Julianischer Kalender genannt«, erklärt Klaus. »1582 brachte Papst Gregor XIII. eine genauere Berechnung (alle 4 Jahre ein Schaltjahr), den Gregorianischen Kalender, der von allen katholischen Ländern gleich übernommen wurde. Die evangelischen Länder folgten etwas später. In Rußland galt seit dem 13. Jahrhundert der Julianische Kalender. Erst im Februar 1918 hat die Sowjet-Union den Gregorianischen Kalender auch in Rußland eingeführt. Jeder änderte damals sein Geburtsdatum. Die Kirchenfeste aber, die sich nicht nach Daten richten, blieben und werden mit einem Abstand von 12 bis 13 Tagen gefeiert.«

Schweigend gehen sie weiter. Grauschwarzer Schneehimmel hängt über den Kuppeln der russisch-orthodoxen Kathedrale auf dem Domberg.

Innen unter dem Epitaph brennt die braune Kerze.
Arina lacht nicht mehr. Unwillkürlich faltet sie die Hände.
»Die Kreuzigung Christi wird in der Nacht zum Karfreitag gefeiert. Am Karfreitag ist kein Gottesdienst. Christus geht ins Reich des Todes«, erklärt Klaus leise.
Sie steht neben ihm und ist wie betäubt vom vielen Gold, von den Edelsteinen, den Bildern und den Gewändern der Priester. Sie sieht, wie der oberste Pope den Körper Christi, in ein Tuch gehüllt, vom Kreuz nimmt und ihn, stellvertretend für alle, auf seiner Schulter trägt.
»Dein Erbarmen sei gelobt«, begleitet ihn der Sprechgesang der anderen Geistlichen.
Er geht mit dem Leichnam um die Kirche und legt ihn in den Sarg. Arina und Klaus sehen zu, wie alle hingehen und das Tuch küssen. Sie verneigen sich mit ihnen.
Dann werden die Kerzen angezündet.
Der Sarg wird aufgehoben und durch die Straßen um die Kathedrale getragen.
»Auf dem Land gehen sie durchs ganze Dorf«, erklärt Klaus, »damit auch alle Kranken, Alten und Kleinen teilnehmen können. Jesus wird zu allen getragen. Symbolisch, verstehst du?«
Arina nickt, noch nie hat sie Ostern von dieser Seite erlebt.
Nach dem Umzug gehen sie in die Kirche zurück.
Der Sarg wird hingestellt und mit Blumen bedeckt.
Das Epitaph steht am Eingang. Alle gehen darunter hindurch zum Sarg.
»Dadurch werden einem die Sünden vergeben, wenn man darum bittet«, flüstert Klaus.
Wieder nickt Arina. Was sind Sünden? überlegt sie, bisher ein leeres Wort.
Vom Sarg darf sich jeder eine Blume nehmen.
Klaus reicht Arina ein weißes Alpenveilchen und behält ein gleiches in Händen.

Arina ist benommen. Der Duft der Kerzen, der viele Weihrauch, die monoton singenden Stimmen der Popen …
Als sie aus der Kirche treten, sagt Klaus:
»Ab jetzt wird völlig gefastet. Bis zur Auferstehung zu Ostern wird nichts mehr gegessen.«
Und Arina fastet, obgleich Tante Agatha davon nichts wissen will: In der evangelischen Kirche ist das nicht üblich.
In der Osternacht wird die Auferstehung gefeiert.
Unter sternenklarem Himmel gehen Arina und Klaus in die Kathedrale. Und wenn die Kreuzigungsfeier Arina schon ergriffen hatte, jetzt ist sie – wohl etwas müde und schwach vom ungewohnten Fasten – fast schwebend in jener Welt, die ihr in ihrer jubelnden Pracht heute noch unwirklicher erscheint.
Alle sind festlich. Jeder trägt eine Kerze als Zeichen der Freude. Osterkerzen. Doch noch brennen sie nicht. Die ganze Kirche ist dunkel. Nur die Kerze des obersten Priesters brennt als Symbol des ewigen Lichtes. Daran entzündet nun jeder einzelne der Gemeinde sein Licht. Jeder will als erster an der Flamme des Priesters sein – es soll Glück bringen.
Osternacht – Auferstehung Christi – es ist der Höhepunkt des Jahres. Der Priester ruft:
»Chrißtoß woßkreßij!« – »Christus ist erstanden!«
Die Gemeinde antwortet:
»Woißtjeno woßkreßij!« – »Wahrhaftig erstanden!«
Sie umarmen einander, küssen einander. *Diese* Küsse umfassen das ganze Leben.
Auch Klaus umarmt Arina und küßt sie auf die rechte Wange, die linke Wange, die rechte – drei Küsse:
»Christus ist erstanden.«
»Wahrhaftig erstanden!«
Im Lichte von Ostern erscheinen auch sie einander neu.
Andere drängen dazu. Arina wird von irgendjemandem in die Arme genommen, geküßt. Sie sieht sich nach Klaus um. Wo ist

er? Sie darf ihn nicht verlieren! Plötzlich erschrickt sie, blickt genauer hin: Wirklich, es *ist* die rätselhafte Alte vom Wehrturm. Sie drängt sich zwischen den Menschen hindurch, schiebt sich an Klaus heran – sie ist viel kleiner als er –, faßt ihn am Arm, reckt sich... Er stutzt, strahlt auf, beugt sich herunter:
»Chrißtoß woßkreßij!«
Wie zärtlich, wie liebevoll er sie ansieht!
Und sie antwortet weinend:
»Woißtjeno woßkreßij«, schluchzt auf und sagt innig: »Kolj-ka!«
Arina starrt die beiden an, sieht, daß Klaus blaß geworden ist, sieht, wie er die Alte festhalten will, als sie sich seinen Armen entwindet und in der Menge untertaucht.
»Arina«, ruft Klaus so aufgeregt, wie sie ihn noch nie gesehen hat, »Arina, komm, wir *müssen* sie finden!«
Sie hasten durch die Menschenmenge, hierhin, dorthin – die Alte bleibt wie vom Erdboden verschluckt.
Osternacht in der russischen Kirche – da kann man niemanden wiederfinden. Immer noch sucht Klaus sie, ruft »Dunja!« Sie bleibt verschwunden. Klaus hat Arinas Hand ergriffen. Er hält sie fest, als fürchte er, auch sie zu verlieren. So gehen sie im Strom der Gläubigen aus der Kirche.
Draußen schützen sie ihre Kerzen mit der Hand. Ruhig bewegt sich die Menschenmenge von der Kathedrale zum Kurzen Domberg. Sie steigen die Stufen bis zum schweren, eisenbeschlagenen Stadttor auf halber Höhe hinunter. Durchschreiten das dunkle Tor, das offen steht, und gehen weiter hinunter zur Altstadt. Arina ist erfüllt vom heiligen Licht. »Christus ist erstanden« – »Er ist wahrhaftig erstanden« – das berührt einen anders, als das »Fröhliche Ostern!«, das sie sich in Iluküll oder Deutschland zurufen.
Unten bleiben sie stehen.
Der dunkle Strom lichttragender Menschen bewegt sich unauf-

haltsam weiter, langsam – von oben hinunter – durch die Nacht – an ihnen vorüber – und weiter über den Nikolai-Platz.
Beide halten sie ihre Kerzen in der Hand und sehen auf diesen Lichterstrom. Arina weiß, daß die Gläubigen ihre geweihten Flämmchen nach Hause tragen und die kleine rote Lampada vor ihrer Ikone anzünden werden. Oleum mit der geweihten Flamme. Am Donnerstag zur Kreuzigung Christi gelöscht, wird sie in der Osternacht neu angezündet. Klaus hat es ihr erzählt. Er selbst hat auch eine Ikone.
Sie sieht ihn an – und erschrickt: Was ist mit Klaus geschehen? So hat sie ihn noch nie gesehen. Was hat ihn *so* ergriffen? Noch kann sie nicht sprechen. Sie zupft ihn am Ärmel, ganz vorsichtig, aber er merkt es nicht. Wo ist er? Sein Gesicht bebt, als kämpfe er mit Tränen. Erschütterung – Ratlosigkeit – schreien aus diesem Gesicht, das stumm irgendwohin – ja wohin? – schaut. Er wirkt noch hagerer als sonst und von unermeßlicher Traurigkeit.
»Klaus«, ruft Arina jetzt und faßt nach seiner Hand, die die Kerze umklammert, und wärmer »Klaus, wach auf!«
Abwesend sieht Klaus sie an. Doch als ihre Hand jetzt halb ängstlich, halb zärtlich über seine Wange streicht, ist es, als erwache er.
»Arina«, spricht er heiser, »komm mit, ich kann jetzt nicht nach Hause. Laß uns nach Katharinenthal fahren.« Er nimmt ihren Arm und führt sie durch die kleine Gasse zum Rathausplatz, wo die Fuhrmänner neben ihren Droschken warten.
»Aber unsere Lichter?« fragt Arina besorgt, als er mit einem der Kutscher zu verhandeln beginnt. »Die ewigen Flämmchen – sie könnten erlöschen auf der Fahrt ...«
Klaus wendet sich ihr zu:
»Natürlich, daran hab' ich gar nicht gedacht: *Die* dürfen nicht erlöschen!« Er gibt dem Kutscher ein Zeichen, daß aus der Fahrt nichts wird.

Und schweigend, die kleinen Feuer mit der Hand schützend, biegen sie in die Breite Straße ein und gehen nach Hause. Hier im Treppenflur, der erhellt ist durch die Lichtsäule aus Mond- und Sternenstrahlen, setzen sie sich, ihre Kerzen auf die Knie gestützt, auf die oberste Stufe.
»Was wollte die fremde Frau von dir? Und warum sagte sie Kolјka?«
»Fremde Frau!« Klaus seufzt auf und stellt seine Kerze vor sich auf die Stufe, er stützt die Ellbogen auf die Knie und legt seinen Kopf in die Hände. »Sie ist keine fremde Frau – sie ist eine vertraute, treue – die einzige wahrscheinlich, die mich wirklich lieb hat.« Er blickt auf und sieht Arinas Augen verwundert auf sich gerichtet. Da erzählt er: »Ich bin kein Joberg. Ich stamme aus Rußland. Vier Jahre alt war ich, als, während der Revolution, Banden in unser Haus eindrangen. Meine Eltern wurden erschossen. Ich werde es nie vergessen, wie sie mich aus Mutters Armen rissen und zur Seite stießen. Dann sah ich nichts mehr. Dunja, unsere alte Njanja, hatte ein Tuch über mich geworfen, hatte mich gepackt und fortgetragen. Später gelang es ihr, mit mir und anderen nach Estland zu fliehen.«
Beide schweigen. Langsam fährt Klaus fort:
»An die folgende Zeit erinnere ich mich nur unklar. Ich wurde krank, lag in einem Krankenhaus. Aber Dunja war da. Immer sah ich sie an meinem Bett. Sie tröstete mich wie zu Hause. Wenn ich weinte, liebkoste sie mich – ach Dunja!«
»Und dann?« fragt Arina leise.
»Dann kamen Agatha und Hugo Joberg. Mit ihnen Pastor Undritz, du kennst ihn, er betreute damals die kranken Emigranten. Er war freundlich, beugte sich zu mir und sagte, der liebe Gott habe mir neue, gute Eltern geschickt. Es sei ein Glück für mich, und ich soll ein lieber, braver Junge sein und ihnen Freude machen. – Aber ich dachte nur an Dunja. ›Wo ist sie?‹ fragte ich, ›wo ist Dunja?‹ – ›Dunja läßt dich grüßen und sagen, daß sie

jetzt anderen Kindern helfen muß, die noch keine neuen Eltern haben – und du sollst brav sein.‹ Für mich ging eine Welt unter. ›Ich *will* zu Dunja‹, schrie ich, aber es half nichts. Dunja blieb verschwunden. Ich weiß nicht, was mich mehr kränkte, ja verzweifeln machte, daß Dunja nicht da war oder daß sie es übers Herz brachte, ihren Koljenka zu verlassen – einfach so allein zu lassen.« Klaus strich sich müde mit der ihm eigenen Handbewegung das Haar aus der Stirn. »Heute weiß ich, daß sie es bestimmt nicht freiwillig, sondern mir zuliebe tat. Sie wird wohl dazu verpflichtet worden sein.«
»Arme Dunja!« sagt Arina
»Arme Dunja!« wiederholt Klaus.
»Und Tante Agatha?« will Arina wissen.
»Tante Agatha und Onkel Hugo waren gut zu mir. Sie hatten ihren Sohn Dieterchen verloren. Ich sollte Ersatz sein.« Mit bitterer Stimme betonte er das Wort ›Ersatz‹.
»Nicht ›Ersatz‹«, verbesserte Arina, »Sohn!«
»Klaus Joberg – da siehst du: Ich durfte nicht Kolja bleiben!«
»Kolja – hießt du früher in Rußland so?«
»Ja. Ich hieß Nikolai, nach dem Schutzheiligen von Rußland. Auf russisch abgekürzt Kolja. Koljka ist ein Kosename – klingt er nicht zärtlich?« Er sieht Arina so liebevoll an, wie sie es nie von ihm für möglich gehalten hätte. »Es ist, als würde ich Arinka oder Arinuschka zu dir sagen.« Wieder sieht er sie so seltsam an. »Weißt du«, sagt er zögernd, »daß du wunderschön bist.« Obgleich ihr schon viele gesagt haben, daß sie hübsch sei, *so* wie eben hat sie es noch nie gehört. Und sie wundert sich, daß sie Klaus bisher nicht mochte.

Lange umhüllt sie ein verklärtes Schweigen. Dann reckt sich Klaus, als wolle er etwas Unerklärliches abschütteln, und spricht sachlich:
»Jetzt bin ich für niemanden mehr Koljka. Nur noch Klaus. Das

klingt hart, in meinen Ohren jedenfalls. Tante Agatha wollte einen deutschen Jungen aus mir machen. Aus Nikolai wurde Nikolaus. Ich durfte nie mehr russisch sprechen, lernte deutsche Gebete und mußte mit den Eltern in die evangelische Kirche gehen. Später kam ich in die deutsche Domschule. Und bald fahre ich zum Weiterstudium des Flugzeugbaus nach Deutschland.«

»So wurdest du ein deutscher Junge?«

»Äußerlich ja, innerlich nie. Wer einmal ein Russe war, kann kein Deutscher werden. Dunja ist geblieben, wie sie vor achtzehn Jahren war: eine waschechte Njanja. Und sie hat mich erkannt, obgleich wir uns achtzehn Jahre nicht mehr gesehen haben!«

»*Du* hast sie nicht gesehen. Sie dich wohl!« verbessert Arina.

»Was soll das heißen?« Hastig richtet Klaus sich auf.

Und nun beginnt Arina zu erzählen:

»Wenn ich morgens in die Schule ging, sah ich sie oft hinter dem Wehrturm stehen und auf unsere Haustür schauen. Ich beachtete sie nie. Einmal aber, es war noch Winter und schneite, da kam sie auf mich zu und fragte: ›Du Schwester von Koljka? Koljka glücklich?‹ Ich verstand sie nicht, dachte Koljka sei ein Mädchenname und sagte schnell: ›Kenne keine Koljka!‹ Lief fort. Sie schrie mir nach: ›Lüge, Lüge, alle lügen!‹ Also hat sie dich lange Zeit beobachtet.«

»Ist das wahr?« ruft Klaus fassungslos, »warum hast du mir das nicht erzählt!« Seine Stimme klingt vorwurfsvoll.

»Warum? Woher sollte ich wissen, daß du Koljka bist! Ich verstand ja gar nichts. Auch jetzt verstehe ich nicht, warum Tante Agatha und Onkel Hugo es verboten, daß sie euch besuchte.«

»Ich sollte eben alles, was mit meinen russischen Eltern, mit meiner frühen Kindheit zusammenhing, vergessen. Versteh doch, ich sollte *ihr* Sohn werden.«

»Und bist du jetzt *ihr* Sohn?«

»Ich bin ihnen wirklich sehr dankbar für alles, was sie für mich taten und noch tun. Aber du kannst dir nicht vorstellen, wie oft ich als Kind nachts in meine Kissen geweint habe, vor Heimweh und Sehnsucht nach Dunja, nach meiner Mutter und ihrer Zärtlichkeit!« Und nach kurzem Schweigen: »Ich *muß* Dunja wiederfinden!«

Arina fühlt sich ihm sehr nah, als gehöre sie schon lange zu ihm.

»Ich will dir helfen«, sagt sie.

»Danke Arina«, er umschließt ihre Hand, die die Kerze hält, mit seinen beiden. »Aber laß dies bitte unser Geheimnis bleiben. Tante Agatha soll nicht wissen, daß ich Dunja begegnet bin und sie suchen werde.«

Arina nickt. Sie versteht.

»Keinen Ton«, versichert sie, und der Blick, mit dem sie ihn jetzt ansieht, ist ein ernstes Versprechen.

»Verstehst du, daß ich erfahren möchte, wer ich wirklich bin?«

»Natürlich! Aber der Pastor, Tante Agatha, Onkel Hugo – die wissen doch, wer du bist.«

»Die – ja, aber ich soll es nicht erfahren.«

»Das gefällt mir nicht«, flüstert Arina und lehnt ihren Kopf an seine Schulter. »Ich werde dich jetzt Koljka nennen«, ihre Stimme klingt zärtlich wie die der alten Kinderfrau, »und ich werde dir helfen, Dunja zu finden.«

Oben nimmt Klaus seine Wanjka-Wstanjka, die bunte Holzpuppe, in der sich sechs kleinere ebensolche befinden, von seinem Schreibtisch und schenkt sie Arina. Arina nimmt die Puppe und stellt sie auf ihren Nachttisch. Davor die kleine Vase mit dem Alpenveilchen, das er ihr vom Sarg Christi gereicht hat.

Tage, Wochen waren vergangen.

»Mädchen, gib das Koljka! Von Vater Uhr!« Dunja hatte hinter dem Wehrturm hervorgelugt. Wie immer hatte sie sich umgeblickt, war dann mit ausgestreckter Hand auf Arina zugeeilt und hatte ihr die Silberberlocke entgegengehalten. »Gibt das Koljka!« befahl sie aufgeregt, sich immer wieder umblickend. Ach, wäre Klaus doch hier! Wie sehr hätte er sich gefreut, Dunja endlich zu finden. Aber er war mit Onkel Hugos Yacht nach Finnland gesegelt.

Arina nahm nicht nur die Berlocke, sondern auch Dunjas Hände, hielt sie fest, so stark sie konnte, und bat eindringlich: »Dunja, Koljka ist in Finnland. Wo wohnen Sie? Koljka sucht Sie! Bitte sagen Sie mir, *wo* wohnen Sie – *wo?*« Arina sprach laut und deutlich. Ob die aufgeregte Alte sie verstehen würde?

Aber Dunja schüttelte den Kopf:

»Dunja versprechen Koljkas neue Mutter. Heilig versprechen. Koljka niemals sprechen.« Und Tränen in den Augen: »Dunja immer, immer Koljka gucken. Von hinten um Ecke: Wenn Koljka ging in Schule, wenn ging zu Freunden, wenn ging Bahn-Schlittschuh, gucken neue Vater, gucken neue Mama. Freuen Koljka schöne Kleider. Dunja immer gucken versteckt. Koljka nicht sehen. Aber Ostern – in Kirche – Dunja schwach.« Sie schluchzt. »Du gutt Mädchen, Koljka lieben. Gib das Koljka von Vater.« Damit riß sich die Alte los und hastete zum Wehrturm.

Die Berlocke fest in der Hand, lief Arina der Alten nach. Sie lief am Wehrturm vorbei und durch die enge Mauergasse. Natürlich war sie schneller als Dunja. Die blieb stehen.

»Mädchen du gutt. Laß Dunja gehn. Kommt Zeit, kommt Dunja. Versteh: Versprechen heilig.« Daß sie krank war und ihrem Koljka noch vor ihrem Tod das Andenken an seinen Vater geben wollte, verschwieg sie.

Arina sagte nichts. Sie sah die wasserhellen Augen über den Tränensäcken im breiten, verwitterten Gesicht, das mit seinen tiefen Falten einem Kartoffelacker glich. Furchen, die wie Runen Geschichten erzählen konnten. Viele und nicht nur fröhliche – aber in ihr und durch sie gut gewordene. In weitem Abstand

folgte ihr Arina. Langsam. Und sah, daß die Alte sich in Richtung Fischermai* wandte.
Als sie die Silberberlocke betrachtete, stutzte sie. Die Berlocke trug ein kleines Wappen, das sie schon gesehen hatte. Doch wo?

Wenige Tage später bekam Arina ihr Versetzungszeugnis. Sie war Oberprimanerin. Und es begannen die Sommerferien.

Birken

Pfingsten, das stille Fest im Kirchenjahr.
Unsichtbares durchdringt das Sichtbare. Heiliges durchdringt Profanes. Verbundenheit bringt Einanderverstehen von Mensch zu Mensch. Von Mensch zu Gott. Pfingstgeschenk.
Unter den Birken blühen Maiglöckchen, eingerollt in ihre großen, dunklen Blätter. Man muß sie suchen, wenn man sie pflükken will. Aber ihr Duft mischt sich mit dem der Veilchen und Schlüsselblumen.
Der Faulbeerbaum schüttet seine aromatischen weißen Blütenblätter in Arinas Haar.
»Du hast dich sehr verändert, seit ich dich zum erstenmal sah«, sagt sie nachdenklich und sieht den Mann an, der, das Beil in der Hand, eine kleine Birke prüft.
Bienenvolk summt in den Blüten. Sommerliches Flimmern liegt über der Wiese. »Ja«, betont sie, »es ist wahr«, und betrachtet Thomas eingehend.
Damals, als er sie am ersten Tag ihres Hierseins nach der Kirchenfahrt in den Stall mitnahm, Mikku und Mirka ausspannte

* Stadtteil in einer ärmlichen Hafengegend von Reval.

und Sagitta aus der Box holte, um sie ihr vorzuführen, war er – wie ihr schien – ein Junge und schrecklich verliebt in seine Araberin. Es war ihr in Erinnerung geblieben, wie zärtlich er ihren Kopf in seine Hände genommen und wie freudig wiehernd sie ihm gedankt hatte. Ungestüm war sie mit dem weichen Maul an seine Schulter gestoßen, und er hatte gelacht und ihr Zuckerstücke aus seiner Jackentasche gegeben – es war ein herrliches, fröhliches Spiel zwischen beiden. Und dann hatte er ihr, Arina, erklärt, was so besonders an dieser jungen Araberin sei – der kleine Kopf zum Beispiel, die schmalen Hufe, das grazile Tänzeln und – und ... Er hatte das Tier seinerzeit von Herrn Grebe geschenkt bekommen, als es mit dessen kleiner Tochter durchgegangen war und beide beinahe am Glint abgestürzt wären. Daß Thomas, Tochter und Pferd unter Einsatz des eigenen Lebens gerettet hatte, das erzählte er damals nicht, das erfuhr sie erst zu Weihnachten von Björk. Die sehr junge Araberstute war schwerverletzt gewesen und sollte erschossen werden. Thomas hatte sie gesundgepflegt. Nun liebten sie einander wie Retter und Gerettete.
»Verändert?« fragt Thomas, und es soll gleichgültig klingen. Er legt seine Hand um den Stamm und schwingt das Beil.
Arina kommt näher und bleibt unter der alten Birke stehen. Sie denkt an den hochaufgeschossenen Jungen mit den Pickeln im Gesicht, der er damals gewesen war, und wundert sich.
»Du bist ein richtiger Mann geworden.«
Thomas errötet. Noch immer versteht er es nicht recht, mit Mädchen umzugehen. Ja, denkt er, acht Monate sind seither vergangen, und sie ist noch schöner geworden. Er fällt den Baum mit drei Hieben.
»... und stark!« Ihre Stimme klingt bewundernd. Das verwirrt ihn. Nur nicht merken lassen! Er schiebt sich die dunkle Strähne aus der Stirn und hebt das gefällte Bäumchen auf die Schulter.

»Und du«, ruft er, sich nach ihr umblickend, »du bist das kleine, eitle Mädchen geblieben, das es darauf anlegt, allen Männern den Kopf zu verdrehen.«

Warum ist er nur so unwirsch? Will es doch gar nicht sein. Er nimmt noch zwei Birken vom Boden auf und trägt sie zum Wagen. Sie sieht, wie leicht er die Bäume hinaufhebt und wie behutsam er es tut, damit kein Zweig gebrochen wird. Und wieder muß sie an Sagitta denken und wie behutsam er damals mit dem Pferd umgegangen war.

Als er zurückkommt, fragt sie, und es soll leichthin klingen:

»Und du? Du läßt dir wohl nie den Kopf verdrehen?«

Thomas krempelt die Ärmel seines weißen Hemdes auf. Seine Arme sind braun und muskulös.

»Nicht von Mädchen wie dir!« sagt er abweisend, geht von einem Birkenbäumchen zum anderen und betrachtet sie prüfend.

Sie folgt ihm.

»Wie ich? Wie bin ich denn, Thomas? Nun, sag schon, wie bin ich?«

Wieder bleibt er stehen und sieht sie an. Bezaubernd, denkt er, ganz anders als meine Schwestern oder die anderen Mädchen, laut sagt er:

»Leichtsinnig bist du, verspielt wie eine kleine Katze – sonst nichts!«

Konnte man sich das bieten lassen?

»Was soll denn ›sonst‹ sein?« ruft sie, reckt sich und dreht sich mit ausgebreiteten Armen im Kreis. Sie lächelt und lehnt etwas schwindelig wieder am Baum. Sie verschränkt die Arme hinter dem Kopf und fragt: »Müssen Mädchen nicht so sein?«

Thomas wendet sich ab.

»Nein. Für dich ist alles nur ein Spiel.«

Nun gut, wenn er so borstig sein will – bitte. Doch schon beginnt sie wieder lockend:

»Ein Spiel? Vielleicht...« und summt ein Lied, bückt sich,

pflückt spielerisch eine Schlüsselblume und steckt sie sich ins Haar.

Thomas schlägt kräftig auf den Stamm einer Birke ein. Dann richtet er sich auf:

»Wenn du nur alle auf die Knie lächelst, alle zu deinen Anbetern zählen kannst –« Er wirft das Beil ins Gras, und als sie noch immer rätselhaft lächelt: »Bitte, wie es dir gefällt – doch ohne mich« und wendet sich ab.

»Aber Thomas!« entsetzt sieht Arina ihn an und lächelt nicht mehr. »Warum bist du so grob?«

Thomas erschrickt. Wie ungezogen von ihm!

»Pardon«, sagt er, nimmt sich vor, höflich zu sein, und hebt das Beil wieder auf. Er schämt sich. Warum nur war er in Gegenwart dieses Mädchens so gehemmt? Warum nur fühlt er sich nicht groß, stark und überlegen wie in Pölk? Auf Pölk zählt seine Kraft und sein Wort. Die Mädchen von Pölk mögen ihn. Mit Leichtigkeit hätte er auch Arina hochheben und auf den Baum setzen können. »Da bleibst du, bis ich dich herunterhole!« Wie er es früher mit Nita und Robik gemacht hatte. Aber Arina gegenüber wächst seine Scheu. Was war es nur, das ihm verbot, mit ihr zu scherzen, ihn fürchten ließ, ihr zu nahe zu treten? Immer hatte er das Gefühl, sie sei unerreichbar, ein Wesen, das man innerlich wohl anhimmeln, dem man aber in Wirklichkeit nur distanziert begegnen dürfe. Er ist befangen, doch sie darf es nicht merken.

Vogellieder perlen durch die Luft. Langsam, kaum hörbar, tropft der Saft aus dem Stamm der alten Birke in das Eimerchen. Es hängt am eingekerbten Pflock in ihrem Holz.

»Wer hat das gemacht?« Arina greift nach dem Eimer. Sie lugt hinein. »Ein Viertel voll Birkensaft!«

»Ja«, Thomas tritt hinzu, »gräßlicher Brauch, die Bäume auszubluten. Die Esten trinken den Saft. Er soll gesund sein, schön machen, Lebens- und Liebeskräfte wecken.«

Arina nimmt das Eimerchen in beide Hände und hebt es an die Lippen. Sie kostet und schüttelt den Kopf.
»Schmeckt nach gar nichts. Trink du.«
Er nimmt ihr das Gefäß aus den Händen.
»Aber er duftet. Liisu kann ein wundervolles Getränk daraus mischen. Sie gab es uns oft, als wir Kinder waren. Vater mag nicht, daß die Bäume verletzt werden. Wir kleben die Wunden zu.«
Er trinkt nicht, sondern hängt das Eimerchen wieder an den Pflock und beide sehen, wie der Saft weiter tropft. Langsam. Stetig.
»Zukleben. Dein Vater hat recht.« Ihre Hand streicht über die weiß-schwarz geborstene Rinde. »Ich mag Birken.« Sie sieht sich auf der Wiese um, wo so viele dieser zarten Bäume einzeln und in Gruppen stehen.
»Ich auch«, entgegnet er.
»Seltsam seid ihr, obwohl ihr sie liebt, fällt ihr so viele!«
»Ja du hast recht. So sieht es aus. Aber schau mal, wie viele es sind. Sie nehmen überhand auf Wiesen und Weiden«, und er hält ihr einen kleinen landwirtschaftlichen Vortrag. »Im übrigen holen wir sie nur zu Pfingsten in die Zimmer, weil es ein alter Brauch ist.«

Das wußte Arina. Sie selbst hatte Björk schon gestern geholfen, die hohen Tonkrüge mit Wasser zu füllen und in allen Zimmern aufzustellen. Heute am Pfingstsamstag war sie dann mit Thomas auf die Wiese gefahren. Zuerst sprachen sie nur so über die Schule, wie sie sich eingelebt habe und ob er zufrieden sei auf seiner Elevenstelle. Und er sagte, der alte, kranke Herr von Pölk habe ihn sehr gelobt und wolle ihm sogar das Restgut übergeben, weil er keine Söhne, nur Töchter habe.
»Von denen sollst du wohl eine heiraten?« hänselte Arina »sind sie denn wenigstens nett?«

»Dummes Zeug!« hatte er gerufen, »erstens leben wir nicht im vorigen Jahrhundert, in dem eine Frau keine eigenständige Gutsherrin und -verwalterin sein konnte. Zweitens denke ich gar nicht daran, zu heiraten!«
Aber sie wußte von Björk, daß die Töchter hübsch, nett und tüchtig waren, und die Eltern sehr auf Thomas als Schwiegersohn hofften. Und da hatte sie plötzlich gemerkt, daß er sich verändert hatte, ein Mann geworden war, kein Junge mehr. Auch sein Gesicht sah anders aus als vor einem halben Jahr: die Haut braun und sauber, der Ausdruck überlegen, bestimmt und doch warm. Das hatte sie überrascht und herausgefordert. Warum? Sie wußte es selbst nicht, denn ihre ganz große Liebe war ja sein Vater.
Das, was er jetzt von seiner Arbeit und den landwirtschaftlichen Kenntnissen oder Erfahrungen erzählte, interessierte sie nicht. Viel lieber hätte sie mit ihm gescherzt, gelacht.
»Warum gerade Birken? Und warum überhaupt?« fragte sie in seinen Vortrag über Baumpflege hinein.
Ernst sah er sie an.
»Birken sind Bäume«, sagte er zögernd, aber betont, »hast du je darüber nachgedacht, was Bäume sind?«
Arina zuckte die Achseln.
»Bäume sind Bäume.«
»Alles begann mit einem Baum: dem Baum der Erkenntnis im Garten Eden. Oder denk nur an die heilige Linde der alten Germanen, die Freya geweiht war, oder an die heilige Eiche, die ein Bonifatius fällte, ohne vom Blitz erschlagen zu werden!« Einen Augenblick hielt er inne. »Bäume sind Götterboten der Natur und bedürfen unserer besonderen Liebe und Pflege.«
Arina wußte von Björk, daß Thomas oft vor Sonnenaufgang in den Wald ging und stundenlang mit Bäumen, Tieren – oder Gott? – sprach. Sie sah sein sonnenverbranntes Gesicht, das sich im Eifer gerötet hatte, sah seine Augen glänzen, und es beein-

druckte sie, was er sagte und wie er es tat. Trotzdem unterbrach sie ihn fast ungehalten:

»Ach Thomas, wir sind doch nicht in der Schule! Sag lieber – warum gerade Birken?«

Thomas Gesicht verlor seinen Glanz.

»Also gut«, fuhr er fort, »zu Weihnachten holen wir uns Tannenbäume in die Zimmer und machen sie zu Lichterbäumen. Symbol für Christus, das Licht, das Gott uns in die Welt schickte. Gleichzeitig Mittwinternachtswende, Wiederkehr des Lichtes. Die immergrünen Zweige als Symbol des Ewigen.«

»Und zu Pfingsten?«

»Birken sind Symbole des Lebens. Sie sind die ersten Bäume, die nach dem Winter zu grünen beginnen. Mit ihnen holen wir uns ein halbes Jahr nach Weihnachten das Leben ins Haus.«

»Und Gesundheit, Schönheit, Lebens- und Liebeskraft – also Glück!« jubelte Arina, sah zu ihm auf und fand, daß er nicht nur groß und stark, sondern auch klug war und gütig. Und wieder merkte sie, daß er ihr gefiel. »Mitten im Winter Weihnachtsbäume, mitten im Sommer Birken!«

»Ja, so ist das.« Thomas hob sein Beil auf, nahm die gefällte Birke. »Genug für dieses Mal«, sagte er, und trug sie zum Wagen. Kuckucksruf.

»Wie lange werde ich noch leben?« klang Arinas Frage ihm entgegen. Und sie zählte »eins, zwei, drei, vier, fünf, sechs, sieben ...«

Thomas kam lachend zurück.

»Du wirst noch viel länger leben!« Arina hörte auf zu zählen.

»Und Thomas?« rief sie in den Wald.

»Kuckuck«, hallte es zurück, »Kuckuck, Kuckuck, Kuckuck ...«

»Vier Jahre? Na, Arina du hast mir ein kurzes Leben beschieden!«

»Ich? Du meinst den Kuckuck!«

Sie setzte sich ins Gras. »Wann werde ich heiraten?« rief sie laut. »Kuckuck – Kuckuck...«
»Und Thomas?« schallte Arinas Frage über die Wiese.
»Kuckuck – Kuckuck.«
»Zwei Jahre! Thomas, in zwei Jahren werden wir heiraten!« jauchzte sie, »du natürlich dein Mädchen aus Pölk. Und ich?« Arinas Gesicht war von Sonne übergossen. Als wolle sie ein Geheimnis ergründen, sprach sie langsamer: »Ich? Wen könnte ich wohl heiraten? Da gibt es keinen zum Heiraten für mich...« Nur zum Lieben, dachte sie – Großväterchen! Und fügte »Schade!« hinzu.

»Komm jetzt!« ruft Thomas. Er versteht nicht zu spielen.
»Laß uns noch Maiglöckchen pflücken«, bittet Arina, springt auf und biegt die Blätter auseinander. Duftende Glocken hängen an den zarten Stielen. »Und auch Schlüsselblumen!«
»Björk hat doch das Amt der ›Blumenfee‹«, wirft Thomas ein.
»Ach, Björk, immer Björk! Natürlich sorgt sie für die Blumen. Aber wir werden schon noch eine Vase für unseren Strauß finden!« Sie hockt inmitten der Maiglöckchen und Schlüsselblumen, selbst wie eine Blume.
»Sei vorsichtig, sie sind giftig.« Thomas pflückt einen Grashalm, streicht ihn glatt und setzt sich unter die Birke. Während Arina Maiglöckchen sucht, legt er das ausgebreitete Gras zwischen seine Daumen über die Ballen und beginnt darauf zu blasen.
»Wie machst du das?«
»Grasharfe nannten wir es als Kinder.« Er bricht einen zweiten Halm. »Sieh so«, behutsam entfaltet er das Gras und legt es ihr zwischen die Hände. »Versuch es!«
Aber Arina bekommt keinen Ton heraus. Erst nach mehreren Versuchen kräht es leise.

Am Pfingstsonntag nach dem Gottesdienst, macht Felix Helbrich mit der Jugend eine Wanderung zum Leuchtturm nach Pakkerort. Pastor Petronius hat sich ihnen angeschlossen, und Robik hält tapfer mit.
Der Himmel ist grau. Björk hebt die Arme.
»Wann es heute wohl regnen wird?«
»Warum soll es regnen?« fragt Arina.
»Ach weißt du, ich habe beobachtet, daß bei uns kein Pfingstsonntag vergeht, an dem es nicht wenigstens ein wenig nieselt.«
Es ist angenehm zu wandern in dieser kühlen, schattigen Luft.
Als es nach einiger Zeit tatsächlich zu nieseln beginnt, fragt Björk Pastor Petronius:
»Kann es sein, daß der Heilige Geist – symbolisch meine ich – im Wasser vom Himmel auch über uns kommen kann?«
Verwundert sieht der Geistliche das Mädchen an.
»Ich glaube, daß es auch heute noch Menschen gibt, die durchdrungen sind vom Heiligen Geist«, beginnt Pastor Petronius zögernd. »Damals wurde der Heilige Geist ausgegossen und wirkt noch heute in den Herzen der Apostel-Nachfolger – und aller«, fügt er hinzu, »die sich so erfüllt von ihm fühlen, daß sie mitbauen wollen an der lichten Brücke *Gottesliebe – Nächstenliebe.*«
Ich würde gern Priesterin werden, denkt Björk, aber sie ist ja ein Mädchen.

Der Johanni-Schatz

Die Kinder sehnten Johanni herbei, denn erst ab Mitte Juni war das Wasser so warm, daß es »geblüht« hatte und auch die Kleinsten schwimmen gehen durften. *Wie* das Wasser blühte, war ein Geheimnis der Erwachsenen. Die Kinder erfuhren es nie. Es blieb ein Wunder, das einem endlich das Baden in Meer und Fluß erlaubte.

Alles, was man gern möchte, muß »erlaubt« werden, dachte Robik bekümmert. Liisu zog ihm die Strickjacke über das Hemd.

»Darf ich heute mitgehen, die Blume Sönajalg suchen?«

»Nein, Robik, die sucht man um Mitternacht. Du bist noch zu klein. Sönajalg-Blumen suchen nur Liebende. Verstehst du? Wer sie findet, hat immerwährendes Glück.« Als sie sein unglückliches Gesicht sah, tröstete sie: »Wenn du einmal Liebender bist, dann kannst du!«

Das sah Robik ein. Er brauchte eine Braut. Doch wo sollte er sie finden?

»Aber Kranz-winden?«

»Wenn Frau erlaubt.«

Robik rannte auf die Veranda, wo sie sich schon zum Abendessen versammelten.

»Mami, darf ich heute nacht mit den Mädchen zum Kranzwinden gehen?«

»Nein, Robik, Kinder gehören nach dem Feuer ins Bett.«

»Ach, Mami, bitte!«

Tante Minchen sah, wie Johannas Ausdruck ratlos wurde, wie Felix' Stirn sich umwölkte und rief heiter:

»Ich wollte nach dem Feuer auch einen Kranz winden. Vielleicht könnten Robik und ich – miteinander?«

Robik umarmte sie so heftig, daß sie das Gleichgewicht verlor.

»Jaaa«, schrie er, »ich und Tante Minchen!«
Alle lachten. Tante Minchen und Robik hatten gesiegt.

Nach dem Abendessen, als es zu dunkeln begann – wenn man in dieser hellsten aller Nächte überhaupt von dunkeln sprechen kann – gingen Helbrichs mit den Kindern und Arina zur großen Wiese hinter dem Brunnen. Thomas fehlte. Er hatte in Pölk bleiben müssen.

Liisu schob Baron Konstantins Rollstuhl zum langen Holztisch und stellte ihn ans Hauptende, von wo aus er den hohen Holzstoß und das Feuerspringen der Jugend gut würde überblicken können.

Auf einer Seite standen die jungen Estenmädchen in malerischen Trachten. Sie kicherten, juchzten und lugten fröhlich zu den Männern hinüber, die auf der anderen Seite standen und anerkennende, aufmunternde, werbende oder auch freche Blicke zu den Mädchen hinüberwarfen. Einer entlockte seiner Ziehharmonika die ersten Töne. Ein anderer seiner Geige. Nachher sollte wie immer getanzt werden. Unter der Birkengruppe saßen die Frauen mit ihren Kindern.

Jetzt kamen die Leute Onkel Konstantin begrüßen und warteten auf das Zeichen zum Anzünden der Feuer.

Onkel Konstantin war ganz Gutsherr. Er sah hoheitsvoll aus, nickte huldvoll, fragte den und jenen nach dem Wohlergehen von Frau und Kindern, nach dem Vieh und dem Stand seiner Felder. Er nahm Bitten entgegen, obgleich nichts mehr war wie früher, aber sie wollten es so – und er spielte mit oder umgekehrt. Es war ein gutes Spiel. Dann gab er das Zeichen.

Geschäftig und wichtig erstiegen Tõnu und Orvo Maa die Leiter und entzündeten das Feuer an der Teertonne. Zuerst leckten die Flämmchen langsam und vorsichtig an ihr hoch. Dann begann sie knisternd zu brennen. Aufmerksames

Schweigen ringsum. Fast andächtig standen die Menschen um die Fackel. Dann fingen die Mädchen an zu singen: estnische Volkslieder, hell und fröhlich. Björk freute sich an den Liedern, sie sang mit. Nita auch. Arinas Stimme aber schwang sich voll und jubelnd über alle anderen, und Felix lauschte erfreut.

Das Fest ging weiter. Helbrichs saßen am Tisch bei Onkel Konstantin. Auch Liisu, Madli, Tönu und einige der Siedler mit ihren Frauen saßen am unteren Ende.

Die Teertonne leuchtete gleich einer Riesenfackel. Das Singen hatte aufgehört. Stumm sahen die Menschen zu, wie die Flammen immer höher in den nächtlichen Himmel loderten, wie die Fackel zu wachsen schien, ihren Höhepunkt erreichte, kleiner wurde, noch kleiner – und endlich Funken versprühend zusammenfiel. Bier wurde ausgeschenkt. Die Ziehharmonika spielte eine Polka. Einige Paare begannen zu tanzen.

Da hockte plötzlich, wie aus der Erde gekrochen, klein und bucklig, Sauna-Kreet, die wurzlige Alte unter ihnen – in der Rechten die Glut auf einer Birkenrinde, in der Linken die Wacholderwurzel.

Die Paare blieben stehen, sahen sie an, zuerst erschrocken, dann erwartungsvoll.

Es knisterte im Holzstoß. Die Mädchen und Jungen reichten einander die Hände und drehten sich langsam schreitend im Kreis um das Feuer. Sauna-Kreet war dicht am brennenden Holzstoß, fachte es hier an, stocherte dort zwischen den Scheiten, war gleichzeitig auch auf der anderen Seite.

Orvo Maa tanzte zwischen Björk und Nita. Er sah ihre Gesichter im Schein der Flammen leuchten, ihre Augen glänzen und wußte nicht, wer ihm besser gefiel. Die stolz und aufrecht schreitende Björk oder die zierliche, sich ganz dem Tanz hingebende Nita. Oder war Arina die Schönste, wie sie singend und sich wiegend zwischen zwei estnischen Jungen tanzte? Oder eine der bildhübschen Mädchen, Töchter der Asunikud*, des Schmiedes oder seines Nachbarn hinter der Mühle? Orvo Maa fand, daß Mädchen die schönste Schöpfung der Natur seien, und sein Herz schlug ihnen allen entgegen. Später würde er mit der estnischen Jugend zur großen Rundschaukel am Fluß gehen, wo sie weiterfeierten, und sich danach eine aussuchten, um mit ihr die Blüte Sönajalg zu suchen. Er würde sich verzaubern lassen von dieser Nacht und bestimmt nicht vor dem Morgen nach Hause kommen.

Arina dachte gar nichts. Der Reichtum, die Vielfalt der Lieder nahm sie gefangen, und sie beschloß, sich ein Repertoire der schönsten und lustigsten anzueignen.

Da war Felix Helbrich an ihrer Seite. Er legte ihr den Arm um die Schulter.

»Nachtigall, komm mit, ich will dir die Feuer am Strand zeigen. Das kannst du nirgends sonst sehen – nur hier.«

Arina strahlte ihn an. Ich liebe dich, Großväterchen, dachte sie wie schon oft, und ginge mit dir überallhin. Ihr Herz klopfte. Einen Augenblick zögerte sie. Dann trat sie unbemerkt aus dem Kreis, schlenderte über die Wiese zum kleinen Teich und bog beim Heckenzaun in den Kiefernwald ein. Leichtfüßig, aber mit aufgeregt zitterndem Sinn, ging sie durch den Sand dem Strand zu. Schon nach wenigen Schritten blieb sie stehen. Tief sog sie die herbe Seeluft ein, die nach Kiefernharz, Wacholder, Seetang, Wildrosen und vielem anderen duftete, was sie nicht bestimmen konnte. Verzauberte, helle Nacht. Nie hatte sie solch eine Nacht erlebt.

»Wunder geschehen in der Johannisnacht«, hatte Björk gesagt – und: »Laß geschehen, was die Geister mit dir vorhaben.«

Dreimal sieben verschiedene Blumen, Kräuter und Gräser suchen, schweigend zu einem Kranz winden, sich damit krönen

* Asunikud (estn.) – Siedler, unter die Teile der enteigneten Güter aufgeteilt worden waren.

und später, immer noch schweigend, unter das Kopfkissen legen. Dann erblickst du deinen Zukünftigen im Traum! Und hast du schon eine Liebe, geh mit ihr in den Wald – um die Mitte der Johannisnacht – und suche gemeinsam mit ihr die Blüte des Sönajalg. Findet ihr sie, wird immerwährendes Glück euer sein. Ein ganzes Leben lang...
All das und noch mehr ging ihr jetzt durch den Sinn, als sie da im Sand stand, über ihr die dunklen Silhouetten der hohen Kiefern am hellen Himmel.
An die Wunder der Johanninacht dachte sie – und ob Felix Helbrich wohl zu ihren Wundern gehöre. An Großväterchen dachte sie, an niemanden sonst. Ein wenig vielleicht auch an Thomas und Kolja – und daß es mit Thomas wohl am schönsten und sichersten wäre, durchs Feuer zu springen, er war so stark. Sicherer als mit Kolja oder Orvo Maa. Großväterchen sprang nicht mehr. Überhaupt nicht mehr dachte sie an Serafim, den Einsamen. Wahrscheinlich hatte sie ihn vergessen. Der aber hatte sie nicht vergessen. O nein. Und als er sie jetzt zwischen den hohen Kiefern langsam auf sich zukommen sah, erschrak er. Aufmerksam beobachtete er sie, hockte im Ellerngebüsch über seiner Höhle – zum Sprung bereit. Was würde sie tun?
Langsam näherte sie sich dem Felsen, der hier jäh in bodenlose Tiefe fiel. Er wandte kein Auge von ihr. Sie blieb stehen. Sah sich um.
Er verlor sich in ihren Anblick. Bezaubernd wie damals vor ungezählten Jahren. Lebendige Vergangenheit. Und doch Gegenwart. Wie zerbrechlich sie aussah in diesem weiten, roten Rock, der weißen, schulterfreien Bluse und dem breiten Gurt, der ihre schmale Taille eng umschloß. Das war nicht Vergangenheit. So hatte er sie früher nicht gesehen. Serafim riß sich aus seinem Wachtraum. Aber sie verschwand nicht. Wer war dieses Mädchen? Es sah nicht deutsch aus, eher wie eine...
Serafim erschrak. Ein Mann kam zwischen den Kiefern hervor

und ging auf das Mädchen zu. Er rief etwas. Und sie wandte sich um.
Was wollte er von ihr? Serafim war besorgt.
Sie ging ihm entgegen. Blieb stehen. Er legte den Arm um sie. Sie sprachen miteinander. Er führte sie zum höchsten Punkt des Felsens. Mit einem Arm hielt er sie umschlungen. Mit dem anderen wies er in Richtung Meer. Gebannt blickte Arina auf das Schauspiel.
In allen Buchten, auf allen Landzungen und hoch auf den Felsen brannten Feuer. Sie spiegelten sich im Wasser wider, warfen flackerndes, zitterndes Gold auf die graue Flut, die heute dunkler dalag als flüssiges Blei. Über dieser dunkelgrau-goldenen Unendlichkeit wölbte sich in Pastelltönen von rotem Gold über lichtes Gelb bis hin zu hellstem Grün die mächtige Kuppel des Alls.
»Koit und Hämarik«, begann Felix Helbrich zu erzählen, »Morgenrot und Abendrot. Ein Liebespaar. Eine estnische Legende. Ich weiß nicht, weshalb diese Liebenden nicht zueinander durften. Sie wurden getrennt. Doch sieh, wie heute nacht das Abendrot in das Morgenrot übergeht – wie die Farben ineinanderfließen? Einmal im Jahr wird ihnen erlaubt, sich zu begegnen: in der Johannisnacht. Dann geht die Sonne bei uns nicht unter. Untergang und Aufgang gehen ineinander über. Koit und Hämarik berühren einander, küssen sich, gehen ineinander auf in Liebe. Nur einmal im Jahr. Und das ist heute.«
»Wie wir«, flüsterte Arina, »nicht wahr, Großväterchen, wir sind auch Liebende, die sich nicht lieben dürfen?«
Erschreckt sah Felix Helbrich das Mädchen an. Dummes Zeug, wollte er rufen, aber er schwieg, legte den Finger an die Lippen. ›Nicht sprechen.‹ Und Arina schwieg. Ihr war, als seien sie verbunden für immer.
Er aber machte sich Vorwürfe. So weit hätte es nicht kommen

dürfen. Was hatte er getan? Verliebt hatte er sich, aber gesagt hatte er es ihr nie. Oder brauchte es keiner Worte für die Liebe? Fühlte solch ein Mädchenkind, daß man es liebte, auch wenn man nichts sagt? Er nahm den Arm von ihr.
»Das siehst du falsch. So, wie wir einander mögen, dürfen wir«, sagte er, und es sollte leichthin klingen. »komm, Arina, wir wollen nach unten ans Wasser gehen. Vielleicht finden wir einen Schatz!«
»Johanni-Schatz?« rief sie. »Kommt er aus dem Wasser?«
»Aus der Erde oder aus dem Feuer, aus dem Wasser oder vom Himmel. Alles ist möglich. Wir werden sehen!«
Und er nahm sie an der Hand und lief mit ihr durch die Schneise, dem kleinen Gerinnsel folgend hinunter zur dunklen Bucht. Wie jung er sich fühlte, wie übermütig!
»Zur dunklen Bucht?« fragte Arina, »ist das nicht verboten?«
»Mit mir ist nichts verboten!« rief er.
Und Arina liebte ihn mehr denn je.
Unten wollte sie ans Wasser laufen, aber: »Das nicht!« gebot er und zog sie so heftig zurück, daß sie an seine Brust taumelte, sich an ihn klammerte und er sie einen Augenblick fest an sich gepreßt hielt.
Nun küßt er mich, dachte Arina und hielt ihm ihr Gesicht entgegen. Doch bevor sie sich's versahen, fiel von oben etwas Schweres, Graues vor sie auf den Boden.
Arina schrie auf. Unwillkürlich waren beide zurückgewichen. Es war Serafim, der Einsame, der sie aus seinem Ellerngestrüpp unverwandt beobachtet hatte und mit steigender Sorge meinte, eingreifen zu müssen.
»Dumme, unerfahrene, kleine Mädchen«, murmelten seine alten Lippen, »gewissenlose, begierige Männer!«
Er richtete sich zu voller Größe auf. Riesig stand er vor ihnen. Das Haar weißgrau und struppig, die Augen hell wie der Himmel, doch streng, als er, beide überragend, jetzt beschwörend

die Rechte gegen sie erhob und sie abermals zurückwichen. Serafim sprach kein Wort. Schweigend standen sie einander gegenüber. Arina erschien es wie eine Ewigkeit. Unwillkürlich suchte sie Großväterchens Hand. Der Einsame aber schüttelte den Kopf, nahm ein flaches, schwarzes Paket, das er unter den Arm geklemmt hatte, und reichte es Arina.
Sie erkannte es sofort. Es war jene Lackschachtel, die sie bei ihrer ersten Begegnung vor Schreck in der Bucht hatte liegen lassen: Großtante Arinas Briefe und Tagebuchblätter.
»Für mich?« fragte sie zaghaft.
Der Alte nickte.
»Danke«, sagte sie leise und preßte den wiedergefundenen Schatz an sich. Ungläubig sah sie den Alten an. Und weil er sich nicht entfernte, flüsterte sie nochmals »danke«. Also hatte *er* sich damals die Schachtel angeeignet. Sie runzelte die Stirn. Wie durfte er das! Tante Arinas Briefe! Ihr Tagebuch! Etwas in ihr empörte sich darüber. Sie war voller Vorwurf. Doch konnte sie nichts sagen, denn gleichzeitig blieb die Verwunderung in ihr zu groß. Hatte sie ihn nicht schrecklich erlebt, damals im Herbst? Heute fand sie seinen Ausdruck besorgt, gütig-besorgt, fast zärtlich, wie er so dastand und sie liebevoll ansah.
Serafim hob den Arm und hielt ihn, wie einen Degen, trennend zwischen sie und Felix Helbrich.
Felix Helbrich, der sich in jedem anderen Fall energisch zur Wehr gesetzt hätte, sagte ruhig:
»Es ist gut« und zu Arina gewandt: »Komm, du mußt ja noch den Kranz winden« und ging ruhigen Schrittes voraus, die Schneise hinauf. Keiner hätte ihm angesehen, wie erregt, ja wie beschämt er war.
Mit kurzem Blick nahm Arina Abschied vom schweigenden Einsamen, der ihr jetzt gar nicht mehr schrecklich vorkam. Und es war, als stünden der alte Mann und das junge Mädchen in geheimnisvollem Einverständnis miteinander.

Die Schachtel mit beiden Armen an sich gepreßt, folgte Arina Felix Helbrich.
Als sie sich umsah, stand Serafim der Einsame als große dunkle Silhouette, wie ein Mahnmal, vor dem hellen Johannisnachthimmel, an dem Koit und Hämarik verschmolzen.

Das Tagebuch der geheimnisvollen Großtante

Es gibt Häuser, die kostbar und geschmackvoll eingerichtet, doch nicht lebendig sind. Andere, vielleicht lange nicht so prachtvolle, die aber bis in die letzten Winkel hinein leben. In Ilukül spürte man dieses unsichtbar Lebendige an verschiedenen Plätzen des Gartens, in so manchem Zimmer des alten Hauses. Björk erahnte es in gewissen Augenblicken, Liisu wußte darum. Jetzt wehte es auch Arina an, als sie die Tür zum Blauen Zimmer öffnete.
Manche Menschen leben ihre Seele in geliebte Gegenstände hinein: Starke Persönlichkeiten, deren Aura noch nach ihrem Fortgehen um die Dinge schwebt, sie umhüllt, und in den Räumen, die sie bewohnten, anwesend sein läßt. Nicht alle nehmen es wahr, die solch einen Raum betreten. Arina aber blieb einen Augenblick stehen und spürte es deutlich.
Estnische Johanninacht?
Sie löste den Kranz aus dem Haar, den sie in Gedanken an die Lackschachtel unkonzentriert schnell gewunden und sich von Felix Helbrich auf den Kopf hatte setzen lassen. Fest drückte sie den Kranz und die Schachtel an die Brust und betrat langsam das Zimmer. Ihr war, als würden tausend Augen sie ansehen. Ein Windstoß ließ die weißen Vorhänge sich blähen. Arina

wandte sich um und schloß die Tür. Wer hatte die Fenster geöffnet?
Es war so hell, daß sie meinte, jeden Gegenstand im Raum erkennen zu können. Dabei war es Mitternacht.
Sie atmete tief, ging zu den Fenstern und blickte hinaus. Bewegungslos und schwer lag der See da, als berge er Geheimnisse in unergründlichen Tiefen.
Lautlose Stille. Wo war das Lachen geblieben? Wo die Lieder, die Tänze?
Nichts regte sich. Stumm hing der Mond hinter einer durchsichtigen Wolke. Ein Käuzchen rief sein Hu-Huu durch die Nacht. Arina straffte den Rücken und schloß die Fenster. Dann setzte sie sich auf das Kanapée unter dem Bild der Großtante, stellte die Schachtel neben sich, strich behutsam über die Lackarbeit und hob den feinbemalten Deckel. Schwerer Duft von Lavendel und Staub stieg ihr aus den Blättern entgegen. Behutsam hob sie Bogen für Bogen heraus und bemerkte, daß eine andere Hand sie mit großen Ziffern versehen und geordnet hatte. Bleistiftzahlen. War es der Einsame?
Verwirrt legte sie die Blätter wieder hin. Nach einer Weile schob Arina ihren Johannikranz unter das rote Sofakissen. Sie stand auf und zog den kleinen Messingtisch heran, entzündete ein Streichholz und hielt das Flämmchen an den Docht der Kerzen. Bald brannten die Lichter im dreiarmigen Leuchter.
Arina rückte das Kissen zurecht und kuschelte sich aufs Kanapée, sie zog die Beine an und lehnte den Kopf ans rote Kissen. Vorsichtig, um es nicht zu beschädigen, nahm sie das erste Blatt zur Hand und begann zu lesen.
Eigentlich hatte sie sich nur kurz, aber ungestört, ansehen wollen, was der alte Serafim ihr da gegeben hatte, um gleich danach ins Schlafzimmer der Mädchen hinüberzugehen. Doch was sie jetzt las, ließ sie alles andere vergessen:

Werther Monsieur Daudet!
Sie haben geruht, mir dieses grünsamtene Tagebuch aus Paris mitzubringen. Welch charmante Aufmerksamkeit! Ich soll – o non, pardon, ich möge mich darin in eleganter französischer Conversation üben: schriftlich, naturellement, soll ich graziöse, feine Redensarten finden. Doch non, Monsieur, Sie werden Pardon gewähren müssen: Ich werde kein Album für Übungen daraus machen, nicht idyllische Stilübungen in Französisch ersinnen; o non, ich werde mir erlauben, ein ganz persönliches Tagebuch zu führen. Nicht Mademoiselle wird schreiben, kein Edelfräulein in gewählten Stil- und Sprachformen, sondern das Mädchen Arina von Bowén, und zwar so geradheraus, wie es die Grandmaman und die hochwohlgeborene Tante Hannchen bis zur Ohnmacht entsetzen ...

Hier war der untere Teil des Blattes abgebrochen.
Aber Arina war entzückt. Das also war die geheimnisumwitterte Großtante! Ein völlig normales, lustiges junges Mädchen! Arina richtete sich auf und zog das Tischchen näher ans Kanapée. Das Licht der Kerzen flackerte auf dem vergilbten Papier.
Arina schob das Kissen zur Seite und holte den restlichen Stoß Blätter aus der Schachtel. Sie machte es sich bequem, lehnte den Rücken an die Rückwand des Kanapées, zog die Knie wieder an und nahm den zweiten Bogen zur Hand. Leicht bewegten sich ihre Nasenflügel, als sie den Duft einsog, der so süß und rätselhaft war wie die Blätter, ihr Inhalt und die ganze geheimnisvolle Großtante.
Aufmerksam betrachtete sie die altmodische, feine, nach rechts schwingende Handschrift mit den kunstvollen Schnörkeln, die im Schein der Lichter leicht zu zittern schienen. Sie las Blatt um Blatt, Fragmente, Briefe. Mitunter lachte sie, mitunter seufzte sie, mitunter kamen ihr die Tränen ...

Ich habe Lust, jemandem den Kopf zu verdrehen!
Zu sehen, ob ich solch eine Macht besitze. So wie die zauberhafte Natascha in Tolstoijs KRIEG UND FRIEDEN *möchte ich sein! Natürlich war sie bezaubernd, ganz von selbst, ohne es zu wollen... Ich finde das Buch berauschend. Die Kriegseiten überblättere ich, weil sie langweilig und unangenehm sind, aber die Liebesszenen... Das möchte ich auch erleben! Aber ich bin keine Natascha, und hier gibt es keinen Andreij. Hier ist überhaupt kein junger Mann, an dem ich mich ausprobieren könnte. Außer Monsieur Daudet, bei dem Clemens, Axel, Waldemar und Peter Petronius Französisch und Latein lernten und ich jetzt noch Französisch. Ich lerne schneller als die Jungen, weil ich schon viel in ihrem Unterricht mithörte, außerdem macht es mir Spaß, mit Monsieur zu parlieren und zu kokettieren. Liisu schüttelt ängstlich den Kopf und sagt, ich hätte einen kleinen Teufel im Leib. Das macht mir aber nur noch mehr Lust, so zu sein. Wenn der Herr Vater das wüßte, er würde Monsieur sofort entlassen! Aber in seiner Gegenwart bemühe ich mich kühl, gesittet und ernst zu sein. Vater ist so streng, daß wir uns alle vor ihm fürchten.*
Sogar Clemens, obwohl er schon verheiratet ist und zwei kleine Söhne hat. Und Axel ist in der Kadettenanstalt zu St. Petersburg, doch wenn er nach Hause kommt, ist auch er voller Respekt. Aber Onkel Kostja, ein Vetter von Papa, Grand Seigneur, ist süß, charmant und galant, vor dem brauche ich mich nie zu verstellen. Das erzähle ich Dir, liebes Tagebuch, damit Du uns alle kennenlernst. Onkel Kostja ist bei der Kaiserlichen Marine, Admiral glaube ich, und oft mit dem Zaren privat auf der Yacht in den Meeren der Ostsee. Wenn er nach Ilukúll kommt, reiten wir zwei morgens am Meer entlang, und er erzählt mir vom Zarenhof, von der Zarenfamilie und den schönen Yachten, Pferden und Hofdamen. Ich höre gerne zu. Früher trieb ich meine Queeni plötzlich zu langgestrecktem Galopp an und flog ihm

davon. Er lachte aber nur, gab seinem Rappen den Sporn und holte uns ein. Natürlich. Dieser Rappe, Vaters Lieblingstier, ist ein gefährlicher schwarzer Blitz, rassig, edelstes Vollblut, kein Pferd kommt ihm gleich, und Onkel Kostja kann reiten! Onkel Kostja sagt, ich sei ein Irrwisch und ein enfant terrible. Früher machte es ihm Spaß, daß ich so war, jetzt aber versucht er, aus mir eine Dame zu machen. Aber ich lache nur. Er ist wirklich charmant. Schade, daß er mein Onkel ist. Monsieur kommt da nicht mit. Monsieur hat blonde Locken, blaue Augen und ist zart und schüchtern. Wenn ich ihn ansehe, wird er rot. Peter Petronius mag mich auch. Sehr. Ich ihn auch, aber mit ihm kann ich nicht kokettieren, er ist ein Kamerad, und wir unternehmen viel, und Clemens hätte auch nie geduldet, daß ich mit Peter Scherz triebe. Clemens ist streng mit mir, fast wie Vater. Manchmal fürchte ich ihn. Peter macht alles, was ich will, Clemens nicht. Die Mädchen, Peters Schwestern und Lorelies, Clemens' Frau, finde ich langweilig und spiele ihnen gern einen Schabernack. Ich finde das Leben herrlich und bin sehr neugierig (Oh mon dieu, welche Untugend!)

Arina war entzückt von ihrer »ruchlosen« Großtante. Sie lachte leise und nahm ein neues Blatt zur Hand. Hier war vieles unleserlich, doch dann:

Eine neue Tante! Und was für eine! Das ganze Haus steht Kopf. Onkel Kostja hat sie mitgebracht – eine Georgierin! Weil sie nach der schon legendären Königin Tamara von Georgien ihren Namen bekommen hat, sagte Liisu: ›KÖNIGIN TAMARA‹ *zu ihr. Ganz ernst. Onkel Kostja fand das ergötzlich, sprang auf und küßte ihr die Hand. Liisu sank fast in den Boden vor Schreck. Alle waren entsetzt über Onkel Kostja. Nur Königin Tamara sah ihn bewundernd an. Sie ist groß, hat eine Wespentaille, aber darüber und darunter ganz rund. Mir scheint, daß das den*

Herren gefällt. Sie hat sehr große, schwarze Augen, mit denen sie funkeln und sehr lieb schauen kann, aber auch so traurig, daß Onkel Kostja gleich auf ein Knie sinkt. Sie hat ein ebenmäßiges Gesicht, volle Lippen und eine hochgetürmte, schwarze Frisur. Sie ist elegant, sehr elegant, trägt Kleider, wie Ilukūll sie noch nie gesehen hat, neueste Mode, sagt sie. Sie umarmt und küßt und lacht und ist anders als die deutschbaltischen Damen. Tante Hannchen lächelt schockiert und überlegen, Maman ist verwundert, und die Jungen sind entzückt. Ich auch.
Sie nennt mich Duschka, Kraßawitsa** und Milinkaja*** und will, daß Onkel Kostja mich nach Petersburg einlädt. – Nach Petersburg!!*
Aber das würde Vater ja nie erlauben.

Onkel Kostja und Königin Tamara heiraten!
Auf Ilukūll im großen Saal, zu Weihnachten! Er wird wunderbar geschmückt. Und Pastor Petronius wird sie trauen. Sie sind vorgestern angekommen. Die Verwandtschaft ist leider nicht sehr begeistert von dieser Heirat. Besonders die Damen nicht. Sie finden, daß Onkel Kostja mit offenen Augen in sein Unglück rennt. »Bedenken Sie, eine Georgierin!« hörte ich sie reden. – »Aber doch eine geborene ...« »Aber meine Liebe, was ist schon georgischer Adel!« »Schön ist sie, das muß man ihr lassen und anscheinend gesund.« – »Vielleicht gibt es gute Nachkommen für die Linie?« – »O nein, Liebste, wie Sie das so sagen ...« – »Und dieser Altersunterschied! – Sie könnte seine Tochter sein!« – »Konstantin rennt in sein Unglück!« Ich finde es sehr komisch, wenn sie so reden. Tante Tamara weiß natürlich nichts davon. Und Onkel Kostja kümmert sich nicht darum. Als ich Tante Hannchen fragte, warum die Tanten so reden, sah sie mich

* Duschka (russ.) = Seelchen
** Kraßawitsa (russ.) = Schönheit
*** Milinkaja (russ.) = Liebchen

kopfschüttelnd an und sagte: quel enfant! – Werd nur etwas älter, Katharina, dann wirst du es schon verstehen. Tante Hannchen sagt immer Katharina zu mir, nur wenn sie ganz besonders zärtlich ist Arina. Die Hochzeit wird in Iluküll gefeiert, weil »es sich so gehört«. Daß Tante Tamara eine russisch-orthodoxe Trauung in Petersburg nachfeiern will, ist ihre Sache, sagt Tante Hannchen, Konstantin jedenfalls gehört hierher und in Iluküll wird geheiratet. Welche Aufregungen um eine Hochzeit!
Wie es wohl zu meiner sein wird? Und wer wird mein Bräutigam sein?!

Arina atmet tief. Hier im Saal war die Hochzeit – und Königin Tamara, die sie in der Weihnachtsnacht in solchen Schrecken versetzte, war eine exotisch schöne Braut gewesen! Aufgeregt griff Arina nach dem nächsten Blatt.

Tante Tamara war wunderschön! Ich glaube die schönste Braut, die in Iluküll geheiratet hat. Dieses Brautkleid! Spitze und Tüll und Seide – man kann es gar nicht beschreiben. Aber die Gespräche unserer Damen sind doch sehr – ja, wie soll man das nennen – »Und wie vorteilhaft ihre Figur zur Geltung kommt!« – »Vorteilhaft? Aber meine Gnädigste, schockierend, würde ich sagen.« – »Nun, nun, bleiben wir bei gewagt!« – Und Onkel Kostja will mich zur Dame machen! Er ist sehr glücklich! Ich bin hingerissen von beiden und liebe sie sehr!
...
Jetzt sind sie fort. Iluküll war viel lustiger und interessanter, als Tante Tamara hier war. Aber nun sind sie in Petersburg. Und Iluküll ist alltäglich und langweilig.

Hier schienen mehrere Blätter verloren, denn das nächste sah neuer aus und begann mit dem Jubel:

Ich darf zu Onkel Kostja! Ich! Ich darf nach St. Petersburg! Ich werde den Zaren sehen, auf Bälle gehen und schöne Kleider tragen!
Der Herr Vater bekam den Brief von Onkel Kostja schon vor einigen Tagen. Deshalb haben er und Maman und Tante Hannchen mich so seltsam angeschaut. Heute machte Papa mir davon Mitteilung.
Daß er das erlaubt!
Bin ich nicht doch zu jung? Ich weiß gar nicht, wie man sich in Petersburg benimmt – und noch dazu am Zarenhof – ich darf in der Ballsaison dorthin! Lorelies sagt, ich könne dort eine glänzende Partie machen. Aber ich will ja gar keine Partie machen! Vater hat es wohl erlaubt, aber jetzt hat er Angst um mich. Am liebsten würde er die Annahme der Einladung wieder rückgängig machen. Aber Maman sagt, das wäre beleidigend. Von Ilukül nach Petersburg sei ein gewaltiger Schritt, sagt Vater, und ich doch noch ein Kind und völlig unerfahren.
Aber ich bin kein Kind mehr. Mit neunzehn Jahren! Andere sind schon mit sechzehn verheiratet worden, und ich habe auch keine Angst. Wenn ich immer in Ilukül bliebe, könnte ich nie erwachsen und erfahren werden. Höchstens eine alter Jungfer wie Tante Hannchen. Tante Hannchen ringt die Hände und heult, als käme ich in die Hölle. Grandmaman lebt in ihrer eigenen Welt im Blauen Salon, und Frau Maman ist leidend und zu schwach, um viel zu sagen. Sie lächelt nur und segnet mich, und Vater stapft finster durch die Zimmer wie ein eingesperrter Bär, dem man das Liebste wegnehmen will. Nur Lorelies scheint sehr zufrieden. Und das alles wegen dieser Einladung von Onkel Kostja!

Wieder muß Arina Teile wie ein Puzzle zusammenlegen.

Fräulein Röschen ist aus Reval gekommen, um mir Kleider zu nähen. Süße Kleider. Natürlich hochgeschlossen sittsam. Trotz-

dem mit viel Rüschen, Spitzenkrägelchen und solche Kinkerlitzchen. Und die Ermahnungen von allen Seiten! Ich soll nicht mehr durch die Zimmer rennen, soll nicht laut lachen, nur kleine Häppchen und manierlich essen, nicht mit Geschirr oder Bestekken klirren, soll weder zu nah noch zu weit vom Tischrand sitzen.

»Linke Hand an Tischkant« – Als wüßte ich das nicht schon alles! Soll den Herren nicht ins Gesicht sehen, sondern die Augen gesittet niederschlagen (wie langweilig, meine Herren), ich lerne den Hofknicks für den Zaren und die vorgeschriebenen Anreden und wie man mit anmutiger Konversation das Vis-a-vis freundlich, aber unverbindlich unterhält. Mir schwirrt der Kopf! Ich fürchte, ich werde nie eine richtige Dame. Viel lieber möchte ich Onkel Kostjas Irrwisch und enfant terrible bleiben! Jedoch – bin ich nicht schon in die Gesellschaft eingeführt worden? Habe ich mein Debut nicht erstklassig bestanden? Und auf dem Ball, den die Eltern hier auf Ilukül gaben, mitgemacht? Na also! Tante Hannchen sagte anerkennend, ich habe »meinen Part vorbildlich gemeistert«.

Ein zerrissenes Blatt. Vorsichtig hält Arina die Teile gegeneinander.

Benimm dich nur wie zu Hause, sagte Maman, ungezwungen und natürlich, wie wir dich erzogen haben. Die Herren Offiziere aber laß nie zu nah an dich heran. Distance! Und auch Tante Hannchens drittes Wort ist: Zurückhaltung, ja, vor allem Distance, Distance, Distance!

Am letzten Abend kam Liisu noch in mein Zimmer und sagte: »Arina-Kindchen, Liisu hört wie Mama und Tantchen sagen Tis-tanz, Tis-tanz – aber weiß Kindchen auch, was das ist?«

Ich stand am Fenster und bürstete mein Haar. Erstaunt wandte ich mich um. »Natürlich, Distance heißt Abstand halten.«
Aber Liisu schien nicht zufrieden. »Kindchen«, fuhr sie fort, und ich sah, daß es ihr schwer fiel, zu sagen, was sie wollte. »Kindchen, Männer wollen immer dasselbe, immer nur eins!« Sie errötete und das zarte Haarbüschel an ihrem Kinn zitterte leicht. »Erlaube für Männer, besonders für Offiziere, nur Handkuß – wie Dame. Erlaub nie Kuß auf Mund«, fast beschwörend sah sie mich an. »Männer nicht gut: Kuß auf Mund – Anfrage in Oberstübchen, ob Unterstübchen ist zu vermieten.«
»Aber Liisu!« Ich war empört und fühlte, daß mir das Blut ins Gesicht stieg.
»Still! Still!« entgegnete sie beschwichtigend und winkte mit beiden Händen ab. Sie schien ärgerlich über die Röte, die nun auch ihr Gesicht überflutete. Ob sie merkte, daß sie zu weit gegangen war? Aber da hatte sie sich schon gefangen und sagte fast trotzig: »Wenn Kindchen in diese böse Welt kommt, muß Kindchen das wissen!« und auf irgendeine Art angewidert: »Zarenhof!«
»Ach, Liisu!« rief ich noch immer verletzt, legte ihr die Arme um den Hals und küßte sie wie als Kind, wenn sie meine Streiche und Unarten vor Vater deckte. Sie streichelte mich und sagte: »Vergiß auch das Beten nicht! An keinem Abend! Hörst du Arina-Kindchen?« Ich flüsterte ihr deutlich ins Ohr: »Das verspreche ich dir!«
»Gott und Schutzengel sehen alles«, fügte sie sachlich hinzu.
»Ich weiß.«
»Dann ist gut«, beendete sie das Gespräch, und Tränen rollten über ihre Wangen, »geh jetzt ins Bett. Und fahr mit Gott.«
Sie deckte mich zu wie als Kind und nahm die Lampe vom Tisch. Licht zitterte auf ihrem Gesicht wie Sternenschein im Winter auf einem großen, braunen Herbstblatt. Verstört sah sie mich an und ging schweigend aus dem Zimmer.

Wieder war ein Teil abgerissen. Arina ordnete, überprüfte und las weiter:

Der Abschied von Ilukull fiel mir unermeßlich schwer. Wann werde ich es wiedersehen, und wie wird alles sein?
Aber dann nahm Petersburg mich ganz gefangen. Zuerst war ich wohl verwirrt und wie betäubt von dieser Größe und Pracht. Monsieur sagt, Paris sei die schönste Stadt, ich sage, Petersburg ist die schönste! Natürlich kenne ich Paris nicht. Trotzdem erlaube ich mir, das hinzuschreiben.
Die breiten Straßen, die Kutschen, die Reiter und die eleganten Damen mit ihren Dienern! Die herrlichen Geschäfte am Alexander Newsky Prospekt! Glanzvolles, aufregendes, neues Leben!
Ach du kleines, altes Reval mit den Wehrtürmen und engen Gäßchen. Bisher hielt ich dich für eine schöne Stadt, aber wie ein verschrumpeltes Äpfelchen kommst du mir jetzt vor neben dem modernen Petersburg! Und das Winterpalais hinter dem Riesenplatz! Die Eremitage, der Wintergarten, die Akademie und die Peter-Pauls-Festung, die Sphinxen am Kai – und überall die Bolschaja Newa!
Tante Tamara empfing mich lebhaft und herzlich. Onkel Kostja freute sich, daß ich ihn bei seinen Morgenritten begleiten wollte. Die Ausritte, immer mit einer Ordonnanz, wurden meine ganze Freude. Ich war stolz auf meinen gutaussehenden, angesehenen Onkel und bemühte mich, so zu reiten, mich so zu halten und so schön zu sein, daß auch er stolz auf mich sein konnte. Tante Tamara reitet nicht.
Und dann die Blamage! Ich bin völlig derangiert. Wie sehr muß Onkel Kostja sich schämen! Tante Tamara lacht. Aber ich kann nur weinen.
Ich bin der Zarin begegnet! Aber wie! Während des Morgenrittes näherte sich plötzlich die Karosse der Zarin. Ich zitterte vor

Freude und Aufregung – und wollte elegant vom Pferd springen und in den so lange geübten Hofknicks sinken – aber ich blieb am Steigbügel hängen und fiel – diese Schmach, diese Schande – ich fiel zu Boden – das lange Reitkleid verwickelte sich – Es war schrecklich!
Die Zarin fuhr an uns vorüber und lächelte mir huldvoll zu. Sie erwiderte Onkel Kostjas Gruß. Dann war alles vorbei.
Doch die Blamage blieb.
Jetzt wird Onkel Kostja mich sicher gleich nach Ilukül schicken. Hier habe ich verspielt!

Geliebtes Tagebuch, ich habe dir lange nichts mehr erzählt. Du wirst es nicht glauben: Ich bin noch in Petersburg. Alles ist ganz anders gekommen, als ich vermutet hatte:
Mein Fallen hat die Zarin auf mich aufmerksam werden lassen. Sie habe sich amüsiert, sagt Onkel Kostja. Vielleicht verspricht sie sich mehr Spaß an »dieser Ungeschicklichen« (wie peinlich, wie peinlich!): Sie forderte Onkel Kostja auf, mich vorzustellen!
Das war eine Aufregung!
Ich bekam ein neues Kleid – süüüß – und bemühte mich sehr, nicht tolpatschig zu wirken. Schließlich wollte ich ja das, was ich Onkel Kostja angetan hatte, wieder gutmachen! Das Resultat: Die Zarin wünscht mich als Hofdame ins Winterpalais!
Tante Tamara jubelt und behandelt mich fast, als sei ich über Nacht etwas Größeres, Vornehmeres geworden. Onkel Kostja runzelt die Stirn und seufzt »wo sind wir da hineingeraten!« und »Das wird Karl nicht erlauben!«
Aber er mußte Vater schreiben. Die Aufregung in Ilukül sehe ich noch jetzt deutlich vor mir: Vater protestierend durch die Zimmer stapfend ... Seine Antwort klang empört: Was Onkel Kostja sich eigentlich dächte! Katharina von Bowén sei seine Tochter, kein Sohn! In den Dienst des Zaren – Söhne ja, Töchter nie! Das sei wohl klar. Oder etwa nicht? Onkel Kostja hat uns

den Brief vorgelesen. Doch so klar das auch war, Onkel Kostja als hoher zaristischer Offizier und mit einer Frau wie Tante Tamara sah es anders. Er fuhr nach Iluküll. War bald wieder da. Was dort gesprochen wurde, wie er es erreichte, weiß ich nicht. Er schwieg darüber. Aber ich werde Hofdame!
Abenteuerlich, schrecklich aufregend. Ich weiß noch gar nicht, ob ich es will oder nicht. Aber ich wurde ja nicht gefragt. Ich weiß auch gar nicht, wie man das macht: Hofdame sein! Aber Tante Tamara ist selig. Sie sagt, das sei eine große Ehre, und »du lernst schon alles, was du bei Hofe brauchst. Kommst ja aus guter Familie – und weißt, was sich gehört!«
Und ich weiß gar nichts!

Wieder unleserliche Stellen. Doch dann:

Ich bin der Hofdame Gräfin Jelena Aleksejewna unterstellt. Sie holte mich in einer Kalesche mit gemütlich-lächelndem Kutscher von Onkel Kostja ab. Meine Zimmer sind wunderschön mit Blick auf die Newa. Ich war aufgeregt und ungeschickt, aber sie half mir. Stellte mir eine pummelige, kleine Russin zu meiner Bedienung vor, dann tranken wir Tee mit Warenje und Gebäck. Sie wünschte mir eine gute Nacht, morgen würde sie mich den Majestäten vorstellen.*
Diese erste Nacht brachte Träume, die mich ängstigten. Liisu würde sagen: »Sei vorsichtig, zurückhaltend, Männer …« Liisu versteht sich nämlich auf Träume, sie sieht Dinge, die wir nicht sehen und hat die Gabe, in die Zukunft zu schauen.
Ach, welche Dummheit!

Säle, Säle, Spiegel, Weiß und Gold, spiegelndes Parkett, glitzernde Kronleuchter, Kandelaber, Teppiche und unendliche Weite der Räume …

* Warenje = Konfitüre, Marmelade (russ.).

Ich bin schon zwei Wochen hier.
Die Majestäten sind reizend. Den Zaren sah ich nur kurz. Er ist gütig. Zu weich, sagt Jelena Alexejewna, ohne Entschlußfähigkeit, ohne königliche Stärke und Ausstrahlung, hört ganz auf Pobedonoszew, der sein Erzieher und schon Erzieher und Berater seines Vaters, Alexander III. war. »Nicht gut«, sagt die Gräfin, »aber nun, was kann man machen!« Der Zar läßt sich ganz von ihm beeinflussen, aber auch von der Zarin. Er liebt seine Familie über alles und schenkt ihr viel Zeit. Sie hat viel Vertrauen zu mir, meine Jelena Alexejewna. Sie spricht gern. Aber sie kann auch sehr streng mit mir sein.
Die Zarin ist schön. Sie geruhte, freundlich zu sein, sprach deutsch und fragte nach meiner Familie und so. Sie ist eine Deutsche: Prinzessin Alice von Hessen-Darmstadt, Tochter des Großherzogs Ludwig. Bei ihrer Großmutter Victoria von England habe sie alle durch ihre liebliche Schönheit entzückt, sagt die Gräfin. Am 15. November 1894 wurde sie Gattin des Zaren und mußte natürlich zum russisch-orthodoxen Glauben übertreten. Sie bekam den Namen Alexandra Feodorowna. Jelena Alexejewna findet sie hochfahrend und von kaltem Stolz. Sie soll nicht beliebt sein. Aber vielleicht ist sie traurig in diesem für sie doch nordisch-kalten, fremden Land? Vielleicht hat sie Heimweh? Deutschland ist doch, glaube ich, sehr anders als Rußland. Ihre beiden kleinen Töchter sind süß, aber sie wünscht sich einen Sohn, einen Zarewitsch als Thronfolger. Versteht sich, sagt die Gräfin. Ich glaube, daß ich diese schöne stolze Zarin gernhaben werde. Sie ist auch noch ziemlich jung, 25 oder 26 Jahre.

Einige der Hofdamen mag ich nicht. Sie behandeln mich herablassend, als wäre ich ein dummes, kleines Ding. Dann werde ich in aller Bescheidenheit um einige Zentimeter größer und aufrechter und bemühe mich schweigend, Vornehmheit und Charme zu verkörpern. Bin ich nicht eine Bowén?

Jelena Alexejewna hilft mir durch Blicke und Worte. Aber heute sagte sie mir: »Sie sind bezaubernd Jekaterina Karlowna, aber ihre Garderobe ist Provinz, da müssen wir etwas tun.« Meine neuen süßen Kleider – Provinz! Aber das sagte Tante Tamara ja auch schon. Trotzdem glaubte ich, nicht recht zu hören. Aber die Gräfin ließ die Schneiderin kommen, eine Französin, und meine Kleider bekamen einen schwindelerregenden Chic. Auch meine Mädchenfrisur wurde geändert – elegant! Zuerst erkannte ich mich selbst nicht wieder. Aber jetzt fühle ich mich, als sei ich immer am Hof gewesen. Nicht alle Damen mögen mich. »Sie sind zu reizvoll«, erklärte Jelena Alexejewna ihr Verhalten, »nicht alle können es vertragen. Verstehen Sie, Seelchen? Konkurrenz!« Ich mußte lachen. Die Gräfin mag mich. Auch die Herren sind zuvorkommend, hilfreich, charmant und machen mir Avancen. Ich habe keine Hemmungen mehr. Oft fühle ich mich bewundert, das macht mich verlegen und doch auch wieder sicher und froh.

Es wird viel Französisch gesprochen am Hof, auch Englisch. Warum nicht Russisch? frage ich.

Französisch sei eleganter, antwortet Jelena Alexejewna. Wie dankbar bin ich Monsieur Daudet, daß er so viel mit mir übte. Alle bewundern meine Aussprache.

Die Zarin spricht Deutsch mit mir.

Warum nur wird so wenig Russisch gesprochen, wir sind doch in Rußland?

Russisch spricht das einfache Volk!

Das wundert mich, und doch auch wieder nicht: Warum sprechen wir in Estland Deutsch?

Estnisch spricht das einfache Volk.

Überall diese Unterschiede!

Als gäbe es zwei Arten von Menschen. Wir hier oben mit unserer Sprache und unserem Leben – die da unten mit ihrer Sprache und ihrem Leben!

Mir gefällt das nicht. Ich sagte es der Gräfin.
Sie sah mich erschrocken an und sagte: »Um Gottes Willen, Seelchen, schweigen Sie!«

Osternacht! Ach! Russische Osternacht!
Die Kathedrale – Gold, Edelsteine, betäubende Pracht und alles erglüht im Schein unzähliger Kerzen.
Weihrauch. Die Geistlichkeit in schweren, golddurchwirkten Gewändern trägt den Corpus Christi in einer Prozession um die Kirche. Wir schreiten langsam. Der Priester murmelt Gebete.
Dann kehren alle in die Kathedrale zurück.
Der Pope singt die Liturgie – und dann, nach kurzem Schweigen ertönt sein lauter, froher Ruf in die lautlos wartende Menge:
»CHRISSTOSS WOSSKRESSJE!«
Er nimmt das nächststehende Mädchen in die Arme und küßt es auf die rechte Wange, auf die linke, auf die rechte –
»WOISSTJENO WOSSKRESSJE!«
antwortet sie und küßt ihn wieder.

Arina denkt an die Osterferien mit Kolja in der russischen Kathedrale auf dem Domberg und fühlt sich ganz in jene Welt versetzt.

Wogende Bewegung unter den Gläubigen:
»Christ ist erstanden!«
»Er ist wahrhaftig erstanden!«
Alle umarmen einander. Alle küssen einander.
Da legen sich zwei schwere Arme um mich. Ein großer Mann in goldbetreßter Uniform steht vor mir. Zärtlich beugt sich ein kühnes Gesicht über mich, warme feste und doch so weiche Lippen berühren behutsam meine Wangen – die rechte, die linke, die rechte –
»CHRISSTOSS WOSSKRESSJE!«

Seine leuchtend blauen Augen über sehr hochstehenden Bakkenknochen sehen mich an, als sähen sie tief in mein Innerstes, und alles um mich beginnt sich zu drehen.
»Woisstjeno Wosskressje!«
antworte ich benommen, und er bietet mir die rechte Wange zum Kuß – und ich küsse die straffe braune Haut, er bietet mir die linke Wange, die rechte – und ich küsse sie, und mein Herz klopft zum Zerspringen – er hält mich so fest an den Oberarmen und fühlt wohl, daß meine Seele und mein Körper gleichermaßen zittern, und er sieht mich an, wie noch kein Mann mich angesehen hat. Die Hände lassen meine Arme los, legen sich um mein Gesicht, ich sehe ihn ungläubig an und fühle schon seine Lippen auf meinem Mund – zärtlich, weich, behutsam
»Christus ist erstanden!«
Ich kann nicht antworten. Ein Kuß auf den Mund – und was für ein Kuß – Liisu, Liisu – eine Anfrage? Unsinn! Hier in der Kirche – und ich habe ihn nie vorher gesehen – und werde ihn nie wieder sehen!!!
Schnell und sehr erschrocken löse ich mich aus seinen Händen, trete zurück und suche Jelena Alexejewnas Nähe. Ich knie wieder mit all den vielen Menschen rings um mich, beuge den Kopf tief – und luge doch unauffällig in seine Richtung.
Er ist nicht mehr da. Sein Gesicht, seine Hände, jedoch entschwinden nicht, sie sind hineingeküßt in meine Seele. Sein Gesicht – ich sehe es vor mir, seine Hände – ich fühle sie, und wieder durchrinnt mich ein Zittern: »Laß dir die Hände küssen wie einer Dame. Aber nie den Mund …«
Tränen kommen mir in die Augen und rinnen unaufhaltsam über mein Gesicht. Ich nehme den Schleier und verhülle es.
Ob ich entehrt bin? Ich glaube, so nennt man das. Oder – geschändet? Ich schäme mich und weine lautlos. Es fällt nicht auf, viele weinen aus Ergriffenheit. Abere ich denke an den Fremden, bin empört, hasse ihn und kann ihm doch nicht böse sein. Es

ist nicht zu fassen, aber mein ganzes Ich sehnt sich danach, ihn wiederzusehen. Ich glaube, er hat meine Seele vergiftet, wie es in diesem herrlichen Lied von ... ich weiß nicht genau, heißt. Was wäre es auch sonst!
Wer mag er sein?
Goldbetreßt – ein Gardeoffizier? Am Hof entdeckte ich ihn nie, soviel ich auch Ausschau hielt.
Er ist wie vom Erdboden verschwunden. Aber nie werde ich ihn vergessen.

Einige Seiten sind ganz unleserlich. Aber dann:

Ich bin in Ilukü ll. Mutter ist gestorben. Und chère Grandmaman lächelt in ihrem blauen Salon unsichtbaren Gesellschaften zu, macht honneurs, bewegt sich mit kleinen Bewegungen und lächelt...
Die Zarin hat mich beurlaubt. Ich fuhr nach Ilukü ll. Im großen Saal war Mutter aufgebahrt. Die alten fünfarmigen Silberleuchter standen zu beiden Seiten des Sarges. Es duftete nach Wachs und weißem Flieder und Narzissen. Hier hatten vor gar nicht so langer Zeit Onkel Kostja und Tante Tamara geheiratet.
Vater, Clemens und Peter Petronius hielten abwechselnd die Totenwache. Mutter sah aus, als schliefe sie, so zart und weiß. Sterben ist unbegreiflich und schrecklich. Der liebe Gott ist mir plötzlich fremd. Ich wollte Peter fragen, warum es so ist. Peter Petronius war aus Dorpat gekommen, wo er noch Theologie studiert. Sein Vater hielt die Totenfeier. Mutter wurde auf dem kleinen Friedhof beerdigt, gleich rechts auf dem Hügel der Familiengrabstätte. Von oben sieht man aufs Meer. In einiger Entfernung ragen die Felsen meiner Lieblingsbucht auf. Ich stand oben, bis Peter mich zu den anderen holte. Lorelies konnte nicht mit, sie hatte ihren dritten Sohn geboren. Und ich ahnte nichts davon! Clemens ist dreifacher Vater! Ich soll Taufmutter sein.

Morgen wird er im selben Saal getauft, in dem gestern noch Mutter aufgebahrt lag. Wieder wird es nach Flieder duften und nach dem Wachs der Lichter. Aber keiner wird weinen, höchstens der Kleine. Waldemar soll er heißen. Der Älteste heißt Konstantin nach Onkel Kostja, der zweite Christian. Konstantin, Christian und Waldemar von Bowén klingt gut. Ich möchte auch Söhne haben, keine Töchter. Drei Söhne! Andreas, Konstantin und Alexander. Oder? Wie der Wunderbare aus der Kathedrale heißen mag?
Peter hat mir einen Heiratsantrag gemacht, ganz feierlich auf dem Felsen über meiner Bucht. In einem Jahr sei er mit dem Studium fertig, dann könnten wir heiraten. Ich war sehr erschrocken. Der gute, zuverlässige, starke Peter! Ich weiß gar nicht, wie man sich in solchen Fällen verhält. Was sagt man? Das haben wir weder in der Schule gelernt, noch hat Maman oder Liisu zu mir davon gesprochen. Heiraten! »Nein«, sagte ich, »ich will dich nicht kränken, aber heiraten, nein, das kann ich nicht!« Und dachte: Frau Pastorin! Ich kann doch nicht Frau Pastorin Petronius werden! Ausgerechnet ich! Aber er meint es ernst und macht Augen wie Dackel Resi. Das meine ich nicht böse, dazu mag ich den Peter ja viel zu sehr. Er wird bestimmt ein sehr guter Familienvater und Ehemann und ein guter Pastor werden. Aber ich will keinen guten Ehemann; wenn ich überhaupt heirate, dann will ich einen Liebhaber haben, einen … nein, nicht irgendeinen, den aus der Kathedrale will ich!
Oh, das hätte ich mit unsichtbarer Tinte schreiben müssen! Oder gar nicht!
Ist ja auch gar nicht wahr!

Sommer.
Die kaiserliche Familie zieht um nach Zarskoje Sselo. In die Sommerresidenz des Zaren. Wir fahren mit Pferdekutschen, die Männer reiten. Es ist ein prunkvoller Zug. Vierundzwanzig

Werst geht es nach Süden. Ich liebe Zarskoje Sselo. Ich liebe den Alexander-Palast, die Gartenanlagen mit den Blumen und springenden Brunnen. Alles ist so leicht, so lieblich-beschwingt. Das Schloß riesig und prachtvoll, doch nicht so ernst und majestätisch wie das Winterpalais und die Eremitage in St. Petersburg.
Bald wird es den Sommerball des Hofes geben. Mein weißes Abendkleid bekommt neue Rosenkränzchen und die rosa Schärpe eine neue, große Seidenschleife – sie soll hinten hüpfen, sagt die Gräfin.

Er heißt Dimitri Pawlowitsch Gnarudow und ist von hohem Adel!
Ich bin noch ganz aufgeregt, während ich dies aufschreibe. Es ist wie ein Wunder:
Ich stand im Gartensaal des Schlosses. Der Gärtner hatte Körbe voller Rosen gebracht, ich ordnete sie in Vasen. Herrliche Vasen! Es war ein warmer Tag, und die Fenstertüren zum Garten standen weit offen. Der Duft von Sonne, Gras und Rosen wehte herein und erfüllte den Raum.
Ich trug mein rosa Sommerkleid mit den Volants, den Schulter-Puffärmelchen und den Spitzen am Hals; das rosa, das die Taille eng umschließt und allen so besonders gut gefällt. Ich schreibe es hin, weil alles, was an jenem Tage geschah, so wichtig für mich wurde.

Arina las mit hochrotem Kopf. Das rosa Sommerkleid – es war dasselbe, das sie am ersten Tag ihres Hierseins angezogen hatte. Sie blickte auf zu Tante Arinas Porträt – ganz genau konnte sie sich vorstellen, wie die Tante damals ausgesehen hatte. Doch weiter:

Ein Schritt ließ mich aufblicken. Ich erkannte ihn sofort. Seine Gestalt war groß und schmal, die Schultern breit, das Gesicht

braun und kühn, die Narbe an der rechten Stirnseite bedeckt von einer dunklen Strähne. Sie fiel ihm in die Stirn wie damals in der Kathedrale. Ja, ich erkannte ihn sofort. Wie erstarrt stand ich da, eine weiße Rose noch in der Hand.
Er schien mich nicht zu bemerken, ging mit ernstem Gesicht und großen Schritten durch den Raum, als würde er jemanden suchen.
»Sie wünschen, Monsieur?« fragte ich.
Er stutzte und sah auf. Sein Gesicht begann zu lächeln. »Sieh da, ein Röschen unter so vielen Rosen!« Er sprach Russisch, kam auf mich zu, verneigte sich und fragte, wo er wohl die Zarin sprechen könne.
»Im Audienzsaal«, entgegnete ich auch auf Russisch und fürchtete, er könnte gleich wieder gehen, »die Audienz wird abgehalten ...«, und ich nannte die Tage und Stunden »aber die Zarenfamilie wird nicht gern gestört, hier in Zarskoje Sselo, wo sie doch Ferien machen.«
Ich versuchte, ihn nicht anzusehen, sondern spielte nur so mit der weißen Rose.
Schmunzelnd hatte er mir zugehört. »Ach, was Sie nicht sagen, verehrte Schöne, das ist mir ja völlig neu!« Seine Haltung und Geste, seine Stimme, sie waren voll überlegener Ironie. Doch dann ernst: »Sie haben recht, ich werde mich anmelden. Ich glaubte nur, sie sei eventuell ... Doch entschuldigen Sie, bitte, ich habe mich nicht vorgestellt ...« Er verbeugte sich erneut: »Dimitri Pawlowitsch Gnarudow.« Als er sich aufrichtete, sah er mich mit demselben Blick an, wie damals, als er mich küßte, schlug die Hacken aneinander, grüßte und verließ den Raum. Ich war wie benommen. Er hatte mich nicht wiedererkannt! Ob er zum Sommerball kommen wird?

Ich sah ihn noch eher, anläßlich eines Empfanges. Jetzt erkannte er in mir die »Rosotschka«, das Röschen, und bat offiziell, mir *vorgestellt zu werden. Wir lustwandelten in den abendlichen Gärten, aber er sprach nur von Rosen, nicht von Osterküssen. Später. Die Nacht war hell, die Luft süß und schwer vom Duft der Lindenblüten, und mein Herz liebte ihn zärtlich – wie die Lindenblüten den Mondenschein lieben. Aber mit keinem Blick verriet ich mein Geheimnis der Osternacht, mit keinem Wort mein Gefühl der Zuneigung. Ist das Liebe? Kann das wohl die große Liebe sein?*

Arina las die letzten Sätze noch einmal. Es war dieselbe Frage, die sie sich stellte, wenn sie an Felix Helbrich dachte. Kann das Liebe sein, die große Liebe?

Und er? Er macht mir Avancen, obwohl ich die Jüngste bin und andere, ältere, bedeutendere und schönere Hofdamen da sind! So ist es und muß wohl seinen Grund haben.
In Gegenwart anderer ist er natürlich unauffällig, dezent – damit keiner etwas merkt. Ich hoffe, sie merken es wirklich nicht!
Aber ich merke es!
Er hat mir einen Fächer geschenkt. An einem Blumenstrauß hing er mit einem Billett: Er bittet mich, seine Balldame zu sein. Sein Denschtschik (Bursche) brachte ihn mir. Ich ließ ihn zurückhaltend meine Einwilligung überbringen. Der Fächer ist bezaubernd. Das Blatt, helle Seide mit rosa Bändern lose durchzogen, ruht auf feingeschnitzten Elfenbeinstäben. Wenn der Fächer gefaltet ist, bilden die Bänder einen Rosenstrauß. Mein erster Fächer!
Mondieu, quel compliment!
Ich werde ihn zum Sommerball tragen. Er paßt zu meinem Abendkleid, als sei er dazu gearbeitet!

Es war – ich kann es nicht schildern – es war berauschend! Die Musik, das Licht aus Tausenden von Kristallüstern, das glänzende Parkett, goldbetreßte Uniformen, die Abendroben der Damen, der Schmuck ... Er durfte nicht ausschließlich mit mir tanzen, er hätte mich kompromittiert. Aber er tanzt wundervoll.

Beim Kotillon wählte ich einen goldenen Stern und traf mit ihm zusammen. Der Tourenwalzer wurde zum Höhepunkt – »Les dames invitent leurs cavaliers!« und ich meinte, in den Himmel zu schweben, so leicht tanzt er, so stark hielt mich sein Arm. »Et à vos places, s'il vous plait et balancez vos dames ...«

Jelena Alexejewna lächelte. »Arina Karlowna (jetzt nennen mich alle Arina, nicht mehr Jekatjerina) – Arina Karlowna verdreht den Männern die Köpfe! Attention, ma petite, Männer können gefährlich werden, und Tränen folgen bedenkenlosem Lachen.«

Ich lachte weiter – und Tränen? Welche Dummheit! Dimitri sagt, daß ich ihn in Petersburg besuchen müsse, er wolle mir sein Palais und seine Gemäldegalerie zeigen. Viele Künstler verkehren bei ihm. Jetzt aber reiten wir aus, so oft ich frei habe. Die Ausritte mit Onkel Kostja kommen mir sehr zugute.

Dimitri nennt mich seine kleine Amazone. Aber näher kommen wir einander nicht. Es ist vorgesehen, daß wir nie allein ausreiten – wegen des Anstandes! Irgendeine Ordonnanz reitet immer hinter uns her.

Dieser Sommer in Zarskoje Sselo ist viel zu schnell vergangen. Petersburg ist herbstlich ernst und ach so riesengroß!

Der erste Schnee!

Schon immer liebte ich ihn, wenn er so frisch und rein vom Himmel fiel, auf Straßen und Häusern liegenblieb, in der Sonne funkelte und unter den Füßen knirschte. Es scheint, als sei die Welt ganz neu erschaffen.

Ein Billett von Dimitri. Wie stark mein Herz plötzlich klopfte. Ich sprach mit Mascha. Sie ist mir treu ergeben und ganz verschwiegen. Sie sah mich so sorgenvoll an wie Liisu und sagte eindringlich wie diese, daß ich nicht allein hinfahren dürfe. Sie will mich begleiten. »Wie denn das?« fragte ich unwillig. Sie will, während ich bei Dimitri zu Gast bin, beim Gesinde warten. »Schickt sich nicht, Baronesse allein«, sagte sie bedenklich, sie kenne sich aus bei Hofe. Ich wunderte mich über Mascha, sah ihr in das ernste, runde Gesicht und dachte – Liisu in Kleinformat? Weiter über sie nachzudenken, hatte ich keine Zeit. Am Abend klappte ich den Mantelkragen hoch, zog die Papacha tief in die Stirn und verbarg mein Gesicht hinter dem Schleier. Mascha im großen Umschlagtuch kannte einen Geheimausgang. Leise und unbemerkt liefen wir zu einem Seitentor der Eremitage am Wintergraben. Es schneite. Der Schlitten mit den Goldfüchsen wartete. Der Kutscher im dicken Pelz mit der breiten Schärpe hielt die Peitsche senkrecht auf dem Bock und machte Platz für Mascha.

Dimitri zog mich lachend in die Wärme seiner Felldecken. Die Glöckchen am Krummholz begannen zu läuten.

Sein Palais ist prächtig. Diener und Lakaien empfingen uns. Gelächter klang uns entgegen, als Dimitri mit mir die Halle betrat, Musik, Gläserklirren, Balalaika-Lieder, Zigeunergeigen, Frauenlachen. Gäste. So viele hatte ich nicht erwartet. Von den Offizieren wurde ich mit Jubel begrüßt. Alle waren sehr guter Laune.

Es war kein Empfang wie am Hofe, auch kein Ball wie daheim. Diese Welt, diese Stimmung war mir fremd. Sie widerstrebten mir, erregten meinen Widerwillen – und doch war ich begierig, alles kennenzulernen. War dies die Lebewelt von Petersburg, von der die Hofdamen tuschelten?

Dimitri stellte mir seine Kameraden vor. Sie waren übermütig, flott und lustig. Einige spielten Karten, andere Billard, hier scherzten sie mit den Tänzerinnen, dort tranken sie und bedienten sich am kalten Bufett. Aber es waren nicht nur Offiziere da. Während sie mich umringten, fiel mir ein Zivilist auf, der, älter als die anderen, bescheiden am Kamin lehnte und aufmerksam herübersah. Er war schlicht gekleidet, hatte längeres, lockiges Haar und ein ruhiges, schmales Gesicht mit kleinem Spitzbart. Das sei Repin, ein Künstler, beantwortete Dimitri meine Frage, und Rektor der reformierten Kunstakademie. Der berühmte Professor für Malerei. Ob ich noch nie etwas von ihm gehört habe?

»Nein«, flüsterte ich beschämt. Er schien es kaum zu glauben. Ilja Jefimowitsch Repin, der bedeutendste Maler des russischen Realismus der Gegenwart?

Ich schüttelte den Kopf.

Dimitri wurde fortgerufen.

Ich empfand die Offiziere zu lustig und versuchte, Distance zu wahren.

Professor Repin schien mein Unbehagen zu merken. Er kam auf mich zu und führte mich zur Sitzbank an der teppichbehängten Wand.

»Sie gehören nicht hierher«, sagte er ernst.

»Doch«, entgegnete ich und versuche zu lachen, »Dimitri Pawlowitsch hat mich persönlich eingeladen und abgeholt.«

»Ich weiß«, sagte Repin, »trotzdem scheint mir, daß es nicht die richtige Gesellschaft für Sie ist.«

Ich wußte nicht, was ich antworten sollte.

»Kommen Sie«, er stand auf, »ich werde Ihnen etwas zeigen ...«

Er führte mich durch einen langen, dämmrigen Flur und öffnete eine der Türen. Wir standen in einem Raum, dessen Wände mit Bildern und Gemälden behängt waren. Fahles Schneelicht fiel von den Straßenlaternen durch die hohen Fenster und ließ die gemalten Gestalten fast gespenstisch aus den schweren Bilderrahmen treten. Repin läutete und ließ die Kandelaber entzün-

den. Zuerst neugierig, dann betroffen, fast erschrocken, näherte ich mich den Bildern. Ich war noch nie im Museum, in keiner Bildergalerie gewesen.

»Sehen Sie«, Repin machte eine Geste, als wolle er die Menschen auf den Bildern umarmen, »sehen Sie, Arina Karlowna, Rußland hat noch andere Gesichter als Zarenhof und Offiziersgelage.«

Erschrocken, doch gebannt blickte ich auf diese Ausschnitte russischen Lebens, russischer Landschaft und russischer Menschen in Armut, in Not, in Leid und Unterdrückung. Szenen aus einem Alltag, den ich nicht kannte, von dem ich nichts geahnt hatte.

»Das ist das russische Volk«, sagte Repin, und Bitterkeit schwang in seiner Stimme.

Und wieder fand ich mich in einer Stimmung, einer Welt, die mir fremd war. Jetzt wohl in Bildern, doch nicht minder lebendig. Hier nicht laut, flott und lustig, sondern still, verhärmt, anklagend. Doch wenn es vorhin Widerwille gegen das Fremde gewesen war und seltsame Begierde, es trotzdem kennenzulernen, so war es jetzt beunruhigende Ergriffenheit, schmerzende Teilnahme, ja fast Verzweiflung, die stumm von mir Besitz ergriff. Es war wie ein sprachloses Erschrecken vor dem Leid, der Not, der Unterdrückung und Ohnmacht, die aus diesen Gesichtern sprach.

»Ja, Baroneß«, wiederholte Repin, der meine Bestürzung zufrieden registrierte, »ja, hier sehen sie das andere Rußland. Diese« – er betonte das Wort – »diese Gesichter und was hinter ihnen steht, aufzuzeigen und bekannt zu machen, haben wir uns zur heiligen Aufgabe gemacht.«

»Wir?« fragend sah ich ihn an.

»Ja, wir Künstler. Sie haben Gorki gelesen, Dostojewskij, Tolstoij und immer wieder Puschkin, der schon lange tot ist und doch noch lebt durch seine Gestalten und das, was er sie leben und sagen läßt. Und all die anderen ...«

Russische Literatur. Das war eine Welt, die ich kannte. Er hat recht: Diese Dichter kämpften für ein besseres Leben.

»Wir, die Maler«, fuhr Repin fort, »wir malten früher eine glatte Welt, wie wir es vom Ausland her kannten und gelehrt bekamen. Glatt und zufrieden. Eines Tages aber, man schrieb das Jahr 1871, mehr als ein Vierteljahrhundert ist es jetzt her, beschlossen wir nach langen Überlegungen, Diskussionen und inneren Kämpfen an der hiesigen Akademie, die Prüfungsthemata dieser Art zu ignorieren, um Mütterchen Rußland in seiner ganzen Wahrheit und Tragik sichtbar zu machen. Wir wurden der Akademie verwiesen. Da beschlossen wir, ohne Prüfung weiterzumalen, durch Rußland zu wandern und wo immer wir waren, unsere Ausstellungen aufzubauen, unsere Bilder sprechen zu lassen.« Er machte eine Pause, sah mich an und strich sich über den Bart. »Peredwischniki nannten wir uns, die In-Bewegung-Setzer, Wanderer. Die Reform in der Malerei gelang uns. Heute stehe ich als Rektor der reformierten Akademie in Petersburg vor.«

Fast atemlos hatte ich zugehört. Er faszinierte mich. Und als er dann anhand der Bilder vom ausgebeuteten, unterdrückten russischen Menschen sprach und von der Notwendigkeit, ihn aus der Erniedrigung und seinem Elend zu befreien, gehörte mein ganzes Herz diesem geknechteten Volk.

»Was kann ich tun?« fragte ich, »ich bin kein Dichter, kein Maler, ich bin nicht mächtig, ich bin nur ...«

Er lächelte eigenartig. »Ein guter Mensch werden«, sagte er, »hier und überall für die Würde des Menschen eintreten, für die Würde aller Menschen, auch derer, die ganz unten stehen, und für sie arbeiten, Arina Karlowna.«

»Das verspreche ich«, rief ich ernst und dachte an Mascha und die Leute auf und um Ilukküll. Es war mir, als hätte ich eine heilige Aufgabe erhalten, »ich werde ...«

Da hatte Dimitri mich schon am Arm gefaßt, belanglos fröhlich

gefragt, ob mir seine Bilder gefielen und uns, ohne eine Antwort abzuwarten, zum kalten Bufett gebeten.
Die Tafel war reich gedeckt: Kaviar, Neunaugen, Hechtpastete, auf Holzkohle gerösteter Lachs, Kohl-, Eier- und Fleischpiroggen, Wodka, grusinische Weine, Krim-Champanskoje und vieles andere.
In dieser Nacht lag ich lange wach in meinem weißen damastbezogenen Himmelbett.

Seit diesem Tag interessieren mich soziale und sozialistische Fragen.
Jelena Alexejewna rief wohl erschrocken »Seien Sie still, Seelchen!«, als ich davon sprach, und »Man könnte Sie hören, das klingt ja nach Revolution!« Doch ich suche Gespräche mit Bediensteten, mit Künstlern, selbst Dimitri frage ich danach. Er rief nicht »still Seelchen!«, er sprach ganz offen mit mir. Von ihm hörte ich zum ersten Mal von den Dekabristen. Sein Großvater, ein Freund der Fürsten Trubetzkoi, war auch Dekabrist und wurde damals, vor fast sechzig Jahren, nach Sibirien verbannt. Die Gruppe adliger Offiziere, die die Situation im damaligen Rußland verbessern wollte, hatte hohe Ideale und Pläne. Ich bewundere sie sehr. Der Gründer war ein Deutscher, Freimaurer, sagt Dimitri, Sohn des Gouverneurs von Sibirien, ein Pestel.
»Aber wie konnte es überhaupt dazu kommen?« fragte ich. »Ich kann es mir nicht vorstellen, wie ein auf den Zaren vereidigter Gardeoffizier auf revolutionäre Gedanken kommt!«
»Sie sind ein Kind, Arinuschka Karlowna«, rief er und sah mich liebevoll an. Obgleich ich ihm als Katharina von Bowén vorgestellt worden war und er mich am Anfang Jekatherina Karlowna genannt und dann wie alle anderen Arina zu mir gesagt hatte, war mir Arinuschka neu und verwirrte mich. Aber da fuhr er schon fort: »Sie scheinen von Geschichte und Politik nicht viel Ahnung zu haben.« Wir waren in der Eremitage und gingen ne-

beneinander durch die weiten Räume. »Aber ich will Ihnen antworten, weil mir scheint, daß Sie sich wirklich dafür interessieren. Also – wie das kam...« Dimitri zog mich zu einem Sofa, wir setzten uns, und er begann zu erzählen.
Eigentlich ist es ja dumm, daß ich das in mein Tagebuch schreibe, man kann es in jedem Geschichtsbuch nachlesen. Aber erstens erzählte es mir Dimitri, und weil er es so ernst tat, berührte es mich persönlich, und zweitens begreife ich es vielleicht besser, wenn ich versuche, es so klar wie möglich hier aufzuschreiben.
Also, Dimitri begann:
»Sie wissen, Arina Karlowna, wie aktiv Peter der Große war, wie durch die Große Katharina das Blickfeld der russischen Außenpolitik sich erweiterte.«
»Was heißt hier Außenpolitik sich erweiterte?«
»Das heißt, daß Peter und Katharina Spezialisten aus dem Ausland, vorwiegend aus Deutschland, nach Rußland holten, um uns deren Kenntnisse nutzbar zu machen. Viele Russen lernten nun auch das Ausland kennen. Man sah westlichen Fortschritt und wurde so der eigenen Rückständigkeit gewahr.«
»Gab es wirklich so viel Rückständigkeit in Rußland?«
»Ja, der Westen war uns weit voraus. Katharinas Sohn, Alexander I., dieser schöne, weltgewandte und gütige Zar, wurde durch seinen Erzieher Laharpe mit dessen eigenen republikanischen Anschauungen vertraut. Alexander, von lebhaftem Geist, war offen für innerpolitische Reformen. Rußland sollte fortschrittlich werden wie der Westen.«
»Und gelang es ihm?«
»Ja – und doch wurde es nicht so, wie er wollte.«
»Warum?«
»Baroneß, obgleich es mir widerstrebt, mit einer so schönen Frau über Politik zu sprechen, werde ich Ihnen einiges erzählen, bevor Sie von anarchistischer Seite vergiftet und vielleicht gar verführt werden.«

Ich lachte.

»Haben Sie denn in der Schule keine russische Geschichte gelernt?«

»Kaum. Es interessierte mich auch nicht. Durch Sie aber wird alles lebendig.«

»Nun dann: Alexander versprach viel. Vor allem wollte er die Leibeigenschaft abschaffen.«

»Bei uns in Estland war die Leibeigenschaft schon 1816 bis 1819 abgeschafft worden«, wußte ich.

»Ja. Da ging es leichter. Bei Ihnen ging diese Reform vom baltischen Adel aus. Bei uns in Rußland dagegen traf der Zar mit seinem Reformwunsch auf heftigen Widerstand des Adels, der die Leibeigenen als Besitz verstand und zur Arbeit brauchte. Und – denken Sie nur an Gogols ›Tote Seelen‹! Aber Alexander I. begann trotzdem damit, Schritt für Schritt wollte er vorgehen, gegen den Willen des Adels. Er plante auch andere Reformen. Aber die Außenpolitik nahm ihn stark in Anspruch. Sie wissen, Kriege ab 1805! Teilung Polens, Eroberung Finnlands, jahrelang anhaltende Türkenkriege, und dann Napoleon! Sie haben Tolstoijs Krieg und Frieden gelesen?« Ich nickte, dachte dabei aber weniger an Napoleon und Alexander als an die zauberhafte Natascha und ihre große, unglückliche Liebe. »Sehen Sie, Verehrteste«, fuhr Dimitri fort, »dieser schreckliche Feldzug Napoleons durch ganz Europa und Rußland, dann aber die Niederlage dieses französischen Feldherrn, sein Rückzug, gleichzeitig der Siegeszug unseres Zaren – kein Wunder, daß Alexander I. eine Hoffnung Europas wurde: Denken Sie nur an den Frieden in Paris! Wiener Kongreß, Heilige Allianz. Groß war Rußland in den Augen des Auslands, ein bewunderter Halbgott unser Zar! Ja, so war es nach außen, innen aber sah es anders aus. Der Aufenthalt in Westeuropa hatte vielen der jungen Offiziere eine Welt gezeigt, die sie nicht kannten, hatte sie auf die Rückständigkeit in Rußland aufmerksam werden lassen, sie sahen die hei-

mischen Zustände mit anderen Augen. Und weil die Reformen des Zaren ausblieben, bildeten sich Geheimbünde, die ›verändern‹ wollten.«
»Und das waren die Dekabristen?«
»Es gab damals viele Geheimbünde. Der Zar verstand sie, war er doch Veränderungen gegenüber aufgeschlossen gewesen. Aber seine Regierung, besonders sein erster Ratgeber Araktschejew, befürchtete, daß diese Bündler in Richtung Revolution steuerten, er fürchtete ihren Einfluß auf den Zaren und bemühte sich nun seinerseits, gegen sie zu arbeiten. Araktschejew beeinflußte den Zaren so, daß dessen liberale Einstellung sich zu wandeln begann und bald zu schroffer Ablehnung freiheitlicher Volksbewegungen wurde, besonders als er in seinem Garderegiment Konspirationstätigkeit gegen das absolutistische Regime entdeckte. Jetzt war weder von Aufhebung der Leibeigenschaft, noch von anderen Reformen mehr die Rede. Es begann eine reaktionäre Epoche. Araktschejew war ein harter Mann, seine Willkür verbreitete Schrecken.«
»Und der Zar? Hat sich dieser gütige Zar denn nicht widersetzt?« fragte ich empört und verständnislos.
»Er konnte es nicht. Die anderen waren zu stark. Bald kümmerte er sich nicht mehr um die Regierungsgeschäfte, enttäuscht wandte er sich der Religion und Mystik zu.«
»Und die Geheimbünde?« wollte ich wissen.
»Die Geheimbünde wuchsen rasant. Alexander I. starb unerwartet früh. Er hatte, wie Sie wissen, von den Dekabristen gewußt, hatte sie verstanden und vielleicht sogar gebilligt. Sein Bruder und Nachfolger Nikolai I. wußte nichts von ihnen. Ich sagte schon: die Dekabristen waren ursprünglich keine Revolutionäre schlechthin, die die Zarenherrschaft beseitigen und alles zerstören wollten. Nein, sie hatten hohe Ziele: als erstes natürlich Abschaffung der Leibeigenschaft, dann aber auch Selbstvervollkommnung des Charakters, der Sitten und der Bildung.

Vorbildliche Gesamthaltung der Lebensführung. Wie gesagt, mit dem Zaren strebten sie – nach dem Vorbild des Westens – die Verbesserung der Zustände in ihrer Heimat an. Erst als sie meinten, der Zar verstehe sie nicht mehr und wolle sie nicht mehr verstehen, erst als Araktschejew jede Meinungsäußerung knebelte, kamen umstürzlerische Tendenzen in die Bewegung. Oberst Pestel allerdings gehörte nicht zu den Gemäßigten. Er hatte nicht nur revolutionäre Ansichten, er wollte auch revolutionär vorgehen. Er wollte die Ideen eines Saint-Simon, eines Fourier und Owen durch Gewalt verwirklichen. So war er, als Kopf und als Mittelpunkt der Dekabristen, man kann es wohl sagen, der erste große Revolutionär.«

»Warum nannten sie sich Dekabristen?« All die vielen Namen und Ausdrücke, die ich nicht kannte, schwirrten mir im Kopf herum.

»Sie selbst nannten sich nicht so«, erklärte Dimitri.

»Ursprünglich nannte Pestel seine Vereinigung ›Bund der Rettung‹. Pestel war ein bedeutender Mann. Aus Puschkins Tagebuch von 1821 können Sie dessen Verehrung für diesen Mann ersehen. Pestel vereinigte die Geheimbünde, er plante, den Zaren zu ermorden, um eine Republik zu gründen.

Im Norden, also in Petersburg, waren Fürst Sergeij Trubetzkoi und zwei andere die führenden Köpfe dieser Bewegung, aber sie waren gemäßigt, Konstitutionelle. Man müßte Bücher füllen, wollte man dieser Bewegung gerecht werden. Hier unmöglich. Doch noch schnell zu Ihrer Frage: warum Dekabristen?«

»Ja, warum?« fragte ich erneut, als Dimitri schwieg.

»Ach so«, Dimitri hatte eine Gruppe junger Mädchen beobachtet, »nach dem Tod Alexanders I. verschärfte sich die Lage. Die Verschwörung wurde angezeigt, Pestel verhaftet. Am Tag der Eidesleistung für Nikolai I. als neuer Kaiser kam es in Petersburg erneut zu Widersetzlichkeiten. Das war am 26. 12. 1825. Weil dieser Aufstand im Dekabr, also Dezember, stattfand, wur-

den die Aufständischen Dekabristen genannt. Die Folge des Aufstands: Kerkerhaft in der Peter-Pauls-Festung, sibirische Zwangsarbeit. Den Anführern Tod durch den Strang.«
Ich konnte kaum etwas sagen, so stark preßte es mir den Hals zusammen. Wir schwiegen beide.
»Und Ihr Großvater?« fragte ich dann, »er wurde zur Zwangsarbeit nach Sibirien verbannt?«
»Ja. In schweren Ketten, mit vielen anderen nach Tschita. Es waren hundertzwanzig Mann.« Er sah mich an. »Aber so wie viele der anderen Ehefrauen – beispielsweise war auch eine Landsmännin von Ihnen, eine Baronin Rosen dabei – so folgte auch meine Großmutter ihrem Mann in die Verbannung. Dort wurde mein Vater geboren. Er und meine Mutter haben mir oft von den Idealen und Zielen des Großvaters und seiner Freunde erzählt: nicht den Zaren beseitigen, nicht zerstören wollten sie, sondern guten Willens eine bessere, gerechtere Welt für Mütterchen Rußland und unser russisches Volk.«

Arina wußte, daß sie schlafen gehen sollte, ja mußte. Aber es war ihr nicht möglich, die Blätter fortzulegen. Immer stärker faszinierte sie das, was ihre Großtante hörte, erlebte und dachte. Sie stand auf, holte sich ein Glas Wasser, trank und las weiter.

Ich habe jetzt viele Einzelheiten über die Dekabristen gehört und fühle mich ihnen zugehörig. Ich bin wohl eine Frau, aber kann nicht auch ich als Frau auf irgendeine Art ihre Ideale verwirklichen helfen? Unerhörter Gedanke! Als wäre ich ein Mann! Vater, Clemens und Onkel Konstantin wären empört (wahrscheinlich mit Recht) und würden mich sofort nach Ilukūll zurückbeordern. Tante Hannchen und Grandmaman würden wohl aus einer Ohnmacht in die andere sinken! Und doch – ich will! Vielleicht als Barmherzige Schwester? Der deutsche Doktor Haas hat ja auch nur für die Verbannten gelebt! Oder eine

Florence Nightingale? Aber ach, das sind wohl nur Hirngespinste. Ich weiß, ich bin kein »barmherziger« Mensch. Gott möge mir verzeihen!
Meine augenblickliche Sympathie für die Dekabristen wird vorübergehen, meint Dimitri. Er ist sowieso nicht sehr begeistert von dieser »Laune«.

Ich möchte auch ein barmherziger Mensch werden, dachte Arina erfüllt von den Gedanken der Großtante. Ich möchte auch etwas für die Verbesserung der Welt tun. Aber braucht man das noch? Alles ist ja schon getan – und sie nahm das nächste Blatt zur Hand.

Ich war mit der kaiserlichen Familie in der Oper. Herrlich! RUSLAN UND LUDMILLA *von* GLINKA, *dem Revolutionär. Ich finde seine Musik wundervoll. Glinka hat die russische Volksmusik salonfähig gemacht. Für die russische Hautevolée eine ganz neue Richtung, nicht mehr westlich orientierte liebliche Musik, sondern russisch – groß und stark. Das Libretto ist nach Puschkins Dichtung geschrieben. Ach, Puschkin – immer und überall begegnet man revolutionärem Denken und Dichten, in Literatur, Malerei und Musik!*
Ich frage Dimitri, wie es denn weitergegangen sei, nach dem schrecklichen Ende der Dekabristen. Ob damit der revolutionäre Gedanke gestorben sei? Er führte mich zum Bufett und ließ uns Krimsekt reichen.
»In Arinuschka Karlownas Köpfchen spuken noch immer Verschwörer und Aufständische?« fragte er mißbilligend und hob sein Glas. Wir setzten uns auf die zierlichen Stühle am kleinen runden Tisch.
»Ja, ich denke nach über alles, was Sie mir erzählten.« Warum nur machen die Männer uns zu kleinen, liebreizenden Wesen, die nicht mitdenken, selbständig denken und auch etwas Ent-

scheidendes tun sollen. Warum nur für den Mann da sein, warum nicht für eine Idee, für einen Beruf, für etwas Großes – Das dachte ich. Zu sagen wagte ich es nicht. Noch nicht.

Dimitri schüttelte halb erstaunt, halb ärgerlich den Kopf und schob sein Glas in die Mitte des Tisches:

»Sie denken! Sie wollen mehr wissen – Warum, wundervolle Arina? Es ist nichts Erfreuliches.«

»Aber ich möchte es gerne von Ihnen hören, nicht von anderen oder aus Büchern.« Bittend sah ich ihn an. Er lächelte.

»Gut. Also: Nikolai I. war sehr mißtrauisch geworden. Aus diesem Mißtrauen, von Ratgebern geschürt, erwuchs ein konsequenter Kampf gegen die Geheimbündler. Wo immer Verschwörungen aufgedeckt wurden, gab es Verbannungen, Kerker, Hinrichtungen. Deshalb passierte später auch kaum etwas.« Dimitri berührte meinen Fächer, der wie ein rosa Blumenstrauß auf dem Weiß des Tisches lag, beugte sich über meine Hand und küßte sie. Dimitris Berührungen sind wie Elektrizität, die mich durchzuckt. Aber ich entzog ihm die Hand, ich wollte mich nicht ablenken lassen:

»Das Jahr 1848 soll doch aufregend gewesen sein, in ganz Europa?« Undeutlich erinnerte ich mich dieses Jahres aus dem Geschichtsunterricht. »Sagen Sie bitte, Dimitri Pawlowitsch, was war mit dem Jahr 1848? Wir Mädchen erfahren kaum etwas aus der Welt. Für uns gilt ›Politik, Krankheit und Religion sind keine Konversationsthemen für junge Damen!‹ Warum?«

Jetzt lachte Dimitri herzlich.

»Ja, warum? Krankheit ist ein unerfreuliches Thema, Politik und Religion bringen oft Meinungsverschiedenheiten und damit Störung in eine Plauderei, die heiter und angenehm sein soll, wenn man mit Damen beisammen ist. Verstehen Sie das, Gnädigste?«

»Nein«, entgegnete ich bestimmt, »ich möchte die Welt verstehen!«

Dimitri schmunzelte.

»Sie denken ja wirklich, Arinuschka, verehrte, wie unpassend für eine Dame der Gesellschaft!« Und dann ernst werdend »Doch wenn Sie wirklich die Kurzlektion über das Jahr 1848 wollen, bitte auch das. Was tue ich nicht alles für Sie! Also: Das Jahr 1848 begann. Karl Marx und Friedrich Engels veröffentlichten ihr KOMMUNISTISCHES MANIFEST. *Bald darauf setzten die Franzosen ihren König Louis Philippe ab und riefen die Republik aus. Im Norden Deutschlands griffen sie zu den Waffen und in Wien, in Berlin und in München und anderen süddeutschen Städten brachen blutige Unruhen aus. Liberale und Sozialisten gingen auf die Barrikaden, sie kämpften um demokratische Rechte. Ungarn erhob sich gegen die Habsburgische Dynastie. Und in Frankfurt am Main trat die Nationalversammlung der Deutschen in der Pauls-Kirche zusammen: Wiedergewinnung der verlorenen Einheit und Neuordnung der politischen Verhältnisse. Nur in Rußland ereignete sich nichts. Die Regierung erweiterte ihren Machtbereich im Ausland und verhinderte mit Gewalt alles, was Unruhe in die innenpolitische Ordnung bringen könnte.«*

Arina griff nach dem nächsten Blatt und stutzte. Einiges war hier wieder verloren, denn nun war die Großtante plötzlich in Iluküll?

Ich war in Iluküll. Etwas hat sich verändert. Weil Mutter nicht mehr lebt? Liisu sagt, ich hätte mich verändert. Darum. Es sei aber alles wie früher. Vielleicht habe ich mich wirklich verändert. Ich bin nicht mehr das kleine, naive Mädchen, als das ich Iluküll seinerzeit verließ, um zu Onkel Kostja und Tante Tamara zu fahren. Clemens' Söhne sind nett. Konstantin sechs Jahre, Christian vier und mein Taufsohn Waldemar schon ein Jahr alt und ein Wonnekind. Am liebsten aber war ich in meiner Bucht. Hier wird man klein, und vieles, was einen schreckt, wird un-

wichtig. Ich habe Vater und Clemens gebeten, den Dorfkindern eine Schule zu stiften. Ich finde es wichtig, daß die Kinder aller Esten lesen und schreiben lernen und etwas von der Welt erfahren. Sie sahen mich verständnislos an. Ob ich Revolutionärin geworden sei? Sozialistin? Unsinn, sagte ich, aber für die Kinder sei es schon wichtig. Kommen dir solche Ideen am Zarenhof? fragte Vater finster. Ich zuckte die Achseln. Vielleicht. Gestern saß ich lange in meiner Bucht. Die Wasser hoben sich, bäumten sich auf, überschlugen sich mit weißem Gischt. Sie überrollten einander und kamen mit tosendem Schaum ans Ufer. Hier leckten sie den flachen Strand entlang, hoch über den Sand hinauf, überspülten meine Füße und Beine, die ich, auf meinem kleinen Felsen sitzend, herunterhängen ließ. Meine Bucht. Alles wird nichtig. Nur Wasser, Himmel und Gott zählt. Wie habe ich nur so lange ohne Meer leben können!

Die Zarenfamilie ist in ihrer Sommerresidenz auf der Krim. Vom Livadia-Rokokoschlößchen oberhalb von Jalta blickte ich weit über das Schwarze Meer. Zum erstenmal bin ich im Süden. Die Palmen, Zypressen, die vielen Rosen! Es ist schöner als alle Schilderungen, die ich las. Aber ich sehne mich nach Dimitri.

Die Abreise des Hofes stand schon bevor, als ich Dimitri auf der Strandpromenade traf. Er küßte mir die Hand.
»Welche Überraschung, Arina Karlowna, just Ihnen als erster zu begegnen!« Er sei gerade von einer Order im Kaukasus zurück und wolle dem Hof morgen seine Aufwartung machen. »Sie werden es mir nicht abschlagen, Sie jetzt zu begleiten?«
»Abschlagen? Die Promenade steht jedermann zum Promenieren offen.« Ich sah zum rosa-weißen Seidenhimmel meines Sonnenschirmes auf, der sich über mir spannte, hob die Hand und spielte in seinen Rüschen. Ich bemühte mich sehr, zu verbergen, wie mich diese Begegnung erregte.

»Sie sind noch schöner geworden, Verehrteste.«
Ist es nicht wundervoll, bewundert zu werden, auch wenn man bescheiden abwehren muß? Ich wehrte nicht ab, sah ihn sogar an und fühlte, wie ich wuchs und schöner wurde.
Dimitri trug die weiße Gardeuniform, ich das rosa Kleid, das ich bei unserer ersten Begegnung vorigen Sommer in Zarskoje Sselo anhatte. Ich merkte, daß wohlgefällige Blicke uns folgten. Oder bildete ich es mir ein?
Dimitri war übermütig, und ich glaube verliebt, denn was er sprach, klang wie Musik, unsachlich und blumenreich. Oder macht das der Süden?
»Wir haben uns lang nicht gesehen, Arinuschka Karlowna«, sprach er, »aber meinem Herzen waren Sie nah, bei Tag und bei Nacht.« Seine Stimme liebkoste. »Am liebsten würde ich Sie in die Einsamkeit der Gebirgswälder entführen – jetzt gleich ...«
»Bitte«, entgegnete ich zurückhaltend, fast ein wenig spöttisch, versuchte jedoch jenen kleinen Blick, von dem ich weiß, daß er die Männer gefangennimmt, »bitte, entführen Sie mich!« und lachte.
»Scherzen Sie nicht, Arinuschka«, drohte er, »ich bringe es fertig und tue es!« Wir lachten beide. Wir waren beide voll Übermut, den wir nur schwer beherrschen konnten.
Das Wasser sprühte Funken. Schwerer Duft von Blüten, gemischt mit dem salzigen Geruch des Meeres, hing in der Luft. Wir gingen den Strand entlang. Als Dimitri die Boote am Ufer sah, überredete er mich zu einer kleinen Ruderpartie. Natürlich mußte ich ablehnen, aber nicht lange. Konnte man widerstehen? Ich versuchte nüchtern zu bleiben: betrachtete vertrocknete Algen am Ufer, angeschwemmtes Holz, verkrusteten Schlamm – ich suchte Häßliches. Er sollte nicht sehen, wie glücklich ich war. Die breiten braunen Füße des Jungen, der Dimitri die Ruder reichte, waren schmutzig. Er mochte elf Jahre alt sein. Sein Gesicht war finster, fast böse, aber er nahm das Geld, das Dimitri

ihm reichte und steckte es in die Tasche seiner abgewetzten Hose. Er lächelte nicht und dankte nicht. Ruderpartie, dachte ich, ohne Ordonnanz, ohne Anstandsdame – und – was sind das für dumme Sitten angesichts dieses Jungen, und seiner ... Das Boot schwankte, ich ließ mir nicht helfen. »Warum so spröde?« fragte Dimitri. Ich stieg ein und setzte mich auf die Bank im Heck. Am Ufer saß auf einer umgekippten Kiste ein altes Mütterchen. Sie knotete ihr Kopftuch fester und nickte unaufhörlich mit dem Kopf. Der zahnlose Mund lächelte, sie schob das Tuch zurück und murmelte »Kindchen, Kindchen«. Dimitri tauchte die Ruder ins Wasser. Wir schwiegen. Schweigen kann schön sein. Müde sieht er aus, fand ich, braungebrannt, ja, sicher viel im Freien gewesen, aber den harten Zug um seinen Mund hatte ich noch nie bemerkt. Aber nun lächelte er:

»Wissen Sie, wunderschöne Arina Karlowna, ich bin sonst kühl und besonnen, doch der Gedanke an Sie beraubt mich meiner Ruhe.« Nichts war mehr hart in seinem Gesicht. Er ließ das Boot treiben. Ich sprach nicht. Was hätte ich auch sagen sollen? Ich lehnte im Heck des Bootes. Die Kissen waren grün. Ich spielte mit dem Sonnenschirm. Das Boot schaukelte leicht. Gleißende Nachmittagssonne goß Licht auf das dunkle, tiefe Wasser. Es war unvorstellbar schön. In meinem Kopf aber schwirrte es. Zu unerwartet war Dimitri erschienen, zu unvorbereitet und direkt wurde ich seiner Zuneigung gewahr. Oder war es nur ein Spiel? Als ich ihm da gegenübersaß, konnte ich auch das nicht denken, was ich eben aufschreibe, nur – Dimitri – Wasser, Sonnengefunkel, sehr tiefes Wasser, Boot, Himmel, Dimitri – alles durcheinander.

Ich ließ mich treiben, ließ Dimitri sprechen, mich ansehen, ließ mich wohlig umhüllen von allem, was da über die leeren Sitzbretter zwischen uns von ihm zu mir herüberkam. Ich weiß nicht, wie lange dieser beseligende Traumzustand gedauert hat.

»Wie wäre es nun mit der geplanten Entführung?«

Es war wie ein Erwachen. Entsetzt starrte ich Dimitri an. Mein Verstand begann zu sprechen: Unmöglich, was du da gemacht hast, allein mit Dimitri auf dem Wasser, ohne Anstandsdame! Was muß er von dir denken!
»Ich glaube, wir müssen umkehren«, ich weiß, meine Stimme klang ängstlich. Eigentlich müßte er jetzt offiziell von Liebe sprechen und fragen, wann er Vater in Ilukül besuchen und sich vorstellen dürfe. Ich konnte nicht mehr träumen, nicht mich dem herrlichen Augenblick hingeben, meine Erziehung zerstörte den Augenblick. Zwei Seelen wohnen, ach, in meiner Brust, stellte ich mit Goethe innerlich weinend fest, die eine will glücklich sein, die andere fragt nach Schicklichkeit!
Natürlich sprach ich nichts dergleichen aus, alles muß ja vom Mann kommen, hatte man mich gelehrt, aber meine Hingabe an den Zauber war zerbrochen. Dimitri lächelte noch immer. »Spielen wir Entführung?« Und ich, wie dumm, stellte ihm historisch-politische Fragen.
Dimitris Blick war betroffen, als sei er aus einer schöneren Welt unsanft in eine brutale zurückgeholt worden.
»Warum, Arinuschka, warum tun Sie das?« Seine Stimme klang enttäuscht, ja traurig. »Wollen Sie nicht, daß ich von dem spreche, was mich bewegt?«
»Ach«, begann ich unsicher, denn ich war sehr ärgerlich auf mich selbst, »ach – nein, nein – ich wollte doch nur wissen ...«
Dimitri zog die Ruder ein und beantwortete sachlich meine Frage. Dann ruderte er weiter. Und ich haderte mit mir selbst.
Nach einer Weile zog er die Ruder abermals ein, stand auf und kam zu mir herüber. Wie groß er wirkte, als er da im kleinen schwankenden Boot über die Sitze stieg. Er setzte sich vor mich hin und nahm meine Hand, die auf dem Rand des Bootes lag, in die seine.
»Arina Karlowna, es ist nicht gut, daß Sie sich so viel mit den Fragen der Revolution beschäftigen. Und –« nun lächelte er

zärtlich, »und ein Unglück wäre es, wenn diese zarten Hände etwas anderes täten als liebkosen.« Er sah mich an, stutzte über meinen Ernst und ergänzte »... wenn es schon etwas anderes sein müßte, ja dann in Gottes Namen wenigstens schöne Dinge: Musik, Malen meinetwegen auch Strickereien – doch würde Liebe weitaus am besten zu Ihnen passen.« Das sollte wohl ein Kompliment sein, und er sagte es auch so liebenswürdig, so charmant, daß ich nicht böse sein konnte, obgleich es eigentlich fast einer Beleidigung gleichkam. Sind Frauen denn wirklich nicht berechtigt zu denken? Nur bestimmt, Männern Freude zu bereiten?

Plötzlich mußte ich an die Suffragetten in England denken, die Frauenrechtlerinnen, von denen ich am Hof mit Abscheu hatte reden hören »die Männerfeindinnen mit schrillen Stimmen, ihr männliches Verhalten, ihr unhöfliches Benehmen, ihr greuliches Aussehen, von den Männern abgelehnt und verspottet ...«

Dimitri war aufgestanden und hielt seine Finger über meinem Haar, ohne es zu berühren.

»Und dieser Kopf«, sagte er liebevoll, »soll keine Gedanken spinnen, wie es die verrückten jungen Damen taten, die ihre Locken abrasieren ließen, sich in Säcke kleideten und bewaffnet als Revolutionärinnen auf die Barrikaden gingen, Verschwörungen anzettelten, mordeten und dann öffentlich gehenkt wurden!«

»Junge Damen?« Ich horchte auf. »Was für junge Damen? Und warum?« Das mußte etwas anderes sein, als die Suffragetten in England. »Woher kamen sie? Und warum taten sie sowas?«

»Ach, nun habe ich was gesagt!« Dimitri schlug sich mit der Hand auf den Mund und setzte sich wieder hin. »Sprechen wir nicht mehr davon.« Seine Stimme hatte etwas Endgültiges.

Aber »Damen der russischen Gesellschaft?« bohrte ich weiter, »sie müssen doch einen Grund gehabt haben?«

»Ja, aus den besten Familien unserer Hautevolée! Und Grund«,

Dimitri grollte, und ein sanfter Zorn schwang in seiner Stimme, als er jetzt die Achseln zuckte, »Sie kennen die Gründe für Revolutionen: bessere Welt schaffen, Freiheit, Gleichheit, Brüderlichkeit, Brot, Gerechtigkeit – und wie die Parolen alle heißen. Repin hat Ihnen wohl genug erzählt von diesen Zielen. Viel zu viel, Arinuschka. Die jungen Damen entdeckten plötzlich ihr Gewissen, übten scharfe Kritik an ihren Eltern und der ganzen Gesellschaft. Sie wollten etwas für's Volk tun, gingen unter's Volk, arbeiteten mit ihren Händen, inszenierten Verschwörungen und – und...« Er hatte mir die Hände auf die Knie gelegt und sah mich eindringlich an. »Arinuschka Karlowna, ich habe ungewollt mit etwas begonnen. Schluß damit! Wozu zerbrechen Sie sich ihr bezauberndes Köpfchen mit häßlichen, nichtsnutzigen Gedanken.« Er betonte »häßlich« und »nichtsnutzig«, und ich fühlte seine Kraft, die unerklärliche Gewalt über mich gewann. Er war aufgestanden und beugte sich über mich. »Sagen Sie mir lieber, wann Sie mir den ersten freiwilligen Kuß schenken werden« und, ohne eine Antwort abzuwarten, nahm er mich in die Arme und küßte mich so – so – wie in der Kirche, damals zu Ostern, nein, viel heftiger und zarter, viel wilder und behutsamer, viel... Ich konnte nichts sagen, konnte mich nicht wehren, wollte mich gar nicht wehren – ich wollte weglaufen, doch waren wir ja auf dem Wasser.
»Das war ein Überfall«, stotterte ich, als ich wieder zu Atem kam, und es sollte vorwurfsvoll klingen.
»Ich weiß«, Dimitri ließ mich los. Er verneigte sich, küßte mir die Hand und sagte mit gespielter Reue in der Stimme: »Verzeihen Sie einem armen Betörten, Arina Karlowna, Sie haben ihm hoffnungslos den Kopf verdreht!«

Tiefbewegt wischte Arina sich die Tränen vom Gesicht. Nein, jetzt mit dem Lesen aufzuhören, war völlig undenkbar. Sie blickte auf die Uhr. Es war schon bald drei.

Petersburg.
Ich versuchte, Dimitri zu meiden.
Ich denke über die »jungen Damen der besten Gesellschaft« nach, die Revolutionärinnen wurden.
Die dicke, kleine Mascha, die zu meiner persönlichen Bedienung da ist und für mich durch's Feuer gehen würde, sagte, als ich das Gespräch darauf brachte, ja, die habe es gegeben, ihre Großmutter und Mutter hätten in der Menschenmenge gestanden und gesehen, wie sie gehenkt wurden. »Diese Zarenmöderinnen!« fügte sie zornig hinzu.
Es war im Jahr, als sie geboren wurde: 1881. Plakate hätten sie um den Hals tragen müssen: ›Zarenmörder‹. Das Volk sei empört gewesen über sie und habe die Hinrichtung ebenso wie die Verbannungen als gerecht empfunden.
Dabei, fügte Mascha nach einer Weile stockend und etwas furchtsam hinzu, dabei hätten sie das doch für das Volk getan, »alles für die Freiheit und das Glück des Volkes«, sagt mein Iwan, und sie preßte gleich darauf erschrocken die Hände auf den Mund, als habe sie etwas verraten, was auch ihren Iwan an den Galgen bringen könnte.
»Verstehen kann ich das alles nicht«, fügte sie dann leise hinzu.
»Hab keine Angst«, sagte ich beiläufig, »das alles ist nicht so wichtig«, und ich ließ mir das Haar bürsten.
Aber ich sehe Mascha jetzt ganz anders als früher. Ich sehe nicht nur das Dienstmädchen, das mir ergeben ist, ich sehe auch den Menschen Mascha, der arbeitet, liebt und Angst hat.

Ich will mehr wissen. Ich lese Puschkin, auch ein Dekabrist. Durch Dichter erfährt man viel. Mehr als durch Geschichtsbücher. Dichter machen eine Zeit und ihre Menschen und Probleme lebendig. Turgenjews VÄTER UND SÖHNE *lassen mich die jungen Damen verstehen, die sich nicht nur gegen ihre Eltern, sondern gegen die Männer auflehnten, weil sie sich unter dem*

Zepter dieser Männer nicht entwickeln durften. Die Universitäten waren nur den Brüdern zugänglich. Sie aber wollten gleiche Rechte zur Entfaltung ihres Geistes, wollten nicht nur zum Vergnügen der Männerwelt leben. Und diejenigen Kreise, die den Umsturz planten, versprachen das.
Ich lese Dostojewski und bin aufgewühlt. Ich lese Gorki, Gogol Tolstoij, diese großen Seelen, diese Kämpfer für die Gerechtigkeit, diese Gottesstreiter. Dazu die Bilder der Peredwischniki und anderer Realisten, die Repin mir zeigt und erklärt! Die Gespräche mit Künstlern. Welch ein Unterschied zwischen ihnen und den Gardeoffizieren, dem Volk, das ich ja nur aus Dichtung und Malerei und vom Erzählen her kenne, und dem Leben am Hofe!
Von jedem Standpunkt aus ist es anders – was aber ist richtig? Oder hat das Leben viele richtige Gesichter? Jelena Alexejewna kann ich mit diesen Problemen nicht kommen, sie sieht mich sowieso schon etwas merkwürdig an in letzter Zeit, als würde sie in mich hineinsehen wollen, weil sie in mir revolutionäre Gedanken vermutet. Und ich fürchte, diese meine Gedanken sind wirklich so, wie es sich für eine Hofdame, die ihre Zarin und deren Kinder liebt und dem Zaren alle Sympathien, aber auch Mitleid entgegenbringt, durchaus nicht geziemt. Onkel Kostja und Tante Tamara habe ich lange nicht gesehen. Nur besuchsweise bin ich jetzt da gewesen. Tante Tamara hat auch andere Interessen als mich. Mit meinen »Ideen« dürfte ich den beiden nicht kommen.
Mitnichten – ist es denn nicht erstrebenswert: alle Menschen Brüder, mit gleichen Rechten, alle einig, alle frei, keine Unterdrückung, keine Ausnutzung, keiner hungrig, etwiger Frieden!!
Einer der Studenten, den ich neulich im Künstlerkreis kennenlernte, sagte mir, daß das ihr hohes, heiliges Ziel sei, für das sie auch zu sterben bereit wären (so wie die revolutionierenden jungen Damen, dachte ich). Er wollte mir ein Buch zu lesen geben,

von einem Deutschen, einem Karl Marx, es sei herrlich wie die Bibel, und es stehe alles drin, was die Zukunft glücklich machen würde, für alle Gesellschaftsschichten und alle Völker, die sich danach richten. Und er ereiferte sich sehr.
Als ich Dimitri davon erzählte, war er zornig, wie ich ihn noch nie gesehen hatte, und er verbot mir streng, diese Gesellschaft je wieder zu besuchen. Ich weiß ja, daß ich mich unschicklich benommen hatte, dahin zu gehen, ohne am Hof auch nur ein Wort davon zu sagen!
Dimitri sagt, daß alles, womit sie mir den Kopf vollstopfen, Unsinn, Dummheit und Gift sei, das Schreckliches heraufbeschwöre, und er sagte dasselbe wie Liisu, nur mit anderen Worten. Liisu sagt: Gott habe jedem seinen Platz gegeben und den müsse man gut ausfüllen. Sie kenne Kräuter und könne der Familie dienen und Jung-Herrchens und Fräuleinchens als Kinderfrau pflegen und hüten. Und Jakub könne Pferde pflegen und kutschieren, wohin Herr wünsche. Und Herr wisse, wie man ein Herr ist und kluge Bücher liest und wie man für andere sorgt und, ach, so vieles – hier hatte sie sogar die Hände gefaltet – und Jungherr Axel weiß, wie man Kadett ist und später Offizier wird, und Herr Pastor weiß den Leuten zu sagen, wie sie gut leben sollen, um einmal zum lieben Gott zu kommen ... und keiner soll sein wollen und haben wollen, was der andere ist und hat, sondern richtig und gut seine Arbeit machen auf dem Platz, wo Gott ihn hingestellt hat. Und frei? Frei sei jeder, der das tun will, was seine Arbeit ist. Ja, so redete Liisu. Und was Dimitri sagte, klang ähnlich. Jeder sei frei, ein guter Mensch zu werden. Und dann sagte er etwas, was mir aus seinem Mund erstaunlich und fremd klang: Wenn jeder ein guter Christ wäre und nach der Bibel lebte, sähe es anders aus in der Welt. Und wenn man Zaren und Herren abschaffen wolle, würde man eines Tages auch Gott abschaffen wollen – so weit käme es noch!

Sollte der wilde, leichtsinnige Dimitri etwa fromm sein? Ich kann es nicht glauben. Ein so guter Mensch wie Peter Petronius ist er sicher nicht. Aber Dimitri widersprechen kann ich nur kurz, dann lächle ich unter seinen warmen Blicken.

Bald wird die Ballsaison beginnen.
Tante Tamara ist sehr aufgeregt, und Jelena Alexejewna besprach die neuen Ballkleider mit uns. Ich solle diesmal gelb wählen, schlug sie vor, goldgelb, das würde mir gut stehen! Oh ja, goldgelb gefiele mir sehr gut. Aber nein, sage ich, rosa, zarte erdbeerfarbene Seide – mit Silber vielleicht? Wie könnte ich gelb wählen, wenn Dimitri mich in rosa liebt.

Ich habe lange nicht geschrieben. Aber heute muß ich dir etwas anvertrauen, geliebtes Tagebuch, nur dir!
Ich wußte nicht, daß es sowas gibt ...
Schon stehen große, goldene Sonnenblumen in den Krügen, die letzten Astern holte Dimitri aus dem Garten und legte sie mir in den Schoß. Der Tisch ist mit rotem, wildem Weinlaub geschmückt. Aber nur für zwei – kommt keiner mehr? Champagner, Kaviar, Lachs, Pirosschki, garnierte Eier, gegrillter Stöhr – und wieder Champagner.
Im offenen Kamin glomm noch die Glut, als Dimitri das Fenster öffnete und mir den Arm um die Schulter legte. In der Unendlichkeit des dunklen Nachthimmels funkelten Myriaden silberner Sterne. Es machte mich erschauern. »Welche Wunder«, flüsterte ich. Er zog mich fester an sich und antwortete:
»Sie haben recht, Arinuschka« und, kaum hörbar, »Wunder über Wunder – und wenn du, größtes Wunder, dich jetzt nicht wehrst, werden sie vom Himmel fallen ...«
Ich konnte mich nicht wehren – und die Sterne fielen vom Himmel, nein, sie stürzten – über ihn und mich.

Seit jenem Tage ist mir, als trüge ich einen Sternenkranz im Haar, den keiner sehen darf; ich gehe ganz aufrecht, damit er nicht herunterfällt.
Dimitri nennt mich seine Swesda, seinen Stern – den wunderschönsten.

Ich lebe zwei Leben, eines als wohlgesittete Hofdame im Winterpalais, das andere als Geliebte des Gardeoffiziers Dimitri Pawlowitsch Gnarudow. Noch ist es geheim. Aber eines Tages wird er mich als Gräfin Gnarudow auf seine Güter bringen, und ich werde ihm Söhne schenken. Wie glücklich werden wir sein!
Ich denke jetzt weder an die Dekabristen, noch an die revolutionären jungen Damen, auch nicht an die Emanzipation der Frau. Nur Dimitri und unsere Liebe hat Platz in meinem Sinn.

Mascha weiß alles und versteht, obgleich ich natürlich nie mit ihr darüber gesprochen habe. Oft sieht sie mich an wie Liisu, obgleich sie so jung ist. Was fühlen diese Frauen? Sie begleitet mich nicht mehr zu Dimitri, aber sie paßt auf, daß alles geheim bleibt.
Heute hielt mich eine Ziganka aus Dimitris Kapelle an, nahm meine Hand und raunte:*
»Gib acht, Täubchen, heute sagt er: ›Komm, ich will dich‹, morgen aber: ›Ich will dich nicht mehr!‹« Ich entriß ihr meine Hand und sah sie vernichtend an. Was erlaubt sich diese Person!

Bälle, Theater, Konzerte. Tante Tamara trägt am liebsten weinroten Samt. Ich hörte den weltberühmten Schaljapin. Eines seiner Lieder verfolgt mich:

Kind, sehn dich im Frühling nicht nach der Rose,
die Rose blüht auch im Sommer für dich …

* Ziganka (russ.) = Zigeunerin

Im Frühling bewundere lieber das Veilchen,
denn: sehnst du dich später nach ihm,
ist es zu spät, du findest es nicht ...

Ich hätte das Lied auf russisch hinschreiben sollen, denn ich kann ja nicht dichten. So, wie Schaljapin es sang, klang es schöner, ergreifender. Ob ich die Zeit der Veilchen übersprungen habe? Ist für mich etwas verloren? Ich taumle durch unser Glück. Dieser Rausch, dieser überwältigende Rausch ...

Schnee, rein, als sei es der erste Schnee, der je die Erde berührte. Es duftete, wie nur ein frisch verschneiter Wintermorgen duften kann. Ich ging durch die Gärten, langsam, ohne zu denken – da durchfuhr es mich heiß: Dein Leib ist gesegnet – du trägst ein Kind!
Schnell schob ich den Gedanken beiseite. Doch er läßt mich nicht los. Natürlich muß es so sein. Seither ist wieder eine Woche vergangen. Ich bin gewiß: Ich, Arina von Bowén, bin guter Hoffnung! Wie wird Dimitri sich freuen! Ich muß es ihm sagen, damit er nach Ilukúll fährt, um Vater zu sprechen und das Aufgebot zu besorgen. Ob Peter Petronius uns trauen wird oder sein Vater?
Ach nein, als Gräfin Gnarudow werde ich ja Russin und zum russisch-orthodoxen Glauben übertreten müssen. Oder zwei Hochzeiten? Eine in Ilukúll – eine zweite in Rußland – wie Onkel Kostja und Tante Tamara sie hatten?
Mein Gott, ich kann das alles noch gar nicht glauben. Morgen nach der Silvesterfeier werde ich es ihm sagen. Wir werden das neue Jahrhundert gemeinsam mit einem neuen Leben beginnen!
Dimitri war nicht da. Weder im Palais noch in der Kirche. Auch heute zur Neujahrscour habe ich ihn nicht gesehen. Ob ich ihm schreiben soll? Ach nein, dann kann ich seine Freude nicht sehen.

Jelena Alexejewna hat es gemerkt. Woran? Ich kann ja höchstens im dritten Monat sein. Sie fragte sehr ernst, wer der Vater sei und ob ich es, das Kind, nicht abtreiben lassen wolle. Welch ungeheurer Gedanke! Dimitris Sohn – töten – nie! Empört wies ich dieses Ansinnen zurück. Und wer der Vater sei? Ich lächelte und bat:
»Erlauben Sie mir, es zu sagen, wenn wir die Verlobung veröffentlichen.« Sie sah mich seltsam an.
»Dann werden Sie uns demnächst verlassen?«
»Ja.« Ich strahlte.

1. März 1900
Ich habe lange nicht schreiben können. Wahrscheinlich war ich krank, in der Seele gelähmt. Hier der Brief, den ich vor drei Wochen erhielt:

> *Mademoiselle,*
> *wissen Sie wirklich nicht, daß Dimitri Pawlowitsch Gnarudow Familie hat? Er ist glücklich verheiratet und hat Kinder. Lassen Sie ab von ihm, es ist nicht gut! Sie bedeuten ihm nicht mehr als die anderen Mädchen in den Städten, die ihm nachlaufen.*

Man soll anonymen Briefen nicht trauen. Und doch. Ich weiß noch genau, wie es war, als ich den Brief las: Das Papier in meiner Hand begann zu zittern. Die Buchstaben wurden dick, verschwammen, breiteten sich aus über das Weiß des Briefes, so daß er schwarz wurde. Schwarz der ganze Bogen, schwarz meine Hand, der Tisch vor mir, der Stuhl, der Schrank, die Luft, so daß es mir schwer fiel zu atmen. In meinen Ohren sauste es. Ich wurde nicht ohnmächtig, nicht blind, nicht taub, o nein, aber es war, als hätte sich das Licht aus allem, was mich umgab, zurückgezogen – auch aus meinem Kopf. Tiefste Dunkelheit – und in dieser Dunkelheit ich allein – mutterseelenallein mit Dimitris

Sohn in mir. Können wir noch weiterleben nach dieser Kunde? Und doch, das Kind wird zur Welt kommen. Es wird leben. Aber als Kind der Sünde. Wer könnte ihm den Makel einer ledigen Mutter nehmen? Dazu gab es niemanden.

Iluküll.
Was hatte ich mir davon versprochen, nach Hause zu kommen?
Gespräche. Vater und Clemens nahmen mich ins Verhör:
Warum ich den Zarenhof verlassen hätte?
Ich wollte.
Wie es käme, daß sie es zuließen?
Ich habe darum gebeten.
Und sie genehmigten es?
Sie genehmigten es.
Ob ich mir etwas hätte zuschulden kommen lassen?
Zuschulden? Nein, zu Lieben ...
Sie wurden hellhörig:
»Sprich!«
Ich neigte den Kopf und sagte nur vier Worte:
»Ich bekomme ein Kind.«
Schweigen.
Die Wirkung übertraf meine schlimmsten Erwartungen. Wenn ich einen Mord, einen Meineid bekannt hätte, die Verdammnis hätte nicht schlimmer sein können. Und ich war doch Vaters Liebling gewesen!
Man ließ mich gehen. Ich flüchtete zu Liisu, der einzigen, die mich in die Geborgenheit ihrer Arme und ihres Herzens nahm. Sie umsorgte mich mit polternder Zärtlichkeit. Ihre Kräutertees beruhigten mich. Für sie war ich »ihr« Kind geblieben.

Peter Petronius erfuhr von meinem »Fall«. Woher? Clemens hatte mit ihm gesprochen. Peter erschien, als ich am See saß und Windeln nähte. Groß und ungeschlacht wie ein Bär stand er vor

mir und wußte nicht, wie er beginnen sollte. Er setzte sich zu mir auf die Bank. Er erzählte von sich, vom neuen Pastorat und daß ihm die Frau fehle, die er liebe. Er bat mich erneut um meine Hand. Er wisse um das Kind und wolle es lieben wie sein eigenes. Guter, treuer Peter!
Damals, als Mutter starb, hatte ich »nein« gesagt. Konnte ich jetzt »ja« sagen? Nur des Kindes wegen? Mein Stolz ist nicht gebrochen. Ich dankte herzlich und schüttelte den Kopf.
Doch was nun kam, war das Schlimmste.
Clemens verbot mir, mein Kind als »Bankert« in Ilukull aufzuziehen. Erschüttert und verständnislos sah ich ihn an:
»Wohin willst du mich denn schicken?«
»Ins Ausland. Zur Entbindung vielleicht nach Helsingfors. In eine Klinik, gleichzeitig aber werden wir das Kind ...

Hier war das Blatt abgebrochen.

Arinas Tränen flossen unaufhaltsam. Sie ließ das Blatt zu Boden gleiten, legte sich hin und weinte ins rote Kissen. Das Kind, dachte sie, das Kind – und weinte weiter, bis sie in unruhige Träume fiel.
Der Kopf auf dem Kissen – das Kissen auf dem Johannikranz – War es dieser Kranz?
Sie fiel in Dimitris Arme, und sein Gesicht war das von Großväterchen; Dimitri küßte sie in der russischen Kathedrale – und hatte das Gesicht von Koljka; Dimitri sprang mit ihr durchs Feuer – und sah sie mit dem Gesicht von Orvo Maa an; der ließ sie los, sie flog in Dimitris Arme – und Thomas setzte sie auf eine Wolke – sie flogen miteinander – Arina sank in tiefen Schlaf.

Was ist mit Arina geschehen?

Hell scheint die Sonne ins Blaue Zimmer, als Robik, nach langem Suchen, Arina dort schlafend findet. Er will sie wecken und tippt vorsichtig auf ihre Stirn. Aber sie schläft fest. Als er sie gar nicht wachkriegen kann, denkt er an Dornröschen und küßt sie auf die Wange.

»Alle warten schon lange auf dich, bitte wach auf!«

Arina hat nur drei Stunden geschlafen und verschlafen. Das Frühstück war ohne sie eingenommen worden. Aber die vorgesehene Bootsfahrt will Robik keinesfalls ohne Arina machen.

»Kommst du?«

Arina öffnet die Augen und nimmt Robik in die Arme. Sie ist benommen und denkt ›Dimitri‹. Immer noch geht ihr das, was sie in der Nacht gelesen hat, durch den Kopf. Und dann Großväterchen – Dimitri – Koljka – Dimitri – und wieder Großväterchen. Was war Wirklichkeit, was war Traum? Ihr Kopf schwirrt.

»Komm schnell, wir fahren auf die Inseln!« drängt Robik.

Arina richtet sich auf.

»Geh und sag, daß ich nicht mitfahren werde.«

Robik ist entsetzt.

»Nicht? – Mit dem Boot – ganz weit über das Meer nach Groß- und Klein-Rogö?« Verzweifelt sieht er sie an: Was ist nur mit Arina los? Gibt es Schöneres, als mit dem Boot zu den Inseln zu fahren? Und als sie wieder den Kopf schüttelt, zornig: »Du mußt!« Doch sie bleibt bei ihrem Nein.

Da wendet er sich zur Tür und rennt auf die Veranda. Sie sind schon fertig. Alle. Sogar Mami fährt mit. Auch Tante Minchen. Nur Liisu und Madli sollen zu Hause bleiben, und Onkel Konstantin und Königin Tamara, natürlich. Aber jetzt auch Arina! Robik kämpft mit den Tränen.

Noch benommen geht Arina an den See.
»Was hat er dir gegeben?« fragt Felix Helbrich.
»Tagebuchblätter von Tante Arina.«
»Und?«
»Was und?«
»Etwas Besonderes?«
Sie sieht ihn müde an.
»Ich gehe baden.«
»Du willst nicht mitkommen zu den Inseln?«
»Nein, heute nicht.«
Er ist verheiratet wie Dimitri, denkt sie, und lange nicht so aufregend wie Dimitri. Natürlich ist alles anders. Aber er ist verheiratet.
Felix Helbrich runzelt die Stirn.
»Du solltest doch mitkommen und dir auf dem Boot den Wind so richtig um die Nase wehen lassen!« sagt er.
Aber Arina schüttelt den Kopf, steht auf und läuft davon. Björk kommt ihr entgegen.
»Arina, fährst du wirklich nicht mit?«
»Nein.«
»Warum?«
»Ich bin müde. Kopfschmerzen.«
»Alle fahren.«
»Ich weiß.«
»Und bleibst?«
»Ja.«

Sie fahren. Es wird still auf Ilukü̈ll. Tönu ist bei seinem kranken Vater in Kersalu. Madli bei den Kühen im Stall.
Liisu sitzt mit Kartoffeleimer und Schälmesser unter den alten Linden vor dem Haus auf dem Hocker. Daneben in der Hängematte liegt Arina innerlich weinend und betäubt von der Schwere des Lindenblütenduftes. Dunstglocke aus Schwüle und

Wärme, aus regloser Stille und erdrückendem Duft. Sie regt sich nicht. Schließt die Augen. Großtante Arina sah aus wie sie – und hatte ein Kind. Sie richtet sich auf. Das Kind – wo ist das Kind?

»Liisu, du warst immer in Ilukull?«

Schweigend sieht die Alte von den Kartoffeln auf.

»Du weißt alles von Ilukull?«

Schweigend nickt die Frau.

»Auch von Tante Arina?«

Wieder das Nicken.

»Sie hatte ein Kind?«

Liisu erschrickt, die Hände sinken in den Schoß.

»Wo ist das Kind?«

Traurig sieht die Alte das Mädchen an.

»Wo ist es?« drängt Arina.

»Tot«, sagt der alte Mund, die Augen bestätigen es. Und Liisu steht auf vom Hocker, nimmt den Kartoffeleimer und geht in die Küche.

Arina sitzt auf dem Stein in der verbotenen Bucht.

»Serafim!« ruft sie, »Bruder Serafim!«

Aber ihre Stimme verhallt im gleichmäßigen Rauschen des Meeres. Das Ufer ist tot. Der Glint ist tot. Es rührt sich nichts.

Arina geht zurück an den See. Am Brunnen begegnet ihr Orvo Maa.

»Warum hängt das Bild von Tante Arina in der Schule?« fragt sie ernst.

»Weil sie ein Herz für unsere Armut und Dummheit hatte.« Er lacht nicht. »Sie hat sich um die Estenkinder gekümmert, sagt mein Großvater, damals als sie aus Rußland heimkam. Man glaubt es kaum. Von ihrem eigenen Geld hat sie die Schule ge-

baut. Und einen Lehrer bezahlt.« Orvo Maa sieht sich um und spricht leiser. »Man sagt, sie sei Sozialistin gewesen. Wie schrecklich für diesen stolzen Vater, für diesen herrischen Bruder!«
Die Schwalben fliegen hoch.
»Und dann – ausgerechnet sie«, fährt Orvo Maa fort, »ausgerechnet die gütige, von allen geliebte Baroneß Arina – während der Revolution – in ihrer eigenen Bucht – schrecklich!«
»Ich verstehe nicht«, sagt Arina.
»Das kann kein Mensch verstehen«, entgegnet der Mann, grüßt, und geht weiter.

Madli schreit: »Das Kalb, das Kalb – und alle fort!« und rennt zurück in den Stall und betastet den Körper der stöhnenden Kuh. »Liisu, Liisu! Kirju kommt zum Kalben – und kein Mann da...«
Daß Liisu so rennen kann!
»Arina, schnell«, ruft sie schon von weitem und ganz außer Atem. »Komm, Kind, Kuh kalbt – komm schnell!«
»Ich?« Arina weiß nicht, was sie tun soll. »Ob Tante Johanna das erlaubt?«
»Frag nicht dumm!« Liisu ist schon neben ihr »was gilt *erlaubt!* Kuh fängt an zu kalben!« Und als Arina noch zögert streng befehlend: »Komm jetzt schnell!« Und rennt davon. Arina folgt langsamer.
Madli reißt die Öffnung auf, aus der zwei Fußspitzen herauslugen.
»Da, der Strick!« Liisu bemüht sich, ihn um die Beine und das kleine Kalbsmaul zu binden. Er hält. Sie reicht das Ende dem Mädchen. »Zieh!« – »Stärker!« – »Hast du zu wenig Kraft?« schreien die Frauen.
Arina hat zu wenig Kraft. Sie ist voller Entsetzen. Schweiß tritt auf ihre Stirn. Schreckensweit öffnen sich ihre Augen. Sie zieht

und fürchtet sich zugleich, der Kuh weh zu tun. Doch wenn sie nachläßt, schreien die Frauen »zieh!« und helfen und zerren und weiten und reden der Roten gut zu.
Die Kuh schreit. Und Arina zieht und fühlt ein Grauen, will auch schreien und fortlaufen und gar nichts mehr sehen. Aber da atmen sie erleichtert auf. Mit einem Ruck hat das Kälbchen den Mutterleib verlassen und liegt blutbedeckt im Stroh.
Liisu lehnt erschöpft am Gatter. Madli reibt das Neugeborene mit Stroh ab, winkt Arina und gemeinsam tragen sie es zum Kopf der Mutter. Die beginnt ihr Kind zu säubern. Behutsam leckt die rauhe Zunge über das verschmierte Fell.
Arina lacht unter Tränen. Ein neues Kälbchen im Stall – eben war es noch nicht da – und jetzt... Wunder der Geburt! Sie streichelt den Kopf und weint und lacht.
»Ein Kuhkalb, kein Ochsenkalb«, strahlt Madli, »du brauchst nicht geschlachtet zu werden. Wir werden dich aufziehen! Man muß einen Namen finden.«
»Rosenrot«, sagt Arina und denkt an das Märchen.
»Ja«, Madli nickt, sagt zärtlich »Roosike« und klopft ihm liebevoll die Hinterhand.
Am Abend hat Arina mehr erlebt als die heimkommenden Ausflügler. Wenn ihr wüßtet, denkt sie, als alle durcheinander berichten. Und schweigt. Keiner braucht zu wissen, *wie* aufgewühlt sie ist.

Arina schweigt viel in den nächsten Wochen.
Sie findet die schönsten Borowiken*, wenn sie Pilze suchen und der Wald so würzig nach Holz, Harz und Tannennadeln, nach Pilzen, Beeren und Moosen duftet.
Sie geht mit Björk, Nita und Robik Schwarzbeeren sammeln und kommt mit blauem Mund heim. Später sucht sie auch

* Borowiken (russ.) = Steinpilze

Strickbeeren*, und sie jubelt mit den anderen, wenn sie Stellen mit Brombeeren oder gar Schellbeeren** finden.
Sie arbeitet auf dem Heuschlag und kann die Angst vor Kreuzottern nicht überwinden. Sie geht mit den Mädchen schwimmen, liegt mit ihnen auf den erratischen Blöcken im Meer, springt mit ihnen um die Wette ins klare Wasser, läuft und tanzt mit ihnen am Strand und freut sich am süßen Geruch der großen, roten Wildrosen gemischt mit dem herben von salzigem Schlamm und Treibholz.
Und doch ist etwas anders geworden seit jener Johanninacht und dem darauffolgenden Tag. Großväterchen sieht sie manchmal sinnend an. Oft meint Björk, Arina habe sich verändert – aber wieso? Alles ist so wie früher – und doch – scheint Arina nicht ernster, stärker, wärmer? Was ist nur mit Arina geschehen?
Die aber schweigt über Großtante Arinas Tagebuch.
Als Ende August die Schule wieder beginnt, spricht sie weder mit Koljka noch mit Tante Agatha darüber.
Und dann denkt sie nicht mehr daran, die Arbeit für das im Frühling bevorstehende Abitur nimmt sie voll in Anspruch.
Nur wenn sie heimkommt und die Lichtsäule im Treppenflur schimmert, meint sie, die Zeit stünde still, alles sei unendlich und doch eins – und sie selbst Großtante Arina, von der sie jetzt so viel weiß.

* Strickbeeren – Preiselbeeren
** Schellbeere – Brombeerenart, wird hellgelb und klar, aromatisch, wächst in nördlichen Ländern

Vanemuine und sein Wunder-Kannel

An einem grauen Oktobertag, während der Herbstferien, mußten die Kinder mit zur Kartoffelernte.
Björk war besonders glücklich, wieder in Ilukküll zu sein. Sie war auf ihrem Felsen gewesen, war weit hinausgeschwommen und jetzt so voller Lebenskraft, daß ihr das Einsammeln der Kartoffeln ein leichtes war.
Tõnu hatte die Furchen geöffnet. Die Frauen sammelten die Knollen in die Körbe, häuften das Kraut beiseite. Später würde es als Kartoffelfeuer brennen und ihre Glut einige Knollen garen.
Björk war allen voraus. Am Ende der Furche stand Tõnu mit Pferd und Wagen am Ackerrain. Er nahm die gefüllten Körbe entgegen und leerte sie in die Säcke auf dem Wagen. Als er ihr den Korb wiedergab, schob er seine Mütze nach hinten und kratzte sich den Kopf:
»Ist nicht gut.«
»Was ist nicht gut?«
»Pjörgi-preili ist zu schnell.«
»Und das ist nicht gut?« Stolz warf das Mädchen den Kopf in den Nacken. »Ich bin doch keine Schnecke!«
Tõnu schien das nicht zu gefallen. Aber es schwang Verlegenheit, ja sogar ein gewisser Respekt in seiner Stimme mit, als er »Sieh«, sagte und auf die gebückten Frauen wies, die Schritt vor Schritt, den Korb schwer von Furche zu Furche hebend, nur langsam vorankamen. »Sie können nicht so schnell wie du. Mach so wie alle. Weiber sollen nicht denken, sie sind zu langsam.« Er räusperte sich und spuckte auf den Weg. »Versteht Pjörgi-preili, was Tõnu spricht? Soll nicht eine versuchen, andere weniger gut zu machen.« Er druckste, als habe er ungebührlich viel gesprochen und wischte sich mit dem Handrücken über den Mund.

»Gut«, sagte Björk und errötete, »verstehe.«
Sie ging nun ruhig wie die anderen in gleichmäßigem Tritt, obgleich es ihr schwerfiel. Madli beobachtete sie und blieb stehen.
»Pjörgi-preili ist die Schnellste.«
Daß die Esten ihren Namen nicht aussprechen konnten! Keiner sagte Björk, immer hieß es Pjörg. Pjörgi-preili.
Einmal, sie war noch klein gewesen, fragte sie die Mutter, warum sie einen Namen habe wie keine andere, und hatte erfahren, daß ihre Taufmutter aus Riga, diesen Namen für sie gewünscht habe: Björk ist schwedisch und heißt Birke.
»Nennt mich doch Birke!« hatte sie gerufen, »das ist schöner!«
Und der Vater nannte sie seither wirklich Birke, wenn er besonders gut aufgelegt war.

Als Tönu heute früher als sonst zum Feierabend rief, die Frauen sich reckten, die Furchen beendeten, das Kartoffelkraut zusammentrugen und zu Haufen stapelten, war auch Sauna-Kreet, wie aus dem Boden gewachsen, plötzlich da.
Dieser uralten, kleinen Buckligen einzige Aufgabe war es, in der Rauchsauna das Feuer zu schüren, die Birkenreiser zu bähen (backen) und die Badenden mit diesen Besen zu schlagen, bis sie vor Schweiß trieften. Immer war sie ganz plötzlich da, wo es Feuer zu entzünden gab. Wohl erwartet, doch ungerufen und so, als wäre sie wirklich aus dem Boden gewachsen: Sei es am Wäschetag am Ufer des Sees, zum Schlachten am Waldrand oder, wie jetzt, auf dem Kartoffelfeld, wo die Ernte zu Ende ging.
Sauna-Kreet brachte die Glut auf einem Stück Birkenrinde, entzündete die Spitze eines Spans, und, ehe sich's die anderen versahen, brannte ein Feuer. Lang zog sich der Rauch am Boden entlang und zwang sie zu husten. Es verbreitete sich der herbe, beißende Kartoffelkrautfeuerrauchgeruch, den Arina ihr Leben lang nicht vergessen würde.
Sie durften heimgehen. Aber nur die fremden Frauen gingen.

Tõnu und Madli setzten sich auf die Steine am Feuer, die Sauna-Kreets Rock mitunter völlig verdeckte. Sauna-Kreet stocherte mit knorrigen Wacholderwurzeln im Kraut, bis die Flamme zu lodern begann. Dann hockte sie auf ihren Fersen am Boden, umgeben vom grauen Rock, der sich gleich einer unheimlichen Blattpflanze um sie bauschte. Aus zusammengekniffenen Augen im spitzen Runzelkopf beobachtete sie unverwandt das Feuer. Niemand wußte, wie alt diese Frau war und woher sie kam. Aus einem Wacholderstamm gewachsen? Oder aus dem Urwasser gestiegen wie Vanemuine? Aber jeder wußte, daß Sauna-Kreet des Zauberns mächtig war.
Robik, der die Mädchen abholen wollte, kauerte sich neben Arina ans Feuer und bat laut: »Jetzt eine Geschichte!«
Aber Liisu, die Erzählerin, fehlte.
»He, Tõnu, was ist mit Vanemuine?« krächzte Sauna-Kreet.
Man munkelte, daß Sauna-Kreet heimlich ein Kannel des alten Sangesgottes in ihrem Schuppen hinter der Badstube aufbewahrte. Denn – tönte nicht manchmal gegen Mitternacht seltsames Klingen über den See?
Aber Tõnu schüttelte den Kopf.
»Wenn Tõnu etwas erzählt, so von Körperkraft und Kampfesstärke«, begann er und ließ seine Muskeln unter dem erdverschmierten Hemd spielen. Und zu Robik gewandt: »Du kennst Kalevipoeg? *Das* ist Tõnus Mann. Wenn du ein bißchen von seiner Kraft und seiner Schlauheit hättest, die Welt würde dir gehören!« Und er erzählte von Kalevipoeg, dem Heldenepos der Esten. Dem Sohn des bärenstarken Kalev und seiner blonden Frau, die den Tod ihres Mannes so beweinte, daß ihre Tränen den Oberen See bildeten, der nördlich von Reval liegt. Die Felsbrocken aber, die sie auf das Grab ihres Kalev schleppte, bildeten den heutigen Domberg, auf dem die alten Esten damals ihre Holzburg Lindanissa erbauten. Es gab viele Geschichten: von ihr und den Rebhühnern, deren Eiern, und wie ihr Sohn Kalevi-

poeg zur Welt kam. Riesenstark war er. Stärker noch als sein Vater. Schon in der Wiege erwürgte er zwei Schlangen, die ihn besuchen kamen, mit bloßen Säuglingshänden. Als Junge schleuderte er im Spiel Felsbrocken bis hinüber nach Finnland. Und es folgten seine Abenteuer. Sauna-Kreet murmelte:
»Genug von Kalevipoeg. Jetzt aber von Vanemuine!«
Und als keiner das Wort ergriff, begann Björk:
»In frühester Urzeit war es. Die reine Lüftetochter wollte nicht mehr jungfräulich in den Luftgefilden leben und senkte sich aufs Urmeer. Da kam ein mächtiger Wind aus dem Osten, warf sie in die schäumenden Wogen, wirbelte sie auf und ab und umeinander, so daß sie wie betäubt war und nicht mehr wußte, wie ihr geschah. Und sie ward schwanger.
Siebenhundert Jahre wuchs das Kind in ihr, und sie erlebte vieles in dieser Zeit. Und weitere zehn Jahre konnte keiner ihr helfen. – Da wurde das Kind ungeduldig, es nahm seine ganze Kraft zusammen und stieß sich selbst aus dem Mutterleib. Neun Jahre schwamm der Junge nun in den Wassern, dann ging er auf eine Landzunge und begann zu singen. Er lobte und dankte, daß er die Erde betreten durfte.«
An einer Seite war das Feuer heruntergebrannt. Tõnu steckte Kartoffelknollen in die Glut. Björk erzählte:
»Als Vanemuine der Öde ringsum überdrüssig war, sang er das Erdmännchen herbei, ein winziges Ding, und befahl ihm, Samen auszuteilen. Üppig entfalteten sich Pflanzen, Blüten und Sträucher. Es blühte, trug Getreide und Früchte.
Aus Freude darüber, nahm Vanemuine Sonnen-, Mond- und Sternenstrahlen und schuf sich daraus ein goldenes Saiteninstrument. Er tauchte es in göttliche Güte und göttlichen Frieden. So entstand das Kannel, auf dem er seine Lieder begleitete.«
Arina wollte etwas fragen, doch sie schwieg, als sie der lauschenden Stille gewahr wurde, in der Menschen, Erde, Feuer und Himmel gleichermaßen eingesponnen waren.

Dämmerung breitete sich über die Erde. Und Björk erzählte weiter:
»Vanemuine sang, begleitet von den Tönen seines Kannels, *so*, daß seine Lieder über die ganze Erdenwelt erklangen. Es wurden Tiere und Menschen.
Im fernsten Nordland aber war ein Mann. Stark, stolz und auch gesegnet mit der Sangesgabe. Der hörte von Vanemuine und beschloß, ihn im Sangeswettkampf zu besiegen. Er selbst wollte der Größte sein. Und er zog hinaus, ihn herauszufordern. Vanemuine sah ihm ruhig entgegen. Er hieß ihn singen.
Der Nordmann warf seine Lieder in die Luft. Sie waren voll von Blüten und Früchten und der Schönheit der Natur.
Aber Vanamuine schüttelte den Kopf. ›Das ist zu wenig‹, sagte er. Und der andere sang von Wind und Regen, von Sonne, Mond und Sternen. Aber ›Zu wenig‹ sagte Vanemuine wieder und begann vom Urmeer und vom Schöpferwillen zu singen. Es war ein großer Gesang. Der Gegner hob die Waffen und brüllte, er würde Vanemuine zermalmen. Dieser aber lächelte nur, schüttelte den Kopf und sang dem Gegner Blüten und Wurzelwerk, Moose und Algen auf die Waffen, so daß er sie nicht mehr zu heben vermochte. Und Vanemuine sang weiter von Frieden und Freundschaft und daß kein Blut vergossen werden dürfe. Der andere bebte vor Zorn. Mit schwellenden Muskeln und geballten Fäusten ging er auf ihn los. Das erzürnte Vanemuine. Er erhob seine Stimme und sang den Nordmann, der Gewalt üben wollte, mit mächtiger Stimme in den Sumpf. Er wäre versunken, hätte nicht sein Gejammer Vanemuinens Mitleid erregt. Der Sangesgott erhörte das Flehen des Hochmütigen und schickte ihm seine Lieder, die ihn aus dem Sumpf heraushoben.«
Alle lauschten sie und blickten erschauernd ins Dunkel, aus dem sie Vanemuine gleich auf sich zukommen zu sehen meinten. Robik seufzte:

»Ich wünsche mir ein Kannel!«
»Ich auch«, sagte Björk leise.
Tõnu und Madli holten die garen Kartoffeln aus dem Feuer. Die Schale verkohlt, innen von flockig-weichem Weiß.
Man brach sie auf, die Fingerkuppen immer wieder an den kühlenden Ohrläppchen, und führte sie, in den Handschalen rollend, zum Mund. Sie waren heiß wie die Glut, aus der sie kamen.
»Und Vanemuines Kannel hat Zauberkraft, nicht wahr?« wollte Robik bestätigt hören.
»Wunderkraft«, verbesserte Björk, »es gibt viele Geschichten um Vanemuine. Ich sagte schon, sein goldenes Kannel war ein göttliches. Die Saiten entstanden aus Sonnen-, Mond- und Sternenstrahlen. Sein Klang kam aus dem Donner der Himmel, dem Waldes- und Meeresrauschen und dem Gesang göttlicher Mädchen. Seine Wirkung aber aus dem Himmelswort.«
»Wie sieht solch ein Kannel aus?« fragte Arina. Dunkel erinnerte sie sich daran, daß Felix Helbrich bei ihrem ersten Besuch in Reval auf dem Domberg vom Kannel gesprochen hatte.
»Es ist ein Saiteninstrument«, erklärte Björk, »eine Art kleine Harfe, die man aufs Knie stellt und dann in die Saiten greift. Oder eine Art Leier, wie du willst, jedenfalls von Vanemuine seinem estnischen Volk geschenkt.«
»Und gibt es dieses Instrument heute noch?«
»Instrumente«, verbesserte Björk, »sicher. Es ist *das* National-Instrument.«
Sauna-Kreet krächzte auf und griff in die Luft, als wolle sie auf unsichtbaren Saiten spielen.
»Weißt du«, wandte sich Björk wieder an Arina, »es geht die Sage, Vanemuine könnte mit seinen Liedern und seinem Kannelspiel alle Welt zu Frieden und Fröhlichkeit und Gut-Sein zwingen, wenn man ihn ließe. Denk nur, *wie* wunderbar das wäre –« Björk griff sich mit beiden Händen an die Stirn »– allem Bösen,

das auf uns zukommt, eine Musik als Schild entgegenheben – und die Gefahr verschwindet!«
»Meinst du, das wirkt auch heute noch?«
»Ja. In großer Not und wenn man lauteren Herzens mit festem Glauben, ohne Zweifel, darauf spielt, soll es heute noch so sein. Aber rein sein – und glauben!«
Alle schwiegen. Ob diese Voraussetzungen heute noch gegeben waren?
Tõnu räusperte sich. Sauna-Kreet krächzte und Madlis Wangen waren naß von Tränen.
»Von Vanemuine sind unzählige Lieder aufs estnische Volk überkommen«, fuhr Björk fort, »kein Volk der Welt soll so viele Lieder besitzen und so viel singen wie das estnische. Sie haben jährlich ihr großes Sängerfest in St. Brigitten. Und es kommen Gäste aus Finnland und anderen Ländern, ja aus der ganzen Welt.«
»Wann ist dieses Fest? Können wir da hinfahren?« wollte Arina wissen.
»Natürlich! Nächstes Jahr im Sommer. Es ist wunderbar. Die vielen Chöre, alle in bunten Trachten. Die herrlichen Lieder! Du wirst es ja sehen und hören!«
Sie aßen ihre Kartoffeln, die Sauna-Kreet mit ihrer Wacholderwurzel und Nitas Hilfe aus der Asche hervorklaubte, und fühlten sich im Schein der letzten Glut selbst wie Urmenschen längst vergangener Zeiten.

Madli sah die untergehende Sonne und erhob sich.
»Kühe warten aufs Melken. Und Tõnu muß Kartoffeln in Kleete fahren.«
Heiß vom Feuer, müde von der ungewohnten Arbeit, mit schmerzenden Gliedern und mit von Vanemuine erregter Seele, betraten die Mädchen das Haus, just als Mami den Topf voll saurer Milch auf den Tisch stellte.

Sturmnacht

Es war am zweiundzwanzigsten Dezember, als der Vater mit Tönu den Christbaum aus dem Wald geholt und dabei so unglücklich gestürzt war, daß er sich nur mit äußerster Disziplin aufrecht hielt. Es war ihm nicht möglich, wie sonst an den letzten Vorbereitungen zum Fest teilzunehmen.

Alle saßen um den großen Tisch. Sie arbeiteten, schwatzten, lachten, erzählten und sangen. Nita vergoldete Nüsse. Robik klebte bunte Ringe aus Glanzpapier zu langen Ketten ineinander. Arina band Fäden um die Stile ausgesucht rotbackiger Äpfel. Morgen würden sie den Baum schmücken, morgen würden Speckpiroggen gebacken werden, morgen würden sie ihre Weihnachtsgeschenke an die Eltern, Onkel Konstantin, Tante Minchen und Königin Tamara in Seidenpapier wickeln und mit Tannenzweigen schmücken. Robik würde sein Gedicht – ach das Gedicht! – Unentwegt ging er umher und sagte es jedem auf, ob der es nun hören wollte oder nicht: Robik übte! So auch jetzt:
»Draußen ziehen weiße Flocken durch die Nacht,
der Sturm ist laut; hier im Stübchen ist es – –«
schon stockte er –
»ist es trocken, warm und – –«
»– stillvertraut« halfen die anderen, denn sie alle kannten das Gedicht mittlerweile mindestens so gut wie Robik.
»Stillvertraut«, wiederholte Arina träumerisch, »es gibt kaum ein treffenderes Wort für dieses Haus.«
Sie hielt inne in ihrer Arbeit, betrachtete den Faden, den sie noch in Händen hielt, sah auf die Äpfel, die vor ihr lagen, und wurde ernst.
Stillvertraut, hatte Robik deklamiert – und ich, dachte Arina,

ich bin mitten unter ihnen: im Stübchen stillvertraut. Aber – gehöre ich hierher? So selbstverständlich bin ich hier aufgenommen worden, als wäre ich hier zu Hause, aber bin ich das? Darf ich es sein? Spielerisch wickelte sie die Fäden um ihre Finger. Seit sie das Tagebuch gelesen hatte, stand die Frage vor ihr: Wo ist *dein* Platz in der Welt? Bis dahin hatte sie so in den Tag hineingelebt. Hatte Thomas nicht recht: »Wenn du dich nur amüsierst, alle zu deinen Bewunderern zählst!« Wie wenig hatte sie nachgedacht! Sie war nur neugierig auf das Leben gewesen, auf das, was kommen würde. In Großväterchen hatte sie sich verliebt. Auch das war Fröhlichkeit, Neugier ... Dann hatte sie das Tagebuch gelesen und ganz plötzlich begriffen, daß man nicht nur neugierig und begierig nach der Welt durchs Leben tanzen konnte. Sie meinte begriffen zu haben, daß man *seinen* Platz finden müsse. Immer wieder bedrängte sie die Frage: Was ist deine Aufgabe? Der Sinn deines Lebens? Warum hatte sie nicht schon früher darüber nachgedacht? Abitur! Natürlich, aber dann? Ein Studium? Aber welches – und wer sollte es bezahlen? Mit wem könnte sie darüber sprechen? Onkel Konstantin? ›Mach mal erst dein Abitur! Junge Damen sollen nicht so viel denken!‹, hörte sie ihn sagen. Und Großväterchen? ›Du bist doch hier zu Hause – na also!‹ Björk? Sie ist zu jung. Koljka? Er ist selbst zerrissen, heimatlos. Blieb nur noch Thomas – doch der mochte sie nicht. Warum? Weil sie nur Übermut im Sinn hatte? Ach Thomas, denkt Arina, hilf mir meinen Platz im Leben finden!
Am nächsten Morgen hatte der Vater hohes Fieber.
Der Arzt kam mit dem Zug aus Baltischport und blieb zum Mittagessen. Nachher sollte Björk ihn mit den Pferden heimfahren, denn Tõnu war in Kersalu bei seinem kranken Vater, und Thomas würde erst am Heiligen Abend nach Hause kommen.
»Sieh zu, daß du noch im Hellen wieder zu Hause bist«, Mami sah besorgt aus. Und Madli schüttelte den Kopf.

»Bleib in Paldiski, Pjörgi-preili, fahr nicht im Dunkeln über Hafen von Großem Peter!« Sie folgte Björk bis an den Schlitten. »Um Gottes willen, Pjörgi-preili, bitte, nicht im Finstern über weite Schneeflächen! Hörst du, was Madli spricht – hörst du?« Björk lachte, und versprach alles, was sie wollte. Immer mußte Björk lachen, wenn Madli in ihrem tiefen Aberglauben die seltsamsten Dinge zum Leben weckte. Übermütig schnalzte sie mit der Zunge, winkte und klatschte mit den Zügeln. Mikku stob davon. Es wurde eine herrliche Fahrt.
»Wer ist Madli eigentlich?« fragte der Arzt.
»Madli?« Verwundert sah Björk ihn an. »Madli ist – Madli. Sie ist unsere Viehmagd. Wir alle mögen sie. Weshalb fragen Sie?«
»Ist sie oft so verstört?« entgegnete der Arzt mit einer Gegenfrage.
»Verstört? Wieso?« Noch nie war Björk aufgefallen, daß Madli verstört war.
»Nun, so wie eben. Sie war doch fast außer sich, bei dem bloßen Gedanken, dir könne etwas zustoßen.«
»Ach so«, Björk lachte, leichtfertig und fröhlich. »Ja, so ist sie öfter. Sie ist schrecklich abergläubisch und sehr fromm. Einmal sagte ich ihr, das passe nicht zusammen. Da hat sie sich aufgeregt! Das gehöre sogar zusammen, behauptet sie, im übrigen sei das, was ich abergläubisch nenne, Wissen um Dinge, die ich nicht verstehen könne. Am Heiligen Abend sieht sie den Weihnachtsstern, singt und kniet *mit* den Kühen im Stall. Wenn die Rede auf den Hafen Peters des Großen kommt, hebt sie die Hände an den Kopf und verschwindet.«
»Seltsam«, meinte der Arzt nachdenklich, »woher kommt sie?«
»Ihre Eltern lebten in der Gegend von Petschur. Eines Tages war sie da. Sie hatte gehört, daß wir eine neue Magd suchten. Den Eltern gefiel sie. Uns und Liisu auch. Das ist schon einige Jahre her. Wir haben es nicht bereut.«

In Baltischport lud Frau Dr. Studemeister Björk ein, dazubleiben, denn ein Sturm zog auf.
Björk aber wollte heim.

Vom Mond war kaum noch ein fahles Licht zu sehen. Aufheulend zerriß der Sturm die Luft. Er schrie auf und fegte den Schnee wie weiße Riesenfedern über die Fläche. Der schmale, hartgefahrene Weg war kaum noch zu erkennen. Mikkus Flanken schienen zu zittern. Schaumbedeckt setzte das Pferd Fuß vor Fuß.
Björk faßte die Zügel fester. Obgleich die Ziegelsteine noch warm waren, fühlte sie, wie die Kälte langsam in den Schlittensack kroch.
Ein Fehltritt des Pferdes – und es mußte unweigerlich versinken.
Der Weg führte nicht wie die Sommerstraße an den Häusern der Bauern und Siedler vorüber, sondern am Strand entlang. Der kürzere Winterweg lief oberhalb der zimmer-, ja häusertiefen Gruben, in denen die Kinder im Sommer so gern »Räuber und Bauer« oder »Zar und Sträfling« spielten, obgleich viele der Alten sie ängstlich zurückriefen. Es soll hier viel Unerklärliches geschehen sein, auf den Hängen dieser Grüfte um Baltischport, war doch die Gegend von den Sträflingen und Sklaven verflucht, die hier zu Tausenden ihr Leben gelassen hatten, damals, als Peter der Große in Baltischport den größten eisfreien Hafen Rußlands erbauen wollte. Der Hafen war nie vollendet worden. Baltischport wurde zur sterbenden Stadt.

Als hätten sich sichelscharfe Eisblumen von Fensterscheiben gelöst, so flog es jetzt vom Sturm gepeitscht durch die Luft. Mikku zuckte zusammen, drängte zurück. Björk suchte beruhigende Worte.

»Steh!« rief sie, »Brrr!« Mikku stand. Björk atmete auf, befestigte die Zügel am dünnen Rückenbalken des Regi, dem flachen estnischen Schlitten, zog die Füße aus dem Sack und schlüpfte in die Walinki, ihre kniehohen Filzstiefel. Sie streifte den zottigen Schlittenpelz von den Schultern, damit sie sich freier bewegen konnte. Vorn im Schlitten lag die Laterne. Björk zündete sie an. Sie blakte. Mit klammen Fingern schraubte sie sie herunter. Jetzt brannte das Licht, wie es daheim im Stall zu brennen pflegte. Mikku wurde ruhig.
Zu Hause würden sie sich nicht ängstigen. Hatte doch der Arzt gesagt, daß sie sie in Baltischport behielten, wenn die Dunkelheit eher hereinbräche, überlegte Björk. Sie sah Mami, Nita, Robik, Arina und Tante Minchen unter der Hängelampe um den Speisetisch sitzen, sah das Feuer im Kamin, und es überkam sie eine große Sehnsucht, schon daheim zu sein. Sicher hatte auch Mikku Heimweh nach seinem Stall – und Madli.
Ob sie überhaupt heimkommen würden – oder mußte ihr Leben hier enden?
Vorsichtig nahm Björk die Laterne und tastete mit dem Fuß auf den Boden. Er war fest. Sie mußte versuchen, neben das Pferd zu kommen, um die Laterne an eine der beiden Deichseln zu hängen. Sie sollte die Straße beleuchten. Mikku stand ganz ruhig. So kam Björk, immer vorsichtig den Boden prüfend, neben den Kopf des Pferdes, streichelte es und brachte die Leuchte an. Vom Weg war nichts mehr zu sehen. Mitunter, zwischen höheren und niedrigeren Schneewehen, eine undeutliche Spur. Hier und da ein Zweig. Björk lehnte die Wange an Mikkus Kopf und sagte zärtliche Worte. Das Tier sah sie an, als könne es alles verstehen. Jetzt spürte sie die Kälte kaum, tastete sich zum Schlitten zurück und schlug die Füße gegeneinander, klopfte den Schnee von den Walinki, vom Mantel, und kroch in Fußsack und Schlittenpelz. Sie nahm die Zügel und schnalzte mit der Zunge. Mikku hob den Kopf und setzte langsam Fuß vor Fuß.

Ringsum schwarze, heulende Nacht. Die Laterne schwankte hin und her und vergoldete die Schneekristalle im Umkreis ihres Lichts.
Lieber Gott, dachte Björk. Sie sah einen dünnen Lichtstrahl vom Himmel auf den Weg fallen – es war, als ginge er ihnen voraus. Sahen Engel so aus? dachte sie gerade, als *das* geschah, was sie ihr Leben lang nicht vergessen würde.
Ganz plötzlich, wie aus dem Schnee gewachsen, stand dick verschneit der Mann im Lichtkreis der Laterne.
Hoch bäumte Mikku sich auf. Er aber hob den Arm und faßte das Tier am Halfter. Mikku scheute zitternd. Der Mann, dessen Gesicht unter der tief herabhängenden Stirnklappe seiner Tuisumütze nicht zu sehen war, nahm die Laterne von der Deichsel und führte Mikku Schritt für Schritt den Weg entlang.
Wer sind Sie? wollt Björk rufen. Doch wie erfroren saß sie in der Wärme ihrer Felle und ließ alles geschehen.
Sie kamen nicht zum Eisenbahn-Wärterhäuschen am Sommerweg, wohin dieser Winterpfad mündete, sondern näherten sich dem Strand. Björk sah es an der Richtung, in der der Mond hinter Wolkenfetzen hing.
Der Mann war untersetzt und sehr breit. Gleißende Kälte ging von ihm aus. Fast bewegungslos führte er das Pferd.
Björk wußte nicht, wie lange sie sich so vorwärts bewegt hatten, als ganz unerwartet eine Wand vor ihnen stand. Es war eine dikke Hecke tiefverschneiter Fliederbüsche. Das zerbrochene Gatter stand offen. Über einen kleinen Hof führte der Unheimliche Mikku in eine verfallende Scheune. Selbst als er Björk die Zügel aus der Hand nahm, konnte sie sein Gesicht nicht sehen. Schwarz gähnte es ihr unter der verschneiten Kappe entgegen. Er band die Zügel um einen Pfosten, nahm Stroh vom Regi und begann das schweißbedeckte Tier trockenzureiben.
Björks Erstarrung löste sich. Sie kletterte aus dem Sack, klopfte Mikkus Flanken und warf ihm die Wolldecke über den Rücken.

Mechanisch hob sie den Heusack vom Schlitten. Der Mann nahm ihn ihr aus den Händen und befestigte ihn an der Deichsel. Dann wandte er sich Björk zu, sah sie an und flüsterte:
»Leena, endlich! Jede Sturmnacht warte ich auf dich!«
Jetzt erst konnte Björk ein breites, hageres Gesicht erkennen, einen Bart voller Schnee, struppige Brauen, die wie vereistes Rentiermoos über tiefliegenden Augen standen. Etwas unruhig verzweifeltes lag in diesem Gesicht, eine leidenschaftliche Beherrschtheit – oder war es Wahnsinn?
Ich bin nicht Leena, wollte Björk rufen, wollte lachen, um dieses Lachen als Befreiung in den Raum zu schicken, doch hier schien jedes Wort zu gefrieren, selbst der Atem.
»Komm!« gebot der Mann. Er nahm die Laterne, faßte Björk am Arm und führte sie ins Haus. Madli, dachte Björk, wenn du wüßtest!
Es war ein verfallendes Haus aus wettergedunkelten, halbverkohlten Balken. Holzschindeln, kaputte Bretter und Stroh lagen in zertretenem Schmutzschnee vor der Tür. Eine Blechrinne hing vom Dachfirst herab. Klappernd bewegte sie sich im Wind. Der Flur war voller Schneeverwehungen. Von der baufälligen Decke hing Stroh in Schneeklumpen herab. Auch der anliegende Raum war voll eiskalter Einsamkeit. Zerbrochene Stühle, Tischbeine, verrosteter Hausrat lagen in Staub, Schnee, Stroh und Eis. Das winzige Fenster war blind von Schmutz und spitzen Schneeblumen. Kristallklare Eiszapfen glänzten wie verzaubert vor der kleinen Tür und erloschen, als der Mann die Laterne ausblies. Diese Tür, die er jetzt öffnete, führte in einen Raum, der trotz Dunkelheit ahnen ließ, daß er bewohnt war. Obgleich keiner ein Wort sprach und nichts sich rührte, hatte Björk das Gefühl, hier sei ein Mensch im Raum.
Es währte Sekunden, bis der Mann ein Streichholz aufflammen ließ, vom Regel eine der üblichen Küchenlampen nahm und anzündete. Als er das Glas umständlich über die Flamme stülpte,

wunderte sich Björk, daß es nicht unter seinen Händen zerbrach.
Erst als er die Lampe an einen Nagel in der rohen Holzwand hängte und das Licht warm in den Raum fiel, entdeckte Björk das Mädchen. Sie saß in einem Lehnstuhl, aus dessen verblichenem Stoffbezug Holzwolle platzte. Sie saß sehr aufrecht und war von ungewöhnlicher Anmut, ja fast eigenartiger Schönheit. Sie war noch ein Kind, mochte so alt sein wie Robik, nein, wohl älter. Erst später erfuhr Björk, daß sie schon über zehn Jahre alt war. Sie trug ein geblümtes Flanellkleid, das ihr zu groß war. Ihre blauen Augen, die in dem kleinen blassen Gesicht übergroß erschienen, waren wie leblos auf die Eintretenden gerichtet. Sie hatte den Oberkörper vorgeneigt. Hilflos lagen die schmalen Hände in ihrem Schoß.
Björk war stehengeblieben und starrte auf das Mädchen. Die aber stand auf, sehr vorsichtig, und kam, den Blick noch immer starr auf die Tür gerichtet, mit vorgestreckten Armen auf die Eintretenden zu.
»Ist sie gekommen? Ist sie wirklich da?« fragte sie leise.
Der Mann zog den Mantel aus und hängte ihn an einen großen Haken neben der Lampe. Das Mädchen ging etwas schneller auf ihn zu. Erst als sie neben ihm stand, erkannte Björk deutlich wie zart, fast zerbrechlich sie war. Björk wunderte sich über die scheue Grazie ihrer Bewegung, mit der sie ihm den Schal vom Hals nahm, tastend über einen Stuhl legte und wieder fragte:
»Hast du sie gefunden?«
Wie sie so dastand, merkte Björk, daß sie blind war.
»Nein«, antwortete der Mann dumpf, »sie ist es nicht. Ein Gutsfräulein, ich habe es aus dem Sturm geholt. Das Pferd ist im Schuppen. Gib uns zu essen.«
»Ein Gutsfräulein?« In der zaghaften Stimme klang Staunen. »Bei uns?« Schüchtern blieb sie stehen, zog die Schultern hoch und machte einen kindlichen Knicks.

Björk machte dieses Staunen verlegen, waren sie, enteignet und verarmt, doch schon lange keine Gutsherrschaft im alten Sinn mehr.
»Guten Abend«, sagte sie, aus dieser Verlegenheit heraus vielleicht etwas schneller und fröhlicher, als sie wollte, ging auf das Mädchen zu und ergriff ihre Hand. »Ich freue mich, daß ich in eurem warmen Zimmer sein darf.«
Das Gesicht der Kleinen hatte sich mit heller Röte überzogen. »Ich habe Kaera-Kiisel gekocht. Er steht auf der Pliite.« Sie war ganz lebhaft geworden. »Setzen Sie sich. Der Vater holt Bier. Oder wollen Sie Tee?«
»Bitte, Tee«, sagte Björk. Die Spannung fiel wie ein zu enger Panzer von ihr. Die Wärme, das Licht, das Feuer im Herd, die ruhigen Bewegungen der Blinden und die Erkenntnis, daß der Unheimliche der Vater dieses zauberhaften Kindes sei, waren Erlösung. Björk hängte ihren Mantel an die Wand und setzte sich in Skihose und Wollsweater auf den Holzstuhl am Tisch.

Der Mann nahm den Blechkopschik vom Nagel, schöpfte Wasser aus dem emaillierten Eimer in eine Waschschüssel auf dem Taburett und wusch sich die Hände. Er trocknete sie langsam an einem blauweißgestreiften Handtuch und trat zu Björk an den Tisch.
»Verzeihen Sie, Fräulein«, sagte er schwer, »ich hätte es gleich merken sollen, daß Sie nicht Leena sind, aber ...« Er sprach nicht weiter, sondern nahm eine Pappschachtel vom Schränkchen, das neben dem Tisch stand, und setzte sich auf die Holzbank an der Wand. Er öffnete die Schachtel, entnahm ihr Seidenpapier und Tabak und begann, Papyrossi zu drehen.
Das Mädchen, das er Alvi nannte, stellte drei Tonschälchen auf den Tisch und trug den Kessel mit Kaera-Kiisel auf. Björk konnte diesen schrecklichen Haferbrei nicht leiden, aß ihn jetzt aber mit Appetit.

»Teufel auch, es ist nicht gut, im Dunkeln über diese Flächen zu fahren!« brummte der Mann.
»Wenn der Sturm den Weg nicht verweht, finde ich es schön«, widersprach Björk.
»Die Gegend ist verflucht!« Der Mann sprach sehr betont, fast drohend.
»Och«, rief Björk leichthin und warf ihre Zöpfe über die Schultern, »was heißt schon verflucht – alte Sagen!«
Er sah sie an, schob Zigaretten und Tabak von sich, legte die Hände flach auf den Tisch, drückte die Ellenbogen nach außen und neigte sich vor. Fast beschwörend sah er Björk an, als er sie jetzt in die Schranken wies:
»Ihr Deutschen seid immer so klug, so hochmütig, ihr wißt alles: Wie man sich fein benimmt, feine Kleider trägt, wie man Maschinen baut und Schiffe und Eisenbahnen und Flugzeuge. Eines Tages werdet ihr noch auf den Mond fliegen. Aber von Dingen, die Leben und Tod heißen, wißt ihr nichts. Haha ...«
Er lachte unheimlich. Dann sah er sich fast furchtsam um. »Musti dort«, er wies auf den schwarzen Kater, der auf dem aus Stoffresten geflochtenen Teppich schnurrte, »Musti weiß mehr von den Dingen, die ihr nicht seht, und die hier im Raum sind und draußen zwischen den Grüften. Wir alten Esten wissen darum. Aber wir schweigen.«
Wieder überkam Björk dieses eigenartige Gefühl der Beklommenheit. Sie atmete tief.
Der Mann war aufgestanden und holte eine Flasche Schnaps aus dem Schränkchen.
»Wollen Sie – zum Erwärmen?« fragte er so nebenher. Und als Björk dankend ablehnte, setzte er den Flaschenhals an den Mund und tat einen Zug, so kräftig, daß die Flasche sich zusehends leerte. Mit dem Handrücken wischte er sich den Mund und stellte die Flasche neben seine Schüssel. »Vornehm, vornehm, Alvi hat heute drei Schälchen gebracht«, brummte er

spöttisch. »No, das Fräulein hätte auch aus einer Schüssel mit uns gegessen, oder?« Prüfend sah er sie an.
»Natürlich«, Björk nickte und überlegte, wer dieser Mann war, unter dessen schweigsamer Ruppigkeit ab und zu, ganz unerwartet, eine rührend hilflose Geste zutage kam.
Langsam füllte sich der Raum mit dem Duft von Lindenblütentee. Alvi hatte den Teekrug auf den Tisch gestellt und reichte Björk den Becher. Björk wunderte sich, wie erwachsen dieses Kind hier Hausfrauenpflichten erfüllte.
»Danke«, sie lächelte dem Mädchen zu. Hatte ganz vergessen, daß sie blind war, weil sie sich so sicher, ruhig und selbstverständlich bewegte. »Danke«, wiederholte sie jetzt lauter, als sie daran dachte. »Wie gut er duftet – und so schön heiß ist er!« Björk umfaßte den Becher mit beiden Händen.
Ein beglücktes Lächeln erschien auf dem Gesicht des Mädchens. Der Vater aber schrie:
»Weibergeschwätz! Schnaps ist besser!« Und als die Mädchen schwiegen, sprang er auf, nahm Mantel und Mütze vom Nagel und stapfte hinaus.
Einen Augenblick war es still im Raum, dann stellte Alvi den Krug, den sie in Händen hielt, auf den Tisch und setzte sich.
»Jetzt rennt er wieder in den Sturm hinaus. Jedesmal fürchte ich, daß auch er eines Tages nicht wiederkommt.« Ratlos lagen ihre Hände auf dem Tisch. Ein Ausdruck von Kummer legte sich auf das Kindergesicht.
»Auch?« fragte Björk. »Ist Leena gegangen und nicht wiedergekommen?«
Alvi nickte müde.
»Wer ist Leena?«
»Seine Frau.«
»Warum ging sie?«
»Er hat sie gekränkt und verflucht.« Das Gesicht des Mädchens

schimmert so weiß, als sei sie kein Mensch aus Fleisch und Blut, sondern ein Schneekind aus Estlands Winterwäldern.
»Deine Mutter?«
»Nein. Keine Mutter. Eine gute Frau. Leena. Wahrscheinlich wäre sie mir eine gute Mutter gewesen, wenn ...« Das Mädchen hatte stockend gesprochen, jetzt schwieg sie. Seltsam. Sie war sehr erregt und doch von fast lebloser Ruhe. »Heute ist er besonders verrückt. Es ist der dreiundzwanzigste Dezember. Am dreiundzwanzigsten Dezember verlor er Leena. Er liebt sie sehr. Wahrscheinlich wußte er es damals selbst nicht. Er ist ein guter Mensch. Man muß ihn kennen. Er ist wirklich gut«, fügte sie mit Nachdruck hinzu.
Wie sie spricht, dachte Björk, als wäre sie eine Erwachsene.
»Vielleicht findet er sie noch!« Björk fühlte, daß ihre Worte leer und schwach waren. Sie schämte sich und wußte doch nichts Tröstendes zu sagen.
Alvi schüttelte den Kopf.
»Unmöglich. Sie ist in die Schneewehen geraten und abgestürzt.«
»Hat man sie gefunden?«
»Nein, nie. Wahrscheinlich ist sie im Meer ertrunken.«
»Wann war das?«
»Weiß nicht. Vor Jahren. Es war eine Sturmnacht wie heute. Das Haus war damals eine Kneipe. Fischer brachten mich hierher. Sie hatten mich bewußtlos auf dem gestrandeten Schiff gefunden. ›Waisenkind‹ sagten sie und setzten mich hier auf den Tisch. ›Wer nimmt es?‹ Es war warm und roch nach Tabakrauch und Schnaps. Ich konnte nichts sehen. Aber ich fühlte Männer, große Männer und hatte Angst.«
Draußen war es ruhiger geworden. Der Sturm schien sich gelegt zu haben.
»Erzähl weiter«, bat Björk.
»Ja«, fuhr sie zögernd fort, »plötzlich fühlte ich zwei Arme. Sie

legten sich um mich. Ein Gesicht, warm und weich, lehnte an dem meinen, und eine Frauenstimme sagte: ›Dieses Kind ist uns von Gott geschickt, Jussike, das nehmen wir, Jussike, dann haben wir ein Kind!‹ ›Weibergeschwätz‹, lallte Jussikes Schnapsstimme, ›Teufel auch, laß dein einfältiges Geplärr!‹ – ›Jussike‹, bat die Frau wieder und hielt mich noch immer umarmt, ›sag ja, nimm das Kind!‹ – ›Teufel auch‹, schrie Juss, ›noch ein Esser? Dürres Knochengeripp, und blind dazu! Leena, du bist verrückt!‹ – ›Och, Jussike‹, bettelte Leena, ›mager ist das Kindchen und blind ist das Kindchen, und keine Eltern hat das Kindchen, und morgen ist Weihnachten!‹ – ›Weib halt's Maul!‹ schrie Juss und bekam einen Hustenanfall. – ›Ich will ihm eine gute Mutter sein, Jussike!‹ beteuerte Leena. – Da kippte ein Stuhl. Jussike war wohl aufgesprungen. ›Du!‹ er lachte überlaut und betrunken. Ich fühlte, wie er schwankte. ›Du?‹ schrie er höhnisch. ›Gute Mutter! Wo sind deine Kinder? Hast du mir Kinder geschenkt? Du, deren Schoß ein Totengarten ist! Der Teufel hol dich!‹«

Alvi stöhnte auf. Sie legte den Arm auf den Tisch und den Kopf darauf. Sie schwiegen beide.

»Nie werde ich *den* Abend vergessen.« Sie hob den Kopf. »Die Arme hatten mich losgelassen, sie waren von mir gefallen, als seien sie gestorben. Ich hörte ein leises ›och, Jussike‹ ... dann Stille. Als wäre plötzlich alles tot. Durch diese Tür ist sie fortgegangen«, Alvi wies zum Ausgang, »Jussike sagt: ›Durch diese Tür wird sie auch wiederkommen.‹ Darum sind wir hergezogen, nachdem das erste Frühjahrsgewitter danach die Kneipe zerschlagen hatte.«

»Wie ging es weiter?« fragte Björk gepreßt.

»Nachdem Leena fortgegangen war, konnte ich gar nichts mehr begreifen. Ich weinte. Der Wirt hob mich vom Tisch und schob mich zum Ofen. Dort kauerte ich in einer Ecke. ›Nun steht sie draußen und heult!‹ grölte Juss. Aber seine Stimme klang nicht

mehr so sicher. ›Weibertränen! Zum Teufel damit!‹ Sie tranken, rauchten und spielten Karten. Etwas Drückendes lag im Raum. Ich in meiner Ecke muß wohl eingeschlafen sein. Erst als der Raum leer war, wachte ich auf. Der Wirt hob mich auf die Bank und deckte mich zu. Das Fell roch nach Tran und war hart. ›Ist sie wiedergekommen?‹ fragte ich. – ›Nein.‹ Er befahl mir zu schlafen. Drei Wochen blieb ich in der Kneipe. Dann kam Juss und erzählte, Leena sei verschwunden, keiner wisse, wo sie geblieben sei. – ›Im Frühjahr wird man ihre Leiche im Schmelzwasser finden‹, meinte der Wirt. Juss sagte nichts. Er wickelte mich in ein Wolltuch und hob mich auf den Regi. ›Sie bleibt bei mir!‹ erklärte er bestimmt. Wir fuhren sehr weit. Juss arbeitete in den schwedischen Schieferwerken in Sillamäe. Selten sprach er mit mir. Er arbeitete und wartete auf Leena. Sie kam nicht. Eines Tages im Vorfrühling hörten wir, die Kneipe im verfluchten Hafen des Großen Peter sei vom Blitz getroffen und abgebrannt. Der Wirt hatte sie verlassen. Keiner wollte die Ruine haben. Juss verkaufte seine kleine Hütte, lud mich und den nötigsten Hausrat auf seinen Leiterwagen, setzte zwei Hühner in den Korb und fuhr mit mir hierher. Notdürftig richteten wir uns in diesem halb verfallenen Raum ein. Juss arbeitet nicht. In Sturmnächten wacht er und geht hinaus, Verirrte auf den rechten Weg zu bringen.« Alvi schwieg. »Dann kann ich nicht schlafen«, fuhr sie nach einer Weile fort. »Ich warte auf ihn – und auf Leena«, fügte sie mit geschlossenen Augen hinzu. »Morgen ist Heiliger Abend. ›Zu Weihnachten kann man wiederfinden, was verlorenging‹, sagen sie. Wenn er dann ...«
In diesem Augenblick hörten sie Juss' schwere Schritte im Flur. Gleich darauf trat er ins Zimmer.
»Alles in Ordnung«, sagte er rauh und ging zum Herd. Aus dem schwarzen Schmiedeeisenkessel, der über der Feueröffnung hing, goß er Wasser in den Eimer. »Ich will das Gutspferd tränken. Der Sturm hat sich gelegt. Es ist sternklare Nacht. Wenn

Fräulein will«, wandte er sich im Hinausgehen an Björk, »kann Fräulein heimfahren. Ich bringe Sie auf den Sommerweg.«
Alvi stand auf und tastete nach Björks Händen.
»Kommen Sie wieder«, bat sie, »bitte kommen Sie wieder!«
Juss begleitete Björk zum Sommerweg, den sie gut kannte. Dann gab er ihr die Zügel, glitt vom Regi und verschwand, wie er gekommen war, in weiße Unendlichkeit.
Die Nacht war silbern bis in weiteste Tiefen. Die Sterne schwebten in dunkler Unendlichkeit. Es war Björk, als sähe sie sie kreisen. Die von unzähligen Kristallen erhellte Fläche glich einem Traum.
Und plötzlich wußte Björk nicht, ob es Wirklichkeit gewesen war, was sie erlebt, ober ob Schneephantasien sie genarrt hatten. Im weißen Filigran erstarrter Weidenbüsche stand Jussike, tiefverschneit – verschwamm in der Zartheit bräutlicher Birkenschleier, aus denen sich ihr Alvis weiße Arme bittend entgegenstreckten. Leena! hörte sie den Ruf hinter sich, vor sich – Leena! In Schnee versunkene Welt ringsum.
Mikku begann zu galoppieren. Seine Mähne wehte. Streng rief Björk ihn in Trab zurück. Sie flogen vorbei an den Häusern der Asunikud, vorbei an der langgestreckten Sägerei und bogen ein in den alten Park von Iluküll.
Auch hier versunkene Welt.
Da – Lichtfenster im schlafenden Haus. Die Hunde schlugen an. Auf der Treppe erschien Madli. Hinter ihr standen Liisu und die Mutter.
In der erhobenen Rechten die Laterne, mit der Linken das Tuch auf der Brust zusammengefaßt, das ihr Kopf und Schultern schützte, so kam Madli eilig auf sie zu.
»Madli«, rief Björk glücklich, »ach, Madli, weshalb schlaft ihr nicht?«
»Och, Pjörgi-Preili, was hatte Madli für Angst um dich! Essen steht warm. Geh ins Haus. Frau und Liisu warten.«

»Nein, Madli, Mikku muß in den Stall. Tönu ist doch in Kersalu.«
»Wahr«, sagt Madli und setzt sich vor Björk auf den Regi. »Warum kommst du so spät?«
»Der Sturm. Ich habe unterwegs bei Fremden gewartet. Habe Kaera-Kiisel gegessen«, Björk lacht, Madli weiß, wie ungern sie diese Speise ißt.
Auch Madli lacht.
»Gott sei Dank, daß du gesund wieder da bist! Seit du wegfuhrst, hatte Madli Angst.«
Gemeinsam schirren sie das Pferd aus, versorgen es, und Björk erzählt. Während sie das Zaumzeug an die Wand hängt, lehnt Madli an der Box. Sie hört aufmerksam zu, zuerst teilnehmend, dann betroffen. Gleich darauf wird ihr Gesicht aschfahl. Es ist, als sei sie vom Schlag getroffen, ganz plötzlich gelähmt.
Was hat sie nur? denkt Björk, typisch Madli, alles übertreiben! Und will sie in den Arm nehmen und lachen und ... Aber Madli kniet im Stroh. Die Ellenbogen auf den Knien, die Arme über den Kopf gelegt, so kauert sie da, erschüttert von lautlosem Schluchzen.
Ratlos beugt Björk sich zu ihr, hockt nieder ins Stroh und legt die Arme um sie.
»Madli«, bittet Björk, »Madli, was ist denn?«
Da hebt sie den Kopf. Ihr tränennasses Gesicht ist weder starr noch traurig. Es ist durchglüht von einem Glück und einer Schönheit, wie Björk sie nie an ihr gesehen hat.
»Morgen ist Heiliger Abend. Zu Weihnachten kann man wiederfinden, was für immer verloren schien«, sagt die Frau bewegt. Und nach kurzer Pause: »Ich heiße Madleena. Die Eltern sagten Madli zu mir. Der Mann aber nannte mich – Leena.«

Heiliger Abend

»Fräuleins müssen sich aufwärmen«, sagt Madli mit zitternder Stimme, »kommen alle herein und ...« weiter kommt sie nicht, denn vor ihr steht Jussike, im Hintergrund Alvi, und alles Sprechen erstirbt.
Noch in der Nacht hatte Björk im Schlafzimmer der Eltern von ihrem Erlebnis berichtet.
Betroffen hatten die Eltern geschwiegen. Erst nach einer Weile sagte der Vater:
»Tõnu muß bald ganz zu seiner Mutter ziehen, sein Vater wird nicht mehr lange leben. Ob Juss seine Arbeit hier machen könnte?«
»... ob er sie machen *würde* –« verbesserte Björk und dachte an den eigenwilligen, sicher sehr freiheitsliebenden Mann. Die Mutter nickte nur zu allem. Man sah ihr die innere Ergriffenheit an.
Die Aufregung im Zimmer der Mädchen war grenzenlos und breitete sich über das ganze Haus aus.
Am anderen Morgen wurde Madli gerufen.
»Ei tea, ei tea«, rief sie ein übers andere Mal, »weiß nicht, weiß nicht«, und es kamen ihr die Tränen. »Tänu, danke«, und wischte sich mit der Hand über die Wangen, »tänu, suur tänu!«
Es wurde überlegt, ob Jussike und Alvi zur Weihnachtsfeier nach Ilukull geholt werden – oder ob Madli hingefahren werden sollte. Madli bat:
»Hinfahren.«
So wurde beschlossen, daß Björk und Arina sie hinbringen sollten. Björk weil sie den Weg kannte, und Arina, um wieder ein Stück Estland zu erleben.
Ein Bäumchen, Kerzen, Speckpiroggen, Pfefferkuchen, Schinken, selbstgebrautes Bier und Schokolade; ein Wollschal für

Jussike und ein warmes Kleid von Nita für Alvi wurden in den Reisekorb gepackt. Robik fand es undenkbar, daß er nicht mitfahren durfte. Er bat die Eltern und Björk, flehte Liisu und Madli und Arina so herzerweichend an, ihn doch mitzunehmen, daß Mami nickte und Liisu ihn in den Fellsack packte. Dann zogen die Pferde an.

Es war ein stiller Wintertag, dieser vierundzwanzigste Dezember. Nichts war mehr vom Sturm der vergangenen Nacht zu spüren. Tausend Diamanten glitzerten auf den blendend weißen Schneewächten. Sie hatten Schaufeln im Schlitten, um verwehte Straßen freizuschippen. Mikku war erholt. Seine Kuppen dampften, sie hoben und senkten sich im Rhythmus des Laufschrittes. Am Krummholz bimmelte ein dünnes Glöckchen. Das hatte Madli noch im letzten Augenblick befestigt.
Madli zitterte in ihrem Schultertuch, trotz warmer Schlittenpelze.
»Langsamer«, bat sie immer häufiger, je näher sie dem Hafen des Großen Peter kamen, »langsamer, Pjörgi-preili«, und kaum hörbar »Madli fürchtet.«
»Nicht fürchten«, Björks Stimme klang fest und beruhigend, »wie werden sie sich freuen!«
Sie ließen die Dörfer hinter sich und bogen ein auf die Fläche des verfluchten Hafens. Weiße Unendlichkeit, übersät von glänzenden Kristallen.
Wie anders heute alles aussieht! Björk zügelt das Pferd. Im Schritt fahren sie durch die tiefverschneite Fliederhecke in den kleinen Hof. Madli ist, trotz der frischen Luft, sehr blaß. Sie bittet:
»Fräuleins nicht gleich fortfahren!« und schält sich ungeschickt aus Fellen und Tüchern. Björk hilft ihr beim Aussteigen. Arina und Robik sehen aus großen Augen zu.
»Fräuleins müssen sich aufwärmen –« Madli geht einige Schritte

aufs Haus zu, »kommen alle herein –«, doch weiter kommt sie nicht. Vor ihr steht Jussike, genau so blaß wie sie. Schweratmend. Im Hintergrund Alvi. Und alles Sprechen erstirbt.
Keiner wagt auf den anderen zuzugehen. Madli steht da in ihrem grauen Wolltuch, abwartend, die Augen angstvoll auf den Mann gerichtet, den sie liebt. Und der blickt sie an, scheu, voller Staunen, daß sowas wirklich möglich ist. Sie war zurückgekommen. Unfähig auch nur ein Wort zu sagen, streckt er ihr zaghaft die Arme entgegen. Und Madli läßt das Tuch los, das ihre Hände krampfhaft zusammenhielten, sie hebt diese Hände langsam – und Jussike nimmt sie in die seinen, legt den Arm um ihre Schulter und führt sie ins Haus. Es ist, als hätten sie alles andere vergessen, als gäbe es nur noch zwei Menschen auf der Welt: Jussike und Leena.
Kein Wort war gewechselt worden. Noch lag das Schweigen über dem Hof.
Wie verloren stand Alvi im Schnee. Björk ging auf sie zu.
»Wir haben Leena zurückgebracht.«
Und Alvi nickte.
Arina sah ein unscheinbares, mageres Mädchen in grau-blau-geblümtem Flanellkleid, die glatten hellen Haare in dünne Zöpfe geflochten.
Robik aber, der sich bisher nicht aus seinem Fellsack getraut hatte, sah ein elfenhaftes Wesen mit Haaren wie Sonnenstrahlen, mit Augen wie zwei blaue Seen, vor denen kleine Nebel hingen. Gleich wird sie singen wie ein Vogel und tanzen wie ein Schneestern, dachte er und wagte kaum zu atmen.
Björk warf Mikku die Pferdedecke über die Flanken und bat Arina, ihr beim Abladen der Geschenke zu helfen. Sie trugen die Körbe zur Türschwelle und schoben sie ins Haus.
Am Abend fragte Madli, ob Jussike wohl Tönus Stelle auf Ilukül annehmen würde. Und Juss nickte verlegen, denn es gab im Augenblick keine Bitte, die er seiner Leena abgeschlagen hätte.

Und so kam es, daß Jussike und Alvi nach nicht allzu langer Zeit wieder ihre Sachen packen und auf den Schlitten laden würden.

Heiligabend.
Robik war gefangen von Alvis Blindheit. Er konnte nichts anderes mehr denken als: Alvis Augen können nicht sehen. Die Hände auf dem Rücken ging er nachdenklich durch sein Zimmer. Auf und ab. Wie war das? Auf der Heimfahrt hatte Björk gesagt: Alles dunkel. Schon im Schlitten hatte er die Augen zugemacht. Ja, alles dunkel. Aber die Augen blieben nicht zu. Öffneten sich ein wenig, ganz von selbst, und schon flutete Schneelicht rings über die Fläche, über das Pferd, den Schlitten, über Björk und Arina in ihren Fellen. Alles war wieder da. Er war nicht allein im Dunklen, sondern umgeben von allem. Robik hatte aufgeatmet. Aber Alvi konnte das alles nicht sehen.
Er betrachtete seine Spielsachen. Jedes Stück nahm er in die Hand und sah es mit aufgerissenen Augen an. Er umarmte den schwarzen, zerliebten Schlafhund ganz fest.
»Alvi ist blind«, sprach er ins zerlutschte Hundeohr, »verstehst du? Das ist so: sie kann nichts sehen. Dich auch nicht. Alles dunkel.« Und er kroch mit Laban in die Ecke hinter das Regal mit den Bilderbüchern und Spielen. Er sah Laban genau an und meinte, ihn noch nie richtig gesehen zu haben.
»Wie werden wir denn spielen, wenn sie nicht sehen kann?« fragte er besorgt und schloß ratlos die Augen. Und Laban sah ihn genauso traurig an. »Vielleicht kann sie singen«, tröstete Robik. Er suchte etwas, was frohmachen konnte.
Plötzlich jedoch kamen ihm Tränen. Sie verdunkelten das Zimmer. Robik steckte sein Gesicht in Labans Fell und weinte. Und Laban weinte auch. So weinten sie miteinander, bis sie einschliefen.

Björk fand den schlafenden Bruder.
Das Weihnachtsglöckchen bimmelte. Die Türen zum Saal öffneten sich. Und Robik betrat, seinen Laban im Arm, das kerzenstrahlende Weihnachtszimmer.

Die weiße Rose

Thomas war wirklich kein sentimentaler Mensch. Doch jetzt? Er verstand sich selbst nicht mehr.
Nach der Bescherung und der gemeinsamen Feier hatte er mit Björks Hilfe die Kühe versorgt und gemolken, weil Madli und Tõnu nicht da waren. Mami und Arina hatten die Milch durch die Zentrifuge laufen lassen. Danach wurde allgemein gedankt und gute Nacht gewünscht.
Das Haus war noch voll vom Duft der Tannen, vom Wachsgeruch erloschener Kerzen und voll vom Glück dieses Abends.
Ihn aber quälte, daß er es nicht vermocht hatte, Arina sein Geschenk zu geben. Warum? Er wußte nicht, was er ihr dazu hätte sagen sollen. Die richtigen Worte fand er nur, wenn sie nicht dabei war. Denken konnte er die Worte, aber aussprechen? Ärgerlich über sich selbst, seine Ungeschicklichkeit und Scheu gegenüber Mädchen, zog er seine Lammfelljacke an und stapfte erneut durch den Schnee.
Schlafen hätte er jetzt doch nicht gekonnt. So inspizierte er den Pferdestall, klopfte Mikkus Hals und sprach anerkennende Worte zu seiner Leistung im gestrigen Schneesturm. Er streute Mirka frisches Stroh in die Box und kraulte ihr zärtlich die Blesse. Aus der letzten Box kam helles Wiehern. Ungeduldig tänzelte Sagitta, seine geliebte Araberin, auf der Stelle. Den kleinen

rassigen Kopf erhoben, die Ohren gespitzt begrüßte sie ihn freudig. Thomas nahm ihren Kopf in beide Hände, liebkoste sie und lachte fröhlich, als sie ihn mit dem weichen Maul an die Schulter stieß und in der Jackentasche nach Zuckerstücken suchte.

»Nicht so ungeduldig«, beruhigte er sie liebevoll und griff in die Tasche. – Da fühlte er die Schachtel. Und erneut überkam ihn das Gefühl der Niedergeschlagenheit über sein Versagthaben, oder wie man es auch immer nennen mochte. Sagitta schnoberte durch die geblähten, rosigen Nüstern, sah ihn aus ihren nachtdunklen Augen erwartungsvoll an und nahm den Zucker mit weichen Lippen behutsam von der ihr flach dargereichten Hand.

»Du Schönheit, du herrlichstes Wesen der Welt!« Thomas umarmte den Pferdehals, nahm die Zügel und führte die Ungestüme aus dem Stall. »Ruhig, ruhig, natürlich verstehe ich dich – so lange im Stall stehen! Jetzt aber –« er holte das Sattelzeug, rief »steh!« und warf es ihr über. Als er sich hinaufschwang, schnob die Stute laut, tänzelte und setzte die schmalen Hufe voll Grazie in den weichen Schnee. Liebevoll klopfte Thomas ihren Hals. Wieder reagierte sie mit freudigem Wiehern und stob davon. Fest und streng brachte ihr Herr sie in ruhigen Trab.

Thomas schob die Hand in die Tasche, um das Schächtelchen zu fühlen. Seit jenem Pfingstsonnabend hatte er den Wunsch gehabt, Arina etwas zu schenken. Etwas Besonderes, etwas, was zu ihr passen, und sie an ihn denken lassen sollte. Wie lange hatte er überlegt!

Und dann, an einem Spätherbsttag, als er für Herrn Grebe zum Landwirtschaftsministerium nach Reval mußte, hatte er die Rose im Fenster gesehen. *Occasion* stand daneben. Halberblüht, Elfenbein, außerordentlich fein geschnitzt. ›Lieblich wie du, Arina.‹ Thomas war entzückt, war hineingegangen und hatte sie gekauft. Weiße Rose auf dunkelrotem Samt.

Endlich das Richtige, dachte er und freute sich wie ein Kind. Und dann wagte er es nicht, sie ihr zu schenken. Weil die ganze Familie dabei war? Morgen gebe ich sie ihr, ganz bestimmt!
So ritt er in der Hoffnung auf morgen den eingefahrenen Schlittenweg entlang durch den Zauberwald. Zu beiden Seiten streiften ihn dick verschneite Tannenzweige und überschütteten Pferd und Reiter mit Schnee. Sagitta schüttelte den Kopf. Weiße Flocken wirbelten auf. »Wundervolle Hochfahrende!« rief Thomas, beugte sich vor und legte die Arme um ihren Hals. Er war glücklich. Alle Qual fiel von ihm ab, alle Scheu. Frei war er, selbstsicher und stark. Wenn er so zärtlich mit Sagitta sprechen konnte, warum nicht zu Arina?
Und während die Stute in wiegendem Trab leichtfüßig dahinlief, begann Thomas mit dem Mädchen, das er liebte, zu reden. »Schön bist du. Genau das, was mir fehlt, leicht, unbeschwert, übermütig und schön. Aber ich weiß, daß du auch ernst und fürsorglich sein kannst. Arina, ich hab' dich lieb. Willst du meine Frau werden?« Warum konnte er nicht so mit ihr sprechen, wenn sie dabei war? Und er wiederholte die Worte...
Sagitta hatte den Weg über die Felder eingeschlagen. Weich und leichtfüßig flog sie über die weiße Fläche, den Schwanz gestreckt, die Mähne fliegend.
Dann ging es langsam durch den Park. Wie schön das Leben ist, wie herrlich jung zu sein, zu reiten, zu lieben!
Auch die Stute schien am nächtlichen Ritt Vergnügen zu haben. Sie hob den Kopf und reagierte willig auf jede Bewegung ihres Herrn.

Das Haus schlief. Kein Fenster war erleuchtet. Die Zweige der alten Trauerweide streiften ihn und legten ihren Schnee über ihn und das Pferd.
Am See war es heller als im Wald. Neben dem Brunnen brachte er Sagitta zum Stehen. Er sprang vom Pferd und holte die

Schachtel aus der Tasche. Morgen, dachte er, und öffnete sie vorsichtig. Im nächtlichen Schein der Sterne lag die kleine Rose in magischem Dämmern auf dem dunklen Samt. Es schien ihm, als leuchte sie von sich aus. Behutsam nahm er sie aus der Schachtel. Sie fühlte sich warm an, als lebte sie.

»Rose«, flüsterte er und ...

Sagitta war ungeduldig geworden, scharrte mit dem Fuß, bäumte nervös – Thomas sprang hinzu, griff ins Halfter ... Die Rose entglitt seinen Händen.

Er schrie auf, ließ das Halfter los. O Gott, die Rose! War sie in die unterste Brunnenschale gefallen? Oder in die zweite? Oder auf den Boden?

Hier oder dort – der Schnee lag gleichermaßen hoch.

Sein Schreck war unermeßlich. Ob es ein Zeichen war, nicht mehr an Arina zu denken? Sie aufzugeben? Thomas durchsuchte den Boden, die unterste Brunnenschale, seine Hand tastete sich durch den Schnee auf der zweiten. – Sie war nicht da. Sagitta wurde unruhig, scharrte, tänzelte.

Thomas war fassungslos.

Der Himmel aber blieb weit und klar. Die Sterne hingen ruhig in der Unendlichkeit. Ihr kaltes Leuchten hatte sich nicht verändert. Sagittas Fell glänze silbern.

Mamsellenhäuschen

Felix und Johanna überlegten, wo man Juss, Madli und Alvi unterbringen könnte, wenn er gewillt war, Tönus Posten zu übernehmen.

»Im Mamsellenhäuschen«, meinte Johanna, und da Felix noch

liegen sollte, ging sie mit Thomas hin, es zu begutachten. Nicht weit vom See, in Richtung Ställe, lag das baufällige Häuschen mit den weißen Holzverzierungen, in dem die Kinder im Sommer ihre Kaninchen unterbrachten. Einst hatte es das weibliche Personal der Bowéns beherbergt. Zimmermädchen, Zofen und Küchenpersonal bevölkerten damals das kleine Haus unter den drei Ebereschen. Deshalb wurde es auch Mamsellenhäuschen genannt. – Die Tür war nur angelehnt. Im Treppenflur leichte Schneeverwehungen. – Fußspuren führten in die Küche.
»Wer ist denn hier gewesen?« fragte Thomas verwundert. Die Fenster waren mit Brettern vernagelt. In der Küche stand Arina und blickte auf das Vogelhäuschen vor dem Fenster, das Tönu dort im Schutz der kleinen Veranda aufgestellt hatte.
»Arina?« fragend sahen Mutter und Sohn sie an.
»Ich bin auf Erkundung«, Arina wandte sich ihnen zu, »es ist so interessant, Ilukäll Stück für Stück kennenzulernen.«
Thomas erklärte, warum sie hier seien, und ging zum Herd.
»Die Küche ist das wichtigste«, meinte die Mutter. – »Aber primär das Dach«, entgegnete Thomas, »solange es durchregnet, ist jede Reparatur sinnlos.«
»Also ein neues Dach –« Johanna Helbrich sagte es erschrocken und überschlug im Geist, welche Kosten da so unvorhergesehen auf sie zukommen würden. Thomas erriet ihre Gedanken:
»Ja, aber es ist wirklich das erste, was gemacht werden *muß.*«
Arina sah, wie gründlich er die Decke betrachtete, die Wände prüfte und dann die Treppe hinaufstieg.
»Die Dielen sind zum Teil auch morsch«, rief er von oben herunter. Wieder unten meinte er klug überlegend und beruhigend:
»Das kriegen wir schon hin. Tönu und Juss können beide daran arbeiten.« Arina gefiel es sehr, wie umsichtig er prüfte und wie ruhig er sprach. Und sie dachte, daß das, was dieser Mann in die Hand nahm, gut werden mußte. Pfingsten fiel ihr ein und wie behutsam er mit den Bäumen umgegangen war. Auch an den

ersten Tag ihres Hierseins dachte sie, als er ihr die Ställe und seine Sagitta gezeigt hatte. Damals war er ihr wie ein Junge erschienen, seit Pfingsten aber dachte sie an ihn als Mann. Er sprach mit seiner Mutter und beachtete sie nicht, und es kränkte sie. Warum mag er mich nicht? fragte sie sich.
Thomas fiel auf, daß ein Hauch von Traurigkeit um Arina lag, und er hätte gern gewußt, ob sie sich trotz all ihrer Fröhlichkeit hier doch nicht so heimisch fühlte, wie alle annahmen. Aber da sagte die Mutter, daß Vater und sie meinten, man könne Juss und Alvi bereits im März nach Ilukküll holen – Vorfrühling – dann könne mit der Arbeit begonnen werden. Und Thomas stimmte ihr zu.
»Wann mußt du wieder in Pölk sein?«
»Silvester möchte ich noch mit euch feiern«, sagte Thomas, »am ersten Januar habe ich versprochen wieder dort zu sein.« Und Arina war traurig.

Das Geständnis

»Saun fertig«, meldete Liisu.
Und Frau Helbrich stapfte mit den Mädchen und Robik zum Silvesterbad durch den Schnee. Sie gingen das Ufer entlang zum Wasserarm, der ins Birkenwäldchen ragte. An dieser Bucht lag klein und schwarz, wie ein geduckter Bär, die Rauchsaun. Aus der niedrigen Öffnung quollen schwarz-weiß-graue Schwaden. Sie mußten sich bücken, so niedrig war der Eingang. Im ersten Augenblick sahen sie nichts. Dann gewahrten sie Sauna-Kreet auf ihrem Hocker vor dem Herd aus Ziegelsteinen. Das Flakkern der Flamme spielte auf ihrem verknitterten Gesicht mit

dem weißen Tuch, auf ihrem weitgebauschten Rock. War sie nicht eine geheimnisvolle Fee? Eine wie die, die einst Dornröschen in den Schlaf fallen ließ oder Rapunzel verzauberte? Mit knorrigen Wacholderwurzeln stocherten die knochigen Hände im Feuer.

»Tere, Kreet«, rief Frau Helbrich. Und die Kinder grüßten ebenfalls. Robik lief hin und wollte ihre Wurzeln fassen, doch waren die im selben Augenblick auch schon hinter Kreets Rükken verschwunden.

»Tere, tere«, erwiderte sie die Begrüßung, blickte sich nach Arina um und kicherte wie eine Krähe.

Die Mutter zog Robik aus, damit er fertig sei, wenn sie die Haare der Mädchen vornahm.

Die Mädchen aber beobachteten Kreet. Gut, daß nicht sie uns schrubbt und die Haare wäscht, dachte Nita. Arina empfand ähnliches. Sie mochte diese Saunabaderei sowieso nicht. Schon im vorigen Jahr zu Silvester, zu Ostern und Pfingsten fand sie sie unangenehm und verstand die Begeisterung der Helbrich-Kinder keineswegs.

»Hmmm!« machte Björk gerade und sog genüßlich den Wacholderduft ein, »was hast du da noch auf die Ziegel gestreut?« Sie trat näher an Sauna-Kreet heran und ging in die Hocke. In der Tat holte diese erneut eine Handvoll trockener Kräuter und noch etwas Weißes aus der Rocktasche und ließ sie schmunzelnd auf die Ziegel und ins Feuer fallen. Würze mit einem Anflug von Süße mischte sich in den Wacholderduft. »Guuut! Was ist das?« wollte Björk wissen. Das aber verriet Kreet nicht. Nur ihr heiseres Vogellachen deutete an, daß sie irgendeine Hexerei vorhatte. Björk erschrak – mit Arina?

Du kennst kein Fichtennadelöl oder andere Badedüfte, dachte diese und bequemte sich nun auch, ihre Kleider auszuziehen und an die Holzpflöcke in der Wand zu hängen. Die anderen waren schon in Badetücher gehüllt, als Liisu mit dem vor Sau-

berkeit blitzenden Robik zu ihnen in den Vorraum kam. Liisu rubbelte noch an Robik herum, zog ihn an und ging mit ihm nach Hause.
Der Baderaum war weiß von Dampf. Mit Holzbottichen schöpften sie das kochende Wasser aus den gußeisernen Kesseln über dem Feuer. Aus den Tonnen das kalte Wasser. Der Raum glänzte dunkel vom Naß. Eine winzige Laterne an der Wand erhellte ihn nur spärlich. Die doppelt übereinander stehenden Pallen waren in Dampf gehüllt und kaum zu sehen. Nita kletterte juchzend hinauf. Arina folgte ihr langsamer.
Liisu, die Robik ins Bett gesteckt hatte, kam zurück, wechselte einige Worte mit Kreet, schüttelte besorgt den Kopf und begann Björks langes, dichtes Haar zu waschen. Frau Helbrich beorderte Arina von der Palle herunter, wusch ihr Haar und half ihr beim Einseifen, Schrubben und Abspülen.
»Komm, Arina!« rief Björk und sprang hinaus in den Schnee. Arina aber war gar nicht danach zumute. Sie machte einige Schritte, versuchte durchzuatmen, aber der Raum drehte sich in undurchdringlichen Nebeln. Arina lehnte an der Palle. Ihr war seltsam flau. Ihr schwindelte. Dann sackte sie zusammen.
»Aber Arina«, rief Frau Helbrich ärgerlich, »frisch gewaschen – und du wirfst dich auf den Boden!«
Als Arina nicht reagierte, sondern unter die Palle rollte, eilte Liisu hinzu.
»Arinachen, was machst du!« rief sie halb ärgerlich, halb besorgt und bückte sich, konnte sie jedoch wegen ihrer Fülle nicht erreichen. Schon waren Frau Helbrich und Nita hingekniet und holten die Ohnmächtige unter der Schwitzbank hervor.
»Schnell, Liisu, kaltes Wasser – schick Björk herein und lauf, ruf Thomas mit dem kleinen Schlitten, damit er Arina heimfährt!«
Liisu, hochrot und atemlos vor Schreck, zog sich die Filzstiefel über die nackten Füße, nahm das große Tuch um Kopf und

Schultern, warf noch einen wütend-verzweifelten Blick auf Sauna-Kreet und rannte dem Haus zu.
»Thomas«, rief sie schon von weitem, und im Hausflur wieder »Thomas!«
Thomas, der die Orakelzettel für Silvester richtete, ließ Schere und Schreibzeug fallen. In Sekundenschnelle war er im Flur.
»Was ist?« schrie er die völlig Verstörte an. Nach Luft ringend stotterte sie:
»Arina! Goldkind – stirbt!« Hastig sprach sie weiter: »Rauch – Dampf – Thomas soll schnell Klein-Schlitten nehmen – und Frau sagt...«
Thomas hörte das längst nicht mehr. Ohne nach Mantel oder Schlitten zu suchen, stürmte er los. Und plötzlich wurde ihm bewußt, daß er ohne dieses Mädchen nicht leben konnte. Daß er sie aufrichtig liebte, immer lieben würde.
Er rannte das Seeufer entlang, nahm die Abkürzung über das Eis und hatte nur einen Gedanken: Laß sie nicht sterben, Herrgott!
Hastig trat er in die offene Tür. Dampf schlug ihm entgegen. Undeutlich sah er Mami und Björk Arina, die erneut ohnmächtig geworden war, in eine Decke hüllen. Sauna-Kreet, die mit eigenartigem Ausdruck in den hellen Nixenaugen am Herd stand, blinzelte Thomas zu. Er aber hatte nur Augen für Arina.
»Wo ist der Schlitten?« fragte Frau Helbrich und richtete Arina auf.
»Schlitten? Ich nehme sie so!« Thomas beugte sich über das Mädchen und hob das eingepackte Leichtgewicht wie ein Kind an die Brust.
Und während Nita mit schreckensweiten Augen im tränenüberströmten Gesicht aus dem Dampfraum zu ihnen herüberlugte, während Björk und Johanna sich anzuziehen beeilten, stapfte Thomas mit seiner Last fest und sicher durch den Schnee. Sein Herz schlug laut.

War es nun das Klopfen dieses Herzens, die kalte Winterluft oder das Wiegen auf Thomas' Armen – Arina öffnete die Augen und schaute in den sternenbesäten Himmel. Träumte sie? Die Sterne – der Schnee – und – war das nicht Thomas' Gesicht vor dem dunklen Nachthimmel? Ja, es war Thomas. Er hatte den Kopf zur Seite gewandt und blickte prüfend auf den Boden. Trug er sie? Ein Gefühl von Geborgenheit überkam das Mädchen – was auch immer geschehen sein mochte, es war gut. Und beruhigt schloß sie die Augen.

Thomas hatte Arinas Erwachen nicht bemerkt. Schritt für Schritt stapfte er fest auftretend über den See, um ja nicht auszurutschen, ja nicht zu stolpern. Am Ufer angekommen stieg er die Böschung hinauf und befand sich auf dem eingetretenen Weg. Fest preßte er seine Last an sich.

Hier am Brunnen hatte er vor wenigen Tagen mit Sagitta gesprochen, hier hatte er die Rose verloren. Als er jetzt daran dachte, fand er, daß Arinas blasses Gesicht dieser Rose glich. Es war ihm, als habe die Rose Leben bekommen, habe sich in dieses stille, weiße Mädchen verwandelt. Sie schien ihm schöner als je zuvor. – Nur, was er sich da vorgenommen hatte, ihr zu sagen, war vergessen. Es war ihm auch nicht möglich, sich daran zu erinnern, denn er stand im Heute, Arina im Arm – alles war anders.

Thomas dachte nicht: Was soll ich sagen?, Thomas beugte den Kopf über sie und flüsterte besorgt:

»Arina wach doch auf! Du darfst nicht krank werden – hörst du – ich möchte dich heiraten!«

»Ja«, antwortete Arina laut und deutlich. Sie öffnete die Augen und legte ihm den Arm um den Hals. Vor Schreck hätte Thomas sie beinahe fallenlassen. Das hatte er wirklich nicht erwartet.

»Arina –«, sagte er nur und hielt sie fester.

In diesem Augenblick kamen Hektor und Inka angerannt, bellten, sprangen hoch. Auch Liisu war da. Sie setzten Arina auf

den Schlitten, Thomas umfing sie und schob sie nach Hause. Der Mond, Freund aller Liebenden, schickte sein Licht zu ihnen, als Thomas sie hinauftrug.
Liisu brachte ihr Kind zu Bett.

Verlobung an Silvester

War es wirklich eine Verlobung?
Thomas hatte am nächsten Tag mit den Eltern gesprochen. Felix Helbrich war mehr als verdutzt. Arina, dachte er, diese kleine Hexe! Johanna aber sagte einfach, daß das ein Unsinn sei – eine Kinderei. Er sei doch noch nichts.
»Wovon willst du eine Frau ernähren? Und Onkel Konstantin wird das nie erlauben.«
»Aber ich liebe sie!« wandte Thomas ein.
Die Mutter schüttelte den Kopf.
»Liebe! Wenn ich das schon höre, du weißt ja gar nicht, was Liebe ist!« Erregt stand sie auf. »Und ausgerechnet Arina!« Sie hob die Arme und ging zur Tür. Kam zurück und blieb vor Thomas stehen. »*Du* brauchst eine ganz andere Frau. Laß die Finger von Arina!«
Thomas' Gesicht hatte einen Ausdruck so fester Entschlossenheit, wie die Eltern ihn nicht kannten. Ernst erklärte er ihnen, daß Arina und er sich liebten und heiraten wollten. Ja, er würde sie heiraten, und wenn es sein müsse auch gegen die ganze Welt. Im übrigen habe Herr Grebe von Pölk ihm fürs nächste Jahr die Verwalterstelle angeboten.
Der Vater war aufgestanden. Er sah aus dem Fenster, stellte fest, daß der Schnee noch genau so hoch lag wie gestern, daß die

Spatzen noch genau so um das Futterhäuschen flogen und auch am Himmel sich nichts geändert hatte. Nervös trommelte sein Finger an die Scheibe. Weshalb sollte er sich nicht freuen, dieses Mädchen, das ihm so viel bedeutete, zur Schwiegertochter zu bekommen? Sein Gesicht wirkte versöhnlicher, als er sich Frau und Sohn wieder zuwandte.

»Dann prüft euch!« sagte seine Frau gerade, doch nicht minder bestimmt als vorhin, »an Hochzeit ist vorerst natürlich nicht zu denken –« und setzte sich wieder an den Tisch.

Mit Onkel Konstantin hatte Thomas ein langes Gespräch. Es verlief ganz anders als das mit den Eltern. Einerseits freute es den Onkel, daß Ilukүll durch diese Heirat wieder in die Linie der Bowéns kam. Andererseits hatte er sich für seine Nichte natürlich eine ganz andere Partie gewünscht.

Gewiß, er sei überzeugt, daß es Thomas' große Liebe sei, auch daß er alles versuchen würde, sie glücklich zu machen, aber – ob er für dieses eigenwillige Mädchen nicht zu jung sei? Und dann sprach der große Frauenkenner und -verehrer so poetisch über Frauen und die Liebe, daß Thomas, der noch nie ein Mädchen geliebt hatte, staunend zuhörte und sie mit neuen Augen zu sehen begann. Selbst die Schwestern.

»Weißt du, Thomas«, fuhr Onkel Konstantin fort, »Frauen sehen die Welt mit mehr Gefühl als wir. Deshalb sind für sie auch die kleinen Dinge, die wir oft nicht beachten, wichtig. Viele Männer meinen, es beweise ihre Intelligenz und Überlegenheit, wenn sie das belächeln. Irrtum. Tu das nie, Thomas. Meistens sind es die kleinen Dinge, die das Leben schön machen.« Onkel Konstantin schwieg. Woran er wohl dachte? »Aber waren es nicht gerade unsere herrlichen Frauen, die in der schwersten Zeit ›ihren Mann‹ standen. Denk nur, wie stark deine Mutter ist. Und Björk! Und viele der Herrinnen auf den anderen Gütern. Ohne sie hätten mehr Familien ihre Restgüter aufgeben müssen und wären in die Städte gezogen – oder gar ausgewandert. Freu

dich, eine starke Frau zu heiraten. Und Arina ist stark. Auch wenn sie äußerlich zart, ja fast zerbrechlich wirkt. – Sie ist eine Bowén!« Und man sah ihm den Stolz auf seine Familie an.
Das Gespräch wurde lang. Für Thomas zu einer unvergeßlichen Stunde.
Nachher suchte Konstantin von Bowén Felix und Johanna auf, um mit ihnen über die Kinder zu sprechen.
So kam es, daß an diesem Silvesterabend wirklich Verlobung gefeiert werden sollte.

Arina aber erinnerte sich an diesem Morgen nur langsam an das, was am Vorabend geschehen war. Und erschrak. Sie richtete sich auf und blickte zu den Betten von Björk und Nita hinüber. Aber die waren schon leer. So erzählte sie Liisu, die hereinkam um nachzusehen, ob noch Glut im Hofen sei, als erster von dieser Verlobung.
»Heldekene!« rief die nicht minder erschrocken und schlug die Hände an den Mund. »Heldekene, was Kinder machen! Hör doch, hör, Kind will heiraten!« Das Blut war ihr in den Kopf gestiegen, und Tränen rollten über ihre verrunzelten Wangen. Ärgerlich wischte sie sie ab. »Gold-Kind, Arinakenen, bist doch noch viel zu klein!« Sie griff nach ihrer Schürze und trocknete das tränennasse Gesicht. Dabei setzte sie sich auf den Bettrand. »Weiß Kindchen denn, was es da gemacht hat – verloben!« Ungehalten schüttelte sie den Kopf. »Mußt doch erst erwachsen werden! – Und Thomas! Kleiner Thomas, selbst noch ein Kind!« Wieder schluchzte sie. Arina aber lachte. So klein erschien ihr der große, starke Thomas nun wirklich nicht. Zärtlich legte sie die Arme um den Hals der alten Kinderfrau und tröstete sie, so gut sie es vermochte.
»Wein nicht, Liisuke, Hochzeit ist doch keine Beerdigung! Und wir sind ja nur verlobt, noch lange nicht verheiratet.« Damit sprang sie aus dem Bett und lief zum Waschtisch.

Liisu aber war außer sich.
»Kreet, Kreet, das warst du«, murmelte sie und stützte den Kopf in beide Hände, »das aber hat alte Liisu nicht gewollt – so nicht ...«
Arina beeilte sich, fertig zu werden.
Später sagte Björk:
»Ihr seid verrückt! Du gehst doch noch zur Schule!«
Nita und Robik aber waren begeistert.

So kam es denn, daß der Vater am Abend nach der Kirchenfahrt, eine Flasche Sekt aus dem Keller holte. Nicht nur Glühwein sollte getrunken werden. Heute sollte mit Sekt auf eine vernünftige Lösung dieser unvernünftigen Verlobung und auf das Glück der beiden jungen Menschen angestoßen werden – ob sie nun heiraten würden oder nicht.
Tante Minchen sah fast verklärt aus.
»Unser guter Thomas!« flüsterte sie, und »Arinachen, werd ihm eine fürsorgliche Frau, und gesittet, solch einen guten Mann bekommst du! Leg dein eigenwilliges Köpfchen ab, es paßt nicht in eine Ehe!«
Königin Tamara fragte dreimal, was man denn feiere – mit Champagner! Dann aber strahlte auch sie: Ein Bräutchen im Haus! Verlobung – welch ein Glück! Dann gäbe es wohl auch bald eine Hochzeit! Im großen Saal – wie sie – einst – als ihr Kostjinka noch so stattlich, schmuck und galant gewesen war – und sie ... Natürlich kamen ihr die Tränen.
Liisu aber machte ein finsteres Gesicht, als sie gerufen wurde, um am Orakelspiel teilzunehmen. Königin Tamara flüsterte unentwegt:
»Gottchen segne euch – Gottchen segne euch, Arinuschka und Tomtschik!«
Gute Ratschläge – Arinachen, Arinuschka ...
Als die Standuhr zwölf schlug, Björk sich wie jedes Jahr ans

Klavier setzte, der Vater seine Flöte und Konstantin seine Geige in die Hände nahmen, und die anderen laut *Großer Gott wir loben dich* sangen, griff Thomas nach Arinas Hand und gelobte still, dieser schönsten aller Frauen ein guter fürsorglicher Ehemann zu werden.
Arina fand das alles sehr ergreifend und wischte sich, wie man es von ihr erwartete, auch eine Träne von der Wange.

Lächerlich altmodisch?

»Nein, also das finde ich gräßlich!« Temperamentvoll warf Benita ihre Wollmütze ins Gepäcknetz. »Wozu hast du dich denn verlobt, wenn keiner es erfahren soll!«
Bizarre Eisblumen verdeckten die Aussicht aus dem Abteil des Zuges, der die Mädchen nach Reval brachte.
Arina hatte Björk und Nita gebeten, in der Schule nichts von ihrer Verlobung zu erzählen. Björk verstand das. Es war ja auch zu ungewöhnlich: eine Schülerin, wenn auch Abiturientin, verlobt! Nita aber, die es begeisternd fand, hätte es am liebsten durch alle Straßen gejubelt. Björk sah sinnend auf die Eisblütengewächse am Fenster, durch die die Sonne glitzerte. Unerklärlicherweise tat Thomas ihr leid. Thomas, nicht Arina. Überhaupt, würde seine Chefin ihm, den sie sich als Schwiegersohn erhoffte, den in Aussicht gestellten Verwalterposten noch geben oder einen anderen ›Heiratskandidaten‹ engagieren?
Arina selbst fand alles noch sehr unwirklich. Tante Agatha mußte sie natürlich davon berichten.
Die fiel aus allen Wolken. Sprach dann aber ernst mit ihr, erklärte ihr so einiges, was sie schon längst wußte, und gab ihr Rat-

schläge. Ehe sei ein schwerer Beruf, und an der Frau läge es, ob es eine glückliche oder unglückliche Ehe werde. *Sie* müsse die Ehe hüten und glücklich machen *wollen*.

Sie saßen in Tante Agathas Boudoir in den kleinen weißen Rokoko-Sesseln. Tante Agatha feilte ihre Nägel.

»Dein Haushalt muß in Ordnung und blitzblank sein. Aber arbeite nie, wenn dein Mann zu Hause ist.« Sie betrachtete ihre gepflegten Hände. »Auch wenn ihr kein Dienstmädchen haben solltet«, fuhr sie belehrend fort, »man kann ja nie wissen, was noch auf einen zukommt, denk an deine Mutter, *er* braucht dich nicht in Schürze, womöglich mit Putzlappen, zu sehen. Wenn er kommt, sei gepflegt und liebenswürdige Dame.« Sie legte die Feile beiseite und begann die Nägel zu polieren. Eine Frau bleibt eine Frau und ein Mann ein Mann, dachte sie dabei, und war sie nicht gut gefahren, mit den Ratschlägen ihrer Mutter und Großmutter? Auch wenn das himmelhochjauchzende Glück der Mädchenvorstellungen ausblieb, nach außen war die Ordnung gewahrt – und der Mann hielt die Ehe für glücklich.

Ach, Tante Agatha, dachte Arina dagegen, das klingt ja alles nach vorigem Jahrhundert! Thomas schätzt mich mit einer Schürze wahrscheinlich mehr als im Ballkleid. Leider. Ungeduldig flocht sie die Fransen der rosa Tischdecke zu Zöpfen.

»Laß das«, Tante Agatha schlug ihr leicht auf die Finger, »und schärf dir lieber ein, daß die Ehe eine Institution ist, die eingehalten werden muß. Sie ist geheiligt und darf nicht zerbrechen.« Daß die Frauen leiden lernen müßten, fügte sie nur sehr leise hinzu. Von der »Pflicht glücklich zu sein«, ein Wort von Vater Clemens, sprach sie nicht. Aber: »Versuch nie klüger zu scheinen als dein Mann. Selbst wenn du etwas besser weißt, lerne zu schweigen – oder sehr diplomatisch zu sein« und schmunzelnd: »der Mann ist wohl der Kopf, doch die Frau der Hals, der ihn drehen kann. Sprich nie von Politik, das ist Männersache. Sei fröhlich und gut und versuch, die Meinung deines Mannes zu

verstehen und zu teilen, auch wenn es manchmal schwerfällt. Denk immer daran, daß er dich liebt und achtet und daß er es gut mit dir meint, sonst hätte er dich ja nicht geheiratet.«
Arina hörte schon lange nicht mehr zu. Ich denke da aber ganz anders, dachte sie, ich werde kein demütiges Weibchen sein, ich werde Kameradin und Liebende sein. Sie war aufgestanden und ans Fenster getreten. Sie betrachtete die Goldfische im Aquarium. Die Sonne schimmerte durch ihre zarten Flossen und spielte im grünlichen Wasser. Ob sie Thomas bitten sollte, ihr auch solch ein Aquarium zu schenken?
Tante Agatha schwieg betreten. Fast beleidigt griff sie nach einem Flacon und besprühte sich mit Eau de Cologne. Dabei stellte sie bedauernd fest, daß die Welt der Mädchen sich anscheinend sehr gewandelt hatte, seit ihr und ihrer Freundinnen diese Lehren zuteil geworden waren. Wie sehr hatten sie diese Enthüllungen interessiert. Arina und auch Björk schienen anders als die Mädchen ihrer Zeit. Voller Unbehagen blickte sie auf Arina – würden die Mädchen kommender Generationen noch unabhängiger, noch selbständiger, noch freier sein wollen? Gott behüte! Schnell schob sie diese Gedanken als fast ketzerisch von sich. Es war ja nicht auszudenken, die armen Männer, die armen Kinder!
»Sag mal, liebst du deinen Thomas eigentlich?«
»Natürlich, warum sollte ich ihn nicht lieben? Er liebt mich ja auch, und wir sind verlobt«, erwiderte sie etwas schnippisch. Das Gespräch begann ihr auf die Nerven zu gehen.
»Gut«, Tante Agatha betrachtete sie mißbilligend. »Dann denk vorerst einmal an die Schule.«
Obgleich Arina viel auf der Schlittschuhbahn war, mit Klaus Rennwolf-fahren ging und keine Einladung abschlug, lernte sie eifrig fürs Abitur. Viele ihrer Klasse zitterten schon jetzt, wenn sie daran dachten. Arina war ruhig. Jedes Jahr gab es Versetzungsprüfungen, und hatte sie die Examina in die Oberprima

nicht mit Leichtigkeit bestanden? Im übrigen war sie verlobt – und Thomas würde sie auch ohne Abitur heiraten. Nein, Arina machte sich keine Sorgen.
Klaus hatte sich nur einmal zur überraschenden Verlobung geäußert. Es war, als er Arina bei den Mathe-Aufgaben half.
»Du wirst ihn nicht heiraten«, hatte er sehr bestimmt gesagt. Seine Hände hatten auf dem dunklen Tisch gelegen, nebeneinander, schmal, die Finger wohlgeformt. Es sind die schönsten Hände, die ich je sah, dachte Arina und konnte den Blick nicht von ihnen wenden. »Sag, daß diese Verlobung nicht ernst gemeint ist«, bat er.
»Onkel Hugo hat für mich ein Praktikum bei den Junkers-Werken in Jena arrangiert, ich fahre Ende April nach Deutschland.« Und als sie nicht antwortete: »Ich wollte dich bitten, auf mich zu warten.«
»Koljka«, Arina sah ihn bittend an, »du bist ein guter Kamerad, und ich mag dich wie einen Bruder. Aber bitte versteh, daß ich mit Thomas verlobt bin.«
»Unglaublich«, rief Klaus finster, »aber das letzte Wort ist hier noch nicht gesprochen. Es wird sich zeigen, wer zuletzt lacht!« Er stand auf und verließ das Zimmer.

Beginn einer Freundschaft

Konstantin von Bowén schloß die Augen. Tief sog er die Luft ein. Dieser Geruch, dieses Gefühl unbegreifbarer Freude!
Der Frühlingswinter hatte Einzug gehalten. Unmerkbar war er gekommen mit seinem eigenartigen Licht, jenem Geruch von schmelzendem Schnee, dieser Verheißung erwachenden Lebens.

Seltsam, daß er überhaupt noch ›Glücksgefühl‹ denken konnte. War es einfach diese Jahreszeit? Sein Rollstuhl stand am See. Im Eis gähnten dunkle Löcher. Felix Helbrich, Tönu und Juss hatten gestern Eisblöcke herausgesägt und in den Eiskeller gefahren. Auf diesem Eiskeller, der wie ein grasbewachsener Hügel aussah, war der Schnee schon geschmolzen. Höchste Zeit, daß die großen Eisblöcke den letzten Raum seines Inneren wieder füllten. Die estnischen Eiskeller waren für Arina auch neu gewesen: In die Erde gebaute Räume, von denen der hinterste im Vorfrühling mit Eisblöcken gefüllt wurde und den Keller zum Kühlraum machte.
Nun würde es nicht mehr lange dauern, bis man das Krachen der Eisschollen auf dem See und draußen auf dem Meer hörte und die Wasser wieder frei würden. Man konnte es nicht leugnen, der Frühling war im Kommen.
»Weißt du, was Mami sagt?« Ganz außer Atem warf sich Robik über die Knie des Onkels. »Ich darf mit Alvi spielen! Ich soll sie beschützen!« Hektor und Inka erhoben sich. Robik richtete sich auf. »Verstehst du, Alvi ist ja blind, und jetzt, wo sie ganz in Ilukükll leben...«
Im Augenblick als der Onkel antworten wollte, quiente Inka laut auf und spitzte die Ohren. Hektor knurrte. Alle blickten sie zum anderen Ende des Sees, wo Alvi... Robik und Onkel Konstantin waren gleichermaßen erschrocken.
»Alvi!« schrie Robik heiser und rannte los.
Aus der Richtung des Mamsellenhauses war Alvi durch den Schnee auf den See zugegangen. Sie war barfuß, trug das blaue Kleid von Nita, das sie zu Weihnachten bekommen hatte, und ging, ja schwebte fast, über den Schnee. Mit ausgestreckten Armen, ein Lächeln auf dem blassen Gesicht, näherte sie sich dem Ufer.
Es war ausgeschlossen, daß Robik sie rechtzeitig erreichen konnte. Tränen rollten über seine Wangen. Vor Alvi gähnten

schwarz die eisfreien Löcher. Robik wußte, daß keiner zu retten war, der einmal unters Eis geriet.
»Alvi!« Seine Stimme war von Tränen erstickt. Niemand konnte ihn hören. Nur die Hunde.
Onkel Konstantin fühlte wieder einmal, wie ohnmächtig er im Rollstuhl war. Verzweifelt. Mußte er tatenlos zusehen, wie das Mädchen ertrank?
»Inka!« kam es kurz und trocken von seinen Lippen, er faßte die Hündin am Halsband, hielt sie kurz und wies mit ausgestreckter Hand in Richtung Alvi. »Alvi – aport!«
Inka war schon aufgesprungen, in langen Sätzen jagte sie den See entlang. Würde sie das Mädchen erreichen? Wie würde dieses reagieren? Was würde geschehen? Schon überholte Inka Robik, gleich darauf war sie bei Alvi. Das Mädchen blieb stehen, wandte lauschend den Kopf in Richtung der heranpirschenden Schritte.
Auch Robik war stehengeblieben. Ebenso gespannt wie Onkel Konstantin sah er zu den beiden hinüber. Würde sie fortlaufen, wenn sie das große Tier spürte?
Noch stand sie still. Langsam näherte sich ihr der Hund. Behutsam, wie es man es diesem mächtigen Tier kaum zugetraut hätte, nahm Inka Alvis Arm ins Maul. Und Alvi ließ es geschehen. So führte Inka das blinde Mädchen langsam am Ufer entlang dem Rollstuhl zu.
Alvi wehrte sich nicht. Als wäre es das Selbstverständlichste von der Welt, sich dieser Hündin anzuvertrauen, folgte sie ihr.
»Alvi!« Nun hatte auch Robik sie erreicht. Er faßte ihre andere Hand, »beinah wärst du in den See gefallen!«
Zu dritt erreichten sie den Rollstuhl. Onkel Konstantin streckte ihr die Arme entgegen und Hektor sprang sie an, daß sie schier das Gleichgewicht verlor.
»Wie kalt du bist, Alvike«, sagte der Onkel auf estnisch, »komm!« Er nahm die Decke von seinen Knien und hüllte das zitternde Mädchen ein. »Schnell, Robik, lauf und ruf Liisu!«

Bald danach lag Alvi zum ›Aufwärmen‹ in Robiks Bett. Liisu braute ihr einen Tee, und Robik legte ihr nacheinander seine Lieblingstiere und Petruschka in die Hände.
Alvi nahm Petruschka und tastete über sein Gesicht. Ihre Finger glitten über den Harlekin, blieben auf seinen Augen, auf dem Mund liegen und befühlten ihn zart:
»Wie große Augen« – »er lacht ja« – »hat er schwarze Haare?«
Fröhlich betrachtete sie sein Gewand: »Das ist ja gehäkelt? In drei Farben?« Liebevoll legte sie ihn neben sich aufs Kissen. »Petruschka«, sagte sie leise. Laban drückte sie an sich. »Wie weich!« – »Lustige Nase!«
Die Gummikatze, die Robik gern zum Baden mitnahm, mochte Alvi nicht. Auch nicht den großen Fisch aus Zelluloid. Aber das Holzpferdchen mit der echten Mähne streichelte sie zärtlich und zupfte ihm die zerzauste Mähne glatt.
»Du kannst ja sehen?« Robik kam aus dem Staunen nicht heraus, »oder?«
»Mach die Augen zu«, sagte Alvi, »Hände können auch sehen.«
Sie reichte ihm Laban. Robik schloß die Augen und ›sah‹ seinen alten Freund mit den Fingerspitzen. Er erfuhr, daß Laban eine Wunde im Fell hatte, seine Nase wirklich wie ein Knopf war und daß sein Halsband einen wulstigen Rand hatte.
Später bat Alvi:
»Ich möchte dich auch sehen, Robik.«
Und als Robik sich bereitwillig neben sie aufs Bett legte, tasteten ihre Hände zart über sein Haar, seine Stirn, seine Nase, seinen Mund – sie glitten über seine Ohren, die Wangen und den Hals.
»Ich glaube du bist schön«, sagte sie, »wie ein Prinz im Märchen. Und deine Stimme ist angenehm.«
Robik erlebte ein Wunder. So hatte noch nie jemand zu ihm gesprochen, und sein ganzes Herz schlug diesem Mädchen entgegen.

»Ich bin ein großer Ritter«, prahlte er und dachte an die Geschichten, die Liisu und Björk erzählten, »und ich werde dich immer beschützen.«
»Du kannst meine Augen sein«, schlug Alvi vor.
Da kam Liisu mit abgelegten Schuhen von Benita. Alvi mochte die Schuhe nicht.
»Ich gehe doch immer barfuß«, wehrte sie. Aber Liisu ließ sich nicht beirren. »Im Schnee sind Schuhe besser.« Sie zog sie ihr an, schnürte sie fest und stellte Alvi auf die Beine.
Als sie in die Gesindeküche gingen, wo Madli Kartoffeln für die Schweine stampfte, hatten die Kinder Freundschaft geschlossen.

Der letzte Akt

Auch in der Stadt brach der Vorsommer jetzt mit Macht aus dem Frühlingswinter. Allenthalben blühte es, als die Abiturientinnen der Elisenschule die Gewißheit erhielten, die schreckliche Zeit der Examina überstanden zu haben. Alle dreiundzwanzig – ob sie nun gebüffelt hatten, ob sie gelassen oder angstvoll in die Prüfungen gegangen waren, ob sie sich für sicher oder überfordert hielten, mit gutem oder schlechtem Gewissen die Nachricht vom »Bestanden« entgegennahmen – alle dreiundzwanzig waren erleichtert, ja selig: das Abitur geschafft!
»Innere Stärke, Zuversicht, Gelassenheit und Heiterkeit sind in sorgenfreien Stunden leicht zu leben. Sie bewähren sich aber erst in schweren Zeiten, wovor Gott uns bewahren möge. Doch dann, meine lieben Mädchen, dann weiter stark sein, gottvertrauend anderen zum Wegweiser im Lichte leben – *das* ist es,

was wir hier versucht haben, euch mitzugeben. Möge der Same aufgehen und euch *in* euer und *durch* euer Leben begleiten.«
Die Worte des Direktors klangen warm. Man sah ihm die Bewegtheit an, war es doch der letzte Akt der Elisenschule. Ein Stück baltische Geschichte ging zu Ende.
Gelbe Trollblumen und blaue Vergißmeinnicht in Vasen und Schalen symbolisierten die Farben der Schule. Ihr Duft mischte sich mit dem alten Schulgeruch der Aula zum Unverlierbaren dieser Stunde.
Es waren nicht nur die Abiturientinnen dieses Jahres anwesend, die, feierlich und aufgeregt, in ihren Sonntagskleidern zwischen den Blumen saßen. Nicht nur deren Angehörige und die Primanerinnen, die jetzt, da die Schule geschlossen wurde, ins Städtische Mädchengymnasium überwechseln sollten. Auch eine Anzahl ›Ehemaliger‹ war da. Vielleicht nahmen sie noch bewußter Abschied von ihrer Schule, die sie erzogen, gebildet und geprägt hatte. Sie standen auf dem Podium: *»Ältestes bewahr …«* Ob Tante Agatha da war? Auch Großväterchen wollte kommen. Er hatte es versprochen. Was es wohl zu essen gab? Tante Agatha hatte von Lieblingsspeise gesprochen. Nach dem Mittagessen wollten sie dann miteinander nach Ilukäll fahren. *»Ältestes bewahr in Treue, freundlich fasse auf das Neue …«* Die Ehemaligen! Arina schämte sich ihrer profanen Gedanken. Sie sah sich um. Alle waren ergriffen.
Bewegt, aber vorbildlich beherrscht, sprach auch die Schulvertreterin ihrer Klasse. Macht sie prima, dachte Arina. Ihr kluges, klares Gesicht, ihre Rede – nun, sie war ja immer Vorbild gewesen. Die Alten meinten in ihr nicht nur Vertreterin der Schule, sondern gleichermaßen auch Vertreterin der deutsch-baltischen Frau zu sehen.
Totenstill aber wurde es im Raum, als sie die dunkelblaue Fahne mit dem goldenen Dreieck ergriff, einrollte und aus der Aula trug.

Und totenstill blieb es, bis der Schulchor *Segne und behüte uns in Deiner Güte*... anstimmte.
Mariechen konnte ihr Schluchzen nicht unterdrücken. Das Taschentuch an den Mund gepreßt, verließ sie den Saal.

Herr erheb Dein Angesicht
über uns und gibt uns Licht

Die Stimmen wurden freier, heller –

Schenk uns Deinen Frieden,
alle Tag' hinieden

Deutlich hörte man Arinas warmen Alt heraus,

Gib uns Deinen Heil'gen Geist,
der uns stets zu Christo weist

Ein Lebensabschnitt ging zu Ende.

Verwandte und Freunde gratulierten.
»Gott segne deinen weiteren Lebensweg.« Tante Agatha küßte sie. Peinlich – so vor allen anderen! Arina schwirrte der Kopf. Sie konnte nichts mehr denken als nur – erwachsen, das Abi tatsächlich geschafft, jetzt...
Schade, daß Thomas nicht kommen konnte!
Aber da nahm Großväterchen sie schon in seine Arme:
»Meine kleine, große Zauberin.«
Und Arina lachte fröhlich. Wie schön das Leben war!
Unsichtbar, doch fühlbar, lag der Segen im Raum. Dreiundzwanzig noch verborgene Schicksale – was würden sie bringen?
Die Mädchen dachten nicht darüber nach. Es konnte ja nur schöner werden! Alles lag offen für sie.
Blumen in den Händen verließen sie die alte Schule, die, als würde sie seufzen, für immer ihre Tore schloß.

Träumerei am Wäschetrog

»Also ich sage: Ja!« rief Nita und tauchte Vaters Hemden ins klare Wasser.

Arina und Nita standen im See und spülten. Es war Wäschetag.

Nicht weit von der Rauch-Saun hatten Madli und Liisu ihre Waschzuber stehen und schrubbten mit der Bürste auf dem Waschbrett. Im Gußeisenkessel, der über dem offenen Feuer hing, kochte die Bettwäsche. Sauna-Kreet stand gebeugt davor, stocherte in der Glut, warf Reisig nach und sorgte dafür. daß das Feuer nicht ausging.

Es hatte nicht lange gedauert, bis die gefeierten Abiturientinnen wieder im Alltag standen. Die Schließung der Elisenschule war eine Tatsache, mit der man sich hatte abfinden müssen, mit der man sich auch abgefunden hatte, und die Mädchen mußten sehen »was nun?«

Einige wenige immatrikulierten sich an die Dorpater Universität, mehrere fanden Arbeit als Hauslehrerinnen auf dem Land, im Büro oder auch in einer Klinik zur Ausbildung als Krankenschwester. Ein großer Teil der Mädchen ging nach Finn, der Hauswirtschaftsschule für höhere Töchter, in der Nähe Dorpats. Hier wurden die angehenden Hausfrauen nicht nur im Kochen und der Haushaltung unterrichtet, sondern als künftige Gutsherrinnen auch in Viehzucht, Hühnerhaltung sowie Garten- und Feldarbeit.

Onkel Konstantin und Helbrichs erwogen, Arina nach Finn zu schicken. Sie hatten die Unterlagen schon angefordert. Aber Arina wollte nicht.

»Arbeiten kann ich auch in Iluküll. Bei Onkel Felix bin ich gern auf dem Feld. Kühe melken kann ich schon. Und wie man kocht, einweckt und all diesen Kram kann man bei keinem besser lernen als bei Tante Johanna.«

»Aber dort bist du mit vielen netten Mädchen zusammen«, versuchte Tante Minchen ihr Finn schmackhaft zu machen, »die Finn'schen werden neben der Arbeit auch zu vollkommenen Damen und Gastgeberinnen erzogen. Musik wird gepflegt und Bälle werden veranstaltet, wunderschöne Bälle mit Dorpater Studenten!« Am liebsten wäre Tante Minchen selbst wieder zwanzig und Elevin in Finn.
»Also ich würde hingehen«, wiederholte Nita. »Die Bälle mit Dorpater Studenten, die Schlittenfahrten mit ihnen, die übrigens aus der ganzen Welt dort studieren, ich ginge bestimmt nach Finn, wenn ich die Schule beendet habe – und nicht gerade selbst Studentin bin.«
Barfuß im Wasser hatten sie die Röcke hochgeschürzt und warfen die gespülten Stücke auf das Brett zwischen den Steinen. Das Brett glänzte in der Sonne. Von dort würde Madli sie vor dem Aufhängen noch in den Trog mit Wäschebläue tun. Das gab ein Weiß – Madli staunte immer wieder über dieses Wunder: weißer als die Wolken am Himmel! Sie war stolz auf die Wäschebläue, als habe sie sie selbst erfunden.
»Ob sie in Finn auch Wäsche waschen müssen?« Arina betrachtete ihre geröteten Hände.
»Natürlich. Alles was es nur an Arbeit gibt«, Nita schüttelte sich, »*das* ist natürlich weniger schön.« Sie ließ die Wäsche, die sie in Händen hielt, schwimmen und reckte sich. »Eigentlich einer Dame unwürdig. Aber dann kriegen sie auch wieder ›Benimm‹ beigebracht«, sie lächelte süß und machte Tante Hannchen nach: »Höfische Manieren, graziöse Konversation, vollkommene Damen« Nita hob die Arme und watete, als trüge sie eine Krone, erhobenen Hauptes dem Stein zu, wo das andere Ende des Brettes mit der gespülten Wäsche lag. Sie schwang sich hinauf, ordnete den grün-weiß gemusterten Rock und blickte auf Arina hinunter. Nein, eigentlich wollte auch sie nicht nach Finn. »Daß du, ausgerechnet du, den Thomas heiraten und hier

auf Ilukülll bleiben willst, das versteh' ich wirklich nicht! Du, so schön und bewundert – warum gerade Thomas?«
Arina lachte. Irgendwie verstand sie es ja selbst nicht. Deshalb sagte sie recht von oben herab:
»Natürlich verstehst du das nicht. Du bist ja auch noch ein Kind!«
Wütend spritzte ihr Nita eine Ladung Wasser ins Gesicht.
»Siehst du«, triumphierte Arina, »ein richtiges Kind! Aber was willst *du* denn einmal am liebsten?«
Nita zog die Beine an und legte die Arme darum.
»Ich? Am liebsten Tänzerin werden. Aber das erlaubt Paps natürlich nie! Fräulein Lindenkampff sagt, daß ich Talent habe. Ich könnte das. Also Tänzerin. Und dann möchte ich große Dame sein. Weißt du elegant und verehrt; und – in die große Welt!«
»Was ist schon große Welt!« rief Arina wegwerfend, »und wo? Überall gibt es Alltag!« und zog ein weißes Laken wie eine schwimmende Insel hinter sich her. »Die Welt ist überall gleich. Mehr oder weniger jedenfalls.«
»Überall gleich? Und sowas sagst ausgerechnet du, die aus Berlin kommt!« Nitas Stimme klang empört. »Für mich ist die große Welt weit – und elegant – und reich – und – ach, du weißt schon genau, was ich meine: Theater – ich eine berühmte Tänzerin, Aufsehen erregende Dame, Reisen immer erster Klasse. Und erstklassige Hotels, und ich mit toller Garderobe und Parfums, die Herren galant, vornehm und reich – und so – weißt du, wie im Kino! Nicht wie hier in Wasserstiefeln und Joppen oder barfuß und immer nur auf Feldern und Hauschlägen und in Ställen. Und wir riechen auch danach. Aber in der großen Welt ...« Nita kam ins Träumen. Sie saß auf ihrem Stein, blickte in die Weite und vergaß Arina mitsamt der Wäsche. Sie schwebte durch imaginäre Ballsäle, über Bühnen – bis Liisu am Ufer stand, erneut eine Schüssel voller Spülwäsche hinstellte und

weder galant, sanft noch höflich, sondern laut und bestimmt »Nita!« schrie, »soll Arina allein arbeiten?«
Nita erschrak und sprang vom Stein. Sie sah von Liisu zu Arina und sagte mit verzweifeltem Augenaufschlag: »Siehst du, *das* ist *keine* große Welt!«
Arina lachte. Jetzt reckte auch sie sich und sah Nita aufmerksam an. Auf der einen Seite flaksiges Gör, dachte sie, das sich über meine Vorliebe für Spitzenwäsche lustig macht, über mein Kokettieren mit Jungen spottet und jedem männlichen Wesen, das nett zu ihr sein will, über den Mund fährt. Auf der anderen Seite will sie Tänzerin, große Dame und elegante Welt sein. Das verstehe, wer will.
Das verstand Nita wohl selbst nicht. Aber darüber dachte sie auch nicht nach. Jetzt wrang sie ein Handtuch aus, legte es aufs Brett und betrachtete ihre Hände mit den kurzgeschnittenen Nägeln. Ihr Gesicht sah bekümmert aus.
»Manikure wäre wohl auch nicht schlecht?« rief Arina zu ihr hinüber.
»Bestimmt nicht, aber wie soll man das bei der vielen Arbeit!« Sie seufzte tief. »Und Björk, die Glückliche, radelt statt dessen zum Konfirmationsunterricht!«
Aber da stand Liisu schon wieder am Ufer. Erneut stellte sie ihnen eine Schüssel hin – voller Buntwäsche. Nita fing an zu spritzen – überrumpelt schüttelte sich die arme Liisu und ging schimpfend ins Haus.

Alles bewegt sich im Wind

Björk radelt täglich ins Pastorat. Voller Freude. Sie tritt in die Pedale. Der schmale Trampelpfad über die Wiese führt leicht hügelan, und es ist mit dem schweren, alten Rad von Thomas nicht einfach. Aber Björk liebt es, ihre Kräfte einzusetzen.
Sie hört Alvi singen und radelt langsamer. Am Brunnentrog spielen die Kinder. Björk ruft: »Hallo!« Und die beiden springen auf, jauchzen und winken ihr zu.
Die Wiesen, noch nicht gemäht, stehen voll hoher Margariten, Schwalbenaugen*, Küchenschellen, Pechnelken, weißer Knallerbsen, blauer Glockenblumen, rosa Federnelken – dazwischen die vielen zarten Gräser. Alles wiegt sich im Wind und schimmert silbern.
Björk hat ihre langen Zöpfe auf dem Rücken verknotet, hebt den Kopf und freut sich am Wind, der ihr Gesicht streichelt und um die nackten, braunen Beine weht. Björk liebt alles, was sich im Wind bewegt: die Zweige der alten Weiden am Graben, die glucksenden Wasser und die eilig dahinsegelnden Wolken.
Sie atmet tief. Frei ist sie wie ein Vogel, leicht, als hätte sie Flügel. Ja, Flügel, trotz dieses uralten, schweren Vehikels. Sie juchzt, neigt sich vor und tritt noch kräftiger in die Pedale. Sechs Wochen lang wird sie jetzt täglich ins Pastorat radeln. Der ganze Weg mit Wiesen, Feldern und Wäldern, auch die Strecke durch den Birkenhain, die Toropinka* am Fluß entlang gehört dann ihr. Und Björk singt: *»Alle Birken grünen in Moor und Heid, jeder Brahmbusch leuchtet wie Gold…«* Sie liebt die Lönslieder und gäbe viel darum, schön singen zu können – wie Mutter oder Arina – an Alvi wagt sie schon gar nicht zu denken.

* Schwalbenaugen = niedrige zartlila Primeln
** Toropinka (russ.) = Trampelpfad (Abkürzung)

Björk singt nur, wenn sie allein ist. Auf ihrem Felsen im Meer in das Rauschen und Klatschen der Wellen – oder aber auf dem Rad, wenn keiner sie hört und der Wind ihre Stimme auffängt. Im Pastorat singen sie viel, aber alle miteinander. Da hört man ihre Stimme nicht so. Neun Mädchen. Städterinnen, die für die Zeit des Konfirmationsunterrichts im Pfarrhaus in Pension sind. Alle schwärmen sie für den weißhaarigen Pastor und seine kranke Frau. Pastor Petronius und seine Frau haben Björk, eingeladen, auch dazubleiben, wie die anderen Mädchen. Aber das hat der Vater nicht erlaubt. Es wäre so schön gewesen! Vom Morgenläuten bis zum Abendgebet beisammen, dabei in allen Gesprächen mit den Mädchen, und mit der Tochter des Pastors beim gemeinsamen Gemüseputzen, Kartoffelschälen oder anderer Arbeit. Die Tischgespräche während der Mahlzeiten mit dem verehrten Pfarrer. Schwimmen, Pilze suchen, Volleyballspielen, Beerensammeln und Lachen! Sie aber muß gleich nach dem Nachmittagsunterricht heimfahren, denn zum Abendessen soll sie zu Hause sein, verlangt der Vater. Daß Eltern so verständnislos sein können! Björk war richtig wütend gewesen, als der Vater ihr abschlug, ganz im Pastorat zu bleiben, so wütend, wie es sich für eine Konfirmandin bestimmt nicht gehört. Sie war hinausgerannt, hatte nach den Hunden gerufen und war mit ihnen den Strand entlanggelaufen. Oben auf ihrem Felsen hatte sie sich dann beruhigt – aber verstehen konnte sie den Vater nicht.
Arina und Nita beneideten sie. Nicht wegen des Gotteswortes, nein, aber wegen des Zusammenseins mit den Mädchen und der Pastorfamilie. Auch wegen der täglichen Radtouren – und überhaupt – sie selbst mußten jetzt im Garten jäten, Erdbeeren pflücken und bald auch auf dem Heuschlag arbeiten!
Gott und Gotteswort waren, zumindest für Benita ebenso wie für alle Helbrich-Kinder, nichts Besonderes. Waren sie doch von klein auf daran gewöhnt, mit »*Wie fröhlich bin ich aufge-*

wacht...« aus dem Bett zu springen, *»hab Dank im Himmel du Vater mein, daß du hast wollen bei mir sein.«* Zu jeder Mahlzeit sprach eines der Kinder das Tischgebet, das Dankgebet. Vor jeder Reise, und sei sie noch so klein, mußten sie die »Stille Minute« einhalten. Manchmal sprach der Vater den Reisesegen »Des Herrn Engel geleite uns auf dem Weg, damit wir wohlbehütet heimkehren in Frieden und Freude.« Oder es wurde gar nichts gesprochen, nur ganz still dagesessen, selbst wenn Tönu das Gepäck schon aufgeladen hatte und mit den Pferden vor der Auffahrt wartete. »Gute Gedanken sammeln«, hatte die Mutter einmal gesagt, als Robik und Nita ungeduldig hin und herrutschten. Nita mußte danach immer an die Geschichte vom Tobias denken, und wie sein Schutzengel mit ihm ging, ohne daß er es merkte. Und sie wußte, daß ihre Engel sie begleiteten und man ihnen in der »Stillen Minute« wahrscheinlich Zeit geben mußte, die Flügel auszubreiten. Robik sah das auch so, denn Nita hatte mit ihm darüber gesprochen. Und dann natürlich das Nachtgebet, das wichtigste von allen. So war das mit dem lieben Gott für alle Helbrich-Kinder so selbstverständlich wie die Milch zum Frühstück oder der Gutenachtkuß am Abend. So selbstverständlich wie die aufgehende Sonne am Morgen oder der Schnee im Winter. Religion wurde in Iluküll gelebt, es wurde kaum darüber gesprochen. Deshalb war die Zeit des Konfirmandenunterrichts für Björk auch keine schwierig-ernste Zeit, in der Unerklärliches besprochen, Unverständliches erklärt oder gar Zweifel beseitigt werden mußten, sondern eine heitere, gute Zeit des fröhlichen Miteinanders gleichgesinnter Mädchen ihres Alters unter der liebevollen Fürsorge der Frau Pastorin und ihrer Tochter und den gütigen Blicken des Pastors, die ihnen sagten: Gott euer himmlischer Vater liebt euch, die Welt ist gut, seht zu, daß ihr euer Leben auch gut und zur Freude Gottes gestaltet und fern bleibt allem, was Sünde heißt – denn es ist die Trennung von Gott.

Das alles Tag für Tag zu erleben, war ein Gottesgeschenk, dessen sich die Mädchen in seiner ganzen Größe gar nicht bewußt zu werden vermochten. Damals noch nicht. Sie nahmen es hin wie den Sonnenschein, wie das Blühen und ihre Jugend. Und ohne daß sie es merkten, festigte sich das Fundament ihrer Persönlichkeit, das ein Leben lang allem, was da auch kommen mochte. standhalten sollte.

»Du könntest meine Augen sein!«

Alvi sang wie ein Vogel.

Sie lauschte – und sang auch wie der Wind in den Blättern, sang das Säuseln im Ried am See, das Brausen um die Felsen am Meer, das Flirren der Libellen, das Summen der Fliegen – Alvi war ein Singekind.

»Wie gut, daß Robik so gern mit der Blinden spielt.«

»Ja, Alvi hat einen guten Einfluß auf den wilden Jungen« – so sprachen Johanna und Tante Minchen oft miteinander. Und Robik, der wilde Junge, der so gern mit den Kindern der Asunikud herumtobte und dauernd mit zerschlagenen Knien und blutender Nase zu Liisu gelaufen kam, verlor bei Alvi sein unbeherrschtes Ungestüm und mochte auch Spiele, wie Alvi sie liebte.

Seit Inka auf so seltsame Weise nähere Bekanntschaft mit Alvi geschlossen hatte, war sie, neben Puk, ständige Begleiterin der Kinder geworden.

Robert hatte unter den Jasminsträuchern der Laubenhecke einen herrlichen Platz entdeckt, der von Ästen und Blättern gesäubert, zu Spielzimmern wurde. Natürlich konnte man dort nicht aufrecht stehen, aber herumkriechend und hockend wunderbar spielen.

Hier lebten ihre Familien. Sie spielten mit Stöckchen. Je nach Wunsch wurden Kinder, Kinderfrauen, Lehrer und Dienstboten hergestellt. Sie hatten auch Ställe, Gärten, Seen und Schulen – aus Luft natürlich – und alles, was man so zum Leben braucht. Alvi entführte Robik auch in eine Welt, die voll von Elfen, Zwergen, Riesen, Nixen und Feen war. Eine wunderbar geheimnisvolle Welt. Und Robik folgte ihr gern. Er hatte sich schon längst daran gewöhnt, daß Alvi mit anderen Sinnen sehen konnte als er. Aber woran erkannte sie die Farben der Stiefmütterchen – oder erkannte sie sie an ihrem Duft? Robik übte es auch. Und vieles, wovon er früher keine Ahnung gehabt hatte, lernte er bei der Blinden.

Immer fragte Alvi. »Wie sieht der Himmel jetzt aus? Welche Farbe hat diese Blume? Was machen die Hunde?« Und vieles andere mehr.

Und Robik blickte genauer hin als früher, er beobachtete schärfer, überlegte, beschrieb und berichtete. So wurde er ein Meister des Sehens, Wahrnehmens und Erzählens.

Die Blinde lehrte ihn Sehen und Hören.

Vieles, was er früher an leisen Geräuschen, an Summen, Klingen, Raunen, Zwitschern und Rauschen nicht wahrgenommen hatte, hörte Robik jetzt. Er lernte zu unterscheiden, zu orten, zuzuordnen. Und die Welt wurde reicher und lebendiger mit jedem Tag.

Zuhören war eines ihrer vielen Spiele geworden: ganz still, ja unbeweglich am See liegen und lauschen. Da hörte man sogar die Fische aus dem Wasser springen, die Frösche leise quaken, die Flügel der Libellen sirren.

Alvi hörte und ›sah‹ so den ganzen Tagesablauf – und sang ihn. Robik vergaß oft, daß die Freundin blind war.

Aber wie war das mit den Farben? Woher wußte Alvi, was rot

ist, wenn sie rot doch nie gesehen hatte? Er schloß die Augen, faßte ein Mohnblatt an – war dieses Gefühl rot? Und ein Blatt vom Kullerkupp* – war das gelb? Er konnte es nicht glauben, Farben waren doch wirklich Augensache.
»Wieso weißt du, was rot und grün und gelb und blau ist«, fragte er eines Tages, als sie am Rande der Koppel Erdbeeren sammelten und Alvi jede Beere liebevoll auf einen Grashalm reihte. »Wie Farben überhaupt aussehen, wenn du sie nicht sehen kannst?« Stirnrunzelnd blieb er vor der Freundin stehen. »Verstehst du, was ich meine?«
Alvi verstand. Sie erhob sich aus dem Gras und tastete nach dem gefällten Baumstamm. Sie legte ihre Erdbeerketten vorsichtig ins Moos und kletterte hinauf. Sie sah erschrocken aus und strich sich mit den Fingern über Augen und Stirn, wie sie es manchmal tat, wenn sie innerlich erregt war.
»... vor langer Zeit«, begann sie stockend, »vor sehr langer Zeit, ich weiß nicht wann, da konnte ich, glaube ich, sehen. Auch Farben. Darum.« Sie stützte die Hand aufs Holz und hob ihr Gesicht den Baumwipfeln entgegen. »Vielleicht war das irgendwo ganz anders«, begann sie zögernd. Zum ersten Mal sprach Alvi, ohne daß sie es wußte, von der Zeit vor der Schiffskatastrophe. Oder war es noch eher gewesen? Wer konnte es wissen. Robik wagte nicht, sich zu bewegen. Mit offenem Mund hockte er vor der Freundin und sah sie atemlos an.
»Ja, ich glaube, ich konnte sehen«, fuhr Alvi fort und wandte ihr Gesicht Robik zu. »Der Himmel war blau. Die Wolken waren weiß. Und die Blumen hatten alle Farben. – Das Kleid meiner Mutter ...« Alvi erschrak, als sie das Wort Mutter aussprach und legte die Hände vors Gesicht. Als sie aufblickte, war es voller Traurigkeit. Aber sie lächelte. »... das Kleid meiner Mutter war rot und lang. Ja, ich glaube, so war das.« Sie war sehr blaß.

* Kullerkupp (estn.) = Trollblume

»Aber *nicht Madli,* verstehst du? Damals hatte ich eine andere Mutter«, und sie betonte »nicht Madli«. Trotz dieser Betonung klang ihre Stimme unsicher, bebend. Dann sagte sie nichts mehr.
»Und?« Robik barst schier vor Neugier. Was wußte er von der Erschütterung, die Alvi überwältigt hatte. »Und dann?« drang er in sie, die immer noch schwieg. Aber Alvi schien in einer anderen Welt zu sein. »Und dann?« Robik zupfte an ihrem Fuß.
»Und dann«, Alvi zögerte, noch immer schien sie in weite Fernen zu schauen, »das Schreckliche!« Plötzlich fing sie an zu weinen.
»Warum weinst du?« fragte Robik erschrocken und verständnislos. Er hatte Alvi noch nie weinen sehen.
»Wein nicht. Ich bin ja da. Und Inka auch.« Er stand auf, ging näher an sie heran und tätschelte tröstend ihre Knie. Dann rannte er zu Inka, die in einiger Entfernung an einem Maulwurfshügel schnupperte und zerrte sie zum Mädchen. Inka legte den Kopf in Alvis Schoß. Aber Alvi schien noch nicht da zu sein.
»... und dann –« begann sie nach einer Weile wieder und legte die Hand auf Inkas Kopf. »Dann – ich weiß nicht, wie das war – aber großer Sturm war da und Krachen und sehr viel lautes, großes Wasser – und alles schwarz und rot, rot, rot – und dann wieder schwarz – ganz schwarz, und dann weiß ich nichts mehr... Aber das Schwarz blieb. Immer...«
Robik war verstummt. Er kniete vor ihr.
»Ist das ein Geheimnis?« fragte er fasziniert. Es war, als würde Alvi aus tiefem Schlaf erwachen. Sie wischte sich über die Augen und wandte das Gesicht fragend zu Robik.
»Was ist ein Geheimnis?«
»Das weißt du nicht?« Robik stand auf und warf sich in die Brust. »Dummerchen!« Wie überlegen er sich fühlte, als er jetzt auf sie hinuntersah. »Ein Geheimnis ist etwas, was kein Mensch erfahren darf. Nur der, dem man es anvertraut: ein besonderer Freund. Das bin ich.« Er tippte sich an die Brust.

»Dann ist es wahrscheinlich ein Geheimnis«, bestätigte Alvi nachdenklich, denn sie hatte noch nie davon gesprochen. Es war ihr ja auch noch nie eingefallen – vielleicht war alles vergessen gewesen. »Ein Geheimnis«, wiederholte sie deshalb, beeindruckt von diesem völlig neuen Wort.
»*Unser* Geheimnis«, bekräftigte Robik stolz. Glücklich betonte er das ›Unser‹. »Sollten wir jetzt ›Früher und Schiffbruch und Jetzt‹ spielen?« schlug er vor.
Aber ›Früher und Schiffbruch und Jetzt‹, das konnte Alvi heute nicht. Das drehte ihr das Herz im Leib um. Deshalb sagte sie: »Lieber ›Ordensritter und Alvi mit dem Kannel‹ – oder noch lieber Erdbeerketten machen.« Sie glitt vom Baumstamm, tastete nach ihrer Kette am Boden und reichte sie Robik. »Die schenke ich dir. Und jetzt zeig mir, wo noch viele sind!« Sie bückte sich, ihre Hand glitt über die Pflanzen und hielt inne bei den Gräsern. Sie brach drei hohe feste Halme. »Zeigst du mir jetzt einen neuen Platz?«
Robik nahm sie bei der Hand und ging mit ihr zur Gruppe von Baumstümpfen, die umwuchert waren von Erdbeerpflanzen.
»Ich rieche sie schon!« Alvi sog den Duft der reifen, sonnenwarmen Beeren ein. »Sei still – riech – und ...« Sie hielt inne, »da ist etwas, was sonst nicht ist – hör!«
Robik achtete nicht darauf. Sicher wieder der Flügelschlag eines Vogels, den Alvi noch nicht kannte oder das Raunen der Bäume. Doch da waren Pferdehufe, die über den weichen Boden galoppierten – menschliche Stimmen.
»Wer ist das?« fragte Alvi leise.
Robik blickte in die Richtung der Pferde.
»Ich sehe niemanden.«
»Aber ich höre die Stimme deines Papi«, sagte Alvi. Sie lauschte. »Und Thomas ...«
Alvi hatte recht.
Felix Helbrich stand am Holzgatter der Pferdekoppel und

stützte die Arme darauf. Thomas hatte sich auf den obersten Balken gesetzt. Mirka, die Stute, rieb ihren Kopf an seine Schulter, und neben ihr stakste das jüngste Fohlen.
»Ich mache mir Sorgen um die politische Lage«, sagte der Vater.
Thomas kraulte Mirkas Stirn.
»Was hast du, wir sind doch weit vom Schuß. Hier im kleinen Estland ›hinterm Rücken des Alten Gottes‹, wie die Esten immer sagen, was soll uns hier passieren? Außerdem besprachen wir in Pölk noch vor einigen Tagen die Lage Deutschlands, es war Besuch da und alle meinten, es sei bewundernswert, was dort geschieht. Übrigens hat Hitler so viel mit dem Deutschen Reich zu tun, daß er an einen Krieg gar nicht denken kann! Wenn du das meinst.«
Robik und Alvi kamen angelaufen. Strahlend hielten sie ihnen die Erdbeerketten entgegen.
»Wie schön ihr das gemacht habt! Und die sollen wir haben? Danke!« Der Vater hatte den Arm um Alvis Schulter gelegt. »Sehr schön! Aber jetzt sammelt noch einige für Mami. Wir haben hier etwas zu besprechen.« Und als die Kinder wieder abzogen, zu Thomas gewandt: »Mag sein, Onkel Konstantin aber ist nicht so begeistert.«
»Ach, Onkel Konstantin! Klar! Wie kann es bei einem Aristokraten auch anders sein. Er ist empört, daß ein Mann ohne Bildung, von einfachem Stand, ohne Manieren, das deutsche Volk regieren will. Aber ich bin überzeugt, daß es gute, starke Hände sind. Glaub mir, Vater. Der Imperialismus ist Vergangenheit. Die Zukunft gehört dem Volk.«
»Dummer Junge«, Felix Helbrich war ärgerlich. »Darum geht es doch nicht. Mich erschrecken die Machtgier und der Totalitätsanspruch, mit denen dieser Anstreicher, wie Onkel Konstantin ihn nennt, vorgeht, auch.«
»Warum läßt du dich so von Onkel Konstantin beeinflussen! Diese ›Machtgier‹ sind bewundernswerte Erfolge, die der Füh-

rer zum Wohl seines Volkes erreicht. Nicht nur wir Jungen sind erfüllt davon, gestern waren auch Herren von der Kulturverwaltung in Pölk hier. Es wurde eingehend darüber debattiert. Denk doch, was der Mann alles bewirkt hat! Deutschland liegt plötzlich nicht mehr als augebeuteter Sklave am Boden, es ist Partner der Alliierten des Weltkrieges geworden. Deutschland hat die annektierten Gebiete im Westen wiedergewonnen, das Saarland hat sich für Deutschland entschieden ...« Thomas hatte sich ganz außer Atem geredet.
»Ja, ja«, fiel der Vater ihm ruhig in die erregte Rede, »ich weiß, Hitler hat die Kriegsschuldlüge widerrufen und die Fesseln von Versailles abgeschüttelt, hat die Arbeitslosigkeit überwunden usw. Ich kenne alle Argumente.«
»Immerhin gab es sechs Millionen Arbeitslose, als er Kanzler wurde«, betonte Thomas, »und heute? Das soll ihm mal einer nachmachen!«
»Ich weiß, vor drei Monaten gab es auch die Wiedervereinigung Österreichs mit Deutschland zum Großdeutschen Reich – das wolltest du doch betonen?«
»Und *wie* die Wiener gejubelt haben, als Hitler am vierzehnten März dort einzog. Ich habe es bei Bertram am Radio miterlebt.«
»Sicher, es ist kaum zu fassen, was das geschieht.« Der Vater sagte es langsam und auf eine Art, als sei ihm das Ganze nicht recht geheuer. »Gleich danach der Besuch Henleins und die vielen Aktivitäten der Sudetendeutschen! Und wieder Jubel! Aber *wer* jubelt da – und warum? Sind sie wirklich alle deutsch – oder ist das ein Propagandajubel? Glaubst du nicht auch, daß die Rundfunksender, sollten die Russen in Estland einmarschieren, ebenso von Jubel und Begeisterung der Esten berichten würden?«
»Wie kannst du sowas nur sagen!« Thomas begriff den Vater nicht. »Weder die Russen noch die Deutschen denken daran, hier einzumarschieren. Ich verstehe dich wirklich nicht. Ange-

steckt von Onkel Konstantin? Du bist doch sonst kein Schwarzseher!«

»Nein, das bin ich nicht. Aber die Angriffe der Tschechen gegen die Sudetendeutschen geben mir zu denken. Im Mai hörte man von wiederholten Zwischenfällen in mehreren sudetendeutschen Städten der Tschechoslowakei. Mich würde es nicht wundern, wenn Hitler in absehbarer Zeit auch das Sudetenland dem Großdeutschen Reich einverleiben würde.«

»Das können wir nur hoffen.«

Aber der Vater schüttelte den Kopf.

»Mir gefällt das nicht, und du solltest versuchen, darüber nachzudenken, es in größeren Zusammenhängen zu sehen. Nicht nur nachplappern und ja sagen zu allem, was du so hörst. Und wie lange wird wohl noch die Welt dazu schweigen?«

»Ach, *das* macht dir Sorgen!« Der stille Thomas war lebhaft wie selten, »so lange, bis alles wieder seine Ordnung hat. Und dann gibt es den ewigen Frieden. Hitler wird stark sein und die Welt in Schach halten. Er will ja nur alles in die alte Ordnung bringen und Deutschlands Ehre wieder herstellen. Oder hast du die hohen Reparationskosten, die Riesensummen nebst Zinsen für die sogenannte Wiedergutmachung, abgesehen von allem anderen nach dem Versailler Vertrag, vergessen?«

»Nichts habe ich vergessen. Du hast ja recht. Es grenzt fast an ein Wunder, was in dieser Hinsicht geschieht – auch daß die Regierungen der anderen Staaten das akzeptieren und Hitler damit bestärken. Die ehrenvollen Staatsbesuche! Hitler ist in die gute Gesellschaft der hohen Politik aufgenommen worden. Schließlich lese ich ja auch die Zeitung und lebe nicht hinter'm Mond. Onkel Konstantin aber ist als Historiker und Philosoph wohl besser im Bild. Auch in dem, was er daraus für Schlüsse zieht.«

»Na also, was wollt ihr eigentlich?« Thomas sprang vom Gatter in die Koppel und begutachtete das Fohlen. »Das wird einmal ein Pferd, sag ich dir! Noch edler als Mirka. Es gleicht seinem

Vater – sieh dir nur die Haltung an – der Kopf, die Beine – schon jetzt!«

Felix aber war noch beim Gespräch mit seinem Sohn.

»Also Onkel Konstantin befürchtet, daß dies alles zu einem Krieg führen könnte.«

Thomas erschrak.

»Ihr seid verrückt! Verzeih, aber *das* ist doch heller Wahnsinn! Der Führer *will* den Frieden und bemüht sich, die Voraussetzungen dafür zu schaffen. Er will ein ehrenvolles Großdeutschland, er will glückliche Menschen in Frieden mit der ganzen Welt!«

»Gott gebe, daß du recht behältst. Doch wollen wir nicht weiter darüber debattieren. Wir können nichts ändern. Es kommt, wie es kommen muß. Hör zu, Onkel Konstantin möchte, daß du Arina bald heiratest, weil er krank ist, die politische Lage ihm Sorgen macht und er Arina gern fest in unserer Obhut wüßte.«

»Hotz Kuckuck!« Überrascht blickte Thomas auf. »Das hättest du mir aber auch ohne diese politische Vorspeise servieren können!« Er sprang übers Gatter zurück auf den Weg, packte den Vater bei den Schultern und rief: »Nichts lieber als das!«

»Deine Position als Verwalter ist gesichert?« Felix Helbrich war nicht nach Lachen zumute.

»Ja, ich nehme es wohl an. Sie wünschen, daß ich ihnen Arina bald vorstelle. Frau Grebe erwägt, das Verwalterhaus, das noch stark beschädigt ist, für uns instandsetzen zu lassen.«

»Erfreulich. Was hältst du von Weihnachten?«

»Sehr viel. Ich spreche gleich mit Arina!« Die Pferde interessierten ihn nicht mehr. »Du entschuldigst mich, Vater?«

»Lauf nur!«

Thomas fand seine Braut auf dem Erdbeerfeld unter den Pflaumenbäumen. Sie hatte den halbgefüllten Korb in der Hand, die Finger waren rot vom Beerensaft. Ihr Gesicht lachte ihm entgegen.

Es gibt keine, die schöner ist als sie, dachte Thomas und umarmte sie. In seiner jungenhaften Art platzte er auch gleich mit dem Wunsch von Onkel Konstantin heraus.
Arina war überrascht. Aber, daß Finn nun ad acta gelegt werden sollte und man statt dessen von Aussteuer und Vorbereitungen zur Hochzeit, von Menüs und Einladungen sprechen müßte, fand sie herrlich.
So kam es denn, daß bei der diesjährigen Johannifeier Konstantin von Bowén und Felix Helbrich die Hochzeit ihrer Kinder an Weihnachten 1938 offiziell bekanntgaben.

Der estnische Offizier

Dort, wo der Fluß so langsam durch den Birkenhain floß, daß er einen winzigen See bildete, mußte Björk ihr Rad flicken. Ein Reifen war platt. Sie mühte sich ab. Es gelang ihr nicht. Schon längst war ein neuer Reifen fällig.
Verzweifelt und schmutzig stand sie vor dem lädierten Drahtesel. Also schieben. Mindestens zwanzig Minuten! Sie seufzte und ging ans flache Ufer, schürzte den Rock hoch, stieg ins Wasser und beugte sich vor. Björk wusch die Hände, das Gesicht und die Beine, so gut es halt ohne Seife ging. Ein Zopf hatte sich gelöst. Sie nahm ihn über die Schulter, wollte ihn …
Da hielt sie inne, hob den Kopf – Pferdegetrappel? Hier? Es führte doch nur der kleine Wiesenpfad am Ufer entlang – zum Pastorat und dann ans Meer.
Björk stand noch im Wasser, das Haar lose in Händen, als die Reiter daherkamen. Estnisches Militär. Drei Offiziere. Zwei sprangen von den Pferden. Der dritte blieb in einiger Entfernung.

»Hei, Neiu«, riefen die zwei und winkten ihr zu.
Dieses Neiu ist ein Wort, das es in wörtlicher Übersetzung im Deutschen nicht gibt. Es heißt in etwa Maid oder kleine Jungfrau und klingt poetisch, beinhaltet es gleichzeitig doch alles, was lieblich und rein und fein ist, alles, was man sich an einem sehr jungen Mädchen wünscht.
»Neiu, gegrüßt, kannst du uns wohl sagen, ob wir auf dem rechten Weg nach Klooga sind?«
»Klooga?« Björk ließ den Zopf los und zupfte den Rock zurecht. »Den Fluß entlang und bei der nächsten Brücke nach links.« Sie wies in die Richtung, aus der sie selbst gekommen war. »Und dann geradeaus durch den Wald.«
»Weit?« fragte der eine noch, während der andere zu dem ging, der auf dem Pferd sitzengeblieben war.
Björk schüttelte den Kopf.
»Nicht weit. Und mit diesen Pferden schon gar nicht!« Ihr helles Lachen klang bis zu dem Mann im Sattel hinüber.
Björk machte es Spaß, für ein estnisches Bauernmädchen gehalten zu werden: estnisches Militär – estnisches Mädchen!
Der dritte war nun auch herangeritten.
»Was machst du hier so allein im Birkenwald?« Seine dunkle Stimme klang streng und doch so, als wolle er mehr von ihr wissen.
»*Mein* Pferd hat sich verletzt.« Björk wies auf das alte Vehikel.
»Ich müßte es heilen, aber –.« Bedauernd hob sie die Schultern.
Der ältere sprang vom Pferd.
»Hauptmann Reema«, stellte er sich vor und mit einem Blick auf das Rad: »Da müssen wir wohl helfen?« Galant reichte er Björk die Hand und half ihr aus dem Wasser. Die Hand war breit und fest, und Björk ließ sich helfen.
»Da ist wohl nicht mehr viel zu machen. Dieses Fahrrad stirbt den Alterstod.« Björk wischte die Fußsohlen an einem Moospolster ab und sah dabei bewundernd auf das Pferd. Von vorn

ging sie an das Pferd heran und strich ihm liebevoll über die schmale Blesse. Es war ein hellbraunes Vollblut. Grazil und von edelster Gestalt.
»Wunderschön bist du«, sagte sie liebevoll – und zu Reema gewandt: »Wie heißt es?«
»Amorita.« Man sah dem Hauptmann die Freude über ihre Bewunderung und den Stolz auf sein Pferd deutlich an. »Und du?« fragte er, »wie heißt du, Liebliche?«
Wie gern hätte Björk jetzt Laine, Ainu oder Tiiu oder einen anderen estnischen Namen genannt. Er sollte sie weiterhin für eine Estin halten. Aber sie murmelte nur so unverständlich es ging »Björk« und wandte sich gleich wieder dem Pferd zu. Hauptmann Reema schien sie nicht verstanden zu haben.
»Willst du es versuchen?« Er machte eine einladende Handbewegung zum Sattel hin. Und ob sie wollte!
»Darf ich?«
»Aber nicht herunterfallen«, drohte er, »Amorita ist kein Akkergaul.« Er faßte das Pferd am Halfter, sprach mit ihm und hielt ihr den Steigbügel hin.
Björk wartete nicht lange. Sie klopfte Amorita den Hals und schwang sich leicht in den Sattel.
»Hei –« verwunderte sich der Hauptmann, »du scheinst ja schon auf einem Pferd gesessen zu haben?«
Björk lachte übermütig, ergriff die Zügel und ließ das Tier einige Schritte gehen. Langsam fiel es in Trab. Welch weichen Gang die Stute hatte! Aufrecht saß Björk im Sattel. Elegant drehte sie ihre Runden zwischen den weißstämmigen Bäumen.
Und jetzt war es der Hauptmann, der bewundernd zu ihr hinüberblickte. Rassiges Mädchen, dachte er, die werde ich mir nicht entgehen lassen. Wie sie im Sattel sitzt, diese Haltung – als sei sie auf dem Rücken des Pferdes zur Welt gekommen. Und Amorita – wie sie pariert! Geborene Reiterin. Wer mag sie sein? Wie war doch ihr Name? Er hatte ihn nicht verstanden. –

Die Vormittagssonne spielte im Laub der Birken, warf zitternde Schatten auf den Boden. Hauptmann Reema ließ Björk nicht aus den Augen.
Ihr Zopf hatte sich völlig gelöst. Das Haar hing offen über die Schulter. Das hellgrüne Kleid voll roter Rosenknospen war hochgerutscht und ließ Björks schlanke, kräftige Beine sehen. Die schmalen Füße barfuß im Bügel. Mit glühendem Gesicht sah sie zu Reema hinunter.
»Es ist wundervoll! Am liebsten wäre ich davongeritten und gar nicht zurückgekommen!«
Der Offizier lachte.
»Bleiben Sie oben Piiga, ich nehme sie mit nach Klooga. Wir haben dort einige Wochen Manöver. Als Chef bin ich keinem Rechenschaft schuldig. Sie bleiben bei mir – und reiten, ich gebe Ihnen Unterricht.«
Björk meinte, er scherze, und lachte. Aber es war ihm ernst. Da lachte sie nicht mehr, sondern sprang vom Pferd. Er fing sie auf und hielt sie im Arm.
»Vielen Dank!« sagte sie verlegen und wehrte ihn ab.
»Bitte, schön Piiga«, entgegnete er charmant.
Wieder hatte er Piiga gesagt, nicht Neiu wie die anderen. Piiga, das Wort, das nicht so mädchenkindhaft gebraucht wird, klingt erwachsener, es liegt eine gewisse Verehrung darin, nicht nur Wohlgefallen, sondern höfliche Bewunderung. Piiga. Und plötzlich sagte er auch ›Sie‹ zu ihr.
»Ich wollte Sie nicht kränken, Ihnen nicht zu nahe treten. Aber wirklich, Sie dürfen weiter reiten, auch so, wir haben es nicht eilig.«
Seine Oberlippe hob sich an der linken Seite, so daß der schmale Schnurrbart eine Form annahm, von der Björk nicht wußte, ob es Spott oder Höflichkeit bedeutete.
»Nein, danke«, sagte sie schweren Herzens und streichelte Amoritas Kopf. »Es geht nicht. Ich muß weiter. Es ist spät ge-

worden. Und da ich das Rad jetzt schieben muß, wird die Zeit knapp.« Das Lächeln, mit dem sie den Hauptmann ansah, war kindliches Bedauern. Sie reichte ihm die Hand. »Es war wunderschön, vielen Dank!« Damit ging sie zum Rad hinüber. Aber schon war der Mann an ihrer Seite.

»Wo müssen Sie denn hin?«

»Ins Pastorat«, antwortete sie zögernd.

»Pastor Petronius?« Er kannte ihn. »Gut. Sie reiten hin. Ich schiebe Ihr Rad und reite dann zurück. Sie arbeiten im Pastorat?«

»Nein«. Durfte sie dieses Angebot annehmen? »Ich wohne nicht dort. Habe nur – etwas zu erledigen.«

»Dann warte ich auf Sie und bringe Sie anschließend nach Hause.«

Aber Björk schüttelte den Kopf. Verlegen wickelte sie das Haar um ihre Hand. Was sollte sie noch sagen? Aber schon hob er den Arm, winkte seinen Ordonnanzen und befahl ihnen vorauszureiten. Er habe noch etwas zu erledigen. Sie salutierten, grüßten mit eigenartigem Lächeln zu Björk hinunter und ritten davon.

»Nun?« Hauptmann Reema legte Björk die Hand auf die Schulter, »wie haben wir das gemacht? Jetzt stört uns keiner mehr.«

Verständnislos sah sie ihn an. Sein breites Männergesicht lächelte so vertraulich, als kenne er sie schon seit Jahren. In seinen hellen Augen glomm ein vergnügliches Feuer, das Björk erschreckte.

»Laß dich in den Sattel heben!« Damit umfaßten seine Hände ihre schmale Taille.

Das war zu viel für sie.

»Nein«, wehrte sie seine Hände ab, »ich gehe lieber zu Fuß!«

Sofort ließ er sie los. Innerlich freute es ihn, daß diese Beute erobert sein wollte. Zu leicht kapitulierten die meisten Frauen vor seinem routinierten Charme.

»Verzeihen Sie einem armen, von mädchenhafter Schönheit Betörten!« Er verneigte sich und nahm ihre Hand in die seine. Hastig zog sie die Hand zurück und wurde rot – über und über.

Er übersah es, insgeheim aber freute es ihn.

»Verstehe«, fuhr er ernst und sachlich fort, »Piiga wünscht allein, ohne Hilfe, aufzusteigen, selbständig«, – und mit verführerischem Lächeln »Amazonen lassen sich nicht gern helfen.« Wieder spielte das Lächeln um seinen linken Mundwinkel. Björk konnte es nicht deuten, sie wußte nichts von männlicher Begehrlichkeit.

»... wenn Piiga weiß, was eine Amazone ist?« fügte er überlegen schmunzelnd hinzu. Und deutlich hörte Björk jetzt den Spott heraus.

»Piiga weiß, was eine Amazone ist!« rief sie stolz und warf den Kopf in den Nacken. Leicht berührte ihr Fuß dabei die hingehaltene Hand – sie ließ sich in den Sattel helfen. Gleich darauf aber tat es ihr leid, daß sie dies so hochgemut gerufen hatte. Kein estnisches Bauernmädchen hätte gewußt, was eine Amazone ist. Aufrecht saß sie im Sattel, lächelte zu ihm hinunter und verbesserte: »Weiß natürlich nicht, was das ist ...« und wieder legte sich ein tiefes Rot über ihr Gesicht. »Aber zurückkommen kann ich nicht mit Ihnen«, fuhr sie fort, »denn ich habe bis zum Abend im Pastorat zu tun.«

»Ach, so ist die Sache«, Hauptmann Reema war enttäuscht. Er reichte ihr die Zügel. Noch immer hielt er ihren Fuß umfaßt. »Haben Sie oft im Pastorat zu tun?«

»Jeden Tag«, entgegnete Björk unbedacht und bedauerte es im selben Augenblick.

»Jeden Tag?« wiederholte der Offizier und ließ den Fuß noch immer nicht los. »Wie war doch Ihr Name? Ich habe vorhin nicht recht verstanden.«

Sie sah ihn offen und unbefangen an. Ich brauche nicht zu lü-

gen, dachte sie, habe ich doch zwei Namen und einen, den mehr estnische als deutsche Mädchen hier tragen. Sie zog den Fuß aus seiner Hand und sagte deutlich:
»Maria«. Verwundert bemerkte sie, wie sein Ausdruck sich veränderte. »Ich binde das Pferd am Pferch vor dem Stall an«, rief sie erleichtert, hob die Hand, winkte und ritt davon.
Björk war wieder glücklich und freute sich auf den Ritt und die Gesichter der Mädchen. Obgleich es schon spät war, wollte sie noch kurz an den Strand, um sich den Wind um die Nase wehen zu lassen.
Sie ahnte nicht, was der Name Maria soeben bewirkt hatte. Es war, als hätte er sich gleich einer unsichtbaren Rüstung um sie gelegt.

Organza, Spitzen und Tüll

Wolken von Organza, Spitze und Tüll, von Chiffon und Voile, von Satin und zarter Seide türmten sich vor den staunenden Blicken der Mädchen auf. Grelles Licht aus Hängelampen breitete sich über diese Pracht auf der Theke und gab dem weißen Seidensamt einen bläulichen Schimmer. Tante Agatha berührte diesen und jenen Stoff. Sie prüfte die Qualität, überlegte die Façon.
Der Verkäufer pries seine Ware, kam hinter der Theke hervor, faßte nach dem Ballen glänzender Seite und ließ sie von Arinas Schulter fallen. »Fließender Traum« sagte er dabei, Blicke und Stimme gleichermaßen verzückt.
»Magermilch«, konterte Benita verächtlich, um nicht selbst in Verzückung zu geraten, »also, ich finde euch albern!«

»Weil du nichts davon verstehst!« Björk warf ihr einen vernichtenden Blick zu, »wärst du nur zu Hause geblieben!«
Als Arina und Björk nach Reval fahren sollten, um mit Tante Agatha den Stoff für Arinas Brautkleid und den für Björks Konfirmandenkleid auszusuchen, hatte Nita so lange gebettelt, bis die beiden sie mitnahmen. Aber daß sie sich wieder einmal so gänsig benehmen würde, hatten sie natürlich nicht gedacht.
Dabei war es Benita gar nicht so ernst mit dem, was sie sagte. Im Grunde bewunderte sie die großen Mädchen und hätte nichts dagegen gehabt, auch einen dieser zauberhaften Stoffe zu bekommen. Aber sie war ja mit ihren vierzehn Jahren weder im Konfirmanden-, geschweige denn im Heiratsalter.
Nach längerem Hin und Her entschied Arina sich für Organza mit eingewebten Röschen und einen Schleier aus Tüll mit feiner Spitzenumrandung.
»Zauberhaft wird die junge Braut darin aussehen«, bestätigte der Verkäufer die Richtigkeit dieser Wahl und, kaum hörbar, »glücklicher Bräutigam«.
Arina sah ihn geschmeichelt an. Tante Agatha aber räusperte sich unmißverständlich und machte dem unschicklichen Süßholzgeraspel ein jähes Ende, indem sie sachlich: »Gut, den nehmen wir«, sagte, und zu den Mädchen gewandt: »angekraust, recht duftig gearbeitet, mit gebauschten Ärmeln kann das Kleid wirklich sehr hübsch werden.«
»Und die Taille ganz anliegend!« Björk deutete mit ihren Händen einen Umfang an, der ein Mädchen sofort hätte zusammenbrechen lassen. »Arina wird wunderbar aussehen!«
»Sie haben recht. Wunderbar ist der richtige Ausdruck«, bestätigte da eine tiefe Männerstimme hinter ihnen Björks Ausspruch, und Orvo Maa verneigte sich vor den Damen.
»Herr Maa?« Arina, noch ganz im Traum ihres Hochzeitskleides, freute sich, »hoffentlich bringen Sie mir Glück zu diesem Kauf!«

»Ein Ballkleid?« fragte er, »vielleicht darf auch ich um einen Tanz bitten?«
Björk stellte ihn Tante Agatha vor. Nachdem Orvo Maa Tante Agatha die Hand geküßt hatte, begrüßte er Björk und Nita. Was war das für eine Bekanntschaft? Offensichtlich ein Este. Tante Agatha wunderte sich über die Unbefangenheit und Selbstsicherheit des jungen Mannes und stellte ihm einige Fragen. Nachdem er diese nach Inhalt und Form zur vollsten Zufriedenheit beantwortet hatte, überlegte Tante Agatha, wieviel sich seit ihrer Kindheit geändert hatte. Das gute Deutsch, die guten Manieren – sollte es wirklich schon eine salonfähige estnische Oberschicht geben, wie ihr Mann und Klaus schon seit Jahren behaupteten? Irritiert wandte sie sich dem Verkäufer zu. Herr Maa blickte auf den Stoff, den Arina noch über ihrer Schulter und in Händen hielt.
»Er wird Ihnen sehr gut stehen.«
»Hoffentlich!« Arina blickte ihn mit all ihrem Liebreiz an. »Es soll mein Hochzeitskleid werden.«
»Sie? Sie heiraten?« Man sahm ihm seine Verblüffung deutlich an.
»Ja, ich heirate!« Arina sagte es glücklich und stolz wie ein Kind. Auf sein Gesicht aber schien ein Schatten gefallen zu sein.
»Und wen? – Darf man fragen, wer der Glückliche ist?«
»Thomas«, entgegnete Arina schnell, und es tat ihr leid, daß sie nicht Prinz Sowieso oder ähnliches sagen konnte. Herr Maa stutzte.
Nita war dem Gespräch neugierig gefolgt. Der ist ja verliebt in Arina, dachte sie aufgeregt, richtiggehend verliebt! Das kann ja eine schöne Geschichte geben!
»Ich gratuliere!« sagte Orvo Maa und beugte sich über Arinas Hand. Er schätzte den jungen Helbrich als guten Kameraden. »Thomas ist wirklich der einzige, dem ich Sie von Herzen gönne.«

Tante Agatha ließ sich jetzt Baumwollstoffe fürs Konfirmationskleid zeigen. Endlich hatte sie das gefunden, was sie suchte. »Sieh mal diesen dünnen mit der lochgestickten Bordüre – was meinst du dazu? Das könntest du später auch gut als Sommerkleid tragen.«
Aber Björk schüttelte den Kopf.
»Zu kindlich«, meinte sie. Hauptmann Reema hatte erwähnt, er wolle zur Konfirmation in die Kirche kommen. Da mußte sie möglichst erwachsen aussehen. Am liebsten wäre ihr ein schlichtes langes Kleid aus matter Seide, das wäre nicht so mädchenhaft.
Aber Mami war gegen Seide – das kannst du dein Leben lang tragen – und kurz sollte es auch sein.
»Dann schon lieber Leinen«, sagte Björk.
Tante Agatha schüttelte den Kopf. »Ist das nicht zu sportlich?«
»Ja.« Björk wollte es glatt und einfach, ohne Kinkerlitzchen, wenn es schon nicht Seide und lang sein durfte. Sie war weder schön wie Arina noch niedlich wie Nita – also. Aber Tante Agatha behielt die Oberhand. Die dünne Baumwolle mit der breiten Bordüre wurde gekauft. Sie nannte eine Meterzahl, die ein langes Kleid ergeben konnte – schaute Björk vielsagend an, und Björk konnte nicht anders, als Tante Agatha einen Kuß zu geben.
»Ja«, hörte sie Arina gerade sagen, »kommen Sie bitte, ich lade Sie ein. Am dritten Weihnachtstag. Dann tanze ich einen Walzer mit Ihnen.«
So wurde Orvo Maa zur Hochzeit von Arina Linden eingeladen, Björk aber nahm sich vor, sich an diesem Tag besonders um Herrn Maa zu kümmern.

Spiel oder Ernst

Das Kapitel Reema nahm seinen Fortgang.
Es ergab sich immer häufiger, daß der Offizier Björk zufällig begegnete, wenn sie ins Pastorat radelte oder auf dem Heimweg war. Björk glaubte nicht mehr so sicher an die Zufälligkeit, und es freute sie. Glücklich aber war sie, wenn sie Amorita den Hals klopfte, in den Sattel sprang und das Pferd in Trab setzen konnte. Oft war jetzt ein zweites Tier dabei, so daß sie gemeinsam das Meer entlang reiten konnten. Björk genoß es, wenn der Wind in ihren Haaren wehte und die Tiere nebeneinander dahinflogen. Dann liebte sie das Leben, liebte die ganze Welt und natürlich Amorita, das herrlichste Pferd der Erde.
Hauptmann Reema hatte längst herausgefunden, wer Björk wirklich war, und versuchte, das Vertrauen des Mädchens zu gewinnen. Eines Tages würde sie auch *ihn* lieben, nicht nur sein Pferd. Hatte es denn je eine Frau gegeben, die ihm widerstehen konnte? Nein. Warum also nicht auch dieses stolze Mädchen? Klug mußte man es anfangen – und er war ja nicht dumm.

Kurz vor Björks Konfirmation liefen Robik und Alvi über die Wiese und wateten im Birkenhain durch die Furt.
»Weiße Birken«, sagte Alvi zärtlich, als sie das andere Ufer erreichten und strich entzückt über die Seidenstämme der jungen Bäume. »Weiße Birken! Spielen wir die Geschichte, wie der Herrgott durch die Welt ging und die kleine Birke beschenkte?« bat Alvi.
Aber Robik fand das nicht aufregend genug.
»Nein, wir spielen Ordensritter und Alvi mit dem Kannel.« Und er setzte das Mädchen auf den Stein unter die alte Birke, mitten zwischen Kullerkupud und Schwalbenaugen. »Das ist jetzt deine Hütte«, bestimmte er und rannte los, seine Mannen

zusammenzurufen. Mit lautem Siegesgeschrei, das Luftschwert schwingend, kam er nach einer Weile, gefolgt von seinem mutigen Heer, auf Alvi zu. Aber Alvi hatte ihnen die estnischen Bauern mit Speeren, Sensen und Beilen entgegengeschickt. Und so kühn die Ordensritter mit ihren stählernen Waffen auch vordringen wollten, sie vermochten die Esten nicht zu schlagen. Wie konnte das geschehen? Ganz einfach: Mit lauterem Herzen spielte Alvi auf ihrem wundertätigen Kannel und sang alte estnische Lieder. Ihre Stimme und der Klang des Kannels richtete eine gläserne Mauer göttlichen Schutzes vor den Rittern auf. Sie konnten nicht vordringen. Nur Robik gelang der Weg zu Alvi. So stand er vor ihr im silbernen Panzer mit dem weißen Ordenshemd, auf dem das schwarze Kreuz plötzlich wie dunkles Gold glänzte. Ritter Robert leuchtete im Schimmer des Kreuzes und war so schön, daß Alvis Lieder verstummten – sie liebte den Ritter. Keiner hatte mehr Lust zu kämpfen. Die gläserne Wand wurde durchlässig. Ritter Robert kniete vor Alvi und sagte:
»Willst du meine Frau werden?« Und sie wollte.
»Vorher aber müssen wir die gefallenen Krieger beerdigen, betrauern und beweinen«, bat Alvi ihren Ritter, denn Töten ist schrecklich. So knieten die Kinder nieder, legten die Hände vors Gesicht und weinten. Sie weinten leise, weil sehr große Trauer immer still ist. Besonders tief aber mußte Robiks Trauer sein, weil er als mächtiger Sieger so viel getötet hatte.
Auf leisen Hufen näherten sich die Reiter über den weichen Boden. Schon von weitem sahen sie die reglos vor sich hinschluchzenden Kinder.
»Mein Bruder!« rief Björk erschrocken und sprang vom Pferd. »Robik, Alvi, was ist passiert?« Sie beugte sich hinunter: »Was habt ihr denn?«
Da hob Robik sein schmutziges, abgekämpftes Gesicht und sah die Schwester todtraurig an.
»Ich habe gesiegt«, sagte er stockend, »wir weinen, weil so viele

tot sind. Wir begraben sie und weinen. Verstehst du?« – Nein. Björk verstand keineswegs. »Ich bin Ritter Robert«, schluchzte Robik nun wirklich unter Tränen. »Ordensritter Robert, ich und meine Mannen haben gesiegt und viele Esten umgebracht. Darum trauern wir.« Robik seufzte. »Es ist schwer, Sieger zu sein.«
»Dummer Ritter«, rief Björk ungehalten, »man kämpft doch, um zu siegen!«
Da sahen die verweinten Kindergesichter sie so ratlos an, daß sie plötzlich irre wurde. Hatte sie nicht selbst in ihrem Lustkreis die Frage gestellt: »Willst du der Überfahrende oder der Überfahrene sein?« Robik, so klein er war, hatte vielleicht unbewußt gefühlt wie sie. Durch Alvi? Ich weine, weil ich gesiegt habe... Ja, Björk verstand.
»Natürlich«, sagte sie und kniete zu den Kindern. »Aber du, Ritter Robert, hast denen, die noch leben auch den Herrn Jesus mitgebracht und die Liebe des Herrn Jesu. Und viele Engel werden die Gefallenen in ihre Arme nehmen und ins Licht tragen. Und du, Ritter Robert, mußt jetzt den Esten helfen, ein frohes Volk zu werden.«
»Jaaa!« schrie Robik, sprang auf und faßte Alvi an den Armen. »Komm, jetzt werden wir heiraten! Und dann wird alles gut!«
Auch Alvi schien getröstet, als sie zu Björk aufblickte und lächelte, als könne sie sehen.
Mit wachsendem Staunen hatte Hauptmann Reema die Szene beobachtet. Jetzt standen die Kinder vor seinem Pferd.
»Wer ist das?« fragte Robik.
»Das ist ein Bekannter von mir«, antwortete Björk flüchtig, »spielt weiter!« und wollte Amorita besteigen. Doch da ließ Robik die Hand seiner Braut los und war auch schon neben der Schwester. »Kannst du uns vielleicht einen Spitzenschal oder ein Stück Gardine oder sowas Schönes verschaffen? Alvi braucht ein Brautkleid.«

»Nehmt doch ein Spielkleid aus Luft«, rief Björk.
Aber Robik meinte, daß eine Hochzeit doch etwas anderes sei und Arina ja auch ein ganz neues, wunderschönes Brautkleid genäht bekäme. Alvi und seine Hochzeit müsse wirklich ganz echt gefeiert werden, denn es sei mehr als ein Spiel. Und Alvi nickte dazu.
Da verstand Björk auch das und versprach den Kindern, etwas zu finden, was einer würdigen Hochzeit wert sei. Damit bestieg sie Amorita.
Umgeben von Blumen und Gräsern standen Robik und Alvi und winkten den Davonreitenden nach, bis sie zwischen den Birken verschwunden waren. Dann wateten sie durch die Furt und beschlossen, einander nicht nur jetzt im Spiel zu heiraten, sondern bestimmt auch später, wenn sie einmal groß und erwachsen wären.

Standesdünkel

Es war an einem der nächsten Tage, während des Abendessens auf der großen Glasveranda, als Björk verkündete, morgen sei ihr Konfirmationskleid fertig, und Frau Saar bitte Mama und Arina vorbeizukommen, um noch einmal über das Hochzeitskleid zu sprechen.
Helbrichs ließen die wenigen Kleider, die sie brauchten, bei der Dorfschneiderin nähen, wenn die Mutter dies nicht selbst tat.
»Wie ist dein Kleid geworden?« fragte sie.
Doch ehe Björk antworten konnte, begann Nita, die keine der Anproben versäumt hatte, zu schwärmen:
»Himmlisch ist es, ganz schmale Taille und dann weit, und am

Ausschnitt ein großer, runder Kragen aus dieser Bordürenspitze, über die Schultern, so als Ärmel – und unten auch. Und – ganz lang. Björk wird die Schönste sein!« Fast verliebt sah sie zur Schwester hinüber.
Königin Tamara wackelte mit dem Kopf.
»Die Schönste, die Schönste«, flüsterte sie ein übers andere Mal. »Krassawitsa* Björk Feliksowna!« Sie hob ihr Lorgnon, das sie immer an einer goldenen Kette um den Hals trug und blickte zu Björk hinüber. »Krassawitsa...«
Johanna aber sah sich genötigt zu betonen, daß es hierbei wohl in erster Linie auf die innere Schönheit ankäme, und man nur hoffen könne, daß Björks Seele ebenso weiß wie ihr Kleid sei.
Robik rutschte unruhig auf seinem Stuhl hin und her. Er wollte schnell zu Alvi und ihr von Björks Kleid erzählen.
Natürlich kam das Gespräch nun auf Thomas' und Arinas Hochzeit. Als von den Gästen gesprochen wurde und Arina sagte, sie habe Orvo Maa eingeladen, herrschte betretenes Schweigen. Auch Thomas war erstaunt. Arina, die die Unterschiede, die nicht nur in der deutschen, sondern auch in der estnischen Gesellschaft zwischen Deutsch und Estnisch gemacht wurden, noch immer nicht verstand, erzählte, wie es beim Stoffkauf dazu gekommen war.
»Dann müssen wir die Einladung wohl vom Verwandten- auf euren Freundeskreis erweitern«, überlegte die Mutter nicht sehr beglückt. Und bevor die anderen auch nur ein Wort dazu sagen konnten, rief Nita begeistert:
»Au ja, fein, mit Polterabend! Und allem drum und dran!«
Fragend sah Johanna das Brautpaar an.
»Hoffentlich wird eure Liste nicht zu groß. Überlegt, daß die oberen Zimmer nicht geheizt werden können. Es wäre dann wohl sinnvoll, wenn ihr nach der standesamtlichen Trauung gleich mit den andern nach Iluküll kommt!«

* Krassawitsa (russ.) – Schönheit (weibl.)

Thomas wäre eine stille Trauung lieber gewesen. Er war ohnehin aufgeregt genug. Aber da alle anderen einverstanden waren, wollte er nachher beim Abendspaziergang mit Arina besprechen, wer eingeladen werden sollte.
»Und Björks Galan, kommt der auch?« fragte Robik mit kauendem Mund.
»Weeer?« Mutter und Vater riefen es fast gleichzeitig.
Björks Fußtritt traf den Bruder so unmißverständlich, ihr Blick flammte ihn so zornig an, daß er sich verschluckte. Doch half kein Husten, kein Rückenklopfen, Björk wurde gefragt, was das zu bedeuten habe. Und so erfuhr die ganze Familie, daß ein estnischer Offizier zu Pferde, der mit seiner Truppe in Lodensee stationiert sei, sie manchmal auf seinem Vollblut – einem wunderbaren Tier – reiten ließe. Und sie beschränkte ihre Aussagen nur auf ›zufällig‹ und auf dieses englische Vollblut, beschrieb dessen Kopf, seine Mähne, die Fesseln, die weiche Gangart ...
»Und dieser Offizier?« fragte der Vater und sah sie streng an.
»Och der«, mit einer kaum sichtbaren, wegwerfenden Handbewegung machte Björk sich lustig über den ›älteren Mann‹: »ziemlich alt und vierschrötig – keine Angst, viel zu blöd, den lade ich bestimmt nicht ein!« Dabei errötete sie tief, und keiner wußte, ob es Scham war über diese Bekanntschaft oder die mißliche Lüge, die soeben über ihre Lippen gekommen war.
»Björk!« Vaters Stimme war so hart, sein Blick so vernichtend, wie keiner es von ihm seiner Lieblingstochter gegenüber je gesehen hatte. »In meinem Haus wird nicht abfällig über andere geredet! Zumal sie nicht anwesend sind! Hast du das vergessen?« Und zu den anderen gewandt: »Merkt euch das ein für alle Mal: Abfällige Worte sind etwas Böses und schlimmer als das, was diese anderen je sein oder getan haben könnten!« Und mit Betonung: »Ich will sowas niemals mehr von meinen Kindern erleben!«

Nach einer Weile betretenen Schweigens fragte er ernst: »Also Björk, was hast du dazu zu sagen?«
»Ihm gehört Amorita nun mal«, begann diese stockend, »und – ich finde es sehr freundlich von ihm, daß er mir erlaubt, sie zu reiten.« Sie sollten bloß nicht denken, es stecke mehr dahinter!
Felix Helbrichs Verhör ging weiter. Doch glaubte er bald herauszuhören, daß Björk wirklich nichts mit dem Esten im Sinn hatte. Mit einem bestimmten:
»Ich wünsche trotz alledem diesen Verkehr nicht mehr«, beendete der Vater das Gespräch.
Und Björk schwieg.
Was sollte sie auch sagen? Daß es ja gar kein ›gesellschaftlicher Verkehr‹ sei? Daß dieser Hauptmann ihr egal sei, aber nicht sein Pferd, und es sie bekümmere, ihn jetzt heimlich treffen zu müssen? Oder daß sie wohl glaube, daß er ihr den Hof mache, ja daß sie es insgeheim sogar wünsche? War er doch der erste Mann in ihrem Leben, der sie beachtete, ihr seine Zuneigung und Verehrung zeigte? Ja, so war es. Björk wußte es jetzt, aber keiner durfte es erfahren. Sie war sehr traurig.

... die Krone des Lebens ...

Die Konfirmation wurde nicht groß gefeiert. Es sollte ein stilles Fest der Besinnung werden.
Klaus war in Deutschland bei den Junkers-Werken, Tante Agatha, Onkel Alf und Tante Anna waren schon am Sonnabend gekommen, um dann mit den Ilaküllern zur Kirche zu fahren. Anschließend wollten sie zum Mittagessen und Kaffee dableiben. Aber Freundinnen und Freunde hatte Björk nicht eingeladen.

Wie Pastor Petronius es wünschte, würde sie diesen Tag zum Seelentag machen.
Sehr früh am Morgen war sie losgeradelt. Ihr Konfirmationskleid hatte sie schon vorgestern ins Pastorat gebracht. Sie würde sich dort mit den anderen umziehen. Und in die Zöpfe kämen keine Schleifen wie bei Kindern, sondern Hornringe. Die waren unauffälliger und wirkten erwachsener. Andere Frisuren waren nicht gelungen, das Haar war zu lang und schwer. Aber abschneiden? Niemals!
Die Ilukülischen Wagen waren mit Birken geschmückt.
Die Kirche, voller Blumen und Kerzen, von den Konfirmandinnen selbst geordnet und aufgestellt, empfing die Gäste feierlich. Felix griff nach Johannas Hand: Ihr zweites Kind wurde erwachsen. Thomas und Arina sahen sich an: die nächste Familienfeier würde ihre Hochzeit sein. Nita sah sich selbst schon im langen Konfirmationskleid und konnte genau wie Robik den Einzug der Mädchen kaum erwarten. Wie würde Björk aussehen?
Als Pastor Petronius den Gang entlangkam, hinter ihm paarweise die jungen Mädchen in ihren weißen Kleidern, herrschte lautlose Stille.
Das Eingangslied erklang. Björk hatte keinen ihrer Angehörigen wahrgenommen. Auch nicht Hauptmann Reema, der in der letzten Reihe saß. Sie war so eingehüllt in eine andere Welt, daß der Gottesdienst wie ein klingendes Rauschen an ihr vorüberzog.
Erst als Pastor Petronius vor ihr stand, sie ganz persönlich ansah, ihr die Hand auf den Kopf legte und den Konfirmationssprach *»Sei getreu bis in den Tod, so will ich dir die Krone des Lebens geben«*, sprach, dachte sie daran, wie sie sich einst gewünscht hatte als Märtyrerin zu sterben, damals als sie *Die letzten Tage von Pompeiji* und *Quo Vadis?* las.
Sie nahm ihren Spruch mit dem Versprechen entgegen, Gott nie zu verleugnen.

Beim Hinausgehen gratulierte ihr Orvo Maa mit einem Strauß rosa Päonien. Und auf dem Kirchplatz stand Hauptmann Reema neben Amorita. Björk ging zu ihm, obgleich sie genau wußte, daß alle sie beobachteten, und ließ sich von ihm Glück wünschen. Er reichte ihr einen Strauß kleiner weißer Rosen. Und Björk war zutiefst gerührt. Bertram, der Jung-Siegfried, der der »Bewegung« angehörte, auch Bertram war überraschend erschienen.
Zu Hause war der Gabentisch im Saal aufgebaut. Unter dem bunten Strauß von Rittersporn, gelben Malven, großen Margariten und flammenden Lilien lagen: eine Bibel und ein Kreuzchen an goldener Kette von den Eltern, eine Armbanduhr von Onkel Alf und Tante Anna, ein Silberring mit geschliffenem Bergkristall von Tante Agatha und die Confessiones des Augustinus von Thomas und Arina. Onkel Konstantin schenkte ihr ein goldenes Medaillon von seiner Mutter. Nita hatte ihr ein Taschentuch gestickt, Robik einen Engel gemalt und Alvi eine Blumengirlande für ihren Stuhl gewunden. Der Mittagstisch, feierlich mit den fünfarmigen Silberleuchtern und dem Meißner Porzellan, war auf der Veranda gedeckt.
Nach dem Essen ruhten die Erwachsenen in Hängematten unter den Linden. Die Jugend lief ans Meer. Während sie sich am Strand vergnügten, schwamm Björk auf ihren Felsen. Das gleißende Licht auf dem Meer tanzte in unzähligen Funken in der Luft und schien Vorhänge zu bilden. Björk lag auf dem harten Stein. Er rührte sich nicht, aber die klatschenden Wellen, die hochaufbäumend Spritzer zu ihr schickten, gaben ihr das Gefühl, weit fortgetragen zu werden. Der salzige Wind strich über sie hinweg. Björk stand auf und sprang ins gleißende Wasser, das den Augen so weh tat, daß sie sie schließen mußte. Mit geschlossenen Augen schwamm sie die Lichtbahn entlang und es war ihr, als müsse der Vorhang sich nun öffnen und sie in jene andere Welt blicken lassen.

Sie wußte nicht, wie lange sie so geschwommen war, als das ruhige Gleiten in Heben und Sinken überging. Björk öffnete die Augen und sah, daß der Himmel sich verfinstert hatte. Ein Wind war aufgekommen, warf die Wasser durcheinander und mit den Wassern auch Björk. Der *Ostwind* und die *Lüftetochter*, fuhr es ihr durch den Kopf – und sie erschrak. Sie blickte sich nach dem Ufer um, konnte es aber nirgends entdecken. Sie hatte die Orientierung verloren! Angst überkam das Mädchen: ›Mein Gott‹, sprach es in Björk, ›ob das mein Ende ist? Ob meine Konfirmation gleichzeitig mein Tod sein soll? Lieber Gott, Jesus Christus, laß mich noch nicht sterben!‹«
Sie versuchte umzukehren, schwamm weiter – doch wohin? Und es kam ihr das Gleichnis vom Petrus in den Sinn, der Glauben hatte und auf dem Wasser wandeln konnte, bis – ja bis dieser Glaube ihn verließ. Björk vernahm eine Stimme:
»Er bitte aber im Glauben und zweifle nicht; denn wer da zweifelt, der ist gleich wie die Meereswoge, die vom Wind getrieben und bewegt wird.«
»Herr Jesus, ich glaube!« flüsterte Björk. Sie fühlte eine Kraft durch ihren Körper strömen und wußte, Jesus würde sie nicht ertrinken lassen, so lange sie ihm vertraute. Sie gab sich ganz in seine Hände und wußte sich getragen.
Der Sturm wurde heftiger, die Wellen bäumten auf, hoben sich, senkten sich…

Die beiden Männer, die mit der Segeljolle vom Kloogaschen Strand in die Ilukülllsche Bucht unterwegs waren, zogen das Segel ein und griffen nach den Rudern. Diesen Wetterumschlag hatten sie nicht erwartet. Und dann – entdeckte der Junge sie oben auf einer Welle. Der rote Badeanzug war deutlich zu sehen.
»Ein Mensch«, rief er und hielt inne im Rudern. Sein Vater, der am Steuer saß, hatte nichts gesehen. Aufmerksam spähte er in

die Richtung, die der Sohn ihm wies. Wasser, nichts als tosendes Wasser.

»Du irrst dich, Georg!«

Der Junge aber war aufgestanden – da war es wieder: das Rote im Auf und Ab der Wellen. Es war da – verschwand – jetzt sah es auch der Vater. Kaum auszumachen im bewegten Meer. – Sie nahmen Richtung auf das Mädchen. Es war schwer, an sie heranzukommen, fast unmöglich...

Björk hielt sich auf dem Wasser, ließ sich treiben – und sah das Boot. Mit unglaublicher Kraft schwamm sie ihm entgegen. Georg hielt ihr das Ruder entgegen, sie wurde abgetrieben. Da sprang er selbst ins Wasser. Mit einer Hand hielt er sich am Bootsrand, die andere –. Nein, er mußte ihr entgegenschwimmen. Nach langem Mühen gelang es ihnen endlich, ins Boot zu kommen, ohne daß es kenterte.

Björk ließ sich auf die Bank fallen. Jetzt erst merkte sie, *wie* erschöpft sie war. Georg ergriff die Ruder. Der Vater legte ihr ein Badelaken um die Schultern. Das erste und einzige, was Björk dann sagte, war:

»Ich wußte, daß ihr kommen würdet.«

Am Ufer waren sie in großer Sorge. Thomas war zum Felsen geschwommen und, als er die Schwester nicht fand, hinüber zur Fischerbucht gelaufen, um Hilfe zu holen.

Doch das war nicht mehr nötig.

Wortlos und sichtlich verstört, kamen sie noch gerade recht zum Kaffee, der unter der alten Weide am See getrunken werden sollte.

»Ob wir nicht lieber auf die Veranda umdecken?« überlegte die Mutter und sah von den zur Tafel aneinander gereihten Holztischen zum dunklen Himmel auf. Aber Felix, der die Tischtücher an die Tische klammerte, meinte, es würde ›sich halten‹. Auch die Jugend war für ›draußen‹ – so forderten sie denn den

Himmel heraus und ließen sich an der Tafel nieder. Natürlich waren Björk, Georg und sein Vater das Hauptgesprächsthema.
»Wieso seid ihr ausgerechnet in unserer Bucht gewesen?« fragte Björk staunend und erfuhr, daß Martinsons eine Bauern-Datscha im Wald am Kloogaschen Strand gemietet hatten, wo sie ihre Sommerferien verbrachten. Georg wußte von Björks Konfirmation und wollte schon am Vormittag in die Kirche kommen. Aber der Wind war ungünstig.
Helbrichs kannten Georg von der Apfelernte der letzten Jahre. Der junge Schwede gefiel ihnen, und so freuten sie sich, nun auch seinen Vater kennenzulernen. Arina war schon bei Martinsons gewesen, Christine war Georgs Schwester. Und er gehörte bei Schlittenfahrten oder Tanzfesten auch zu den ›Herren‹ des Lustkreises. Daß Georg, der Student aus Dorpat, Björk verehrte, wußten alle. Aber auch, daß Björk an irgendeinen estnischen Offizier dachte …
Das Wetter klärte auf, und die Stimmung wurde ländlich-fröhlich.
Georg hatte Björk ein Buch mitgebracht *Harmonie mit dem Unendlichen.*
Bevor sie abfuhren suchte Georg Arina und übergab ihr einen Brief.
»Von Klaus«, sagte er, »damit er richtig in deine Hände gelangt, schickte er ihn mir für dich durch einen Kommilitonen, der aus Deutschland kam. So. Auftrag erledigt! Auf Wiedersehen!«

Am Abend öffnete Arina den Brief. Ein Armband fiel heraus – an einem Silberkettchen ein kleines Wappen. Sie kannte es schon, es war das Wappen von der Berlocke. Sie las:

Liebe Arina!
Ich habe mich gar nicht richtig von Dir verabschieden können, es ging alles so schnell. Bitte trag dieses Armband, es soll Dich an

mich erinnern. Es waren zwei Wappen an der Berlocke. Das andere trage ich. Hier ist alles sehr anders. Ich bin und bleibe fremd. Denke immer an Dunja und Dich. Kümmere Dich bitte um Dunja, wenn Du kannst, und versuch zu erfahren, wer ich bin!

Dein Kolja

Der letzte Satz war unterstrichen, und Arina spürte, daß Klaus unglücklich war.

Das Wappen

Es war beschlossen worden, den Blauen Salon und das dahinterliegende Schlafzimmer für das junge Paar herrichten zu lassen.

An einem dunklen Novembertag rief Onkel Konstantin Liisu und Arina zu sich. Es sei an der Zeit, das noch verschlossene Zimmer neben dem Blauen Salon zu öffnen und durchzusehen.

»Arina ist die Letzte der Bowéns. Sie soll Erbin dessen sein, was noch vorhanden ist. Hebt den Schleier der Vergangenheit und holt die Dinge aus dem Schlaf. Ich weiß nicht, was da ist. Bettwäsche –« er zuckte die Schultern, »Frauenkram – erledigt das.«

Für Liisu brach eine Welt zusammen. Sollte auf Ilukülll nichts Verborgenes mehr gehütet werden? Kopfschüttelnd doch schweigend nahm sie die Schlüssel entgegen.

Arina umarmte den Onkel. Dann folgte sie Liisu, die langsam durch den Korridor ging, die Lampe anzündete, einen Eimer, Lappen und Staubtücher ergriff, und ohne das Mädchen zu beachten, die Treppe hinaufkeuchte. Die Tür quietschte in den

Angeln. Hinter Liisus breitem Rücken, der das flackernde Licht der Lampe verdeckte, betrat Arina den Raum.
In graue Mullwolken gehüllt, schien er zu schlafen.
Liisu stellte die Lampe auf den Tisch, ging ans Fenster und riß es auf. Es war, als erwache der Raum, als atme er Staub und Mottenpulver aus und fülle sich mit der klaren Winterluft. Undurchdringliche Dunkelheit vor dem Fenster. Arina lehnte an der Wand und sah, wie Liisu die Mullwolken entfernte, durch die das Lampenlicht so seltsam schimmerte, daß der Staub zu flimmern begann und die Hüllen in lichtgefüllte Haufenwolken verwandelte. Liisus dicke Arme griffen hinein und häuften sie auf. Arina sollte das Wolkenmeer hinunter in die Waschküche tragen. Liisu wandte sich den restlichen Hüllen zu, während das Mädchen hinunterging – seltsames Gefühl – als würde *sie* irgendwohin in die Vergangenheit getragen.
Wieder oben, hatte das Zimmer sich gewandelt. Ein großes Bett, weiß mit Goldverzierungen. Ein Kleiderschrank. Eine Kommode. Ein Waschtisch in gleichem Stil. Vor dem Fenster ein kleines Sofa und Sessel um einen runden Tisch. Weiß. Rokoko. Am meisten entzückte Arina der Sekretär. Ein Schlüssel steckte. Während Liisu den Raum verließ, öffnete Arina das Schränkchen. Geheimnisvoll wehte es sie an. Am liebsten hätte sie die Schublade ausgeräumt, doch schnell schob sie die Läden wieder zu, als sie Liisus schlurfende Schritte hörte.
Gemeinsam sahen sie die Wäsche durch. Sie wurde zum Waschen in den Korb getan. Kleider zum Lüften. Hüte zum Wegwerfen – nein auf den Speicher. Manches sollte mit Johanna Helbrich besprochen werden.
Ein Parfum-Flacon, dessen Inhalt längst verdunstet war, strömte in Arinas Händen zarten Duft aus. Duft aus einer anderen Welt – hatte Großtante Arina so geduftet? Und plötzlich die Vase.
Arina schrie auf, hielt sie von sich – wie konnte das wahr sein?

Die Vase zitterte in ihren Händen, als sie »Liisu« rief und sie ihr entgegenhielt. Eine kleine Porzellanvase, Lomonossow, bedeckt von dicker Staubschicht. Doch dort, wo diese durch ihre Finger abgewischt war, schimmerte das Wappen hervor. Koljkas Wappen von der Berlocke. Nur größer, schöner. Sie verglich es mit dem Emblem am Armband. Kein Zweifel, es war das gleiche – nur fehlten hier die eingravierten Schriftzeichen vom Silberrand der Berlocke. Am kleinen Wappen an ihrem Arm stand der Name *Boris Dimitrowitsch* in russischen Buchstaben, für sie unverständlich. Koljka hatte es ihr vorgelesen, nur wußte er nicht, wer das sein sollte: Boris Dimitrowitsch. Liisus Gesicht war grau.

»Muß man putzen«, sagte sie betont gelassen, verglich die Wappen genau und wollte die Vase aus Arinas Händen nehmen. Die aber hielt sie fest.

»Was bedeutet das, Liisu?«

Die Alte hob die Schultern und ließ sich schwer aufs Bett fallen. Ihr Atem keuchte.

»Was bedeutet das?« fragte das Mädchen erneut. Sie kam näher und wies auf das Wappen an ihrem Armband. »Liisu, Klaus Joberg möchte so gern erfahren, wer er ist, wer seine Eltern waren. Glaubst du, daß wir das durch dieses Wappen herausfinden können?«

»Nein, nein, Kindchen«, rief Liisu müde, »laß alte Sachen schlafen« und nach Luft ringend, »nicht gut, alles aufzuwecken.«

Arina aber war ganz anderer Ansicht. Trotzdem sah sie besorgt auf die Alte.

»Du bist krank, Liisu«, sagte sie hilflos.

Aber die antwortete nicht.

Weit vom Schuß?

Im Haus dachten alle nur noch an die bevorstehende Hochzeit. Außer Liisu. Die hatte jetzt noch eine andere Sorge: Die beiden Wappen glichen sich. Ohne Zweifel. War es möglich, daß Klaus Joberg ein Gnarudow war? Dann wäre er verwandt mit Arina? Liisus Gedanken – ach Gott – war es nicht zu viel, was man da von ihrem alten Kopf verlangte? Wie alt war sie eigentlich? Sie hatte nie danach gefragt – siebzig oder achtzig? Immer waren andere Sachen wichtiger gewesen. Aber jetzt – wurde sie am Ende wirklich alt? Gnarudow? Aber, wies sie ihre Gedanken in Schranken, es gibt ja noch andere Familien in Rußland, nicht nur Gnarudows! Und sie zwang sich, an ihr schwarzes Feiertagskleid zu denken: Ob es ihr noch paßte? Vielleicht bräuchte sie einen neuen, weißen Kragen zur Hochzeit?

Alle Damen überlegten jetzt, was sie zur Hochzeit anziehen sollten. Königin Tamara war völlig durcheinander. Sie sprach mit ihrem Kostjinka und dachte an ihre eigene Hochzeit im großen Saal. Sie war überzeugt, Arinuschka sei ihre Nichte und warte auf Dimitri. Endlich sollte die Hochzeit dieser beiden gefeiert werden. Sie legte ihre Patiencen und ließ sich immer wieder die Schachtel mit Blumen, Jabots, Samtbändern und Hermelinfellchen bringen. Was würde sie zur Hochzeit brauchen? Den Brillantreif, ein Geschenk von Kostja, der wie eine kleine Krone wirkte, sollte sie ihn anlegen? Aber im weißen Haar – nein, jetzt würde sie Rubine brauchen. Den Diamantreif würde sie Arina als Hochzeitsgeschenk geben.

Arina und die Helbrichmädchen stickten an der Aussteuer und sangen und schwatzten. Sie waren alle sehr aufgeregt und voller Erwartung.

Tante Minchen half Johanna Helbrich. Was es nicht alles zu bedenken gab! Einladungslisten, Menüs, Zimmerschmuck und vieles andere mehr.

Felix und Konstantin suchten abends ihre Ruhe am Schachbrett. Konstantin war nervös:

»Es ist an der Zeit, zu entscheiden, ob Thomas und Arina die Einladung der Großeltern Linden annehmen sollen, ihre Hochzeitsreise nach Berlin zu machen«, und eröffnete die Partie mit dem Königsbauern.

»Bist du dagegen?«

»Ja. Du weißt, daß die Situation in Deutschland mir nicht geheuer ist.«

»Aber ich bitte dich! Was soll den Kindern bei den Großeltern passieren?« Felix setzte seinen Springer ein.

»Natürlich wird ihnen bei den Großeltern nichts geschehen. Sie haben ja auch die estnische Staatsangehörigkeit, estnische Pässe. Trotzdem sehe ich schwarz.«

»Ach Konstantin, läuft dort nicht alles erstaunlich friedlich über die Bühne? *Ich* verstehe die Begeisterung des deutschen Volkes. Überleg, auf welche Weise dieser Mann die Deutschen vom Joch Versailles befreite, wieder ›gesellschaftsfähig‹ machte, die Arbeitslosigkeit meisterte – ist das nichts?« Er machte eine Rochade. »Natürlich, die Spannungen zwischen den Sudetendeutschen und Tschechen, der Besuch Henleins beim Führer mit seiner Proklamation ›Wir wollen heim ins Reich‹, hat mich auch erschreckt. Dann die Einberufung von Reservisten durch die tschechische Regierung und die Flucht Tausender von Sudetendeutschen über die Grenze – natürlich besorgniserregend! Aber das hat doch jetzt ein unvorhergesehen gutes Ende gefunden. Damals, als die Tschechen ihre Truppen aus dem Egerland zurückzogen und dort plötzlich Hakenkreuzfahnen wehten, habe ich auch nicht geglaubt, daß es noch ein Münchner Abkommen geben könnte.«

»Ehrlich gesagt nein, auch ich hatte anderes befürchtet«, bestätigte Konstantin und bewegte seinen Läufer. »Damals – die Großkundgebung der sudetendeutschen Flüchtlinge in Breslau, dann die Unruhen an den tschechischen Grenzen – Rumänien – Polen. Der Besuch Boris III. aus Bulgarien bei Hitler ...« Nervös trommelten seine Finger auf dem Tisch.

»Ja, beängstigend«, Felix stellte die geschlagenen Figuren in eine Reihe, »aber anscheinend ist Hitler anerkannt bei den Vertretern anderer Staaten. Die Konferenz in München, Chamberlain, Daladier und Mussolini besiegeln das Abkommen in voller Übereinstimmung! Das Sudetenland wird an das Deutsche Reich abgetreten! Die territorialen Forderungen Polens und Ungarns an die Tschechoslowakei werden anerkannt. Und dann – wie wichtig – der deutsch-britische Nichtangriffspakt! Du hast es ja damals selbst gelesen, ganz groß aufgemacht, Chamberlain kam nach England zurück: Der Friede ist gesichert! Dieser Jubel!«

»Ich weiß. Aber *wie* geht es weiter?« Konstantins Gesicht sieht nicht so aus, als seien seine Sorgen behoben. »Wir wissen, daß trotzdem aufgerüstet wird. Daß Hitler am 9. Oktober in Saarbrücken erklärt haben soll, Aachener und Saarbrücker Gebiete würden in die Westbefestigung mit einbezogen. Und den englischen Nachrichten kann man entnehmen, daß der englische Kriegsminister Aufrüstungsmaßnahmen verkündet hat.« Konstantin tippt mit dem Finger auf seinen König. »Ungarn brach die Verhandlungen mit der Tschechei ab. Japan marschiert in Kanton ein. Der polnische Botschafter besucht Hitler wegen der ukrainischen Frage. Sie sprechen über Revision der polnischen Ostgrenze.« Er nimmt die Hand vom König und rückt mit der Dame vor. »Und diese Spannungen in Polen! Erinnerst du dich, wie es war, als im vergangenen Jahr deutsche Pastoren aus Polen ausgewiesen wurden – der Sohn von Pastor – nun, du weißt schon, wen ich meine – war dabei. Und ähnliche Maßnahmen wiederholen sich. Polen ist Deutschland nicht gut gesonnen.«

»Wie sollte es auch. Bei *der* Geschichte! Immer Prellbock zwischen Rußland und Deutschland. Vielleicht hat es auch Sorgen wegen der Gebiete, die ihm nach dem Weltkrieg, abgetrennt von Deutschland, zugesprochen wurden? Die Volksabstimmungen ergaben doch eine eindeutige Wahl für Deutschland. Aber – der Versailler Vertrag! Es war schon eine böse Sache, die böse Saat treiben *mußte.* Trotzdem –« Felix versuchte seiner Stimme einen optimistischeren Klang zu geben, »Trotzdem dürfen wir nicht so schwarz sehen, denk an die vielen Nichtangriffspakte, die gerade in den letzten Jahren geschlossen wurden. Sie zeigen doch den Friedenswillen der Regierungen.«
»Pakte!« Konstantin rief es aufgebracht, »Gerade diese Pakte sind es. Wann werden Pakte geschlossen? In Krisenzeiten. Geschlossen und gebrochen.« Er lehnte im Sessel zurück. »Felix, was wir beide schon an Kriegen, Revolutionen, Umstürzen, ja Wahnsinn erlebt haben! Verbannung, Lazarett – ist das nicht zu viel für *eines* Menschen Leben?« und angewidert: »Hexenkessel!« Die Freunde sahen sich an.
»Ja«, gab Felix dem Freunde recht, »*zu* viel! Und man steht da, die Hände gebunden; als Spielball der Mächtigen muß man ohnmächtig zusehen, wie der Karren dem Abgrund zurast...«
Sie schwiegen.
»Also sollen wir die Kinder nun fahren lassen oder nicht?« Es war Felix, der zuerst in die Realität des Tages zurückfand.
Konstantin antwortete nicht. Abwesend fragte er nach einer Weile:
»Hast du dir eigentlich die Zeitungen angesehen, die heute gekommen sind?« Und als Felix beunruhigt den Kopf schüttelte: »Was hat der Antisemitismus in Deutschland nur für Formen angenommen! Ein Skandal!« Er wies auf die Zeitungen auf dem Rohrtischchen. »Die Ermordung des deutschen Legationsrates Ernst von Rath in Paris durch den polnischen Juden Grünspan soll in ganz Deutschland zu antijüdischen Aus-

schreitungen geführt haben. In der Nacht vom neunten auf den zehnten November, also vor wenigen Tagen, sollen Fensterscheiben zerschlagen, Geschäfte zerstört, selbst Synagogen geschändet worden sein. In brutaler Weise wurden Menschen angegriffen, es soll sogar Tote gegeben haben. Da kann man nicht mehr ›disziplinlos‹, da kann man nur noch ›unmenschlich‹ sagen. Mich packt das kalte Grausen.« Gebrochen saß er da.

Felix sah ihn ungläubig an:

»Glaubst du das?«

»Lies selbst«, Konstantins Stimme klang müde. »Das kann nicht antideutsche Propaganda sein!«

Felix räumte die Figuren zusammen.

»Wir dürfen nicht resignieren«, sagte er, »sind ja, Gott sei Dank, weit vom Schuß!«

Konstantin sah auf:

»Ich glaube«, sagte er leise, »daß wir bereits in einer Zeit leben, wo es in Europa kein ›Weit-vom-Schuß‹ mehr gibt. Heute in Europa – bald wohl auf der ganzen Erde.«

Hochzeit

Diese Weihnacht standen zwei große Tannen im Saal.

Am siebenundzwanzigsten waren Thomas und Arina direkt von der standesamtlichen Trauung in Reval nach Ilukül zurückgekommen. Und mit ihnen Georg und Christine, Tante Agatha, Onkel Alf und Tante Anna, Bertram und Orvo Maa.

Das gab Begrüßungen, Umarmen und Küsse.

Gegenseitige Bewunderung unter den Damen. Komplimente.

»Die Kinder – nein, wer hätte das gedacht!«
»Was du nicht sagst!«
»Schön warm ist es bei euch.«
»Gar nicht so lange ist es her, daß ...«
»Aber ich bitte dich!«
Das ganze Haus atmete freudige Erregung.
»Zuerst die Trauung, dann das Essen«, sprach Johanna in der Küche und wies Tiiu an, wie die Gänge zu servieren seien, und auch Madli und Liisu, was sie zu tun hätten. Duftwolken vom Gänsebraten durchzogen die Luft in den Küchenräumen. Das Kraut schmorte, die Kartoffeln brutzelten im Backofen. Wie eine Königin sieht sie aus, dachten Liisu und Madli, als Johanna an ihnen vorüberging, und ist doch sonst so einfach, macht alle Arbeiten, allen voran, scheut sich nicht mal, das Gemüse selbst nach Baltischport auf den Markt zu fahren. Man vergißt im Alltag ganz, was für eine Dame sie doch ist!
Dasselbe mochte wohl auch ihr Mann denken, dem sie gleich darauf in den dunklen Anzug half, gegen den er sich erfolglos gewehrt hatte.
»Schön bist du, Johanna!« Wann hatte er sowas zuletzt gesagt? Nicht einmal gedacht hatte er das in den letzten Jahren. Aber dieses Seidenkleid mit den zarten Fliederblüten – wann hatte sie es zuletzt getragen? Zu Robiks Taufe? Es paßte noch, als sei sie kein Jahr älter geworden. Er dagegen – »Am liebsten zöge ich die Joppe an«, knurrte er, während sie ihm den Anzug gerade zog.
Tante Minchen huschte im Grauseidenen mit den Spitzenrüschchen an Hals und Ärmeln fröhlich durchs Haus. Jetzt kontrollierte sie den mit Silber und Kristall festlich gedeckten Tisch, zündete flink die Kerzen in den fünfarmigen Leuchtern an – man mußte doch sehen, ob sie brennen – löschte sie wieder aus und freute sich am Tafelschmuck, den Björk mit Hingabe aus Alpenveilchen, Maiglöckchen und Asparagus über die Tafel verteilt hatte.

Björk half Tante Agatha beim Anziehen der Braut.
»Steh still!« Tante Agatha, elegant in einem altrosa Seidenkostüm, versuchte Arina die Myrthenzweige im Schleier zu befestigen, den sie am Platinreif mit den Diamanten, ein Geschenk von Königin Tamara, kunstvoll drapiert hatte. Aufgeregt blickte Arinas blasses Gesicht aus dem Brautschmuck auf die Tante. Werde ich auch alles richtig machen?
Natürlich wußten Thomas und Arina beide, wie die Trauungszeremonie verlaufen würde. Pastor Petronius hatte ausführlich mit ihnen darüber und über die Bedeutung einer Ehe gesprochen. Trotzdem.
»Bring diesen Myrthenzweig Thomas«, befahl Tante Agatha.
Björk nahm das Sträußchen mit der Gaze-Schleife und lief durch den Flur.
Thomas stand in seinem Zimmer. Fremd, im schwarzen Anzug. Immer war er Kamerad, Bruder, Feld- und Waldarbeiter, Jäger, Heger, Reiter gewesen. Jetzt dagegen – so distinguiert, ganz Herr. Es war, als stehe eine unsichtbare Wand zwischen ihnen. War ihre Kindheit ganz plötzlich zu Ende? Alles gemeinsam Geplante, Erhoffte anders geworden? Eine unerklärliche Traurigkeit überfiel das Mädchen, als sie ihm das Myrthensträußchen ans Revers steckte.
»Ach Björk, heiraten ist schwer«, sagte er und legte den Arm um sie. Unklar sah er wohl, daß sie ein langes, hellblaues Kleid trug, sah ihre vertrauten Zöpfe, das ernst lächelnde Gesicht – aber es war verschwommen – wie in einem Traum.
»Du liebst sie doch sehr?« fragte Björk.
»Natürlich. Aber alles ist plötzlich so anders. Und morgen fahren wir schon nach Berlin.« Werde ich auch alles richtig machen, dachte er weiter, ohne daß er es wußte, genau wie seine Braut, sprach es aber nicht aus. Sie würden in Reval im Goldenen Löwen übernachten und dann den Vormittagszug nehmen. Alles war geregelt: die Pässe, die Visa besorgt, Fahrkarten ge-

kauft, das Geld gewechselt. In Königsberg mußten sie umsteigen, weil die breiteren russischen Gleise dort aufhörten. Von Königsberg nach Berlin ging es auf schmaleren Gleiswegen. Es war seine erste Auslandsreise – bis auf Finnland natürlich –, doch das zählte nicht.

Und nun die Trauung!
Kurzes Klopfen.
Pastor Petronius betrat den Raum. Den Talar über dem Arm begrüßte er die Geschwister und bat, ihm beim Umziehen zu helfen.
»Geh und ruf uns, wenn wir beginnen können«, wandte er sich an Björk.
Die ging hinaus. Besonnen bleiben, sagte sie sich und legte die Hände kurz an ihr Gesicht. Blieb dann aber im Zwischenzimmer mit den Grünpflanzen stehen, um sich kurz im Spiegel zu betrachten. Sie drehte sich nach links, nach rechts – und lachte in sich hinein. Das Kleid! Alle meinten, es sei ein neues. Dabei war es ihr Konfirmationskleid! Sie hatte, nachdem sie diese Idee an einem alten Puppenkleid ausprobiert hatte, blaues Kreppapier in einer Schüssel voll Wasser eingeweicht, lange, hatte das Kleid dann in diese Wasserfarbe gelegt und, nachdem der Ton ihr gefiel, herausgenommen, getrocknet und gebügelt. Es war richtig hellblau geworden. Wunderschön. Und wenn sie dessen überdrüssig würde, brauchte sie es nur zu waschen und ein andersfarbiges Kreppapier zu wählen.
Björk war wirklich stolz auf diese Entdeckung. Wie hübsch es aussah. Am Hals das Goldkettchen mit dem kleinen Kreuz von den Eltern. Sie gefiel sich. Schade, daß Hauptmann Reema nicht eingeladen war.

Vater und die Jungen zündeten mit Kerzen an langen Stäben die Lichter an den hohen Tannen an. Auf dem Altar zwischen den

Bäumen, ein wenig nach hinten gerückt, lag das Tuch aus feinem, weißen Leinen, stand das schwere Barock-Kreuz von Onkel Konstantins Kommode und zu beiden Seiten die Silberleuchter. Am Fuß des Flügels hockten Robik und Alvi auf Sofakissen.
Die Gäste versammelten sich.
Königin Tamara in stolzem Weinrot, ihre Hermelinfellchen auf der Schulter. Onkel Alf und Tante Anna in liebenswerter, fröhlicher Bescheidenheit, Bertram auch in Schwarz, noch den Stab mit der Kerze in der Hand, flaxte Benita ein »Grün wie die Tanne, edle Jungfrau?« zu, und diese, stolz und wütend zugleich, »Farbenblind! Seefarben – wie die Nixen sie tragen!«
»Nixen!« kam es leise, aber höhnisch-neckend zurück.
Tante Agatha kam und flüsterte, Arina sei fertig. Worauf Liisu Onkel Konstantin, den Brautführer, ins Zimmer der Mädchen rollte. Felix wies Björk beiseite und ging selbst, Pastor Petronius und Thomas zu melden, daß alles auf sie warte.
Die Lichterbäume spiegelten sich in den vorhanglosen Fenstern. Die Leuchter auf dem Altar. Die ganze erwartungsvolle Gesellschaft. Es war, als lebe das ganze Geschehen da draußen eine Parallelität in spiegelnder, zitternder Unwirklichkeit.
In der Irrealität der Fensterscheiben sah man Thomas zwischen dem Vater und Pastor Petronius den Saal betreten. Gleich darauf Arina am Arm von Onkel Konstantin, der sie, an Krücken gehend, dem Bräutigam entgegenführte. Liisu schob den Rollstuhl hin, half Konstantin sich zu setzen. Er blieb in der vordersten Reihe bei den Eltern. Björk saß am Klavier. Sie spielte *Ich bete an die Macht der Liebe.* Das hatte Thomas so gewünscht.
Dann lautlose Stille.
Warm sah der Gottesmann auf das junge Paar. Arina als Braut. So hätte auch *seine* Arina einst ausgesehen, damals, vor bald vierzig Jahren, wenn nicht alles so anders gekommen wäre.
Er begrüßte das Brautpaar. Sprach einführende Worte.

Liisu, an die Tür gelehnt, wehrte den Tränen. Arinikene, Kindchen, dachte sie, jetzt beginnt das Schicksal der Frauen...
In die Stille tönte Pastor Petronius' volle Stimme. Es waren die Worte aus dem Ersten Korintherbrief, den das Brautpaar sich ausgesucht hatte.
Ob ich einmal auch so glücklich sein werde? überlegte Nita und rutschte vor Entzücken fast vom Stuhl.
»Die Liebe ist langmütig und freundlich, die Liebe eifert nicht, die Liebe treibt nicht Mutwillen, sie blähet sich nicht.«
Felix sah seine Ehe an sich vorüberziehen. Liebe – hatte er sie genügend gepflegt – gehütet – nein, das hatte er nicht.

»Sie stellt sich nicht ungebärdig, sie suchet nicht das ihre, sie läßt sich nicht erbitten, sie rechnet das Böse nicht zu.«
Johanna saß sehr aufrecht. Mädchenträume. Die Wirklichkeit hatte sich anders gestaltet. War sie der Liebe gerecht geworden?
»Die Liebe freut sich nicht der Ungerechtigkeit, sie freut sich aber der Wahrheit.«
Tante Agatha prüfte das Aussehen der Gäste. Sie war entschieden die Eleganteste, Vornehmste. Hätte sie nicht einen anderen Mann haben können als ihren Hugo, der so wenig Zeit für sie aufbrachte, und ihre Schönheit, ihre Eleganz so wenig beachtete?
»Die Liebe verträgt alles, sie hoffet alles, sie duldet alles!«
Onkel Alf griff nach Tante Annas Hand: Sie glaubt, hofft, duldet alles.
Schicksale, Erlebnisse, Träume, Enttäuschungen, Kritik. Liebe – fast greifbar standen die Gedanken mancher Anwesenden im Raum.
Königin Tamara schüttelte den Kopf. Der falsche Bräutigam! Der falsche – nur Kostja, ihr Kostjinka war der Richtige gewesen – ihre Hochzeit, auch hier im Saal – wann war das gewesen? Wo waren sie nur geblieben – Kostja, Dimitri Pawlowitsch – wo – wo? Unruhig sah sie sich um.

Pastor Petronius hielt seine kurze Predigt über den letzten Vers. Er sprach eindringlich. Es war als habe er seine eigenen Kinder vor sich.

Dann schwieg er, trat einen Schritt vor:

»So frage ich dich, Thomas Helbrich, im Namen von Gott und in Gegenwart dieser Zeugen, willst du deine Braut Katharina Linden zu deiner Ehegattin aus Gottes Hand nehmen und sie in unverbrüchlicher Treue lieben und ehren, mit ihr teilen Freud und Leid, Glück und Unglück, sie auch in keinem Wege verlassen, noch dich von ihr abwenden oder scheiden, es scheide euch denn der allmächtige Gott selbst durch den zeitlichen Tod. Ist das dein aufrichtiger und wohlbedachter Wille, so bekräftige es mit einem vernehmlichen Ja.«

Thomas »Ja« war deutlich zu hören. Und Tante Minchen wischte sich eine Träne von der Wange.

Mit denselben Worten wandte sich der Pastor an Arina. Vielleicht klang seine Stimme noch liebevoller... Da flackerten die Kerzen auf, als habe ein Windzug sie erreicht.

Keiner – außer Liisu – merkte, daß die Tür sich leise geöffnet und wieder geschlossen hatte. Voll stummen Schreckens sah sie auf den Mann, der wortlos neben ihr stand – groß und hager, in Sackleinen gekleidet, ein altes Schaffell auf der Schulter, nasse Felle an den Füßen, Schnee im langen Bart. Serafim – der Einsame – Was fiel ihm ein!

»Willst du, Katharina Linden, diesen deinen Ehegatten, Thomas Helbrich, aus Gottes Hand nehmen, so bekräftige es mit einem vernehmlichen Ja.«

Arinas Stimme zitterte.

Nichts von allem, was vorging, hatte sie bewußt erfaßt. Es umhüllte sie nur wie ein zu großer Umhang aus Worten, Duft, Licht und Liebe. Alles war gut.

»Ja«, wiederholte sie etwas lauter.

»Gehen Sie!« zischte Liisu.
Der Alte aber schien nichts zu hören, außer dem, was vom Altar herüberkam. Unverwandt blickten seine blassen Augen auf das Brautpaar.
»Zum Zeichen dessen, was ihr euch gelobt habt, nehmt und wechselt die Ringe.«

Die Ringe.
Und da geschah es, so unerwartet, so schnell, daß keiner nachher sagen konnte, wie es geschah – und was da geschah.
Der Pastor reichte ihnen die gesegneten Ringe.
Sie traten vor – Arina wandte sich Thomas zu – da flammte das Ende ihres langen Schleiers auf.
Ein Aufschrei von Liisu. Die anderen waren wie erstarrt. Doch bevor der Vater aufspringen konnte, um das Feuer zu löschen, war Serafim, der Einsame, schon neben der Braut. Rasch packten seine bloßen Hände die Flamme, erstickten sie. In Sekundenschnelle war der Spuk vorbei.
Braut und Bräutigam, vertieft in den Ringwechsel, hatten nichts davon bemerkt.
Pastor Petronius sah schweigend auf den Mann, der einen Augenblick hinter dem Ehepaar verweilte, tiefernst einen Segen murmelte, die Rechte hob und über den beiden jungen Menschen das Kreuz schlug.
»Der Ring ist in der christlichen Kirche das Zeichen der ehelichen Verbindung«, sprach Pastor Petronius ruhig weiter, während der Einsame sich unmerklich zurückzog. »Er soll euch alle Zeit vor Gott daran gemahnen und vor jedermann bezeugen, daß ihr in christlicher Ehe miteinander verbunden seid. So reicht euch die rechte Hand und kniet nieder.«
Thomas und Arina knieten. Pastor Petronius ergriff die Hände der beiden, die ineinander lagen, und sprach die Einsegnung.
Das AMEN war gesprochen.

Erneut flackerten die Kerzen auf, als habe ein Windzug sie berührt. Nur Liisu sah, wie die Tür sich öffnete und schloß – und Serafim, der Einsame, den Saal verlassen hatte.

Gratulationen.
Der Vater, Björk und Georg liefen hinaus, den Einsamen zum Essen zurückzuholen.
Aber sie fanden ihn nicht.
In den Fenstern spiegelte sich das Geschehen. Es war, als sei alles aufgezeichnet worden. Aufgezeichnet und festgehalten.
So fröhlich es nun auch zuging – das Festmahl, die Reden, das Brautstrauß-Orakel, die Scharaden, das Tanzen – ein leichter Schatten lag über allem: Der Brautschleier hatte gebrannt. Aber der rätselhafte Fremde segnete ihn.

Schweigend saßen Thomas und Arina einander gegenüber am Abteilfenster des Eisenbahnzuges, der sie nach Deutschland brachte.
Arina sah ihn an und fand ihn neu. Was war es, das sie früher an ihm nicht bemerkt hatte? Gut hatte er immer ausgesehen, jetzt aber war etwas da, das ihn unverwechselbar zu dem machte, dem sie sich ganz zugehörig fühlen ließ. Es war ihr, als seien sie nicht mehr zwei Einzelwesen, sondern eine Einheit. Mitten unter den Menschen im Abteil nicht zwei weitere Menschen, sondern, wie von einer unsichtbaren Glasglocke umhüllt, zwei eins gewordene Hälften. Abgeschirmt gegen jeden Angriff, heil, unzertrennbar, unverletzbar, unberührbar.
Sie wußte nicht, daß es die Liebesgemeinschaft war, die den Menschen als Hilfe geschenkt wird, um das Leben zu bestehen und seine Härten und Gefahren zu meistern.
Sie sah Thomas an, lächelte ein Ich-liebe-dich. Dann schloß sie die Augen.

Thomas saß ihr gegenüber und sah zum Fenster hinaus. Hinter dem Spiegelbild des Abteils flog die Landschaft im Dunkeln dahin. Vor der Landschaft spiegelte sich das Eisenbahnabteil im Fensterglas. Die Lampe brannte auch auf der Scheibe, die Reisenden bewegten sich, deutlich aber sah er Arinas Kopf an den weißen Mantel gelehnt, entspannt das Gesicht, die Augen geschlossen. Und wieder überkam ihn dieses mächtige Gefühl liebender Verantwortung für diese Mädchenfrau, die sich so ohne alle Bedenken ihm übergeben hatte. Was sie ihm bedeutete, war ihm erst in der Nacht bewußt geworden, als sie – ohne ihr sonstiges Ausweichen und neckendes Verschließen – ihm gelöst und offen entgegenkam. Noch nie hatte er sie so gesehen. Das, was er mit ihr erlebt hatte, konnte er nicht in Gedanken kleiden, weil Gedanken unweigerlich Worte erfordern – Worte aber zu arm sind, etwas auszusagen, wo das Herz jubelt, der Verstand aber schweigt.

Tastend hatte er ihre Einmaligkeit erkannt, er hatte sich in den Himmel getragen gefühlt, um neue Welten zu erschaffen. Der erste Mensch, der sowas erlebte.

Und jetzt fühlte er sich neu geworden, sensibler…

Und wieder erfuhr er die Einheit, die durch nichts zerbrochen werden durfte, und die Verantwortung in Liebe, diese Einheit – was auch kommen mochte – zu bewahren.

Im Januar kamen ein Brief und viele Ansichtskarten aus Berlin nach Ilukülll. Sie klangen glücklich, ja begeistert.

Die Großeltern lieb wie nie zuvor. Die Großstadt, das aufregende Leben Berlins. Die U-Bahn. Die interessanten Museen. Die Schinkelschen Bauwerke. Die Kaufhäuser. Und die Berliner, so hilfreich, wenn auch manchmal erschreckend ›direkt‹. Und wieder – die wirklich reizenden Großeltern.

Und alle, alle sprechen Deutsch!

16.30 Uhr Café Corso

Lange hatte Björk gezögert, bis sie der Einladung Hauptmann Reemas folgte: am Dienstag, 16.30 Uhr im Café Corso.
Eine halbe Stunde hatte sie vor dem Spiegel gestanden, sie, die über Arinas ›Spiegelstunden‹ spottete. Sie hatte ihr herrliches Haar gebürstet und neu geflochten. Hatte die dunkelblaue Schulmütze mit den drei weißen Streifen immer wieder zurechtgerückt, einmal nach rechts, dann wieder nach links, hatte hier eine Locke über die Stirn gezogen, dann wieder unter den Mützenrand geschoben. Sie hatte sich in die blassen Wangen gekniffen und verführerisch, wie Arina, zu lächeln versucht. Aber es gelang ihr nicht. Sie war keine Arina. Wenn sie das nur endlich begreifen wollte! Sie blieb immer sie selbst, herbe, kühle Björk mit den fragenden Augen eines Kindes oder dem beruhigenden Blick einer Mutter. Immer Birke, wenn sie auch lieber Orchidee gewesen wäre.
Es war ihr erstes Rendezvous.
Unter dem Wintermantel trug sie ihr blaues Sonntagskleid mit dem kleinen, weißen Kragen und am Silberkettchen den Bergkristall. Es sah sehr fein aus. Sicher würde es ihm gefallen.
Sie war aufgeregt.
Ob er pünktlich sein würde? Sie selbst dürfte ja ruhig etwas später kommen, sie war ja die Dame. Er mußte auf sie warten, nicht sie auf ihn.
Schrecklich, wenn er nicht da wäre!
Ob sie sich dann einfach allein an einen Tisch setzen sollte? Nein, das würde sie nicht wagen.
Noch nie war sie im Café Corso gewesen. Nur bei Feischner und Heinmann. Es hieß, daß das Corso Weltstadtcafé sei. Mondän!
Björks Herz klopfte schnell und aufgeregt. Wenn Arina doch

dabei wäre! Aber sie hatte ja nicht einmal ihr etwas von diesem Ungeheuerlichen zu erzählen gewagt. Außerdem hatte sich Arina sehr verändert, seit sie verheiratet war. Interessierte sich für Kochrezepte, Haushalt, sogar für Landwirtschaft. Verrückt! Schien richtig verliebt in Thomas. Ob alle jungen Frauen es so wichtig fanden, ihren Mann mit Lieblingsspeisen zu füttern? Sie bestimmt nicht!
Hoffentlich war er schon da!
Es hatte getaut, der Schnee war schmutzig von den vielen Füßen, von Schlittenkufen, von Pferdehufen und Autoreifen. Björk ging über die Straße und blieb gegenüber vom Café stehen. Sie konnte den Eingang beobachten. Es war schon zwanzig vor fünf.
Ob sie noch warten sollte?
Langsam ging sie auf und ab, immer das Café im Auge.
Sie blieb stehen, sah zu den großen Fenstern hinüber, hinter denen geheimnisvolles Licht schimmerte.
Wie es dort aussah? Die große Welt!
Sie hatte ihn nicht hineingehen sehen. Also war er schon da und wartete auf sie. Björk griff nach ihren Zöpfen und legte sie nach vorn, so daß sie ihr wie eine goldene Boa über die Schultern fielen. Oder ob sie erwachsener wirkte, wenn sie die Zöpfe in den Mantel steckte? Unsinn.
Die Wangen brauchte sie nicht mehr zu reiben. Die Kälte tat das ihre. Hoffentlich ist meine Nase nicht rot, dachte sie noch, dann ging sie über die Straße.
Sicher kommt er mir gleich entgegen, wenn er mich eintreten sieht.
Erwartungsvoll und sehr aufgeregt öffnete sie die Glastür. Im ersten Augenblick sah sie nichts als dämmrige Kugelbeleuchtung, Pflanzen, undeutlich Tische und Sofas in Nischen, Sesselchen an kleinen Tischen im Saal und Menschen, viele Menschen. Dazwischen junge Kellnerinnen mit weißen Schürzchen, Spit-

zenhäubchen und Lächeln auf dem Gesicht. Ein Orchester spielte ... *warum hat jeder Frühling auch nur einen Mai? warum* ...

Björk blieb stehen, machte einige Schritte in den Raum, blieb wieder stehen. Sie gewöhnte sich ans Licht, an die schwingende, klingende, rauschende Atmosphäre, an den Duft von Kaffee, Parfüm, und Zigaretten und sah sich suchend um.

Keiner beachtete sie. Sie ging weiter.

Da klang Lachen an ihr Ohr.

Hastig wandte sie sich um und sah den Tisch mit den drei Offizieren. Ja, er war da – Hauptmann Reema! Aber er saß nicht wartend da, den Blick ungeduldig zur Tür gewandt, wie sie angenommen hatte. Im Gegenteil. Er beugte sich über die Hand einer Dame, die in eleganter, schwarzer Affenpelzjacke, einen kleinen Hut mit Federn und Schleier auf dem Kopf, im Sessel lehnte und lachte. Ja lachte. Aber nicht etwa so, wie sie zu lachen pflegten, einfach fröhlich, nein, sie lachte, wie es die Damen im Film taten, wundervoll gekonnt, fast hell gurrend und dabei doch überlegen. Sie war zurechtgemacht nach allen Regeln der Kunst und schön, hinreißend schön. Eine Dame von Welt oder zumindest das, was Björk dafür hielt. Noch eine ebenso elegante Dame saß am Tisch, betrachtete ihre langen, roten Fingernägel, griff nach ihrem Glas und hob es in scherzhafter Art den Herren entgegen.

Ungläubig starrte Björk auf die Gruppe am Tisch. Sie sah, wie Hauptmann Reema die Hand der zauberhaften Affenpelzdame an die Lippen zog und dann an seine Wange hob. Björk fühlte, wie ihr das Blut ins Gesicht stieg. Beschämt wandte sie sich zum Gehen.

Einem Leutnant am Tisch war das sehr junge Mädchen mit den langen Goldzöpfen aufgefallen, als es so entsetzt zu ihnen herüberblickte.

»Donnerwetter, *das* ist eine piiga, die ...«

Hauptmann Reema wandte sich um, sah Björk aus der Tür eilen, sprang auf und hastete ihr nach.
Doch hatte Björk das alles nicht mehr wahrgenommen. Fast fluchtartig hatte sie dem ersten Rendezvous ihres Lebens den Rücken gekehrt und war nicht eher stehengeblieben, als bis sie atemlos den Freiheitsplatz erreichte. Dann atmete sie durch, grub die Hände in die Manteltaschen und schritt schnell und kräftig über den Platz, vorüber an der Johanni-Kirche und weiter zur Narva-Maantee. Nie hätte sie das von Hauptmann Reema gedacht. Nie!
Wahrscheinlich war er mit dieser »schwarzen Sünde« verlobt, deren Hand er so innig abgeschmatzt und an sein Gesicht gepreßt hatte. Und sie – sie hätte zu Hause dafür gekämpft, einen estnischen Offizier heiraten zu dürfen. Wahnsinn!
Und *wie* er diese Dame angesehen hatte! Verächtlich zog sie die Schultern hoch. Pah! Im Grunde aber fühlte sie, daß sie, Björk, neben ihnen ein richtiges Aschenputtel war. Sie waren nicht nur schön, elegant, lustig und verführerisch. Sie verstanden es nicht nur, liebenswürdig zu sein, sondern auch kokett und ... So, wie sie, Björk, es nie können würde! Nein, sie konnte sich nicht im entferntesten auch nur mit ihnen vergleichen. Warum hatte er sie zum Rendezvous ins Corso gebeten, wenn andere Herren und Damen dabei waren? Wollte er sie etwa bloßstellen?
Wie gut, daß sie rechtzeitig umgekehrt war. Lächerlich, richtig lächerlich, hätte sie mit ihren Zöpfen und dem dunkelblauen Sonntagskleid neben den chicen Damen gewirkt.
Aber daß *er* ihr das antat!
Björk war den Tränen nahe. Die dummen Zöpfe! Wenn sie eine flotte Frisur gehabt hätte, kurzes Haar, tolles Hütchen, hohe Absätze, vielleicht sogar etwas Rouge auf den Wangen, zumindest Lippenstift – ob Hauptmann Reema dann auch andern Damen die Hand küssen und sie so zärtlich an seine Wange pressen würde?

Unsinn! Aber das mit dem Haar...
Arina hatte ihr ja auch schon gesagt, daß sie nicht ewig mit Zöpfen herumrennen könne. Das war, als sie sich zu ihrer Hochzeit fein machte. Georg dagegen hatte im Herbst, als sie am Strand spielten, ganz leise »... dein Haar ist herrlich, das schönste, das ich je sah« gesagt; »ich würde es gern einmal berühren« und ein Gesicht gemacht, als wolle er sie anbeten. Sie hatte getan, als höre sie so was Dummes gar nicht und war dabei doch sehr glücklich gewesen. Und Vater sagte auch, daß das Haar der Frauen schönster Schmuck sei.
Aber sie war bald siebzehn und konnte wirklich nicht mehr mit Zöpfen herumlaufen. Also einen Knoten tragen? Verrückt! Mit Haarknoten turnen, laufen? Nein, sie wollte jung und modern sein, wie die andern auch. Sie würde sich die Zöpfe abschneiden lassen!
Ungeheurer Gedanke! Björk erschrak selbst darüber. Was würden die Eltern sagen? Und alle andern. Georg zum Beispiel? Und überrascht stellte Björk fest, daß ihr an Georgs Meinung am meisten lag.
Doch wenn ihm ihr Haar so gut gefiel, konnte er ja auch wünschen, es zu berühren, wenn es kurz war. Es blieb ja dasselbe Haar!
Nicht ganz dasselbe, sagte es wohl in ihr. Aber Björk dachte an die Damen im Corso und wollte sein wie sie.
Links auf der anderen Straßenseite war ein Friseurgeschäft. Björk blieb stehen. Wenn ich es ›überschlafe‹, wie man es vor jeder Entscheidung tun soll, habe ich bestimmt nicht mehr den Mut dazu. Wenn ich mich aber jetzt gleich entschließe – Corso noch in frischer Erinnerung... Und ohne weiter zu überlegen zählte sie im Geist das Geld in ihrem Beutel, ging hinüber und öffnete die Tür.
Sie achtete nicht auf das »ah« und »oh« des Friseurs, der sie, die Haarflut in Händen, beschwor, es sich noch zu überlegen.

Björk war wieder ganz sie selbst. Standhaft und fest sagte sie »abschneiden«, als mache es ihr gar nichts aus.
Und war doch den Tränen nahe. »Contenance!« flüsterte sie unhörbar und wunderte sich, daß sie den Schmerz um den Verlust der Haare so stark empfand. Sie hatte sie doch sonst als nichts besonderes empfunden? Jetzt erschien es ihr, als seien die Zöpfe ein Schutz gewesen. Lächerlich! Dennoch war ihr, als ginge mit diesem Haar ein schützender Mantel verloren. Jeder kann mich jetzt angreifen. »Björk-Maria, Contenance!« rief sie sich in Gedanken wieder zur Räson.
»Schulterlang?« schlug der Friseur vor. Sein Gesicht war bekümmert. Und Björk nickte lächelnd.
Als alles vorüber war, der Friseur meinte, auch die neue Frisur stehe ihr wunderbar: lieblich, wirklich lieblich sehe sie aus, fand sie sich gräßlich. Albern! Sie warf den Kopf in den Nacken. Kurz sah sie in den Spiegel und meinte, noch nie so blaß, dünn und nichtssagend gewesen zu sein. Das Herz wurde ihr noch schwerer. Sie zahlte und ging hinaus.
Jetzt war ihr fast übel. Was hatte sie nur gemacht!
Auf der Straße meinte sie, daß alle sie anstarrten und entdeckte Entsetzen und Hohn in den Gesichtern.
Björk kam sich nackt vor, als habe sie etwas Unwiederbringliches verloren. Sie ging nach Hause und weinte.

Russalka

In der Schule fanden sie sie chic.
»Viel moderner«, sagten sie, »und erwachsener!«
»Sehr vernünftig!«
Einige Lehrerinnen schüttelten wohl den Kopf. Nita aber jubelte:
»Jetzt wirst du wirklich eine Dame!«
Georg konnte es nicht fassen. Am Wochenende, während eines Spaziergangs in Katharinenthal, begann er stockend:
»Früher – wenn ich dich ansah – weißt du – früher, da war mir –«, er hob den Kopf und starrte in den grauen Himmel.
Verdutzt sah Björk ihn an.
»Und jetzt?«
»Jetzt muß ich mich erst daran gewöhnen, daß du es bist. So mit dem Haar wie alle anderen«, und fügte dann »eine noch fremde Björk« hinzu.
Sie lachte, aber es tat doch weh.
»Ach«, fuhr er fort, »Unsinn. Im Grunde genommen bist du ja dieselbe, anders als die anderen.« Er blieb stehen. »Das Mädchen, das man gern heiraten würde.« Und starrte in die Ferne.
Björk erschrak. Sollte das etwa eine Liebeserklärung sein? Oder gar ein Heiratsantrag? Georg war kein Süßholzraspler.
»Gehen wir an den Strand?« schlug sie aus diesem Unbehagen heraus vor. Das Meer wirkt immer klärend. Dabei dachte sie an Hauptmann Reema und wie es wäre, wenn er das gesagt hätte und wie er es wohl gesagt hätte.
Oben auf der Russalka, dem Denkmal für die Toten des vor 45 Jahren im Schnee- und Eissturm gesunkenen russischen Küstenwachschiffes, das nie gefunden worden war, standen sie unter dem großen Engel und blickten aufs packeistreibende Meer hinaus. Dieser Engel, der den erhobenen Arm mit dem ausge-

streckten Kreuz übers Meer hielt, schien auch sie in seinen Schutz genommen zu haben. Groß und hoch stand er über ihnen.
»Noch einen Monat«, begann Georg nun sachlich, »und dein Abitur beginnt.«
»Hoffentlich falle ich nicht durch!« Björk faßte nach der Eisenkette, die von einem Granitblock zum andern hing.
»Ach, du – und durchfallen! Dir gelingt doch alles!«
»Mir?« Wieder dachte sie an den Hauptmann.
»Ja, dir!« Er sah sie von der Seite an. Es ging eine stille Kraft von ihr aus. Man fühlte sich geborgen in ihrer Gegenwart. Georg lehnte am Granitfelsen. Er sah ihren aufrechten Kopf mit dem festen Profil, das Haar, in dem der Wind spielte, und spürte ihre Ruhe. Ein Leben ohne dieses Mädchen – nein, er wollte sie nie verlieren. Er blickte hinauf zum Engel und fand, daß Björk ihm ähnlich war. Wie eroberte man solch ein Mädchen?
»Kommst du zu unserem Abiturientenfest?« fragte sie.
»Bis jetzt habe ich noch keine Einladung.«
»Nicht? Also: Ich lade dich ein.«
»Danke, dann komme ich bestimmt.« Warum nur vermochte er es nicht, ihr zu sagen oder auch nur zu zeigen, wie sehr er sich freute?
Sie stiegen die Stufen hinunter und gingen das Ufer entlang. Breiter Sandstrand. Vereinzelt große Steine. Eisgang. Laut krachend schoben sich die mächtigen Schollen übereinander. Dann wieder lautlose Stille.
»Sollen wir mal aufs Eis? Und springen?« Björk war schon am Wasser und machte einen Schritt aufs Eis. Aber da packte er sie am Arm.
»Nein«, sagte er so fest, wie sie ihn gar nicht kannte. »Das nicht. Ich möchte nicht, daß du dich unnütz in Gefahr begibst.«
»In Gefahr?« Björk hatte keine Angst, war sich auch der Gefahr eines Eisganges nicht bewußt. »Ach, komm doch!«

Er aber wußte, daß sie weit hinausspringen würde, und fühlte das Glück, dieses Mädchen zu beschützen.
»Nein«, rief er wieder, »ich lasse es nicht zu, daß du dich so wider jede Vernunft in Lebensgefahr begibst!« Er zog sie vom Eis und sah, wie sie lachte, auf einen der großen Blöcke am Ufer kletterte und auf einen anderen hinübersprang.
»Komm doch!« rief sie übermütig. Aber er blieb unten.
Als sie weitergingen, erzählte Björk, daß sie nach dem Abitur eine Stelle als Kassiererin im Eisenwarengeschäft ihres Onkels Kimber bekäme.
»Denk mal«, berichtete sie weiter, »drei Brüder: der älteste hat eine Russin zur Frau, und die Familie ist russisch, der zweite hat eine Deutsche zur Frau, und die Töchter besuchen unsere Schule, und der jüngste hat eine süße Estin zur Frau und sie gehören zur neuen estnischen Hautevolée.«
Georg nickte.
»Die Frau, die man heiratet, bestimmt das Leben der Familie stärker als der Mann. Mein Vater ist Schwede, meine Mutter ist Deutsche, deshalb sind wir wahrscheinlich mehr deutsch als schwedisch, gehören sogar zur deutschen Kulturverwaltung. Es ist wichtig, welche Frau man heiratet.«
»Und – welchen Mann!« ergänzte Björk. Jetzt hätte er gut sagen können, daß Björk für ihn alles verkörpere, was sich ein Mann für seine Ehe wünschen kann. Aber er sagte es nicht und schwieg. »Ja«, Björk nickte »es ist wirklich so« und fragte nach seinem Studium.
Georg berichtete, daß es ihm viel Freude mache, sprach von Professoren und ihren Vorlesungen, von Kommilitonen und ihrer Verbindung. Und dann wagte er es, sie zu bitten, seine Kommerzdame zu werden.
Björk errötete. Sie wußte diese Ehre wohl zu schätzen.
»Gern«, sagte sie, »erzähl doch, was man als ›deine Dame‹ für Pflichten hat.«

Und Georg erzählte. Als sie wissen wollte, was er nach dem Studium beginnen werde, zögerte er.
»Ursprünglich wollte ich ja Lehrer werden, das weißt du«, sagte er, »aber es sind mir Zweifel gekommen. Ich möchte etwas sein, versteh das richtig, weißt du, ich möchte durch meine Arbeit wirklich einen Beitrag für die Menschheit leisten. Wie soll ich es sagen – etwas, was Sinn hat.«
»Verstehe ich sehr gut. Bei Kimbers an der Kasse sitzen, macht auch keinen glücklicher oder besser. Aber ich kann ja leider nicht studieren, das weißt du. Aber du – Lehrer ist doch eine wunderbare Sache! Kinder zu guten, klugen Menschen erziehen – natürlich müßtest du ein *guter* Lehrer werden, ich meine ein Lehrer, der gut ist!«
»Du meinst gütig?«
»Ja, gütig, gut und weise! So daß alle Kinder, die du erziehst, die Welt einmal besser machen!«
Sie gingen schnell. Und wenn sie jetzt auch Belangloses über die Familie, den kommenden Frühling, den grauverhangenen Himmel und die einzelnen Sonnenstrahlenbündel sprachen, die mitunter wie Lichtgarben die Wolken durchbrachen, Björk war erfüllt von jenem Hochgefühl, das sie auf ihrem Felsen in Ilukäll so oft überkam. Sie summte eine Melodie, von der sie nicht wußte, woher sie kam. Die Luft war glasklar. Sie war kalt und roch schon nach Frühling.

Das Wunder in mir

Ich bekomme ein Kind!
Ich kann es noch gar nicht glauben, aber es ist wahr. Mir ist ganz taumelig vor Glück. Ich summe schon den ganzen Tag: ›ein Baby, ein richtiges Kindchen!‹ Vorhin stand ich vor dem Spiegel. Man sieht mir noch nichts an. Bin ganz flach. Aber bald wird der Leib sich wölben.
»Sie ist in gesegnetem Umstand«, werden die Menschen sagen. Gesegnet. Thomas weiß es noch nicht. Aber wenn er aus Dorpat von seinem landwirtschaftlichen Kursus nach Ilukúll kommt, wird er es erfahren. Wie soll ich es ihm sagen?
Arina geht am See vorüber, hinauf in den Obstgarten. Neben ihr trottet Puk, der alte Rauhaardackel. Vor zwei Jahren zu Pfingsten holten Thomas und ich Birkenbäumchen ins Haus. Da war er mir noch fremd. Vor einem Jahr waren wir schon verlobt. Er gefiel mir, aber ich kannte ihn noch nicht richtig. Jetzt weiß ich, wie er ist und liebe ihn über alles. Und nun ein Kind...
Arina blieb dort stehen, wo der Rasen unter den blühenden Obstbäumen bedeckt war von duftenden, dunklen Veilchen. Sie breitete die Decke, die sie mitgenommen hatte, unter einem Apfelbaum aus, dessen Äste tief herabhingen, und legte sich hin. Mittagsruhe.
Vor ihr lag Puk. Die Beine ausgestreckt, hob und senkte sich sein Leib im ruhigen Rhythmus des Atems.
Es war so still, daß man vom anderen Ende des Gutes eine Katze hätte miauen hören können oder ein Kind weinen. Eine Fliege summte. Das Haus schlief. Arina sah es daliegen, behäbig, fest, schützend. So hatte es Jahrzehnt um Jahrzehnt dagestanden, unveränderlich, seinen Menschen Geborgenheit gewährend. Wie sie jetzt dem Kind in ihrem Leib, Arina rollte sich auf

die Seite, lag ganz still und lauschte. Mit allen Sinnen spürte sie die Lautlosigkeit. Den Frieden.
Die sonnendurchflimmerte Luft schien zu zittern. Der Veilchenduft umspielte sie süß, gemischt mit dem herben des Bodens und dem zarten der Obstblüten und ließ sie trunken die Augen schließen.
Das ist die Mittagszeit auf Iluküll. Spürst du sie, mein Kind? *So* ist die Ruhe nirgends auf der Welt, nur hier. Du wirst es erleben, wenn du ans Licht darfst. Hier wirst du geboren werden, hier wirst du zu Hause sein und geliebt werden. Unfaßbar, daß aus der Liebe von Thomas und mir ein Kind entsteht. Ein neuer Mensch! Lebendig gewordener Höhepunkt unserer Liebe. Es kommt mir vor wie ein großes Wunder: in mir wächst ein Kind, das aussehen, sprechen und gucken wird wie mein über alles geliebter Mann und ich. Und wir werden eine Familie sein! Und es gibt keinen Krieg wie damals, als Mutti mich erwartete und Vati nicht mehr wiederkam.
Arina legte sich auf den Rücken. Ihre Hand strich über den Leib, als wolle sie das Kind schon jetzt liebkosen. Eine Geste, die sie die ganze Schwangerschaft über beibehalten sollte. Mein Kind! Von Monat zu Monat wirst du spürbarer werden. Unentwegt denkt sie an das winzige Wesen, spricht mit ihm: »Wie geht es dir in dem dunklen Höhlchen? Fühlst du dich wohl? Ich bin deine Mutter. Und die tiefe Stimme, die du bald hören wirst, ist dein Vater. Wir beide werden dich sehnsüchtig erwarten.«

Friedliche Insel in brodelndem Weltgeschehen

Jeder lebt zwei Schicksale. Zum einen sein persönliches, zum anderen das des Volkes, dem er angehört.

Doch die Jugend dachte weder über ihr kleines Schicksal nach, geschweige denn, daß es in ein großes Völkerschicksal eingebettet war. Jeder von ihnen empfand seine gegenwärtigen Probleme als die wichtigsten.

›Thomas, ich erwarte ein Kind!‹

Was ging es Arina an, daß in Spanien ein Bürgerkrieg getobt hatte, daß das deutsche Unternehmen Condor mit italienischen Freiwilligen General Franco erfolgreich unterstützte und ganz Spanien jetzt in Francos Hand war. England und Frankreich erkannten die Franco-Regierung an.

›Mein Abitur bestanden‹, jubelte Björk, ›am ersten Juli beginne ich als Kassiererin bei Kimbers. Hauptmann Reema hat mich aufs Hippodrom eingeladen, Amorita zu reiten. Aber ...‹

Was gingen sie die japanisch-mandschurisch-chinesischen Kämpfe an. Sie wußte nichts vom Bombardement sowjetischer Flugzeuge auf die Mandschurei.

Robik und Alvi spielten ihre Spiele, stritten miteinander, versöhnten sich und wollten heiraten.

Sie konnten es sich nicht vorstellen, daß es eine größere Welt gab als die von Iluküll, eine Welt, noch weiter als Baltischport und Reval, in der ein Polen und ein Ungarn Ärger mit der Tschechoslowakei hatten. Keine Ahnung, daß es ein Olsa-Gebiet gab, keine Ahnung, daß Menschen, die Polen hießen, heftige Auseinandersetzungen mit Menschen hatten, die sich Ukrainer nannten.

Thomas freute sich in Pölk mit den anderen, daß der deutsche Führer in seiner letzten Reichstagsrede laut und deutlich »Ich glaube an einen langen Frieden« gerufen hatte.

Johanna hörte wohl zu, wenn Felix und Konstantin darüber sprachen, daß endlich der seit 1926 bestehende Kriegszustand im Memelland aufgehoben, daß schon im März ein deutsch-litauischer Staatsvertrag über die Rückgabe der Memelgebiete an Deutschland geschlossen worden sei, daß deutsche Truppen dort einmarschiert und Hitler mit dem Panzerschiff DEUTSCHLAND in Memel gelandet sei. Aber sie sagte nichts dazu. Sie hörte auch, daß Hitler Polen die Rückgabe Danzigs vorgeschlagen habe, sowie exterritoriale Auto- und Eisenbahnverbindungen durch den Korridor und eine langfristige Garantie der deutsch-polnischen Grenzen. Das wäre erfreulich! dachte sie, hörte aber gleich darauf, daß Polen diese Vorschläge sechs Tage später abgelehnt habe. Ja, Frankreich und England hätten Polen sogar, im Falle einer Bedrohung, ihren Beistand versichert. Was sollte das schon wieder?
Johanna häkelte an Schuhchen für Arinas Babyausstattung und schüttelte den Kopf. Sie blickte auf Diana, die zu ihren Füßen lag, und deren Atem so ruhig ging als gäbe es nur Frieden.
Aber: Holland rüstet auf. In England ist die allgemeine Wehrpflicht eingeführt. Dänemark beruft vorzeitig Soldaten ein.
Warum wird der sowjetische Außenminister Litwinow entlassen und Molotow eingestellt? Aber Lettland und Deutschland haben einen Nichtangriffspakt geschlossen.
Diese vielen Nichtangriffspakte! Alle schließen Pakte mit allen! Nein, es ist unmöglich, alles zu verfolgen, worüber ihr Mann und Konstantin sprechen. Sie hat auch, weiß Gott, wichtigeres zu bedenken als diese politischen Querelen. Was ihr im Gedächtnis bleibt, ist nicht erfreulich: Feindschaften überall. Daß die Situation zwischen Arabern, Juden und Engländern in Palästina blutige Unruhen aufweist. Schlimm.
Erstaunlich ist auch der Entwurf eines Drei-Mächteabkommens zwischen England, Frankreich und der UdSSR über gegenseitigen Beistand. Was soll das bedeuten? Aber Konstantin sagt, die

Verhandlungen seien ins Stocken geraten. Johanna atmet tief auf, zählt ihre Maschen – weiß und rosa, weiß – streichelt liebevoll über Dianas seidiges Fell, aber hört dann wieder: Polen. Flucht vieler Volksdeutscher aus Polen nach Danzig. Und ein »Fall Kalthoff« – ein Danziger Staatsangehöriger von Polen erschossen. Dann soll ein polnischer Zollinspektor wegen Spionage in Danzig verhaftet worden sein.
In Polen seien deutsche Zeitungen verboten worden, sagt Konstantin gerade, und jetzt im Mai wurde das deutsche Theater im Bromberg von polnischen Behörden geschlossen. Verrückte Welt! Und könnte doch so schön sein! Wie viele Einzelschicksale werden dunkel und schwer durch solche Maßnahmen. Verstehen die Politiker das nicht?
Der Abend ist hell. Johanna arbeitet ohne Lampe. Nun ja, in drei Tagen ist Johanni. Der Duft blühender Lindenbäume strömt durchs offene Fenster.
Ein Babyschuhchen ist fertig. Johanna glättet es auf den Knien und lächelt, als hätte sie das Kind schon auf dem Schoß. Ihr Enkelchen wird in Ilukûll zur Welt kommen. Thomas wird Vater, Arina Mutter.
Und die Männer sprechen von Übergriffen, blutigen Unruhen, Feindschaften. Ist das der Sinn des Lebens?
Johanna seufzt.
Diana legt ihr den Kopf aufs Knie und sieht sie so traurig an, als könne sie alles verstehen.

Die Blüte des Sönajalg bringt immerwährendes Glück

»Weißt du«, Robik faßte nach Alvis Hand, »heute nacht gehen wir in den Wald, die Blüte vom Sönajalg suchen.«
Alvi nickte.
Sie saßen auf der Holztränke am alten Brunnen neben dem kleinen Teich. Robik ließ ihre Hand los, erhob sich vom Trog und schlitterte über den glitschigen Boden, der hier vom Wasserholen immer naß war. Gleich darauf tapste er durch eine Wagenrille – und glänzende Lehmbrocken preßten sich zwischen seinen Zehen hindurch. Sie legten sich gleich dicken Würmern über seine Füße, und Robik war beglückt. Puk, der ihn begleitete, kläffte ebenso glücklich.
Robik blieb vor Alvi stehen.
»Glaubst du, daß wir sie finden werden?«
Alvi tastete über den glatten Stamm des Troges.
»Warum nicht? Wir sind doch glücklich.« Ihre Finger glitten übers Holz und tauchten ins Wasser.
»Das sind wir wohl.« Robik zögerte und überlegte schnell, was ihm zum Glücklichsein noch fehlte: ein eigener Hund, lebendig, nicht aus Stoff, ein Fahrrad, ein Taschenmesser. Doch vielleicht war dieses Fehlen von Glück kein Hindernis, die Blüte zu finden. Er zuckte die Achseln und schlitterte wieder in Richtung des mit Entengrütze bedeckten Teiches, blieb stehen, schlitterte zurück, verlor das Gleichgewicht und landete in unbeabsichtigter Rutschpartie auf dem Hosenboden vor Alvi. Puk kläffte aufgeregt.
Gut, daß Alvi das nicht sehen kann, dachte Robik.
Aber wie immer schien sie doch zu sehen. Denn sie lachte auf, hob die Hände ans Gesicht und rief:

»Ui, was wird deine Mami jetzt sagen! Die schöne hellblaue Hose!«
Robik räusperte sich, stand auf und versuchte, sein Hinterteil zu betrachten. Er reckte den Kopf über die Schulter, griff mit beiden Händen nach hinten und stellte fest, daß die ganze nasse Erde an der Hose klebte.
»Macht nichts. Wasch mal. Im Trog ist ja Wasser.« Er streckte Alvi den Po entgegen, und Alvi strich die lehmige Erde vom Hosenboden. »Komm näher zum Rand«, gebot sie, stand auf, beugte sich über den Unglücksraben und bearbeitete mit Wasser und beiden Händen das Hinterteil.
»Fertig«, sagte sie nach einer Weile des Rubbelns, »bestimmt ganz sauber. Jetzt leg dich in die Sonne.« Damit streckte sie die Arme dem Freund entgegen, so daß Robik wußte, sie möchte geführt werden.
Hand in Hand gingen die Kinder zur Wiese auf der anderen Seite des Teiches.
»Hier«, sagte Alvi und wandte ihr Gesicht der wärmenden Sonne entgegen, »hier ist es gut.«
Robik warf sich ins Gras, lag auf dem Bauch. Und Alvi hockte sich neben ihn.
»Ob wir die Blüte finden werden?« Sie saßen inmitten von Wiesenblumen, dachten nur an eins: Sönajalg.
»Wenn wir sie finden«, begann Robik nachdenklich, riß einen Grashalm aus und kaute am Stengel, »dann haben wir ewiges Glück.« Und er sah den lebendigen Hund, das Fahrrad und ein blitzendes Taschenmesser Gestalt annehmen.
»Immerwährendes Glück«, verbesserte ihn Alvi und legte sich neben ihn auf den Rücken.
»Ist ja dasselbe.« Robik überlegte weiter. Eigentlich waren alle Voraussetzungen für dieses Finden gegeben.
»Ich werde dich heiraten. Also sind wir ein Liebespaar. Das muß natürlich sein. Also werden wir sie finden.«

»Ja, so ist es wohl«, bestätigte das Mädchen.
»Aber was ist das eigentlich: immerwährendes Glück? Weißt du das, Alvi?«
Sie überlegte nur kurz.
»Weiß auch nicht genau. Aber wahrscheinlich so wie jetzt: man kann lachen und ist froh.«
»Und kann spielen, was man will«, ergänzte Robik die Betrachtungen über Glück. »Man hat Vater und Mutter und genug zu essen. Auch süße Speise.«
»Vielleicht auch *sehen?*« fragte Alvi nach einer kleinen Weile des Zögerns.
»Ja«, jauchzte Robik, »wenn wir die Blüte finden, kommt bestimmt ein Doktor und gibt dir eine Medizin, und du kannst sehen. Wirklich!« fügte er noch hinzu, damit Alvi es auch gewiß glauben sollte.
Alvi wurde still. Ihr feines Gesicht bis hin zum zarten Hals bedeckte sich mit hellem Rot. Sie rührte sich nicht. Lag da mit geschlossenen Augen.
»Ich mache Orakel«, rief Robik, sprang auf und brach einen Grashalm mit dichter, weicher Rispe. »Paß auf und sag dann, wo's am meisten gekitzelt hat.« Er kniete hinten über ihren Kopf gebeugt und fuhr behutsam mit dem Grashalm über ihre Stirn, danach über ihr Kinn, zuletzt über die Oberlippe unter der Nase.
»Da!« Alvi wies unter die Nase.
»Du wirst wieder sehen«, verkündete Robik, »jetzt noch einmal!« Dasselbe wiederholte sich, nur wies das Mädchen aufs Kinn.
»Wir werden heiraten und viele Kinder haben«, erklärte Robik sachlich. »Und jetzt?«
Wieder deutete Alvi auf die Nase.
»Ha!« jubelte Robik, »Wir finden sie! Wir finden sie!« Er sprang auf und hopste wie ein junges Böckchen um Alvi herum.

»Wir finden die Blüte des Sönajalg!«
Alvi richtete sich auf und legte zwei Finger auf ihre Augen. Das Gesicht schien verklärt.
Sollte das immerwährende Glück wirklich als ersten Menschen ihnen gehören?

Johanniabend.
Nur sehr langsam wurde es heute dunkler.
Die Teertonne hatte gebrannt, die Reigen waren getanzt, die Lieder gesungen.
Arina konnte in diesem Jahr nicht mit Thomas übers Johannifeuer springen. Aber freuen konnte sie sich, mehr noch als in den vergangenen Jahren. Wuchs doch der zukünftige Herr von Iluküll in ihr.
»Laß uns die Blüte des Sönajalg suchen gehen«, bat sie und schmiegte sich an Thomas.
Zu gleicher Zeit etwa, eh noch die anderen ›Großen‹ sich aufmachten, ihre sieben mal sieben Kräuter, Blüten und Gräser für den Kranz zu sammeln, sagte Robik: »Komm«, faßte Alvi an der Hand und schlich mit ihr durchs Erlengebüsch, ganz leise, damit keiner sie sehe. Weder die Eltern noch Liisu hätten dieses Abenteuer erlaubt. »Psst!« Auf der anderen Seite des Gebüsches liefen sie den Wiesenpfad zum Fluß hinunter.
Dann aber übernahm, ohne daß er es merkte, Alvi die Führung. Unmerklich lenkte sie ihn nach rechts, nach links, geradeaus. Und Robik blieb nur übrig aufzupassen, daß da kein Stein, kein Zaun, kein Graben den Weg versperrte und Alvi gefährlich werden konnte.
Alvi führte, und wieder war es, als könne sie sehen. Längst lag der Festplatz hinter ihnen, auch der Birkenhain am Fluß, als Alvi in den dunklen Mischwald einbog. Unterholz, Farne, winzige Tannen. Und Moos, weiches feuchtes Moos. Dazwischen Grä-

ser, die im Dunkel zu leuchten schienen. Robik wußte schon seit geraumer Zeit nicht mehr, wo sie sich befanden. Vor dem großen Wurzelwerk eines umgefallenen Baumes blieb er stehen. Aus der Höhle sahen sie zwei glühende Augen an.
Ein Fuchsbau? Wölfe? Zwerge? Für Riesen war der Eingang zu klein. Aber Feen? Nein, die lebten unter der Erde. Doch Hexen? Robik mußte an Hänsel und Gretel denken. Ihm wurde ängstlich zumute.
»Sollten wir nicht lieber umkehren?«
Aber Alvi schüttelte den Kopf. Ihr Gesicht leuchtete sanft, als sie ihn um das Wurzelgebilde lenkte. Sicher ging sie mit ihm durch den Tann. Sie fühlte keine Müdigkeit. Die nackten Füße taten ihr nicht weh. Sie strebte vorwärts, als kenne sie ihr Ziel.
Robik, dem kleinen Ritter, war gar nicht wohl zumute. Er war müde, die Füße schmerzten, sein Kopf war wirr und heiß vom ungewohnten Bier, das Juss ihm zu trinken gegeben hatte.
Sie kamen auf eine Lichtung. Keine große. Alvi ging sie entlang, bis zwei über und über mit silbernem Laub bedeckte alte Bäume ihnen den Weg versperrten.
Die Kinder blieben stehen. Sie duckten sich, lagen einen Augenblick ganz still und robbten dann auf dem Bauch unter den Ästen hindurch.
Auf der anderen Seite lag ein runder Platz. Er war umgeben von hohem Farn und dunklen Tannen.
Sie blieben liegen. Nichts rührte sich.
Es verging eine Weile. Plötzlich flüsterte Alvi:
»Da«, sie zitterte, »da – siehst du sie?«
»Was?« fragte Robik aufgeregt, »was denn? Ich sehe nichts!« Und robbte weiter auf den Platz zu.
Aber Alvi hielt ihn fest und legte den Finger auf den Mund: »Still!« und wies mit der Hand geradeaus.
Und Robik sah die Blüte.
Sie wuchs mitten auf dem Platz zwischen silbergrünen, geboge-

nen Blättern. Sie war so groß und wunderbar, wie er noch keine gesehen hatte. Sie leuchtete in hellstem Blau. Langsam öffneten sich ihre runden Blütenblätter zu durchschimmernder Schale und ließen in der Mitte ein rötlichgoldenes Flammherz sehen. Die Blüte schien zu leben.

Alvi kniete, saß auf den Fersen. Die Arme hingen zu beiden Seiten herab. Das Gesicht hatte sie zur Blüte empor gewendet. Es war angestrahlt von bläulichem Licht.

Beide Kinder waren der Wirklichkeit enthoben. Aber sie merkten es nicht. Dachten: die Blüte, die Sönajalg-Blüte! Da sprang Robik auf:

»Die nehmen wir mit«, rief er laut, daß die Blume erzitterte, »sonst glaubt uns niemand, daß wir sie gefunden haben!« Und ohne auf Alvis erschrockene Abwehr zu achten, rannte er hin, um sie zu brechen. Mit ausgestreckten Händen griff er nach ihr. Aber – sie ließ sich nicht greifen. Robiks Hände tauchten in Licht. Die Blüte des Sönajalg ließ sich weder berühren, noch greifen, weder pflücken, schon gar nicht mitnehmen. Robik sah seine Hände im blauen Licht – und zog sie zurück.

»Es geht nicht«, flüsterte er und setzte sich, wie Alvi, auf die Fersen. So knieten beide nebeneinander. Unverwandt sahen die Kinder die Blume an. Sie wußten nicht, wie lange sie diesen Anblick erlebten. Denn nun verwandelte sie sich. Kurz war sie tiefblau geworden, dann aber lichter und leuchtender. Sie wurde zum gleißendweißen Stern, verblaßte und löste sich auf.

Robik und Alvi blieben regungslos am Boden hocken. Es war so still, daß sie die Stille zu spüren meinten.

Nach einer langen Weile flüsterte Robik:

»Wir haben sie gefunden.«

Und Alvi nickte, noch immer im Bann des Gesehenen.

Aber Robik konnte nicht mehr still sein.

»*Du* hast sie gesehen«, wurde er sich jetzt des Erstaunlichen bewußt, »Alvi, bist du nicht mehr blind?«

»Ich bin blind wie vorher«, flüsterte Alvi. »Aber ich konnte sie sehen, weil sie das andere Licht war.«
Und auch das fand Robik selbstverständlich und ganz natürlich. Er wußte, daß Alvi das ›andere Licht‹ und vieles, was zum ›anderen Licht‹ gehörte, zu sehen vermochte.
Eine Müdigkeit überfiel die Kinder, die anders war, als wenn sie getollt und gespielt hatten. Sie legten sich dort, wo die Wunderblume gestanden hatte, hin und schliefen ein.

Ein aufgeregtes Suchen begann, als Helbrichs und Madli das Verschwinden der Kinder bemerkten. Nicht nur der Vater, Thomas und Jussike machten sich mit Laternen auf, auch ein Siedler – und natürlich Björk.
Als erstes wurde der Strand abgeleuchtet, dann das Flußufer. Danach tönte das Rufen durch den Wald.
Die Kinder hörten es nicht.
So vergingen weitere Stunden der Sorge.
Es war Björk, die die Kinder schlafend auf dem runden Platz unter den alten Silberweiden fand. Sie weckte sie nicht. Rief die Männer. Und dann trug Felix Helbrich seinen Robik, Jussike seine Alvi auf den Armen nach Hause. Weder Robik noch Alvi wußten am nächsten Morgen, wie sie ins Bett gekommen waren.
Erst am Frühstückstisch, als vom vergangenen Fest gesprochen wurde, war Robik alles wieder gegenwärtig.
»Nein«, sagte Arina gerade, »wir haben die Blüte des Sönajalg nicht gefunden«, und sah traurig aus.
»Aber unser Glück bleibt trotzdem unzerstörbar bis ans Lebensende!« rief Thomas zuversichtlich.
Onkel Konstantin lächelte Arina zu.
»Sei nicht traurig, Kind, noch hat keiner die Blüte des Sönajalg gefunden, denn der Sönajalg ist ein Farnkrautgewächs, das sich durch Sporen vermehrt und niemals blüht.«

»Daher«, fügte der Vater hinzu, »daher ist auch noch keinem Sterblichen das immerwährende Glück zuteil geworden!«
Sie lachten. Nur Robik war todernst. Er blickte von einem zum anderen und runzelte die Stirn.
»Es gibt sie wohl. Alvi hat sie gefunden!« Seine Stimme klang bestimmt.
»So? Hat sie das?« fragte Pastor Petronius, der seit gestern hier zu Gast weilte, interessiert.
»Ja, hat sie«, betonte Robik ernst, »und dann zeigte sie sie mir. Und ich sah sie auch.«
Benita lachte laut.
»Alvi? Ausgerechnet die Blinde soll die Johanni-Blume finden! Du bist aber dumm!«
»Bin ich nicht!« schrie Robik wütend, »hat sie wohl gefunden!« Und als Nita weiterlachte, stürzten ihm die Tränen aus den Augen. Er sprang auf, schob seine Milch beiseite und schrie: »Hat sie wohl – und das ist wahr!« und rannte davon. Selbst das strenge »Robert!« des Vaters hörte er nicht mehr. Betretenes Schweigen blieb zurück.
»Warum sollte die Blinde nicht die Wunderblume finden?« Peter Petronius fragte es nachdenklich. »Zumal es sie realiter ja gar nicht gibt? Soweit ich hörte, soll Alvi so manches sehen, was für unsere Augen unsichtbar ist.«
»Aber Herr Pastor!« rief die Mutter, als habe sich der Gottesmann mit dieser Äußerung quasi versündigt. »Das ist doch nicht Ihr Ernst?«
»Gnädige Frau«, Pastor Petronius nickte und lächelte unmerklich, »warum sollte unser Herrgott einem Kind, das mit Blindheit geschlagen ist, nicht das Geschenk der Hellsichtigkeit machen?«
Die Dame des Hauses schüttelte den Kopf.
»Kinderphantastereien«, sagte sie so sachlich, als wollte sie die Aussage des Pastors zurechtrücken.

Onkel Konstantin aber sah sie an:
»Wie wäre es, wenn wir unseren Robik anhören, bevor wir urteilen? Anhören und erfahren, was die Kinder heute nacht wirklich erlebt oder gesehen haben?«
Damit waren die anderen einverstanden, und Björk wurde aufgefordert, Robik zu holen.
Björk fand den Bruder weinend in Liisus tröstenden Armen.
»Herrschaften wissen nichts von Sönajalg und estnischen Wundern, die Kindern sichtbar werden«, polterte die Alte Björk entgegen. »Wein nicht, Jungchen, wein nicht, alte Liisu weiß, daß Alvi Gottessachen sehen kann. Und wenn Jungchen Blume auch gesehen hat, gibt es großes Glück für Leben von Jungherr Robik.« Und die alten Hände streichelten, klopften und trösteten, bis das Schluchzen aufhörte. Als er dann wieder auf der Veranda erscheinen mußte, vor den drei Herren stand und erzählen sollte, geschah es nur stockend und nicht wunderbar, wie er es noch eben Liisu gegenüber gekonnt hatte. Trotzdem erfuhren diese ungläubigen Erwachsenen, wie die Blume ausgesehen hatte, daß sie zur hellen Schale geworden und dann als gleißender Stern, so hell wie nichts anderes, aber ohne Wehtun, verschwunden sei.
»Und nichts war mehr«, schloß Robik traurig und zornig zugleich.
»Geträumt hast du das!« erklärte die Mutter so, wie Erwachsene in solchen Fällen zu sprechen pflegen. Besonders, wenn sie allen Wundern gegenüber oder allem, was an Wunder grenzen könnte, abgeneigt sind. Sie zog Robik auf seinen Platz und schob ihm die Milch hin, die er noch nicht ausgetrunken hatte. Nita grinste und erntete einen so gezielten Fußtritt des Bruders, daß sie leise aufschrie.
Felix Helbrich zuckte die Achseln.
»Sehr unglaubhaft. Ich muß meiner Frau recht geben. Und doch« – Ein seltsamer Ausdruck lag auf seinem Gesicht und

keiner wußte, daß er an den Weihnachtstag dachte, an dem der See, durchsichtig gefroren, die Unterwasserwelt sehen ließ. Onkel Konstantin aber stimmte dem Pastor zu und wiederholte dessen Worte:

»Ja, weshalb sollte eine Blinde nicht ein anderes Licht wahrnehmen, eins, das uns Sehenden unsichtbar ist? Sie sieht mit anderen Sinnen – oder wie immer man es nennen will.« Er stützte den Kopf in die Hand.

»Außerdem sind viele Esten mystischen Dingen gegenüber offener als wir, auch wenn sie nie darüber sprechen.«

Dankbar sah Robik ihn an. Wenn er dieses Gespräch auch nicht ganz verstehen konnte, so merkte er doch, daß Onkel Konstantin sich für Alvi einsetzte. Sein Brot kauend nickte er mit dem Kopf.

»Vielleicht war die Blume von einer Fee?« fragte er und erfuhr gleichzeitig, daß man nicht mit vollem Mund spricht.

»Feen gibt es nicht«, erklärte Nita triumphierend, »nur in Märchen!«

»Alvi sagt: es gibt!« beharrte der Bruder heftig und vergaß abermals, daß man mit vollem Mund nicht spricht.

Pastor Petronius schaute sinnend auf den Jungen.

»Wir Baltendeutschen sind große Realisten. Warum eigentlich?« und zitierte Hamlets Dinge zwischen Himmel und Erden, von denen sich unsere Schulweisheit nichts träumen läßt. »Wir sind so wissenschaftsgläubig – wissen zu viel und glauben zu wenig.«

Bedrohungen

Im Frühjahr 1939 hatten die russischen Zeitungen PRAWDA und ISWESTIJA von der Gefahr gesprochen, daß Deutschland Estland angreifen könne. Die estnische Regierung, erstaunt und beunruhigt, wandte sich damals direkt an den deutschen Gesandten in Estland und erhielt auf ihre Anfrage ein deutliches Nein mit dem Vorschlag, einen Nichtangriffspakt zu schließen. So wurde im Sommer dieses Jahres der deutsch-estnische Nichtangriffspakt unterzeichnet. Obgleich keiner in Estland eine Gefahr sah, sollte dieser Pakt doch eine zusätzliche Beruhigung sein. Denn die Nachrichten aus Polen klangen bedrohlich.

Onkel Konstantin verfolgte die Ereignisse, von denen die Presse fortan berichtete aufmerksam: Polen habe beschlossen, um Danzig zu kämpfen. Polen sei gegen die Einfuhr gewisser Erzeugnisse aus Danzig. Polnische Proteste richteten sich gegen geplante Danziger Selbstbestimmungsmaßnahmen – worauf der Danziger Senat mit »das ist Provokation« reagierte. Die polnische Zeitung CZAS drohte mit Beschießung Danzigs. Deutsche Reisende eines Transitzuges durch den Korridor seien von polnischer Polizei verhaftet worden. 197 Deserteure seien aus der polnischen Armee über die deutsche Reichsgrenze geflohen, und bis Anfang August habe man schon über Sechsundsiebzigtausend volksdeutsche Flüchtlinge aus Polen registriert. In Oberschlesien verhängten die Polen Grenzsperren und verhafteten Angehörige deutscher Volksgruppen. Aber es seien auch Grenzsperren gegen das Protektorat Böhmen und Mähren und die Slowakei errichtet worden.

Ein heißer Augusttag.

Thomas, der Vater, sogar Onkel Konstantin schienen erleichtert über den Pakt zwischen den Staaten, zu denen sie ja unweigerlich gehören. Deutschland und Rußland wollen Frieden miteinander! Gott sei Dank! Doch was geschieht mit dem aufbegehrenden Polen? Die Zeitungen berichten von weiteren Unruhen. Polnische Gendarmen erschießen Siebenundzwanzig Kriegsdienstverweigerer, zumeist Volksdeutsche. Die SCHLESWIG-HOLSTEIN, deutsches Schulschiff der Kriegsmarine, läuft im Danziger Hafen ein. Deutschland verhandelt mit Frankreich und England: Hitler fordert Danzig und den Korridor, woraufhin direkte Verhandlungen zwischen Polen und Deutschland vorgeschlagen werden, der englische Botschafter will vermitteln. Hitler ist einverstanden. Aber Polen schickt keinen Unterhändler. Auch Italien will vermitteln. Am 30. August reagiert Polen mit einer Gesamtmobilmachung. Am 31. August erklärt Hitler seine Vorschläge an Polen für erledigt, da kein Unterhändler erscheint.

Und dann der Schock, der die ganze Welt erschreckt:

Am ersten September 1939 gibt es nur ein Gesprächsthema: KRIEG. Deutsche Truppen sind in Polen einmarschiert. Die Angst steht den Menschen ins Gesicht geschrieben. Die Iluküller sind voller Sorge.

»Welch ein Glück«, sagt Thomas, »daß wir im Schutze der Nichtangriffspakte stehen.«

Es ist nicht zu fassen, mit welchem Siegerwillen die deutschen Truppen unaufhaltsam in Polen vorrücken. Deutschland siegt auf der ganzen Linie! Mit angehaltenem Atem sitzen die Menschen auch in Estland an ihren Radioapparaten.

Johanna und Arina arbeiten an der Babywäsche.

»Wie viele Frauen und Mütter weinen jetzt in Polen«, sagt Arina.

»Und wie viele in Deutschland!« ergänzt Johanna Helbrich.

Anfang September kamen Handelsbesprechungen zwischen Estland und Rußland in Gang. Dies war wichtig für Estland, da es wegen des Kriegsausbruchs in Europa mit Rohstoffschwie-

rigkeiten rechnen mußte. Die Besprechungen verliefen günstig. Am 19. September ereignete sich ein unangenehmer Zwischenfall: das in Reval internierte polnische Unterseeboot ORZEL floh aus dem Hafen. Rußland beschuldigte Estland, die Neutralität gebrochen zu haben. Die Protestnote klang ernst. Estland aber war verblüfft. Es hatte wohl Sympathien für Polen und daher dem U-Boot auch seine Navigationsgeräte belassen, dabei jedoch gutgläubig den ehrenwörtlichen Versicherungen des Kommandanten und seiner Offiziere vertraut, das Asylrecht nicht zu verletzen. Aber drei Tage danach hörte man durch Radio Moskau, daß ein unbekanntes U-Boot aus geheimen Stützpunkten Estlands das russische Handelsschiff METALLIST in estnischen Territorialgewässern torpediert und versenkt habe. Das ergab erneute Verwirrung, denn Estland hatte keinem anderen Staat Stützpunkte zur Verfügung gestellt.
Warum sollte die ORZEL, anstatt nach Westen zu fliehen, im Osten des Finnischen Meerbusens ein russisches Handelsschiff angreifen? Die estnische Regierung verstand gar nichts mehr.
In dieser Zeit weilte der estnische Außenminister Selter, von Rußland eingeladen, just zu Handelsgesprächen auf der landwirtschaftlichen Ausstellung in Moskau.
Die wirtschaftlichen Beziehungen waren gut, und so wurden die Verhandlungen schnell zur beiderseitigen Zufriedenheit erledigt.
Dann aber brachten die Russen das Gespräch auf die politischen Beziehungen und wiesen auf, daß die estnische Regierung, wie die letzten Ereignisse ja zeigten, dringend einer Hilfe der Sowjetregierung bedürfe, die außerordentlich besorgt um die Sicherheit des kleinen Estland sei. Rußland als Großmacht könne es nicht verantworten, den Finnischen Meerbusen gefährdet zu sehen und schlage in beiderseitigem Interesse vor, einen Beistandspakt zu unterzeichnen und Rußland militärische Marine- sowie Luftstützpunkte auf estnischem Territorium zur Verfü-

gung zu stellen. Minister Selter und der estnische Gesandte Rei in Moskau wandten ein, daß die Sicherheit Estlands ja durch den kürzlich geschlossenen Nichtangriffspakt mit Deutschland gewährleistet sei. Doch meinte Rußland, daß dieser Pakt ja terminiert sei. Außerdem gebe es andere Großmächte, die jetzt im europäischen Kriege auch Rußland und die Ostsee gefährden könnten.

Das war ein Argument. Es folgten Besprechungen in Estland mit dem Staatspräsidenten, der Regierung und dem Parlament. Man war sich einig, daß dem winzigen Estland keine andere Wahl blieb, als in den Wunsch des großen Nachbarn einzuwilligen. Im Falle einer Weigerung würde es selbstverständlich militärische Auseinandersetzungen geben, denen Estland allein nicht gewachsen war. Die westlichen Großmächte aber, selbst in Kriegssorgen verstrickt und mit eigenen Problemen beschäftigt, konnten nicht an Hilfe für den kleinen Freistaat Estland und an die Erhaltung seiner Eigenständigkeit denken, um die die Esten bangten. Auf Anfrage lehnten es die europäischen Großmächte auch wirklich ab, sich in Estland zu engagieren.

Dazu wirkte sich auch der Molotow-Ribbentrop-Pakt aus – der Nichtangriffspakt zwischen Stalin und Hitler. Estland fühlte sich von Europa verraten. Dazu versicherte Sowjetrußland wieder, daß es gar nicht daran denke, den kleinen befreundeten Nachbarn seiner Freiheit zu berauben. Weder die wirtschaftliche noch die politische Struktur solle angetastet werden. Es handle sich lediglich um Stützpunkte zur beidseitigen Sicherheit. Ein Freundschaftspakt. Man braucht Freunde, besonders in Krisenzeiten, das sagten sich auch die Regierenden Estlands.

Doch bevor etwas von alledem offiziell bekannt wurde, sickerten Gerüchte durch und brachten Estlands junge Männer in Aufregung. Die einen wollten sofort zu den Waffen und an ihre Grenze marschieren, die Besonneneren waren für den Pakt, andere jubelten und fanden den Pakt begrüßenswert.

Orvo Maa, der schon lange im Ministerium arbeitete, berichtete Björk davon, als er sie im kleinen Restaurant traf, wo sie fast täglich ihr Mittagessen einnahm.
»Gestern hatten wir unser monatliches Klassentreffen. Die meisten, bis auf wenige, die sich über die Hilfe der Russen freuen, weil sie selbst Kommunisten oder Russen sind, würden am liebsten sofort an die Front rennen!«
»Und Sie?« fragte Björk entsetzt.
»Ich natürlich auch. Aber es wäre Selbstmord. Unser Präsident Päts wird sich schon für das Richtige entscheiden. Auf ihn wollen wir hören. Das habe ich auch den Kameraden erklärt. Kühlen Kopf behalten! Aber sie haben Angst. Wie es zur Zeit in den jungen Esten aussieht, die schon davon wissen oder etwas ahnen, können Sie sich vielleicht vorstellen.«
Björk hatte keinen Appetit mehr.
»Dann wäre es also wirklich möglich, daß wir Krieg mit Rußland bekämen?«
»So dumm wird unsere Regierung wohl nicht sein. Päts und sein Parlament werden schon einen Ausweg finden und den richtigen Entschluß treffen.« Herr Maa wollte das sichtlich erschrockene Mädchen, das er verehrte, beruhigen.
Eine unbeschreibliche Angst hatte von Björk Besitz ergriffen. Zu viel hatte sie vom Ersten Weltkrieg und den beiden Revolutionen gehört, die ihre Eltern erlebt, in denen der Vater und Onkel Konstantin gekämpft hatten, in denen Onkel Konstantin zum Invaliden geworden und Arinas Großvater tödlich verletzt worden war. Und in denen auch so viele ihrer Verwandten und Freunde der Familien gefallen oder ermordet worden waren. Björks Kopf schwirrte.
»Sagen Sie, daß das alles nicht wahr ist«, bat sie heiser. Orvo Maa versuchte, beruhigend zu lachen. Aber es mißlang.
»Bitte«, sprach er eindringlich, »bitte verbreiten Sie nichts von dem, was ich Ihnen anvertraute. War dumm von mir. Ist ja noch

nichts offiziell! Aber das Herz ist so voll und Sie ein Kamerad wie Thomas. Vielleicht wird alles gut. Heute ist der 27. September. Heute ist Außenminister Selter wieder in Moskau. Vielleicht entscheidet sich in diesem Augenblick, was die Zukunft bringt. Sie und ich, wir können nichts dazu tun. Es kommt, wie es kommen muß. Da hilft nur …«

»Beten«, beendete Björk diese Trostrede kurz.

Orvo Maa lachte nicht, wie er es sonst wahrscheinlich getan hätte. Zu ernst war die Situation. Er nickte ruhig:

»Gott schütze uns und unsere freie Heimat.«

Als er sie ins Geschäft begleitete, hätte er gern ihren Arm genommen und sie gestützt. Doch hätte Björk das ja nie geduldet.

Wenige Tage später las Onkel Konstantin den Text des Vertrages, der am 28. September 1939 als GEGENSEITIGER BEISTANDSPAKT ZWISCHEN DER REPUBLIK ESTLAND UND DER UDSSR unterschrieben worden war, in der Zeitung.

Erregt ließ er Felix Helbrich zu sich bitten. Ohne jede Begrüßung streckte er ihm das Blatt entgegen. Sein Gesicht wirkte eingefallen.

»Lies«, sagte er gepreßt, »militärische Hilfe bei irgendeinem Angriff. Die UdSSR liefert uns Waffen und Kriegsmaterial. Sie erhält das Recht, auf den Inseln Ösel und Dagö und in der Stadt Baltischport Marinestützpunkte und einige Flughäfen aufgrund eines Pachtvertrages zu angemessenem Preis zu unterhalten usw. usw. … Lies selbst!«

Gebrochen saß er da.

»Baltischport?« Felix' Stimme klang gleichermaßen erschrokken, »das ist ja in unserer unmittelbaren Nachbarschaft?«

Konstantin nickte.

»Glaubst du jetzt, daß meine Sorge vom vorigen Jahr berechtigt war?«

Der Freund setzte sich und studierte die Paragraphen.

»... auf die Dauer von zehn Jahren ... wenn beide Vertragspartner es für notwendig erachten ... automatisch weitere fünf Jahre ...«
»Dann sind die Russen ja wirklich bald unsere nächsten Nachbarn«, sagte Konstantin bitter und dachte an die durchlittenen Zeiten von 1918 und 1919. »Es ist für die Besetzer leicht, ein Gut, das ihnen von Nutzen sein kann, zu konfiszieren.«
»Nun mal den Teufel nicht an die Wand!« sagte Felix leise, aber eindringlich. »Im übrigen mußt du daran denken, daß es sich heute um eine geordnete Streitmacht handelt, während es damals unkontrollierter Pöbel war.«
Die Freunde sahen sich an. Sie fühlten ihre Zusammengehörigkeit, wie sie in Zeiten der gemeinsamen Kämpfe gewesen war. Wortlos reichten sie einander die Hand. Dann ging Felix aufs Feld, wo die Ernte eingebracht wurde. Konstantin aber rollte seinen Stuhl zum Schreibtisch. Er wollte arbeiten, vermochte sich jedoch beim besten Willen nicht zu konzentrieren.

Wenn Felix Helbrich sah, mit welcher Kraft und Umsicht seine Frau die Herbstarbeiten anpackte, mit welcher Freude und Emsigkeit die schwangere Arina mit ihrer Hilfe Obst und Gemüse einweckte, mit Liisu Kohl hobelte und in die Fässer zum Säuern schichtete, wie widerwillig, doch dem Muß folgend sie mit Madli die Rüben und Möhren im Keller in die Erde stapelte, wollte er am liebsten »Hört auf damit« und »für wen das alles« rufen. Aber er stapfte schweigend durch die Flure, durch Apfel- und Kohlkammern, durch Küchen, hörte die Frauen sprechen, lachen, singen und dachte »meine herrlichen Weiberchen!« Er seufzte und verschwand auf die Felder, in die Stallungen, in den Wald oder zu Konstantin.
Es war ein Donnerstag, dieser sechste Oktober, als Konstantin von Bowén, das Radio auf Reichssender gestellt, atemlos die Rede des deutschen Führers verfolgte.

Ungeduldig wartete er auf Johanna, Felix und Arina, die er von dieser Übertragung informiert hatte. Aber die Frauen hatten Wichtigeres zu tun, als sich diese, wie Johanna sagte, stereotypen Führerreden anzuhören, und Felix kam verspätet.
Hitler sagte vieles und wie immer in einer für Konstantins empfindliche Ohren peinlichen Diktion und zu laut, zu primitiv. Von den wiedereroberten deutschen Ostgebieten sprach er, von Westpreußen, vom Warthegau, die neu besiedelt werden mußten, und wandte sich dann an sie – Konstantin beugte sich vor, denn er meinte sich verhört zu haben – aber es stimmte: Hitler wandte sich direkt an die Deutschbalten und bat sie, wenn sein Ruf an sie erginge, ihm zu folgen, für Deutschland in ihr Vaterland umzusiedeln und weiterhin Bollwerk zu sein gegen den Osten. Jetzt aber nicht mehr im Norden, sondern, wichtiger noch, im wiedergewonnen Heimatland Westpreußen und Warthegau, der Grenze zu Polen. Die müßte deutsch befestigt werden.
Nur sehr wenige der Deutschen im Baltikum hörten diese Rede. Nur wenige besaßen ein Radio. Die meisten, die sie hörten, verstanden sie gar nicht. Vielen aber schlug das Herz: der deutsche Führer spricht *uns* an. Er hat uns nicht vergessen! Er will uns aufnehmen ins großdeutsche Reich – irgendeinmal in ferner Zukunft vielleicht. Das hörten und dachten wenige, denn die meisten erfuhren nichts davon.
Als Felix kam, berichtete Konstantin ihm vom Gehörten. Er war erregt und wollte ausführlich erzählen. Aber Felix winkte ab, setzte sich, um den Schluß der Sendung noch selbst mitzuhören. Danach berichtete Konstantin. Doch sprach er so schnell und verworren, man spürte ihm die Nervosität so deutlich an, daß Felix den Bericht konfus fand und nur mit Abstand für glaubwürdig hielt. Viel mehr Sorgen als um die politische Lage, machte sich Felix jetzt um den Gesundheitszustand des Freundes.

»... wir sollen eventuell nach Deutschland verpflanzt werden – verstehst du das, Felix?« drängte der Freund.
»Das glaubst du nicht im Ernst!« Felix lächelte mitleidig.
»Du glaubst mir nicht«, rief Konstantin müde. »Warum bist du denn nicht eher gekommen!« Es war, als habe er keinen Lebenswillen mehr.
»Hältst mich für krank und wirr! Wie gut, wenn das Gehörte wirklich ein Hirngespinst wäre! Aber du hast mir ja nie glauben wollen, wenn mir politisch etwas Sorgen machte.«
Felix war beschämt.
»Ich glaube dir«, sagte er, aber es klang nicht überzeugend. Wußte er doch wirklich nicht, was er davon halten sollte.
Am Abend im Bett erwähnte er beiläufig die Führerrede und was Konstantin dazu gemeint hatte. Johanna sah ihn zweifelnd an.
»Ihr seid verrückt!« gab ihm den Gute-Nacht-Kuß, drehte sich auf die Seite und schlief, todmüde von der Arbeit, gleich ein.

Die Hiobsbotschaft

In der folgenden Woche läutete es bei Björk in Reval. In der Tür stand Georg. Aber es war ein anderer Georg als sonst. Sachlich, doch engagiert-besorgt, wie sie es wohl aufnehmen würde, sagte er, daß er, wie viele andere zur Zeit, im Auftrag der Deutschen Kulturverwaltung unterwegs sei. Sie müßten alle deutschen Haushalte davon in Kenntnis setzen, daß laut einem Vertrag zwischen Hitler und Stalin, zwischen Deutschland und den baltischen Staaten, eine große Umsiedlung stattfinden werde. Hitler rufe alle Deutschen »heim ins Reich«, weil er sie brauche und auch vor den bald hierher kommenden Russen schützen möchte. Einen Augenblick meinte Björk, das Herz müsse ihr stehen bleiben.

»Du bist verrückt« rief sie und hatte das Gefühl, als sei sie plötzlich leer – hohl – ohne Leben.

»Aber komm und setz dich, Georg, was du da redest, ist doch wohl ein sehr dummer Scherz!«

Georg versicherte ihr ernst, daß sie ihn doch so gut kennen müsse, daß er mit sowas keinen Scherz treibe. Es sei bitter ernst, alle Deutschen würden umgesiedelt.

»Das ist unmöglich!« beharrte Björk und meinte nun selbst, verrückt zu werden.

»Alles schon geplant und organisiert«, Georg seufzte, nahm sein Taschentuch und wischte sich über die Stirn. »Ich habe den Auftrag, mit den anderen, alle zu informieren, daß sie ihre Angelegenheiten regeln, das was sie mitnehmen wollen, einpacken. Sie müssen bereit sein, wenn ihnen der Termin ihrer Abreise bekanntgegeben wird.«

»Mit Pferden? Mit Autos? Eisenbahnen?« fragte Björk spöttisch.

»Nimm es ernst!« Georgs Stimme klang hart und befehlend, wie Björk sie nicht kannte. »Mit Schiffen. Hitler schickt Dampfer, uns alle abzuholen.«

»Unmöglich –« Björk *wollte* es nicht glauben, »das ist doch unmöglich!!« Sie griff sich an den Kopf. »Ein Wahnsinn ist das! *Ich* jedenfalls bleibe hier!« Björk sah ihn fassungslos an. »Wahnsinn!« wiederholte sie nur.

Georg schüttelte den Kopf. »Du fährst doch am Sonnabend nach Iluküll. Nimm mir den Auftrag ab, euch zu informieren.«

»So'n Quatsch!« vor Björks Augen verschwamm das Zimmer in grauen Nebeln. »Einen Haushalt kann man zur Not auflösen, aber doch kein Iluküll!«

»Man kann«, beharrte Georg.

Wie ruhig er ist, wie kann er nur so ruhig sein! dachte Björk.
»Es ist wirklich ganz toll organisiert«, fuhr er da fort, »jeder Landbesitz wird hier vermerkt und taxiert und drüben entschädigt. Ihr bekommt für Ilukull ein anderes Gut, das ihr für das deutsche Reich bewirtschaften müßt.«
»Gut organisiert!« spottete Björk. Und dann »Nein, wir bleiben auf Ilukull!«
»Erstens kannst *du* das nicht entscheiden«, erklärte Georg, »das ist die Angelegenheit deiner Eltern und Onkel Konstantins. Zweitens überleg mal, was wäre, wenn die Russen hierher kommen, Ilukull für ihre Zwecke enteignen und euch vielleicht nach Rußland oder Sibirien deportieren?«
»Unsinn«, sagte Björk wieder, doch etwas zaghafter.
Als Georg »Sag also deinen Eltern und Bowéns, daß sie sich vorbereiten sollen«, bat, nickte sie nur.
Eine Weile schwiegen beide. Dann sah Björk fragend auf: »Wann, wann soll denn diese schreckliche Reise beginnen?«
»Jeder erhält seinen Termin sehr bald.« Georg sah traurig aus. »In acht oder zehn Tagen sollen die ersten Transporte abgehen. Ich bringe dir noch die Listen ins Geschäft. Es wird alles aufgeschrieben: wie man packen soll, was mitgenommen werden darf ...«
»Die Hunde natürlich«, rief Björk schnell »und Sagitta!«
»Nein. Das ist verboten.«
Völlig erschlagen, gleichzeitig aber aufgelöst von innerer Unruhe blieb Björk zurück.
Nachdem sie sich etwas gefangen hatte, fuhr sie zu Onkel Alf und Tante Anna, um mit ihnen und Nita darüber zu sprechen. Als sie dort ankam, wußten sie es schon.
So nahm sie denn den Abendzug nach Ilukull.

Die erste, der Björk in Ilukull begegnete, war Arina. Einen Kerzenhalter mit brennendem Licht in der Hand, ging sie durch den Flur zur Treppe, um in den blauen Trakt hinaufzusteigen. Als Björk die Tür öffnete, flackerte das Flämmchen, und Arina blieb stehen. Schützend hielt sie die Hand vor das Licht und sah sich um.

»Björk? Du – jetzt? Was ist passiert?« Man sah ihr die Schwangerschaft schon deutlich an. Der Leib unter dem losen Morgenrock mit Schwanfellbesatz, war gewölbt. Zärtlichkeit überkam Björk. Hoffentlich schadet ihr all das, was jetzt auf uns zukommt, nicht! Wie sage ich es ihr nur schonend?

»Nichts Schlimmes«, begann sie deshalb, »ich muß zu den Eltern, habe eine außergewöhnliche Nachricht.«

»Was denn? Sag schon, was?« drängte Arina und »Du schläfst doch bei mir? Thomas ist in Lodensee.«

»Ja«, Björk nickte, »ich komme gleich hinauf.«

Aber Arina hatte sich schon auf die unterste Stufe der Treppe gesetzt und die Kerze auf den Boden gestellt.

»Komm!« Björk setzte sich auf die Stufe darüber. »Weißt du«, begann sie zögernd, »es scheint verrückt. Aber wir werden wahrscheinlich nach Deutschland fahren.«

»Wer?« Arina wandte ihr Gesicht der Freundin zu, »wer sind *wir?*«

»Wir alle. Alle Deutschen sollen Estland verlassen und nach Deutschland übersiedeln.« Nun war es heraus.

Das Flämmchen flackerte erschrocken. Der Flur war dunkel. Arina sah sie ungläubig an. »Warum sagst du sowas, was gar nicht wahr sein kann!« Schreckensweit starrten die dunklen Augen die Freundin an.

Diese versuchte gleichmütig zu scheinen. »Das dachte ich zuerst auch. Aber es ist wahr. Georg kam heute zu mir. Ganz offiziell von der Deutschen Kulturverwaltung geschickt. Alle Deutschen werden in diesen Tagen benachrichtigt. Sie sollen sich für die Umsiedlung fertigmachen.«

In Arinas Gesicht malte sich Entsetzen. Wie Mutti und Vati,

dachte sie, Mutti erwartete mich, und Vati kam nie in Deutschland an.
»Und Ilukül l?« fragte sie, »was soll aus Ilukül l werden? Die Tiere? Die Hunde? Und die ganze Ernte? Das Eingemachte im Keller?«
»Wird alles von der Kulturverwaltung aufgenommen, taxiert und in Deutschland entschädigt.« Verrückt, dachte Björk als sie es aussprach, heller Wahnsinn, unmöglich, aber sie versuchte, ruhig und gleichmütig auszusehen. Disziplin wurde ja großgeschrieben in diesem Hause.
»Wie kann man Ilukül l entschädigen!« Tränen liefen über Arinas Wangen, »ein Zuhause und Tiere, die man liebt und alle Sachen der Bowéns! Und Urgroßtantchen Tamara überlebt das nie!«
»Hör auf zu weinen!« schnauzte Björk sie an, weil sie es nicht mehr ertragen konnte, »steh auf und komm mit zu Paps und Mami!« Um nicht selbst in Tränen auszubrechen, sprach sie hart und befehlend.
»Sie schlafen schon«, schluchzte Arina.
»Macht nichts. Ich muß morgen den Fünfuhrzug nehmen, um rechtzeitig im Geschäft zu sein.«
Im Schlafzimmer brannte noch die Lampe.
Björk sollte dieses Bild ihr Leben lang nicht vergessen: Das Licht in der zartrosa Glaskugel über dem geschwungenen Messingfuß. Vater und Mutter im Bett. Er hielt das Büchlein mit den Losungen in Händen und las vor. Johanna, den Kopf mit dem lose geflochtenen Haar auf dem weißen Kissen, die Hände über der Bettdecke gefaltet.
Und sie, Björk, mit dieser Nachricht!
Als sie die ersten Worte sprach, schien der Frieden fast sichtbar zu zerbrechen.
Die Mädchen setzten sich ans Fußende des Bettes.
Björk versuchte, die Lage, so sachlich es ging, zu erklären. Arina weinte leise vor sich hin.

Johanna war erschrockener als der Vater, zumindest schien es so. Dieser stellte sachliche Fragen. Er wirkte ruhiger, als er war. Dann aber fing er an zu poltern:
»Konstantin hatte recht!« schrie er. »Immer hatte er recht, und ich wollte es nicht glauben! Weißt du genau, Björk, daß es kein dummer Scherz ist?
Noch einmal: *Wer* hat es dir mitgeteilt? *Wie* und *wann* soll das vor sich gehen?« und was der Fragen mehr waren. Nachdrücklich hatte er das Buch zusammengeklappt und auf den Nachttisch gelegt. Er war aufgestanden und hatte sich den Morgenmantel über den Pyjama gezogen. Björk antwortete geduldig und sachlich. Immer wieder dasselbe. Endlich rief der Vater entschieden:
»Jetzt aber ins Bett, Kinder! Nicht, daß Arina sich noch erkältet!«
»Und Onkel Konstantin?« fragte diese.
»Laß ihn schlafen. Morgen ist auch noch ein Tag. Er macht sich ohnehin schon Sorgen genug – und diese Nachricht soll warten, so lange es geht.«
Einige Fragen, die die Auflösung der Güter betrafen, stellte er Björk noch. Und als sie nur sagen konnte, Listen würden aufgestellt, beschloß er, am nächsten Tage selbst mit ihr nach Reval zu fahren, um sich persönlich und genau bei der Kulturverwaltung nach allem zu erkundigen. Schlagartig war er wieder der besonnene, beherrschte, sachliche Hausherr, der mehr Klarheit brauchte.
»Also bis morgen«, sagte er zu Björk, als die Mädchen »gute Nacht« wünschten und den Eltern den Gute-Nacht-Kuß gaben.
»Gute Nacht!« Johannas Stimme bebte.
»... und Onkel Konstantin erkläre ich alles, wenn ich aus Reval zurückkomme«, schloß Felix Helbrich die kurze Unterredung.
Es wurde eine schwere Nacht.
Zuerst redeten die Mädchen noch lange. Sie stellten Vermutun-

gen an, suchten Lösungen und phantasierten den Abschied zu neuem Anfang um. Aber was für ein Anfang? Björk versuchte, an Abenteuer zu glauben, tat, als könne man sich freuen.
Arina war nicht zu trösten. Einschlafend flüsterte sie:
»... und wir werden doch zurückkommen. Bestimmt. Thomas und ich und unser Sohn. Wir kommen zurück nach Iluküll – und es wird alles gut!«
Björk konnte nicht schlafen. Das Licht auf dem Nachttisch warf einen seltsam flackernden Schein auf das Bild der Großtante an der Wand. Und es war ihr, als würde ein Einklang bestehen zwischen dem Bild, dem roten Kanapée und dem Knarren in den Dielen. Als würden die alten Dinge hier auf seltsame Art leben und vom gleichen Klang durchdrungen sein wie Arina.
Ja, das Bild lebte! Als Björk genauer hinschaute, meinte sie, Tränen zu sehen: Großtante Katharina weinte.

Aufruhr und Auflösung

Ganz Reval, auch die anderen Städte, alle Güter, ja das ganze Land war in Aufruhr.
Es gab kaum ein anderes Gesprächsthema als die Umsiedlung. Wenn auch ein kleiner Teil der Deutschen, die ›Bewegungs‹-Anhänger, fast euphorisch ›der Führer hat uns nicht vergessen‹ strahlten und einige der Alten mahnten, an 1905 und 1918 zu denken und diese Umsiedlung als Rettung vor der Deportation nach Sibirien und Schlimmerem bezeichneten, so galt das nicht für alle.
Natürlich, sie fühlten sich deutsch, doch wurde die Verbundenheit mit der estnischen Heimat selbst jenen schmerzlich

bewußt, die früher nie darüber nachgedacht hatten. Möbel und Hausrat wurden verkauft und verschenkt.
Die Textilgeschäfte, Pelz- und Schuhhandlungen hatten Hochkonjunktur. Man sollte sich mit dem eindecken, was in Deutschland jetzt schwer und nur auf Bezugsscheine zu bekommen war.
Die Esten, die im Abzug der Deutschen eine Flucht vor heraufziehendem Unheil sahen, waren zum Teil von Panik ergriffen. Es breitete sich Verunsicherung und Angst aus. Es gab Esten, die auf eigenen Wunsch von deutschen Freunden in die Liste der Kulturverwaltung für Umsiedler aufgenommen werden konnten und die Genehmigung erhielten mitzufahren.
Der größte Teil aber blieb standhaft im eigenen Lande und sah mit Sorge, einige mit freudiger Erwartung, andere mit heroischem Willen zur Verteidigung der Heimat, dem entgegen, was aus dem Osten kommen sollte.
Die deutschen Schulen wurden geschlossen. Es gab einen schmerzlich-feierlichen Schlußakt. Auch Benita erhielt das vorgezogene Versetzungszeugnis. Björk kündigte ihre Arbeitsstelle, verabschiedete sich von Kollegen und Vorgesetzten, kündigte ihre kleine Wohnung zum nächsten Ersten und lud ihre Clique zum Abschiedstreffen ein.
Sie kamen alle. Aber sie sangen nicht wie sonst.
Sie saßen da, tranken Tee, sprachen wenig von früher und viel von dem, was sie erwartete. Georg und Christine würden mit den Eltern nach Schweden ziehen. Orvo Maa natürlich in Estland bleiben – er wollte kämpfen. Klaus war überraschend aus Deutschland gekommen. Er hatte die Erlaubnis bekommen, in dieser so außergewöhnlichen Situation den Eltern behilflich zu sein. Aber er war jetzt vom felsenfesten Willen erfüllt, seine Dunja mit nach Deutschland zu nehmen, was Onkel Hugo und Tante Agatha in heillose Aufregung versetzte. Bertram strahlte und erklärte, daß er sich, im Falle eines weiteren Krieges, sofort

freiwillig melden würde, auch wenn Hitler die Umsiedler für zwei Jahre vom Wehrdienst befreit habe. Björk erzählte nachdenklich, daß ihre Kollegen bei Kimber sie gefragt hätten, ob sie denn gar nicht daran dächten, daß sie nun in einem Land heimisch werden sollten, das soeben den Polen fortgenommen worden sei. Wieviele Polen durch sie heimatlos würden. Ob das gut wäre.

Björk sagte, daß es sie quäle. Aber Bertram protestierte laut: Warthegau und Westpreußen seien altes deutsches Reichsgebiet, *Deutschland* sei durch den Versailler Vertrag bestohlen worden, Deutschland, das bestimmt nicht schuld gewesen sei an diesem Weltkrieg; sei damals durch diesen unmenschlichen Vertrag beraubt und zum Sklaven gemacht worden und durch die ihm auferlegten Reparationslasten und -schulden fast erstickt am Boden gelegen. Und er begann wieder einmal, sämtliche Punkte des Vertrages aufzuzählen, aber Georg fiel ihm ins Wort und hinderte ihn daran. »Sei still, Bertram, das wissen wir alle, trotzdem finde ich auch, daß ihr es dort im besetzten Polen nicht leicht haben werdet.«

»Leicht, was ist schon leicht und schwer!« konterte Bertram wieder, »wir werden eine Aufgabe haben *für* Deutschland, und es wird unsere edelste Pflicht sein, diese Aufgabe so gut wir es können zu erfüllen.«

Große Worte, dachte Björk, wie alles, was Bertram tut, und die Menschen? Keiner spricht von den Menschen, dachte sie weiter, sagte aber nichts, Thomas war nicht anwesend, er hatte zu viel auf Pölk zu tun. Und Arina war natürlich in Ilukúll geblieben.

So trennten sie sich denn mit dem hohen Versprechen, einander treu zu bleiben, nicht aus den Augen zu verlieren und in einem Jahr wieder zu treffen. Wo? Das würde sich schon zeigen. Es gebe ja eine Post.

In Ilukýll angekommen, fanden die Mädchen das Haus voll fremder Leute. Aus allen Richtungen waren sie gekommen, auch ganz Unbekannte, um die Haushaltsauflösung mitzuerleben, zu kaufen und zu ›erben‹.
Hektor und Inka lagen an der Kette. Diana wich nicht von Johannas Seite. Sie folgte ihr so dicht bei Fuß, umkreiste sie winselnd, so daß ›Frauchen‹ mehrmals fast über den Hund gestolpert wäre.
Zwei Tage darauf machte Felix Helbrich dieser Qual ein Ende. Er ging mit ihr zum Buschwächter. Diana wurde erschossen. Puk wurde Alvi geschenkt.
Johanna ging ans Meer. Zwei Stunden sah man sie nicht. Als sie wiederkam, schnaufte Liisu ihr völlig atemlos entgegen.
»Frau, Frau – alte Baronin stirbt!«
Urgroßtantchen überlebte die Aufregung wirklich nicht. Sie war nicht krank. Aber sie hatte sich zum Sterben hingelegt.
»Ihr Lebenswille! Man kann auch an gebrochenem Herzen sterben«, stellte Dr. Studemeister fest, der nach Ilukýll gebeten worden war, »Sie hat eine bessere Reise angetreten.«
Alle waren sie verblüfft: Königin Tamara, die sie immer für leichtfertig und oberflächlich gehalten hatten, über die sie so oft gelacht hatten! Wie war sie wirklich gewesen?
Sie wurde im Saal aufgebahrt, in dem schon Generationen der Bowéns getauft worden waren, geheiratet und dann auch die letzte Reise angetreten hatten.
Onkel Konstantin und Felix Helbrich hielten abwechselnd die Totenwache. Neben den Lichtern, die in den fünfarmigen Silberleuchtern standen, saßen sie schweigend oder lasen laut das Johannesevangelium.
In der zweiten Nacht erwachte Johanna Helbrich von einem Schuß. Felix sprang aus dem Bett.
Im Saal flackerten die Kerzen. Konstantin von Bowén war seiner Großtante auf die letzte Reise gefolgt.

Arina, Björk und Benita hatten Arme voller Herbstlaub, Astern und Chrysanthemen aus dem Garten geholt, um die Bahren der beiden zu schmücken.
Heute saß Björk inmitten dieser herbstlichen Farbenpracht am Fuße der Verstorbenen, die Bibel auf den Knien.
Es waren die ersten Toten, die sie sah.
Unendliche Ruhe erfüllte den Raum. Der Duft der Blüten, gemischt mit dem Wachsgeruch der Kerzen und dem von Abschied und viel Unerklärlichem erfüllte den Raum.
Björks Kopf schmerzte.
Sie legte die Bibel beiseite, ging ans Fenster und öffnete es weit.
Da sah sie drei Männer über die Rasenfläche auf's Haus zukommen. Es waren weder Herren, die Gäste sein konnten, noch Männer, die Siedler oder bäuerliche Nachbarn waren. Es war ein Offizier – höherer Charge? Er trug viel Rot an der olivgrünen Uniform. Einer war wohl Soldat, der dritte in dunkler Lederjacke, schwarzen Breeches und hohen Lederstiefeln, war …
Björk kannte die Uniformen nicht. Ein Kommissar? Schnell ging sie hinaus, um die Männer zu begrüßen. Die hatten die Freitreppe schon erreicht, blieben stehen und musterten das junge Mädchen im dunklen Kleid.
Dann kamen sie die Stufen herauf.
Hektor und Inka gebärdeten sich so, daß sie in die Kohlkammer gesperrt wurden.
Der hohe Offizier, ein freundlicher älterer Herr, sah Björk wohlwollend an, grüßte und bat, den Hausherren sprechen zu dürfen. Er sprach russisch.
Björk, der das Russische geläufig war wie das Estnische, bedauerte, der Vater sei bei ihrem Bruder auf dem Nachbargut.
»Nun, dann Hausherrin.«
Johanna Helbrich kam schon in den Flur. Sie begrüßte die Herren gleichfalls in deren Sprache und bat sie einzutreten.
Die Verstorbenen lagen hinter Birkenbäumen.

Obgleich die Eintretenden die Bahren nicht gleich gewahrten, war es wohl die Atmosphäre, der Duft, das überirdisch Unsichtbare, das sie irritierte.
Frau Helbrich sah es an ihrem Gesichtsausdruck und bat sie weiter in das Durchgangszimmer mit den Grünpflanzen. Sie wollten sich nicht setzen – nur das Haus besichtigen. Erstaunt forderte Frau Helbrich sie trotzdem auf, Platz zu nehmen.
Kurz stellte der ältere Offizier sie als Kommission vor, die Iluküll als Unterkunft für den Offiziersstab mieten solle, der für die Militärbasen in Baltischport zuständig sei. Er lächelte charmant, und Nita, die dazugekommen war, lächelte zurück.
»Mieten?« fragte die Mutter überrascht.
»Ja, wir bieten Ihnen hundert Rubel pro Monat. Sie alle können natürlich hier wohnen bleiben. Platz ist ja wohl genug im Hause«, und sah sich prüfend um, »und –« nun galt sein Blick den Mädchen, »verstehen werden wir uns sicher gut.«
»Aber wir siedeln ja nach Deutschland um!« rief Björk schnell. Ihr gefiel der ältere Herr ausnehmend gut.
»So? Nach Deutschland?« sein Gesicht verfinsterte sich.
»Was wollen Sie in Deutschland?« Er sah die Mutter, Björk und Benita der Reihe nach an. »Was sollen Russen in Deutschland?«
»Wir sind Deutsche«, sprach Frau Helbrich betont ruhig und fest, »Baltendeutsche.«
»Nu was! Baltendeutsche! Dummheit! Wenn man so russisch spricht, ist man Russe!«
Nita lachte geschmeichelt. »Wir sprechen aber auch deutsch, noch besser, und estnisch und englisch und –« etwas zögernder »Französisch«, denn ihr Französisch war nun wahrlich alles andere als gut.
Frau Helbrich sah sie mißbilligend an und schickte sie in die Küche, um Arina zu helfen.
Während Nita sich dann widerwillig und nur sehr langsam zurückzog, lachte der Russe schallend. »Ich sehe schon, wir wer-

den es miteinander sehr lustig haben! Dieses Haus wird schöne Zeiten erleben mit Ihnen und unseren Offizieren!«
Björk stellte sich vor, daß das wirklich sehr hübsch und lustig werden könnte, und überlegte ernsthaft, ob es nicht viel sinnvoller wäre, in der Heimat zu bleiben, ihren Felsen, die Tiere und alles, alles nicht zu verlassen. Die Russen schienen überaus nett zu sein. Und sie lächelte den alten Herrn freundlich an.
»Nu?« fragte dieser sie schmunzelnd, »überlegen Sie es sich doch noch?«
Björk war unentschlossen. Sie zuckte leicht die Achseln. Ihr »Vielleicht?« war bittende Frage an die Mutter.
Johanna aber zögerte keinen Augenblick.
»Unmöglich. Wir stehen bereits auf der Liste der Umsiedler. Unsere Reise ist für den 22. Oktober gebucht. Alles ist geregelt. Wir ziehen nach Deutschland. Und dieses Haus steht Ihrem Stab, ohne Miete, zur Verfügung.«
»Nu, nu! Was sprechen Sie so sicher. Überlegen kann man noch immer. Vielleicht bleibt die junge Dame zu unserer großen Freude hier?« Fragend und sehr liebenswürdig wandte er sich an Björk.
»Nein, nein«, Nita rief es angstvoll und war schon neben der Schwester »wir bleiben zusammen!«
Und Björk, durch die sachlich-klaren Worte der Mutter und deren strengen Blick wieder in die Realität zurückgeholt, schüttelte traurig den Kopf.
»Es tut mir leid, viel lieber bliebe ich hier. Aber Sie werden verstehen: Wenn die ganze Familie nach Deutschland zieht, kann ich allein nicht hierbleiben.«
»Vielleicht überlegen Sie es sich doch noch?« Liebevoll sah er Björk an.
Wie gütig seine Augen sind, dachte Björk, als sie: »Das wird wohl leider nicht mehr gehen«, sagte.
»Also doch nach Deutschland?« fragte er bedauernd.

Björk nickte. »Ja. Leider. Es tut mir sehr leid.«
»Nu«, sagte der Russe, als wolle er sie trösten, »nu, dann Auf Wiedersehen in Berlin!«
Björk blickte auf:
»Ach, *Sie* kommen auch nach Deutschland? Nach Berlin?« sie fragte es naiv und erfreut, hoffte wirklich auf ein Wiedersehen mit diesem netten Herrn. Dann würden sie ja auch erfahren, wie alles hier gewesen war nach ihrer Umsiedlung und überhaupt...
»Wirklich? Aber wir haben noch keine Adresse – wie wollen Sie uns finden?«
Sein Lächeln war undeutbar, als er »Werden schon finden«, sagte und dann »Auf Wiedersehen!«
Er reichte der Hausherrin die Hand, verneigte sich, hielt Björks Rechte länger in der seinen als üblich und wandte sich zum Gehen.
Die beiden anderen hatten kein Wort gesprochen.

Die Offenbarung

Währenddessen war Arina nicht in der Küche gewesen. Sie war in ihre Bucht gegangen.
Abschiednehmend saß sie da und meinte, das Herz müsse ihr brechen, als ganz plötzlich Serafim, der Einsame, vor ihr stand. Sie sah nicht auf, und er sah sie nicht an. Aber er schlug das Kreuz über ihr, und sie hörte auf zu weinen. Jetzt sah sie wieder, daß das Wasser vor ihr durchsichtig war wie immer, daß die Algen, rechts am Felsen, grünlich durch's Wasser schimmerten und sich bewegten. Dort, wo der Stein aus dem Meer herausragte, brach sich unaufhörlich eine kleine Welle, teilte sich schäu-

mend, rollte zurück, kam wieder und spritzte funkelnde Tropfen in die Luft. Sprühend fielen sie zurück. Spiel ohne Ende. Regungslos stand der Alte neben ihr. Kurz blickte sie auf. Du Verwilderter, dachte sie und erinnerte sich ihrer ersten Begegnung, als er sie rettete und sie so furchtbar geschrien hatte. Und dann ihres Traumes, in dem er so gute Mutteraugen hatte. Zur Hochzeit soll er das Feuer an ihrem Schleier mit bloßen Händen erstickt haben. Auf seltsame Art war er ihr durch all das vertraut geworden.

»Wir müssen fort«, sagte sie nach einer Weile.

Und er nickte.

»Wir werden umgesiedelt. Verstehen Sie, Bruder Serafim, wir alle werden auf Schiffen nach Deutschland gebracht.« Und er nickte wieder.

»Für immer«, sagte sie und sah aufs Meer hinaus, dessen Wellen flach und leise zischend zu ihr über den Sand heraufkrochen, sich leicht klatschend zurückzogen und wieder anrollten, flach, kaum den Boden bedeckend, doch stetig kommend, gehend ...

»Für immer«, wiederholte sie und betonte das ›*immer*‹. Er nickte wieder und schwieg.

Da begann sie zu schluchzen. Sie legte Hände und Kopf auf ihre angezogenen Knie und rief:

»Ich will aber nicht! Ich kann nicht!«

Serafim wandte sich ab und ging schweren Schrittes seiner Höhle zu.

Es dauerte nicht lange, da kam er zurück. Er trug etwas in Händen, behutsam, als sei es eine Kostbarkeit. Und es war eine Kostbarkeit. Er beugte sich zu ihr und hielt sie ihr entgegen: seine Ikone. Arina hob den Kopf und sah sie an. Es war eine silberne Mantel-Ikone mit Schriftzeichen, die sie nicht kannte. Ausgeschnitten aus dem Silber blickte sie ein Christuskopf an, die rechte Hand zum Segen erhoben.

»Christoß Pantokrator«, sagte der Alte heiser, »für dich.«

»Für mich?« Arinas Stimme klang zögernd, als könne sie es nicht glauben. Zart und sehr leicht glitten ihre Finger über das stumpfe Silber. »Wirklich für mich?« Sie nahm sie in die Hände. Nun trafen sich ihre Augen, die jungen braunen und die alten hellen, und in beiden lag die gleiche Wärme.

»Für dich, Kind«, sagte er, hob die Hand und gab ihr einen Segen.

Arina hielt das Kunstwerk in beiden Händen. »Ich habe noch nie eine Ikone besessen.«

»Es ist ein Heiligtum«, sagte er rauh, »hör zu.« Er hatte jahrelang geschwiegen. Nur mit Gott hatte er gesprochen, *da* formten sich die Sätze von selbst. Jetzt aber fiel es ihm schwer, *die* Worte zu finden, die er brauchte, um diesem Mädchen das zu sagen, was er ihr sagen wollte, ja mußte. Da er wußte, daß sie kein Russisch konnte, sprach er Deutsch, gebrochenes Deutsch mit Hilfe französischer Worte. Mitunter gebrauchte er Ausdrücke, die Arina nicht kannte. Aber sie verstand ihn, sah ihn aufmerksam an und hörte zu. Wieder erinnerten seine hellen Augen sie an die ihrer Mutter.

»Glaube nicht, daß diese IKONE nur ein Holzbrett, Farbe und Silbermantel ist. Sie ist viel mehr, Jahrzehnte, Jahrhunderte hindurch knieten Menschen vor ihr und schickten Gebete durch sie zu Christus, zu Gott, zum Heiligen Geist. Verstehst du? Trauernde erflehten Trost durch sie, von Glücklichen strömte Dank in sie, Fromme füllten sie mit Segen. Gott-Christus-Heiliger Geist spendete Trost, Hoffnung, Liebe, Segen, Heil durch sie. So ist sie unsichtbar gefüllt mit diesen Kräften.« Er räusperte sich und faltete die Hände.

»Sie ist kein Bild. Sie ist ein durchlässiges Tor aus unserer irdischen Welt in die jenseitige unsichtbare, in jene verborgene Welt Gottes. Ein durchlässiges Tor.«

Arina hörte zu und versuchte zu verstehen.

»Warum schenken Sie sie mir?«

»Weil diese Ikone kostbar und ein Segen ist.«
Sie starrte ihn an und fragte fast furchtsam:
»Sind Sie ein Heiliger?«
Er schüttelte den Kopf, und ein Schatten legte sich auf sein Gesicht.
»O nein. Ein Heiliger ist einer, der durch keine Sünde von Gott getrennt ist.« Er seufzte tief und hob die Hände: »Herr Jesus Christus, erbarme dich meiner!« Und wieder zu Arina gewandt: »Ich Unwürdiger bin weit davon entfernt, auch nur in die Nähe eines Heiligen zu rücken. Der Herr verzeihe mir.« Damit ließ er die Arme fallen, wandte sich dem Glint zu und machte einige Schritte in Richtung seiner Höhle.
»Aber warte noch, ich zeige dir etwas!« Er ging und kehrte mit Bogen aus Tante Arinas Tagebuch zurück. Arina las:

›Lorelies und ich, wir werden dein Kind als eigenes adoptieren, dann kann es als Bowén im Geschwisterkreis mit unseren vieren – ohne Makel – in Iluküll aufwachsen.‹
›Nein!‹
›Es ist ein Angebot, das euch beide vor Schande bewahrt.‹
›Nein!‹
Aber, wie immer, war Clemens stärker als ich. Er war wie Vater. Drei gegen mich allein. Sie siegten. Es wurde kein Dimitri. Es wurde ein kleines Mädchen, das ihm sehr ähnlich ist. Sie wollten es nach unserem Vater Carla nennen. Ich aber wünschte Stella-Dima. Wieder waren sie stärker. So wurde Dimitris und meine Tochter nach unseren Eltern Carla Victoria getauft. Carla Victoria von Bowén. Ich sollte mich zurückhalten von dem Kinde, damit es ›ihrer‹ Mutter Lorelies nicht entfremdet würde. Ich weinte viel in jener Zeit. Lorelies hatte zwei Monate vor mir ihrem dritten Kind das Leben geschenkt, das den Namen Agatha bekam. Agatha und Victoria gelten als Zwillinge und wachsen als Schwestern von Konstantin und Waldemar auf. Beide sind

liebreizend, doch ist Victoria stärker, lebhafter und voller Leidenschaften. Sie hat das Aussehen ihres Vaters. Ob er noch lebt? Ich glaube nicht. Doch kann und will ich ihn nicht vergessen.

Atemlos legte Arina einen Bogen zur Seite, nahm den anderen vor, und es war, als habe sie Serafim und alles ringsum vergessen.

Großmutter ist am Herzschlag gestorben. Das war im Jahr der Revolution 1905, als die fremden Männer in den Blauen Salon eindrangen. Die schrecklichen Unruhen mit Blutvergießen, Brandschatzungen und Mord hatten aus Rußland auch nach Estland übergegriffen. Bevor Clemens begriff, was geschah, und hinaufeilen konnte, hatte Liisu mit aufgebrachtem Herzen und dem Mut einer Wölfin die Kerle aus Großmamans Zimmer getrieben – und – sie ließen sich von dieser Frau hinauswerfen! Drei Mann! Unvorstellbar! Ich erfuhr es, als ich aus meiner Bucht nach Hause kam und Lorelies und die Kinder in Tränen fand. Das ist unsere Liisu!
Clemens war mitgenommen worden. Peters Vater, den alten Pastor Petronius, haben sie erschossen, und Tante Hannchen, die bei ihm in der Kirche war, auch. Seither lebe ich in meiner kleinen Bucht. Diese Bucht gehört ganz mir. Die anderen bevorzugen die große offene Bucht mit den Rosen am Strand. Ich schreibe auch Briefe an Dimitri. Natürlich wird er sie nie erhalten, jedoch … Ich träume von früher und wundere mich, daß eine Revolution mit Blutvergießen und Brandschatzung, auch wenn man meint, die Welt gehe unter, sie nicht verändert: das Meer rauscht weiter, die Felsen stehen fest, Seetang, Sträucher und Bäume duften wie früher, die Seeschwalben und Möwen nisten am Steilhang und fliegen übers Wasser. Und ich wundere mich, daß eine gebrochene Liebe den Brillantring am Finger nicht zerspringen läßt, sondern nur ein Herz. Am liebsten schwimme ich ins Meer hinaus, der Sonne entgegen – und Dimitri …

Als Arina das letzte Blatt auf die anderen gelegt hatte, schwieg sie lange. Dann richtete sie sich auf.
»Carla Viktoria war meine Mutter«, sagte sie fassungslos, »sie war Tante Arinas Tochter und hat es nicht gewußt.«
Serafim sprach nicht. Reglos saß er auf dem Stein, die Hände auf den Knien.
»Warum haben Sie mir diese Blätter nicht eher gegeben?« Arina war ungehalten. »Warum nicht mit den anderen in der Kassette – warum?«
»Ich dachte – vielleicht nicht gut, wenn ...« er unterbrach seine stoßweise geflüsterten Worte und starrte auf das Meer hinaus, als blicke er in eine andere Welt.
»Und jetzt?« drängte sie, »warum jetzt?«
»Wegen Wahrheit. Und weil du fortfährst – und ich dich niemals mehr sehen werde. Du bist ein kluges, gutes Mädchen, sollst wissen, wer waren deine Mutter und Großmutter.«
»Wegen der Wahrheit!« In Arinas Gesicht zuckte es aggressiv. Sie stand auf, hob die Blätter vom Boden auf und schüttete den Sand ins Wasser. Dann wandte sie sich ruckartig um: »Was wissen *Sie* von Tante Arina?« rief sie laut. »Warum lesen Sie ihre Aufzeichnungen? Mit welchem Recht? Wer gab Ihnen die Erlaubnis dazu?« Und dann, als sein Gesicht ganz plötzlich in unergründliche Traurigkeit fiel, von einer unbegreiflichen Ahnung befallen, die sie jedoch keinesfalls wahrhaben wollte: »Wer sind Sie eigentlich?« Und beide Hände abwehrend gegen ihn ausgestreckt mit drängendem Entsetzen in der Stimme: »Wer sind Sie wirklich, Bruder Serafim, wer sind Sie?«
Er saß vor ihr von Leid gezeichnet. Alles Strahlende war von ihm gewichen.
»Wer ich bin?« Er hustete. »Ein um Vergebung-Bittender, ein Gottsuchender, ein Büßer, ein Besitzloser, ein Mönch, ein Starez – nenn es, wie du willst, mein Kind. Ich bin der Bruder Serafim.« Er öffnete die Hände, die Handflächen nach oben, als

wolle er sagen: Sieh, nichts bin ich, nichts besitze ich, nichts will ich als Gottes Erbarmen.

»Aber früher, viel früher, wer waren Sie da, Bruder Serafim?« rief Arina noch drängender, ganz außer Atem und kreideweiß.

»Früher, viel früher, da war ich ein Sünder«, sprach er mit zu Erde geneigtem Kopf. »Und sie nannten mich Dimitri Pawlowitsch Gnarudow.«

Nichts war mehr zu hören, als das Zischen der flach anrollenden Wellen, das Plätschern der zurückfallenden, das Klatschen der kleinen Wasser, die sich am rechten Felsen brachen, das Fallen der aufspritzenden Tropfen.

Weder der Alte noch das Mädchen rührten sich.

»Großvater«, sagte Arina nach einer Weile unsicher und kniete nieder zu ihm, »*mein* Großvater?«

Er hob sein verstörtes Gesicht und bat:

»Kannst du mir verzeihen, mein Kind?«

Sie empfand es ungeheuer – der alte Mann vor ihr – bat sie, die junge Frau... Unwillkürlich griff sie nach seinen Händen, beugte sich zu ihm und küßte ihn auf die verkrustete Wange:

»Was hätte ich *dir* wohl zu verzeihen, Großvater! Was wohl!«

Und es war ihr, als habe sie ein Geschenk bekommen, größer noch als die Ikone.

Da streichelte der alte Mann ihren Kopf und ihre Hände, und erzählte:

»Vielleicht haben sie bei Hofe etwas von unserer Liebe gemerkt, damals. Ich wurde versetzt. Hörte nichts von Arina. Meine Briefe blieben unbeantwortet oder kamen zurück. Ich liebte sie sehr.«

»Du warst doch verheiratet?« fragte die junge Frau. Unverständnis und Vorwurf in der Stimme.

»Nu ja, was ist verheiratet! Wegen Geld wollten unsere Eltern Heirat – ohne Liebe: Güter sollten zusammenkommen, noch mehr Reichtum! Besitz war da, ja, aber Liebe nicht. War trotz-

dem auch Sünde – Familie zu verlassen. Als ich später nach Petersburg kam, Arinuschka zu suchen, war sie fort. Jelena Alexejewna war nicht freundlich: ›Was wollen Sie, Dimitri Pawlowitsch, Arina Karlowna hat guten Mann gefunden, lassen Sie sie in Ruhe!« Ihr Gesicht aber sprach anders als ihr Mund.
Ich fand keine Ruhe. Widerwillen hatte mich gegen das Gesellschaftsleben erfaßt. Ich sah Falsch in ihm, mich ekelte vor all dem Ungesunden, den Ausschweifungen. Geld- und Machtgier fand ich verabscheuenswert, ich verließ meine Güter, meine Familie und alles, was ich besaß. Auch den einzigen geliebten Sohn Iwan Dimitrowitsch.
Ich war schuldig geworden, vor allem an meiner Geliebten, an Arinuschka. Ich liquidierte meinen Dienst, zog die Uniform aus, sehnte mich nach Buße, Läuterung, Sauberkeit, – ich wollte in ein Kloster weit aus der Welt und ging in den eisigen Norden auf die kleinen Inseln im Weißen Meer. Dort hatten vor langer Zeit Mönche das Kloster Ssolowki gegründet. Es war so weit und trostlos, daß auch viele Verbannte des Zaren dorthin deportiert wurden – sie blieben dort für immer. Weil mein Glaube loderte und ich am Todestag des Heiligen Serafim von Ssarow zum Mönch geweiht wurde, gaben sie mir den Namen dieses letzten Heiligen in Rußland. Es war eine harte aber gute Zeit. Fischfang, schwerste Landarbeit, Reue, Buße, Gebete, Gebete. Dann kam der Krieg, die bolschewistische Revolution, Kämpfe zwischen Weißen und Roten. 1922 wurde das Kloster Ssolowki niedergebrannt und geplündert. Viele Mönche wurden ermordet, viele flohen und lebten weiter in Erdhütten. Der letzte Archimandrit wanderte mit seinen Mönchen und Novizen ins finnische Kloster Walamo. Ssolowki aber soll danach zum ersten sowjetrussischen Konzentrationslager geworden sein. Ich wollte nicht nach Walamo und pilgerte weiter nach Estland. In Arinuschkas Heimat wollte ich weiter büßen. Vielleicht lebt sie noch, dachte ich, vielleicht –« Er stützte den Kopf in beide

Hände. »Ich suchte – und traf auf Liisu. Sie erzählte mir von Arinuschkas Tod in dieser Bucht. Ich fand diese Höhle und beschloß, mein Einsiedlerleben hier in Askese zu beenden. Gott sei meiner Seele gnädig und Arinuschkas auch. Für unsere Seelen bete ich. *Du* brachtest die Kassette in die Bucht, ließt sie liegen. Ich las: Sie hat mir vergeben. Ich glaube, auch Gott vergibt mir, denn ich erlebe jetzt Glück und Licht durch Engelnähe, Gottesnähe, Christusgnade. Ich esse wenig, Himmlisches Manna stärkt und erfreut meinen Körper und meine Seele. Am Morgen weckt mich das Gebet. Wenn ich niederknie oder mich vor Gott ausstrecke und bete, wird mir leicht ums Herz, so durchsichtig, als trüge mich das Gebet ins himmlische Licht, und es überkommt mich Wärme und Freude, ja Seligkeit. Innerlich bin ich voller Gesang zur Ehre Gottes. Und ich fühle, daß mir vergeben wird und ich schon hier auf Erden aufgenommen bin in Gottes Reich.«

Arina sah ihn leuchten, als sende er Strahlen aus und bedeckte ihre Augen mit beiden Händen. Er deutete es falsch und verbarg auch sein Gesicht.

Es verging eine Weile, da sah sie ihn an und bat:

»Großvater, verlaß deine Höhle, bitte, und komm mit uns nach Deutschland!«

Der Alte verstand sie nicht.

»Sieh«, fuhr sie fort, »wir alle müssen umsiedeln, auch Liisu kommt mit. Und Pastor Petronius mit seiner Familie, und auch die Familien von den Nachbargütern und alle Deutschen aus Baltischport.«

»Aber die Esten und Russen bleiben?«

»Ja, die bleiben. Aber du gehörst doch jetzt zu mir.«

»Ich gehöre zu Gott.«

»Gott ist überall.«

Er sah sie an:

»Gott ist überall. Aber die Menschen und Völker, die Gewalt

anwenden und Kriege führen, haben Gott verlassen und stehen im gottlosen Raum.«
Arina erschrak.
»Großvater, du kannst doch nicht sagen, daß Deutschland eben ein gottloser Raum ist?«
»Ich kann es nicht sagen – aber ich fürchte, daß es so ist.«
»Aber, haben *sie* denn nicht recht?« rief sie, nicht mehr ganz so sicher.
»Frag nicht immer, *wer* recht hat, frag und ergründe, *was* recht ist.«
»Ach Großvater, du liest keine Zeitung, du hörst kein Radio, du sprichst mit keinem – was weißt du schon von der Welt von heute?«
Er sah überlegen aus.
»Ich spreche mit Gott. Auch du wirst durch dunkle Tage gehen müssen. Aber du wirst hell bleiben. Dein Glaube an das Gute, deine Zuversicht und das Wissen um Gottes Wirklichkeit werden eine Schutzschicht um dich bilden. Du sollst nie Angst haben und niemals materielle Reichtümer über die ideellen stellen. Denn materielle Dinge sind von kurzer Dauer, und arm ist der, dem sie die Mitte bedeuten.«
»Komm mit, Großvater!« bat Arina eindringlich, »bitte, du wirst bei uns wohnen, bei Thomas und mir. Wir werden Land bekommen, ich werde meinen Sohn Dimitri nennen und du wirst Urgroßvater sein und ihn erziehen.«
Aber Serafim schüttelte den Kopf.
»Es macht mich traurig, was du sagst: Das Land, das ihr bekommen sollt, ist nicht euer Land, es ist einem Polen fortgenommen – darauf kann kein Segen ruhen – es wird eines Tages auch euch fortgenommen werden. Aber ihr werdet es überstehen, müßt ihr doch fahren, weil es euer Schicksal ist. Gott fährt mit.«
»Wer aber wird dir im Winter helfen?«

»Gott.«
»Ich werde Jussike und Madli sagen, daß du bald zu ihnen überwintern kommen wirst.«
»Ja«, entgegnete er, »tu das. Ich werde nach Ilukӧll zu ihnen gehen.«
»Leb wohl, Großvater!«
Er umarmte sie und streichelte sie mit steifen, der Zärtlichkeit entwöhnten Händen.
»Leb wohl, mein Kind, und gib acht auf das Kind, das du trägst.« Er hob die Ikone vom Stein auf und legte sie in ihre Hände. »Nimm sie mit als Teil von mir und deiner Großmutter Arina. Jetzt wird dir ihre wunderbare Kraft wohl verständlich: Nicht die Materie dieses Bildes macht sie aus, sondern der Geist, der durch die Ikone erwacht. Nicht Holz, Farbe und das Silber wird dir helfen, sondern dein Glaube, dein Gebet, wenn du vor ihr kniest. Sie wird der Ort sein, an dem ich mit dir sprechen werde. Und der Begegnungsort zwischen Gott und dir.«
Es war alles gesagt. Sie sahen einander an, lange. Dann hob der Alte die Hand. Um zu segnen? Zu winken?
Und Arina ging.

Später, viel zu spät, fiel ihr ein, daß sie nicht nach dem Wappen gefragt hatte, und auch nicht nach dem Namen Boris Dimitrowitsch.

Alvi, Robik und die Rose

Als das Gepäck verladen war und alle sich zur Stillen Minute im Saal versammelten, war Alvi nicht da. Robik blickte sich um und wollte fortrennen. Aber Liisu packte ihn mit kräftiger Hand am Schlafittchen: »Still Jungchen, still!« kommandierte sie tonlos aber energisch.
Madli und Jussike standen in der Tür. Madlis Gesicht sah verständnislos verstört aus. Juss preßte die Lippen aufeinander – Teufel auch – wenn er was zu sagen hätte, dann – aber keiner hörte ja auf ihn. Draußen standen einige frühere Arbeiter und Siedler herum. Sie wollten bis zum letzten Augenblick dabei sein, Abschied nehmen.
Ruhig wie immer sprach der Vater den Reisesegen.
Es war so still, als würde kein Mensch mehr atmen.
Nur das Haus schien leise zu seufzen.
Während sie dann wortlos die Wagen bestiegen, rannte Robik los. Unter der alten Weide, wo Hektor und Inka an die Birkenbank gekettet waren, umarmte er die Hunde:
»Wir kommen ja wiiiiieeeeeder!«
Auf dem Stein saß Alvi. Sie hatte das Luft-Kannel auf den Knien und bewegte die Finger, als würde sie in die Saiten greifen.
Robik blieb vor ihr stehen. »Du weißt, *ich* werde wiederkommen. Dann heiraten wir richtig.«
Alvi wandte ihm ihr Gesicht zu. »Eher wird dieser See verschwinden, als daß du wiederkommst!«
»Sprich nicht so«, herrschte Robik sie an, »*Ich* halte mein Wort! Du bist ja schon meine Frau. Wir haben doch Hochzeit gespielt.« Plötzlich aber stampfte er mit dem Fuß. »Warum kommst du auch nicht mit! Ich *will*, daß du mitfahren sollst!« schrie er verzweifelt.

Alvi erschrak. Nach einigen Sekunden aber lächelte sie, wie Frauen lächeln, wenn sie ihre Männer oder Kinder beruhigen wollen.
»Gut«, sagte sie, »ich werde es glauben, daß du zurückkommst. Der See bleibt, wo er ist, und ich werde warten, auf dem Kannel spielen und singen.«
»Dann ist es gut«, sagte Robik nur.
Da riefen sie nach ihm. Robik lief blind von Tränen fort – blind – und doch sah er es neben dem Brunnen im braunen Laub winzig klein aufleuchten. Robik blieb stehen, bückte sich und schälte etwas Weißes aus den vermodernden Blättern: er hielt eine Rose in Händen, eine halberblühte, kunstvoll geschnitzte Elfenbeinrose. ›Für Alvi‹ kam ihm der Gedanke blitzartig – und schon rannte er zurück.
»Alvi, diese weiße Rose schenk' ich dir, sie soll dir immer sagen: Robik kommt zurück!«
Wieder riefen sie nach ihm. Hektor und Inka heulten auf. Robik küßte Alvi auf die Wange. Alvi begann zu singen und Robik rannte davon.
»Jetzt wird nicht mehr zurückgeblickt! Nur noch nach vorn«, befahl die Mutter streng, als die Pferde anzogen, die Wagen sich in Bewegung setzten, Björk, Nita und Arina jedoch unverwandt auf's zurückbleibende Haus starrten.
Das letzte was Robik sah, waren Alvis Haare, die wie Sonnenstrahlen leuchteten, Alvis Rock war rot, Alvis Bluse weiß ...
Ihr Lied verklang im Seufzen des Hauses.
Das Heulen der Hunde hörte man bis an den Bahnhof.
Als sie Björks kleine Wohnung erreichten, wo sie diese Nacht kampieren wollten, war es schon dunkel.

Am nächsten Morgen war Klaus da.
»Arina, es hat geklappt: Dunja darf mit nach Deutschland!« Al-

le waren überrascht. »Ja, als ich sagte, daß ich andernfalls mit Dunja nach Finnland ginge, hat Onkel Hugo sich bei der Kulturverwaltung für sie eingesetzt. Sie ist jetzt aufgenommen in die Familie.«

Die Ostseekönigin verschwimmt in Wasser und Himmel

Grauer Sonntagmorgen.

Die Straßen der alten Stadt liegen da wie ausgestorben. Hier – und da – und dort – für menschliches Schauen unsichtbar – verhüllen trauernde Genien, als würden sie frieren, ihr Antlitz in Schleiern.

Als erstes erwachen die Kutscher mit ihren Pferden und fahren, alle schon seit Tagen vorbestellt, zu den bestimmten Häusern. Danach sind die Droschken nicht mehr leer. Sie tragen Menschen mit ihrer Habe in den Hafen.

Eine Droschke, zwei, drei, vier – zehn, wie viele gibt es in Reval? Ganze Prozessionen rollen die Straßen hinunter, als zöge eine unsichtbare Kraft sie dorthin.

Die Genien weinen.

Als Helbrichs an der Karls-Kirche vorbeifahren, beginnen die Glocken zu läuten. Die Glocken der Johanni-Kirche fallen ein. Die Heiligengeist-Kirche, die Glocken der Olai-Kirche, der Nikolai und über allen die vom Dom.

Ein Furioso erfüllt die leer werdende Stadt. Es begleitet sie durch die Stadttore an das graue Meer.

Die Glocken.

Doch sind sie nicht mehr so wichtig. Wichtig sind die Kinder

und die Dinge, die man mitnehmen will. Die Menschen vom Zoll, die Polizei, der Kapitän mit seinen Offizieren und dem Personal des Schiffes, die sie auf der Fahrt begleiten werden.
Arina steht an Deck der Eider.
Immer noch kommen Droschken. Immer noch steigen Menschen aus, stellen sich in die Reihe zum Zollhaus an, kommen auf's Schiff. Frauen, Kinder.
Endlich, nach stundenlangem Warten setzt sich der Dampfer in Bewegung.
Mu isamaa mu önn ja rööm... spielt die estnische Blaskapelle am Kai ihre Nationalhymne.
Langsam legt der Dampfer ab.
Jetzt spielen sie das Deutschlandlied.
Arina lehnt an der Wand zur Treppe, die sie heraufgekommen ist, um noch einen Blick auf Reval zu werfen, bevor die Stadt endgültig verschwindet.
Oktober 1939.
Vor drei Jahren hatte sie in Ilukükk vor dem Schmiedeeisentor gestanden, endlich angekommen. Sie hatte die Buchstaben im verschnörkelten Barock gesucht, gefunden und zu *ILUKÜLL* geordnet. Am Ziel, hatte sie gedacht, zu Hause, hier werde ich bleiben mein Leben lang. Und nun? Ziellos in eine Ungewißheit.
Die Menschen drängen an die Reeling. Keiner will Reval aus den Augen verlieren, solange es noch zu sehen ist.
Die Silhouette: unverwechselbarer Olai-Kirchenturm, schmal, hoch, spitz in die Luft ragend, die Türme der Nikolai- der Heiligengeist-Kirche, und der barocke des Rathauses. Der Turm der Ritterkirche auf dem Domberg, daneben die runden Kuppeln der russischen Kathedrale. Die Stadtmauer mit den Wehrtürmen, die Dicke Margarethe, die Kiek-in-de-Kök, und schlank und fest und hoch der Lange Herrmann. Noch weht die estnische Flagge auf ihm. Geliebtes freies Estland!

Sie stehen da und starren auf die sich langsam entfernende Stadt, bis sie sich auflöst in Himmel und Wasser.
Man hört kein Sprechen mehr. Einige weinen.
Da – am anderen Ende beginnt einer zu singen:

Segne und behüte uns in Deiner Güte,
Herr erheb' Dein Angesicht über uns und gib uns
Licht –

Ein Pastor? Die Stimme ist kraftvoll, aber nicht fest. Andere fallen ein, wenige:

Schenk uns Deinen Frieden, alle Tag hinieden,
Gib uns Deinen Heil'gen Geist, der uns stets zu Christo weist ...

Arina vermag nicht mitzusingen. Sie legt die Rechte auf ihren Leib, fühlt das werdende Leben und lächelt durch ihre Traurigkeit.
So viele drängen jetzt an die Reeling, daß das Schiff Schlagseite zu bekommen droht. Der Kapitän und die Offiziere bitten die Menschen, vernünftig zu sein und auf die andere Seite des Schiffes zu gehen. Einige sind vernünftig. Aber sie werden wiederkommen und dableiben, bis vom Land nichts mehr zu sehen ist. Vielleicht werden sie dann weiter an der Reeling lehnen und in die Bucht starren, vielleicht aber werden sie in den Laderaum hinuntergehen, wo sie ihre Schlafstellen auf Stroh haben, werden Tee trinken, miteinander schweigen und sich hinlegen. Wieviele in dieser Nacht schlafen werden – wer kann das wissen. Die Heimat unwiederbringlich verloren. Das Leben wird weitergehen, wie es immer weitergegangen ist – 1905, 1918, danach – und in all den Jahrhunderten vorher.
Sie werden es bestehen, wo immer das Schicksal sie hinstellen mag. Der Geist, in dem sie aufwuchsen und wurden, ist ja ein

Teil ihrer selbst geworden und wird sie umhüllen als unsichtbare Schutzschicht.
Urvertrauen.
Arina reckt sich. Zwischen den Köpfen der Menschen hindurch sieht sie die Silhouette der Stadt, wie sie sie vor drei Jahren gesehen hatte, als der Dampfer aus Stettin sich Reval näherte. Damals rückte die Stadt immer näher, wurde größer, deutlicher, war Zukunft. Heute aber beginnt sie zu verschwimmen, wird Vergangenheit.
Vor Arinas geistigem Auge ersteht ein Bild, das sie nicht verlieren wird:
Das kunstvoll gearbeitete Schmiedeeisentor *ILUKÜLL*, groß und unvergänglich. Dahinter, pastellfarben, zwischen Abendhimmel und widerspiegelndem Wasser, die Umrisse der vielumkämpften Ostseekönigin.

Nachwort

Liebe Leser,
vor Jahren las ich in einem alten Buch »Baltische Märchen« das Märchen vom See, das mir so gut gefiel, daß ich mir einige Notizen machte, um es nicht zu vergessen.
Im Laufe der Jahre habe ich diese Geschichte von Ilukült um das Märchen vom See gerankt. Leider weiß ich weder, wer der Verfasser, noch wer der Herausgeber war, auch nicht wann oder in welchem Verlag es seinerzeit erschienen ist. Nur, daß es sehr alt war, noch in Frakturschrift gesetzt, und daß ich es trotz intensiven Suchens weder im Buchhandel noch im Antiquariat gefunden habe. Falls ich mit der Wiedergabe dieses Märchens jemandes Urheberrecht verletzt haben sollte, bitte ich hiermit um Entschuldigung. Ich würde mich sehr freuen, zu erfahren, woher das Märchen stammt.

Gleichzeitig danke ich allen, die mir durch Gespräche oder Bücher geholfen haben, mich zeitgeschichtlichen Fragen zu stellen. Ich danke Erik Thomson und Herrn von Taube, Bernd Nielsen-Stokkeby, Wladimir Lindenberg, Herrn von Sivers, Robert Raid und anderen, vor allem Frau Inge Ott, deren »Väinämöinen«, übertragen aus dem Finnischen, mich an vieles erinnerte und hier wiederklingt.

Oft werde ich gefragt, ob dieser Roman autobiographisch ist. Nein – und natürlich auch ja. Das Gut Ilukült ist ein Traum (unser Gut hieß Pöllküll). Dieses Ilukült gibt es nicht und doch konnte man es in vielen Gegenden des Baltikums antreffen. Die Menschen sind frei erfunden, und doch wird man in ihnen immer wieder Bekannte aus Estland erkennen. (Ähnlichkeiten mit lebenden Personen sind rein zufällig.)

Dieser Roman ist ein Stück unserer estnischen Heimat. Wirklichkeit? Wahrheit? Es war einmal – und lebt als Realität bestimmt in unseren Herzen weiter.

Käthe von Roeder-Gnadeberg

Inhalt

Ilukül heißt Ort der Schönheit 7
Großväterchen 13
Ich heiße Arina 21
Antike Grazien im anbrechenden Morgen 34
Gottesmann wie ein Fels 39
Onkel Konstantin 48
Serafim, der Einsame 59
Die Elisenschule 66
Die vielumkämpfte Ostseekönigin 72
Ist Klaus wirklich Tante Agathas Sohn? 82
Der Lustkreis 89
Zwei Welten 94
Das Märchen vom See 101
Nächtliches Gespenst 106
Der Himmel offen – die Erde durchsichtig 112
Wer ist die Alte vom dicken Wehrturm? 117
Vorfrühling auf Ilukül 120
Russische Ostern 124
Birken 134
Der Johanni-Schatz 143
Das Tagebuch der geheimnisvollen Großtante 151
Was ist mit Arina geschehen? 202
Vanemuine und sein Wunder-Kannel 208
Sturmnacht 215
Heiliger Abend 231
Die weiße Rose 235
Mamsellenhäuschen 238
Das Geständnis 240
Verlobung an Silvester 245

Lächerlich altmodisch? 249
Beginn einer Freundschaft 252
Der letzte Akt 256
Träumerei am Wäschetrog 259
Alles bewegt sich im Wind 263
»Du könntest meine Augen sein!« 266
Der estnische Offizier 275
Organza, Spitzen und Tüll 281
Spiel oder Ernst 285
Standesdünkel 288
... die Krone des Lebens 291
Das Wappen 297
Weit vom Schuß? 300
Hochzeit 304
16.30 Uhr Café Corso 314
Russalka 320
Das Wunder in mir 324
Friedliche Insel in brodelndem Weltgeschehen 326
Die Blüte des Sönajalg bringt immerwährendes Glück 329
Bedrohungen 339
Die Hiobsbotschaft 347
Aufruhr und Auflösung 353
Die Offenbarung 360
Alvi, Robik und die Rose 371
Die Ostseekönigin verschwimmt in Wasser und Himmel 373
Nachwort 377

Erinnerungen an Ostpreußen und seine Hauptstadt Königsberg

Gertrud Papendick

KONSUL KANTHER UND
SEIN HAUS
Roman um eine Königsberger Familie
416 Seiten, gebunden

Dieser Roman beschreibt das Leben einer Königsberger Familie um die Jahrhundertwende. Konsul Kanther regiert die Seinen streng konservativ, aber die Söhne und Töchter, alle von stark ausgeprägter Wesensart, suchen aus dem ehrwürdigen Kantherhaus auszubrechen und eigene Wege zu gehen. Dieser Roman ist das Porträt einer brüchigen Gesellschaft voller menschlicher Probleme und Spannungen – ein fesselndes, farbiges und dicht gewobenes Bild einer uns fernen, nahen Vergangenheit.

Gertrud Papendick

WO DER BIRNBAUM STAND
Erinnerungen an ein Sommerparadies in Ostpreußen
Roman,
252 Seiten, gebunden

Die Autorin schildert das Leben in einem kleinen Badeort an der ostpreußischen Bernsteinküste während einer Sommersaison. Treffsicher beobachtet und mit hintergründigem Humor erzählt sie vom bürgerlichen Leben vergangener Zeit und von dem erregend unbürgerlichen Wünschen, Wollen und Tun so manches Menschen, den die Umstände in die Sommerfrische verschlagen haben. Und plötzlich liegt knisternde Spannung über dem verschlafenen Provinznest, das unversehens Schauplatz menschlicher Schicksalsbegegnungen und -entscheidungen wird.

EUGEN SALZER-VERLAG, 7100 Heilbronn

Bewegende Frauenschicksale

Julia von Brencken

DOKTORHUT UND
WEIBERMÜTZE
Dorothea Erxleben –
die erste Ärztin
224 Seiten, gebunden

Im Jahre 1754 gehörte erstmals eine Frau in die lange Reihe derer, die den medizinischen Doktorhut erwarben:
Dorothea Erxleben (1715–1762).
Die Autorin erzählt warmherzig und lebendig die Lebensgeschichte dieser außergewöhnlichen Frau, die als Pfarrfrau, Mutter und Ärztin allen Widerständen, Schwierigkeiten und Umwegen zum Trotz ihr Ziel erreichte und an die heute noch ihr Porträt auf einer 60-Pfennig-Briefmarke erinnert.

Inge Schubart

CAT UND GILLIAN
Roman
360 Seiten, gebunden

Cat ist die Tochter eines westpreußischen Gutsbesitzers und einer englischen Pianistin. Während des Zweiten Weltkrieges wird Cat nach England in ein Internat geschickt – zur Sicherheit. Dort lernt sie ihren Stiefgroßvater und dessen Sohn Clifford kennen. Diese beiden, sowie ihre neue Internatsfreundin Gillian, helfen ihr zunächst über ihr Heimweh hinweg. Aber dann setzt in Cats Freundschaft zu Gillian plötzlich eine dramatische Wendung ein …
Ein farbiger und mitreißender Frauen- und Familienroman.

EUGEN SALZER-VERLAG, 7100 Heilbronn

Charlotte Hofmann-Hege

ALLES KANN EIN HERZ
ERTRAGEN
Die weite Lebensreise
der Elisabeth Thiessen
192 Seiten, gebunden
6. Auflage

»Charlotte Hofmann-Hege hat die erschütternde Lebensgeschichte ihrer Cousine festgehalten. Elisabeth ging als junges Mädchen für ein Jahr mit Verwandten nach Rußland. Aus diesem Jahr wurden durch die zwei Weltkriege und die Stalinzeit Jahrzehnte, die sie dort verbringen mußte. Das feinsinnig erzählte Schicksal dieser Frau, deren Leben durch die weltpolitischen Ereignisse so tragisch geprägt wurde, beeindruckt und macht betroffen.«

Rhein-Neckar-Zeitung

Charlotte Hofmann-Hege

ALLE TAGE IST KEIN SONNTAG
Das Geheimnis um Rudolf
Schock und die Schloßmagd
176 Seiten, gebunden

Lina Brandt, als Bauerntochter in Lettland geboren und aufgewachsen, hatte kein leichtes Leben. Nach der Vertreibung aus der Heimat lebte sie als Stallmagd und verbrachte unauffällig ihre Tage – bis sie sich in Rudolf Schock und seine Musik verliebte. Sie schickte ihm unzählige teure Rosensträuße und bald wurde im Dorf getuschelt. Behutsam erzählt Charlotte Hofmann-Hege die Hintergründe dieser außergewöhnlichen Beziehung. Die Autorin schreibt Geschichten, gesponnen aus den einfachen Dingen des Lebens und macht sie zu einem spannenden Leseerlebnis.

Marianne Wintersteiner

BEZAUBERNDE FELICITAS
Roman,
192 Seiten, gebunden

Felicitas, bezaubernd und eigenwillig zugleich, wird zum Mittelpunkt einer dubiosen Familienaffäre. Sie steht zwischen feindlichen Brüdern, doch es gelingt ihr immer wieder, die Situation zu entschärfen.
Ihre Liebe zu dem Jugendfreund Moritz wird bald von politischen Ereignissen überschattet, aber sie geht ihren Weg unbeirrt weiter.
Ein spannender und bewegender Roman, in dem Marianne Wintersteiner eigene Erlebnisse aus ihrer Heimat Mähren in der Tschechoslowakei verarbeitet hat.

Amei-Angelika Müller

UND NACH DER ANDACHT MOHRENKÜSSE
Kindheit an der Grenze
336 Seiten, gebunden

Mit einem lachenden und einem weinenden Auge entführt Amei-Angelika Müller, den Leser in ihre Kindheit, die sich zwischen religiöser Enge und der Weite und Vielfalt glaubwürdigen Christentums, zwischen Tradition und Wandel entfaltet. Sie weiß den Alltag einer Pfarrersfamilie so natürlich und unbekümmert einzufangen, daß man sich hautnah hineingezogen fühlt ins pfarrhäusliche Familien- und Gemeindeleben mit all seinen Licht- und Schattenseiten.